IN MEMORIAM ALBERT BRANDL.

Der Verlag wurde von folgenden Institutionen bei der Bereitstellung von Informationen und Bildmaterial großzügig unterstützt: Badische Landesbibliothek, Deutsches Pferdemuseum e. V.-Hippologisches Institut, Deutsche Reiterliche Vereinigung e. V., Abteilung Zucht, Hessische Landes- und Hochschulbibliothek, Internationales Zeitungsmuseum der Stadt Aachen, Stadtbibliothek Braunschweig.

Der Verlag dankt allen beteiligten Dressurreitern für die Interviews und schriftlichen Beiträge über die bekanntesten deutschen Dressurpferde der Nachkriegszeit. Der Dank gilt insbesondere Herrn Willi Schultheis, der großen Anteil an der Entstehung dieses Buches genommen hat, dem Verlag seine private Fotosammlung zur Verfügung gestellt und die Finalritte bei der Weltmeisterschaft 1978 in Goodwood kommentiert hat.

Die Fotos aus dem historischen Teil des Buches und dem Teil über die Porträts bekannter Dressurpferde stammen von den Pferdefotografen Ernst, Mitschke, Menzendorf, Scuitto, Tiedemann und Wedding.

Den Lehrteil fotografierte Norbert Tölle, die Reportage der Weltmeisterschaft Rainer Joedecke und Norbert Tölle. Für die Fotografie der Bewegungsabläufe stellte die Euro-Photo Canon GmbH ihre Highspeed Motordrive Camera zur Verfügung.

Die grafische Gestaltung des Werkes lag bei Volker Wollschläger. Die Fotomontagen im Lehrteil des Buches führte das Studio Haberbeck aus. Die Gesamtherstellung erfolgte im Druckhaus Haberbeck. Gesetzt wurde aus der Goudy Old Style. Gedruckt wurde im Offsetdruck auf 170 g/qm Kunstdruckpapier.

5. Auflage.
ISBN 3-921879-03-5

DAS DRESSURPFERD. VON HARRY BOLDT.

EDITION HABERBECK

Harry Boldt, Autor dieses Buches:

Das Interesse am Dressursport wächst. In den nationalen und den internationalen Prüfungen starten heute mehr gute Reiter und Pferde, als dies vor 10 Jahren selbst die Optimisten im Dressurlager geglaubt haben. Und dennoch sind wir Dressurreiter immer noch ein verhältnismäßig kleiner Kreis. Denn unsere Disziplin bleibt ein Sport der Fachkundigen, da sich die ganze Ausstrahlungskraft und Spannung einer Dressurvorführung erst demjenigen voll erschließt, der die Materie zu verstehen beginnt.

Mit diesem Buch möchte ich versuchen, Dressurreiten verständlich zu machen. Denn die dressurmäßige Schulung eines Pferdes ist kein Buch mit sieben Siegeln, sondern das Ergebnis systematischer Gymnastizierung.

Diese gymnastische Arbeit mit einem Pferd erfordert Erfahrung. Auch wenn der grundsätzliche Ausbildungsweg eines Dressurpferdes festliegt, so muß doch jedes Pferd individuell trainiert werden. Es geht mir deshalb vor allem darum, nicht einen problemlosen Idealweg der Dressurausbildung zu schildern, sondern meine eigenen praktischen Erfahrungen wiederzugeben und verschiedene Methoden der Ausbildung aufzuzeigen.

Wer dann als Reiter selbst erlebt, wie fein das richtig ausgebildete Dressurpferd reagiert und mit welcher Mühelosigkeit es die schwierigsten Lektionen beherrscht, wird diesem Sport treu bleiben. So erklärt sich der lange Weg klassischer Reitkunst: von den Meistern früherer Jahrhunderte bis zum Turniersport unserer Tage.

DIE GESCHICHTE DES DRESSUR-REITENS.

Das Dressurreiten besitzt eine lange Tradition, die noch heute an der Spanischen Hofreitschule besonders gepflegt wird. Verfolgt man die Geschichte der Reitkunst, so ist erstaunlich, über welche reiterlichen Fähigkeiten und Einsichten die alten Meister bereits verfügten. Zwar haben sich Äußerlichkeiten geändert, aber die grundlegenden Ideen – vor allem eines de la Guérinière – blieben bis heute gültig.

Dennoch bedurfte es einer langen Entwicklung, bis sich die heutige Dressurauffassung durchgesetzt hatte. Um den richtigen Weg wurde mit Leidenschaft gerungen. Vorübergehend konnten Reitkünstler wie ein Baucher oder ein Fillis eine starke Anhängerschaft für ihre Methoden gewinnen. Aber geblieben ist eine Dressurauffassung, die auf dem natürlichen Bewegungsablauf des Pferdes und einer humanen Einstellung zum Pferd aufbaut.

Daß die klassische Dressur über Jahrhunderte bestehen konnte, verdankt sie der großen Bedeutung des Pferdes für das Militär. Die Kavallerieschulen wurden zur Pflegestätte der Reitkunst und übernahmen die Aufgaben der Adelshöfe der Renaissance und des Barock. Erst in den letzten Jahrzehnten entwickelte sich der Dressursport, wie wir ihn in der heutigen Form betreiben.

Xenophon, griech. **Xenophon, 1)** griech. Schriftsteller, * Attika um 430 v. Chr., † wahrscheinlich Korinth um 354, Sohn des Gryllos, schloß sich in seiner Jugend dem SOKRATES an. 401 nahm er gegen dessen Rat am Heerzug Kyros' d. J. gegen Artaxerxes II. Mnemon teil; nachdem Kyros bei Kunaxa gefallen war, führte X. die etwa 10000 Mann griech. Hilfstruppen unter größten Schwierigkeiten mitten durch feindl. Völker über Trapezunt zurück (→Thalatta). 396 begleitete er den Spartanerkönig Agesilaos und war 394 in der Schlacht von Koroneia gegen die mit Athen verbündeten Thebaner auf seiner Seite. Von Athen verbannt, ließ sich X. in Skillus bei Olympia nieder, das er nach der Schlacht von Leuktra 371 verlassen mußte. Den letzten Teil seines Lebens hat er wohl in Korinth verbracht; doch kam es auch zu einer Aussöhnung mit Athen und zur Aufhebung der Verbannung. Die Chronologie von X.s Werken ist umstritten.

Xenophon (Marmorbüste, spätes 4. Jahrh. v. Chr.; Alexandria)

Schriften. ›**Hellenika**‹, die griech. Geschichte von 411 (wo THUKYDIDES abbricht) bis 362 v. Chr.; ›Anabasis‹, der Bericht über den Feldzug gegen Artaxerxes und die Rückführung der →Zehntausend; ›**Agesilaos**‹, eine Lobrede auf den Spartanerkönig; *politische Schriften:* ›Staat der Lakedämonier‹; ›Kyrupädie‹, ein ethischer Fürstenspiegel; ›Hieron‹, eine Anweisung zum rechten Herrschen; ›Über die Einkünfte‹, ein wirtschaftsgeschichtlich bedeutsamer Essay über die Staatsfinanzen; *praktische Schriften:* ›Über die Reitkunst‹ (noch heute grundlegend), ›Über die Kunst der Hundeführung‹ (d. h. über die Jagd); ›Der Reiterführer‹, die Pflichten eines Reiterobersten im Heer; *sokratische Schriften:* ›Erinnerungen‹ (an Sokrates); ›Verteidigung des Sokrates‹; ›Symposion‹, ein sokrat. Gast-

Xenophon schrieb das erste grundlegende Werk über die Reitkunst.
Wie vielseitig talentiert und interessiert dieser Sokrates-Schüler war, zeigt der Auszug aus der F. A. Brockhaus Enzyklopädie, 20. Band, Wiesbaden 1974.

DIE KLASSIKER DER REITKUNST.

Die Grundzüge der klassischen Reitkunst wurden während der Renaissance an den italienischen Adelshöfen entwickelt. Bedeutendster Reitmeister dieser Zeit ist der Neapolitaner *Federigo Griso,* von dem 1552 die Reitvorschrift ,,*Ordini da cavalcare*'' erscheint. Griso entdeckt die Bedeutung der Trabarbeit, beschreibt als erster das Zusammenwirken der reiterlichen Hilfengebung und gibt genaue Anweisungen über das Zureiten der Pferde. Sein Buch wird in mehrere Sprachen übersetzt, und seine Schüler verbreiten seine Reitlehren in Frankreich, Spanien, England und Deutschland.

Im Barock verlagert sich der Schwerpunkt der Reitkunst von Italien nach Frankreich. Der später zum französischen Landstallmeister ernannte *Antoine de la Baume Pluvinel* wird die herausragende reiterliche Persönlichkeit seiner Zeit. Er gilt als Erfinder der Pilaren, befaßt sich ausführlich mit der Arbeit an der Hand und kennt bereits die Schulsprünge wie Kurbetten, Kapriolen, Ballotaden und Kruppaden. Posthum erscheint 1623 sein Lebenswerk *«Manège Royal»*.

Im Gegensatz zu seinem Rivalen *La Broue,* der wie er ein Schüler des Italieners *Pignatelli* war, wendet sich Pluvinel gegen jede Gewaltanwendung in der Reiterei. Bei den italienischen Reitmeistern der Renaissance scheint dagegen die gewaltsame Einwirkung auf das Pferd durchaus üblich gewesen zu sein. So heißt es noch in Grisos Schrift: ,,Wenn Dein Pferd stehen bleibt oder rückwärts geht, stelle einen Mann hinter ihm auf, der auf einem langen Stock eine böse Katze so angebunden hat, daß sie mit dem Bauch nach oben im freien Gebrauch ihrer Krallen und ihres Gebisses ist. Der Mann soll die Katze dicht an die Schenkel des ungehorsamen Pferdes halten, damit sie beißen oder kratzen kann.''

Pluvinel ist deshalb auch ein Neuerer in der Einstellung zum Pferd und knüpft wieder an das Gedankengut *Xenophons* an, in dessen Werk ,,*Über die Reitkunst*'' wir die folgenden grundlegenden Ideen finden: ,,Soll das Pferd, das man mit Nutzen im Kriege braucht, beim Reiten sich schön und erhaben tragen, so muß man dessen Maul nicht reißen und sich in acht nehmen, daß man es nicht mit dem Sporn noch mit der Peitsche treffe (wie es viele tun in der Meinung, dem Pferd einen prächtigen Anstand zu geben). Hierdurch wird just das Gegenteil bewirkt.

Denn zieht man die Pferde mit dem Maul in die Höhe, so nimmt man ihnen die Aussicht auf den Weg, die sie doch haben sollen. Und spornt und schlägt man sie, so macht man sie furchtsam, daß sie scheu werden und Gefahr laufen. Solche Pferde sind aber beim Reiten unangenehm und haben keine schöne Stellung und werden schlecht (Pollux sagt, solche Pferde schlagen aus, steigen und rasen).

Gewöhnet man aber das Pferd, daß es auch mit losem Zügel den Hals in der Höhe trägt und den Kopf biegt, so wird es sich selbst darüber freuen und gern tun.

Daß aber ein Pferd an einem solchen Anstand selbst Vergnügen findet, sieht man, wenn es zu anderen Pferden, besonders zu Stuten kommt. Denn da hebt es den Hals in die Höhe und mit einem feurigen Blick biegt es den Kopf, hebt spielend die leichten Schenkel und streckt den Schweif in die Höhe.

Wenn man nun ein Pferd zu demjenigen Anstand bringt, den es in seiner Freiheit, wenn es stolz dahergeht, nimmt, so wird man ein prächtiges, mutiges und schönes Pferd aus ihm machen, das seine Dienste gern verrichtet.''

Diese Harmonie zwischen Pferd und Reiter sucht auch Pluvinel. Er bemüht sich, den Charakter eines Pferdes zu verstehen und das Pferd zur Mitarbeit zu gewinnen.

Als Lehrer des Dauphins, des späteren Königs Ludwig XIII., stellt Pluvinel in seinem ,,*L'Instruction du roy en l'exercice de monter à cheval*'' sehr feinsinnig die Unterschiede zwischen einem lediglich gut sitzenden und einem wirklich guten Reiter heraus. ,,Zwar ist es immer noch angenehmer, einen gut Sitzenden zu sehen, der von den höheren Begriffen keine Ahnung hat, als einen Reiter, der sehr viel kann und miserabel obenhängt. Um ein wirklich guter Reiter zu sein, muß man aber die Kräfte der Pferde, ihre Neigungen, ihre Gewohnheiten, kurz ihre ganze Natur kennen, damit man auf jedem Pferd nur das reitet, was dieses mit guter Miene hergeben kann. Wenn sich alle diese Eigenschaften in einem Mann finden, dann können wir ihn in Wahrheit einen bon homme à cheval nennen.''

Die „L'Instruction du roy en l'exercice de monter à cheval par Messir-Antoine de Pluvinel" erschienen 1628 mit 66 Kupferstichen von Crispien van de Passe.

Das Werk ist ein Dialog zwischen dem jungen König, Pluvinel und Monsieur Le Grand, dem Landstallmeister César-Auguste de Bellegarde. Häufiges Motiv des Buches

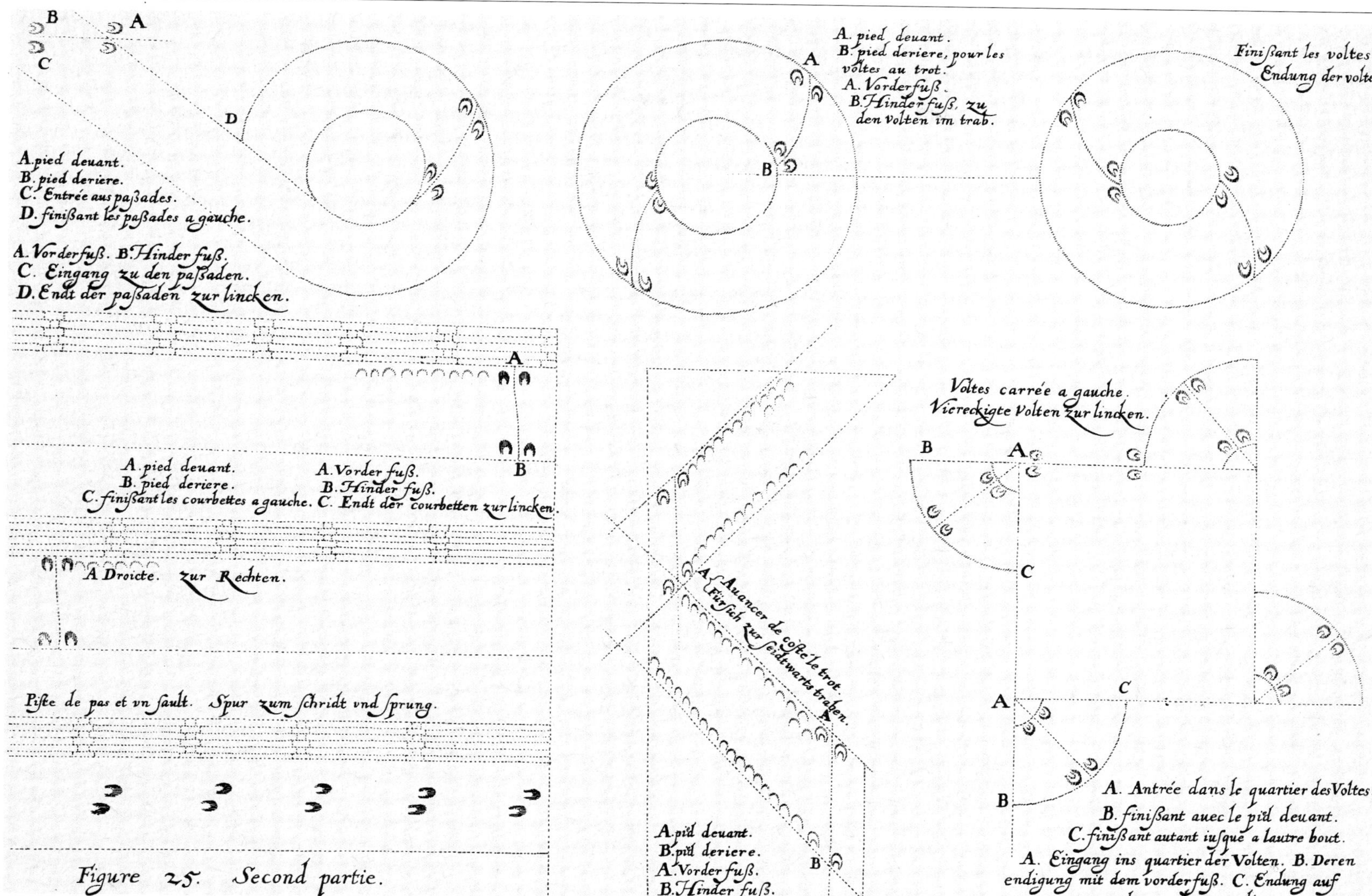

Figure 25. Second partie.

ist die von Pluvinel erfundene Arbeit zwischen den Pilaren oder um einen Pilar. Ausführlich dargestellt sind auch die Schulsprünge wie zum Beispiel die Curbette

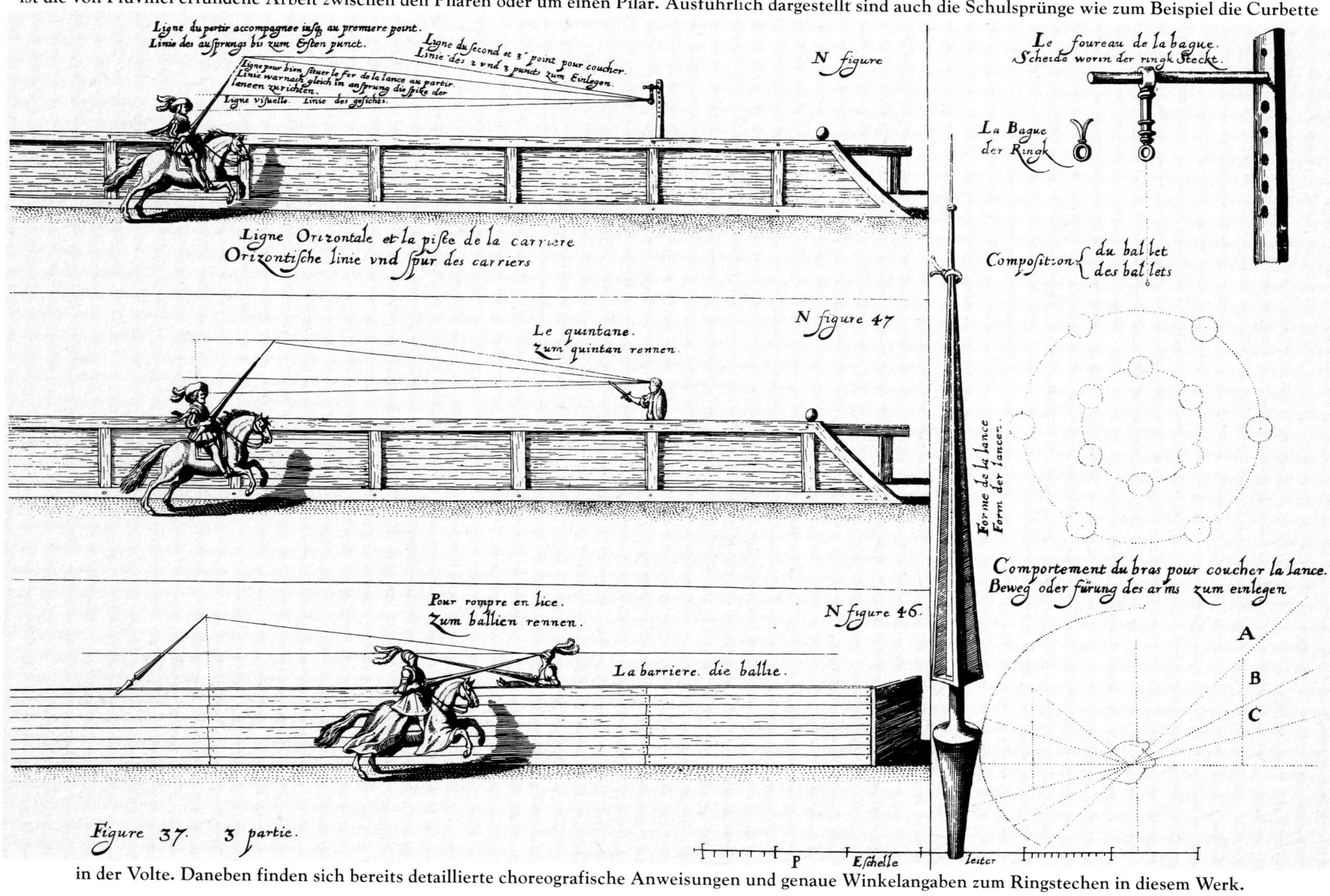

Figure 37. 3 partie.

in der Volte. Daneben finden sich bereits detaillierte choreografische Anweisungen und genaue Winkelangaben zum Ringstechen in diesem Werk.

Über die Arbeit um einen Pilar entwickelt sich zwischen dem König und Pluvinel folgender Dialog:

,,König: Warumb wolt ihr/ daß euer Pferd sich zur Seite wisse zu tummeln/ und dasselbe bald hie bald dort widerhole/ nach dem ihr ihm auff einer und der andern Seite die Sporen gegeben habt?

Pluvinel: Ich thue es darumb/ Gnädigster Herr/ dieweil das Pferd/ welches sich zur Seiten nit tummeln läßt/ keine gute Volten machen kan/ es geschehe dann ohngefehr: aber welches sich also tummeln läßt/ im fall es in den Volten gieng/ und sich zu weit hinauß begebe/ wird der eusserste Spor es wieder eintreiben: wann es aber den Gang zu eng nemen solte/ wird der innerste machen/ daß es denselben erweitere. Also wann man es fürwarts tummelt/ im fall es sich auff eine oder die andere Seite werffen solte/ wird der ein oder der ander Spore ihn gerad gehen lernen. Dz ist/ Gnädigster Herr/ die Ursach/ warumb ich will/ daß ein Pferd sich zur Seiten wol tummeln lasse. Jetzund fahre ich fort/ und bitte E. M. sie wolle diß Pferd mit einem Zügel am Zapffen deß Gebisses/ wie ich zuvor gemeldt/ anschauen/ welches die Lection seiner Schulen umb den Pfeiler herumb anfahet/ damit es nicht eines Dings überdrüssig werde/ an statt daß ich es zwischen dè Pfeilern binden solte/ damit es seitwarts gienge. Sehet/ wie es den Kopff gegen dem Pfeiler allernechst bey demselben gewendet hat/ und die Hüffte ausserhalb hält: wie es zur Seitè im Schritt mit den Bugen und Hüfften gehet/ un an den Bugen etwas mehr eingespannet ist. Mercket darnach/ wie es in Curbetten auff eben dieselbe Fußstapffe getummelt wird/ und wie der/ so drauff sitzt/ ihm mit den beyden Sporen hilfft/ etwas schärpffer mit dem eine/ von welchem er es abtreiben will/ damit es dèselben gehorche/ mit dem andern aber rühret er es nur an/ damit er es fort treibe/ und drücket es hart mit dem Waden deß Schenckels/ oder zwicket es mit dem Sporen/ welchem er will daß es gehorche: welche Lection sehr nutzlich ist/ und machet/ daß das Pferd im lernen wol zunimmt.

König: Was lernet dann das Pferd durch diese Lection mehr/ dan zwischen den Pfeilern/ sintemal es nur seitwarts/ von einer Seiten zur andern gehet?

Pluvinel: Gnädigster Herr/ Ich befinde/ daß sie zweierley Nutzen hat: deren der erste ist/ daß demnach daß Pferd nicht mehr auff beyden Seiten gebunden ist/ es den Pfeiler allein/ an welchem es mehr Freyheit hat/ nicht so sehr/ als die beyde förchtet: und derhalbè über die Anlehnung/ die es an der Faust hat/ muß es gehorchen/ in dem man ihm den Kopff gegen dem Pfeiler wendet. Der ander ist/ daß es auch zugleich den beyden Sporen gehorchet/ und mehr dem/ durch welchen es getrieben wird/ also daß es sich im fortgehen etwas zur seiten lencke: dabey E. M. abnemen kan/ daß ein Pferd/ bey welchem solcher Verstand und Gehorsam gespüret wird/ schier so weit kommen ist/ daß es konne für ein geschicktes Pferd geachtet werden."

disciple de M de Plu:
L'eglise de NostreDame.
S Seneein.
Le Palais
S. Andre.
Figur 15. 1 part.

Georg Engelhard von Löhneysen, der deutsche Zeitgenosse Pluvinels, hat reiterlich nicht die gleiche Bedeutung wie Pluvinel erlangt. Sein „Della Cavalleria – Gruendtlicher Bericht von allem was zu der Reutterei gehoerig" ist jedoch eines der gewaltigsten Buchwerke des frühen 17. Jahrhunderts, für dessen Entstehung Löhneysen sogar eine eigene Druckerei bauen ließ.

Als weiterer großer Klassiker wirkt im 17. Jahrhundert in den Niederlanden und in Frankreich der unter Cromwell aus England vertriebene *Herzog von Newcastle,* dessen Werk ''*Horsemanship in all its branches*'' mit Illustrationen des Rubensschülers Diepenbeck erscheint. Die von Pluvinel praktizierte Arbeit in den Pilaren lehnt der Herzog von Newcastle ab, weil ,,viele Pferde durch ungeschickte Arbeit zwischen den Pilaren zugrunde gerichtet werden''. Er arbeitet seine Pferde jedoch um einen Pilar auf dem Zirkel und erfindet die Lektion des ,,Kopf in der Volte''. Der Herzog gilt auch als Erfinder des Kappzaums, mit dem er seine Pferde arbeitet, bevor er sie mit der Kandare vertraut macht. Grundlegend ist die Erkenntnis Newcastles, daß eine echte Versammlung des Pferdes nur möglich wird, wenn die Hinterbeine eng aneinander vorbeitreten.

Die Gegner des Herzogs von Newcastle werfen ihm ein gewaltsames Abbrechen seiner Pferde im Hals vor. Steinbrecht schreibt dazu jedoch: ,,Die alten Meister verwandten viel Fleiß und Zeit auf diese Lektion, und die Art ihrer Arbeit erscheint uns jetzt lächerlich und barbarisch. Wenn wir aber bedenken, mit welchen Hindernissen sie bei der Dressur ihrer schweren Schulhengste zu kämpfen hatten und welche Ergebnisse sie trotzdem zu erzielen wußten, so müssen wir gestehen, daß sie uns überlegen waren und dies so lange bleiben werden, bis wir in ihre Fußstapfen treten. Dann aber können wir sie übertreffen, weil uns ein vollkommeneres Pferdematerial zur Verfügung steht. Man denke sich nur einen schweren Brabanter oder Dänischen Hengst, wie man sie heutzutage als schwere Lastschlepper zu sehen bekommt, als Zögling für die Hohe Schule, dann wird man sich nicht mehr wundern, wenn die Alten vier Mann brauchten, den Speckhals und das Bullengenick eines solchen Tieres zu richten und zu biegen.''

Der Herzog von Newcastle vertrat im übrigen die Meinung, daß der Reiter, wie damals üblich, im Stehsitz reiten solle. Der Reiter saß also auf dem Spalt, und es ist erstaunlich, welche Leistungen damit vollbracht wurden. Lediglich Newcastles deutscher Zeitgenosse *Pinter von der Aue* forderte die Belastung beider Gesäßknochen, konnte sich mit dieser modernen Ansicht über den Reitsitz zu seiner Zeit aber noch nicht durchsetzen.

Eine Übung des Herzogs von Newcastle war das ,,Kopf in der Volte'' im Schritt, Trab und Ga

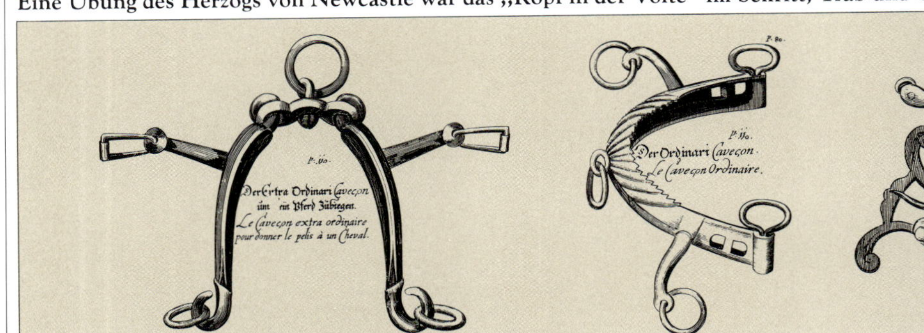

Schlaufzügel benutzt. Überhaupt sieht Newcastle im Gebrauch des inneren Zügels eine seiner

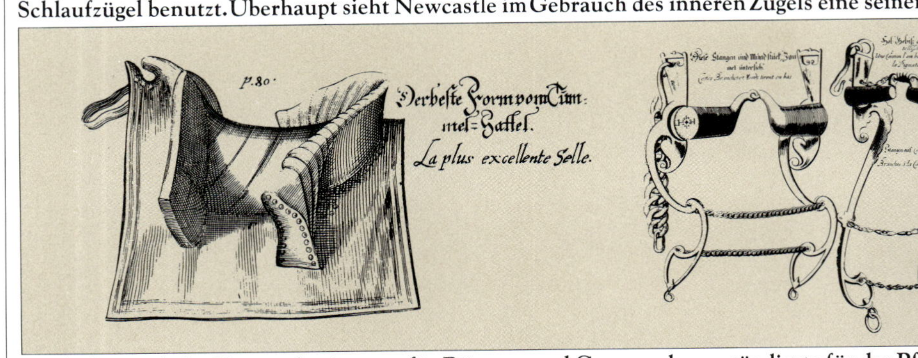

beschäftigt sich der Herzog damit, ,,was für Rüstung und Gezeuge das anständigste für das Pfe

e Pferde in der Schulter geschmeidig zu machen. Hierbei wird vorherrschend der innere

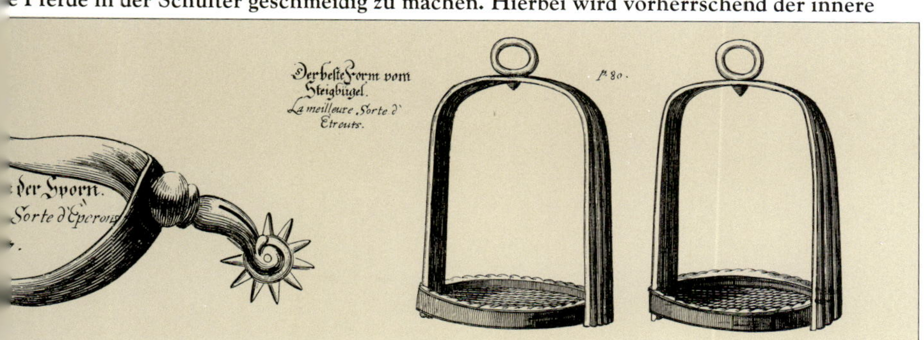

ungen, er bezeichnet diese Hilfengebung als die „Quintessenz der Reiterei". Ausführlich

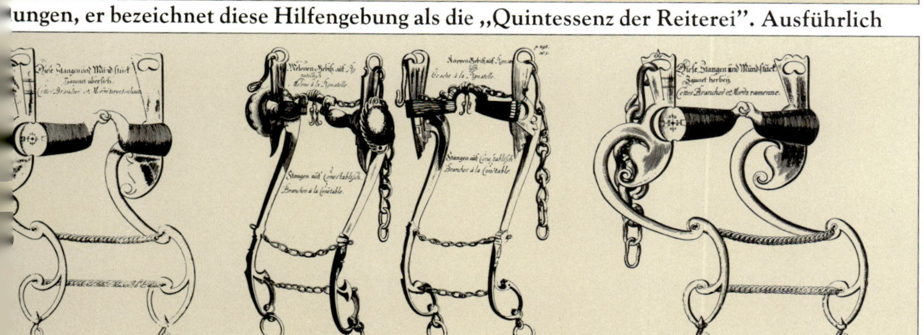

uemste für den Reiter seye" und nennt insbesondere eine Vielzahl von Kandarengebissen.

Robichon de la Guérinière.

Zum eigentlichen Stammvater der Dressurauffassung, auf der unsere heutige Dressurreiterei weitgehend aufbaut, wird der Leiter des französischen Marstalls *Robichon de la Guérinière.* In seinem Werk *«Ecole de la Cavalerie» (1733)* schreibt la Guérinière: „Der Zweck der Ausbildung eines Pferdes ist, es durch systematische Arbeit ruhig, gewandt und gehorsam zu machen, damit es angenehm ist in seinen Bewegungen und bequem für den Reiter wird. Das gilt in gleicher Weise sowohl für das Jagd- und Soldatenpferd als auch für das Schulpferd."

Erst unter Guérinière kommt die moderne Auffassung vom Reitsitz zum Durchbruch, für die dann in Deutschland auch der Hannoveraner *Prizelius* eintritt. Er läßt die schweren italienischen Sättel durch einen leichten Dressursattel ersetzen und lehrt seine Schüler, auf den Gesäßknochen, also im Sattel und nicht auf dem Sattel zu sitzen. Damit wird der Weg frei für einen natürlichen Sitz und eine feinere reiterliche Hilfengebung.

Guérinière entwickelt die Lektion des Schulterherein, als dessen Vorläufer Newcastles „Kopf in der Volte" anzusehen ist. Bei Newcastles „Kopf herein – Kruppe heraus" sieht Guérinière jedoch die Gefahr, daß die Schulter vermehrt belastet wird. Das Schulterherein soll dem Pferd dagegen Schulterfreiheit geben, es zu vermehrter Hankenbiegung veranlassen und den Schenkelgehorsam verfeinern. Guérinière glaubt, mit der richtigen Ausübung dieser Lektion eines der schwierigsten reiterlichen Probleme gelöst zu haben, denn: „Die größten Meister der Reitkunst haben stets die Geschmeidigkeit der Schulter als die dem Pferd am schwersten zu gebende Eigenschaft betrachtet, die doch so notwendig ist, um alle Bewegungen angenehm zu machen."

Bei Guérinière finden sich zum ersten Mal klare Beschreibungen von Piaffe und Passage. Auch die Schulsprünge werden ausführlich beschrieben. Sein Gedankengut wird heute am umfassendsten an der Spanischen Hofreitschule in Wien gepflegt.

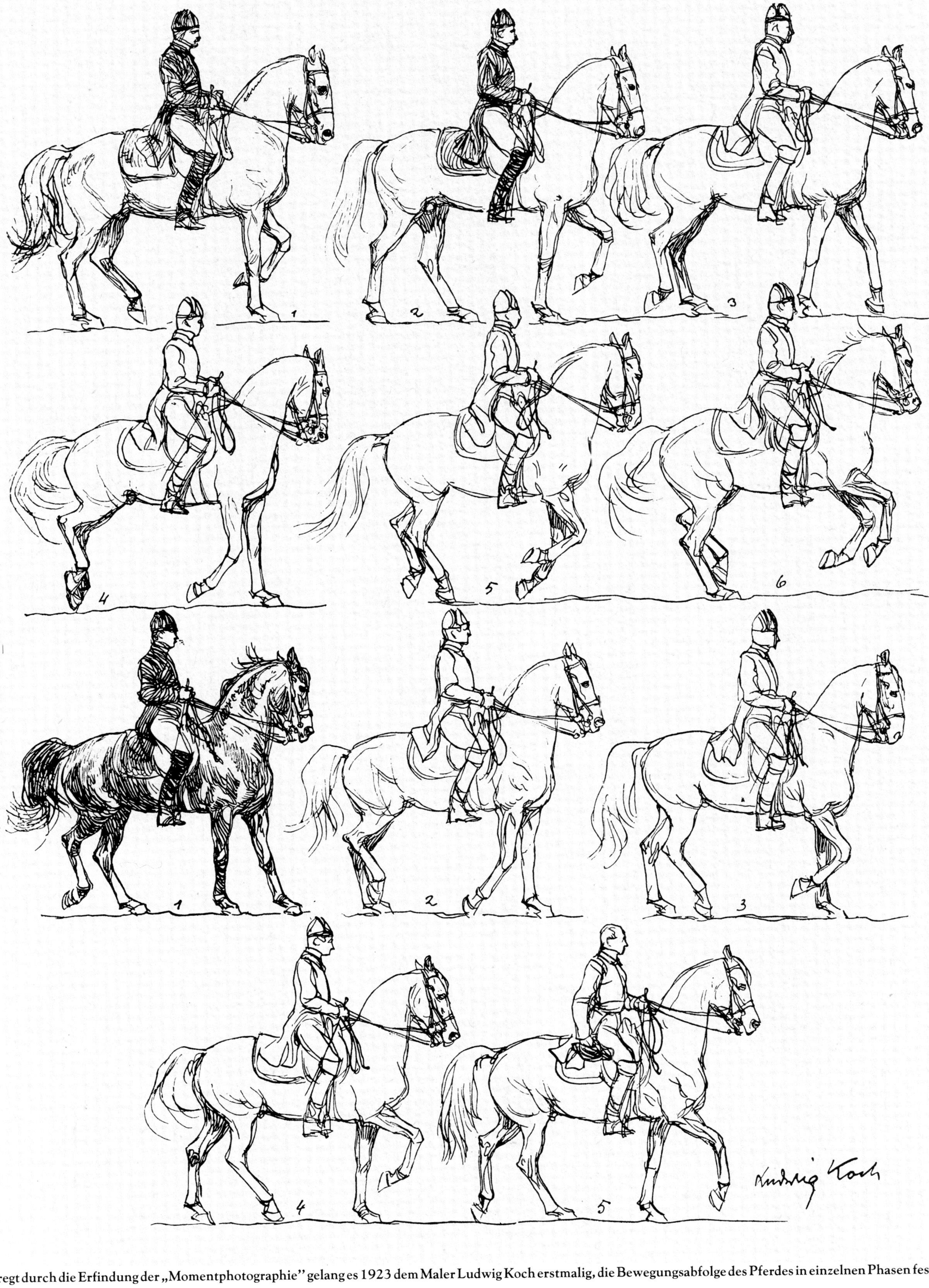

Angeregt durch die Erfindung der „Momentphotographie" gelang es 1923 dem Maler Ludwig Koch erstmalig, die Bewegungsabfolge des Pferdes in einzelnen Phasen festzuhalten.

Hier das Einspringen aus dem Schritt in den Schulgalopp und Parieren aus dem Schulgalopp in den Schritt, die Pirouette, das Mezair (Levieren mit Raumgewinn) und die Croupade.

Die Spanische Hofreitschule pflegt das Erbe der Klassiker in reinster Form. Schulen über der Erde, wie auf diesem Bild, kann man heute nur noch in Wien sehen.

Die Irrwege Bauchers.

Im 19. Jahrhundert trat der französische Kunstreiter *François Baucher* an, die klassische Reitlehre eines Guérinière abzulösen und seine eigenen Reittheorien in Frankreich und Deutschland durchzusetzen. Sein 1842 erschienener Bestseller *«Méthode d'equitation«* spaltete die Reiterwelt in das Lager der Baucheristen und der vom *Grafen d'Aure* angeführten Befürworter der klassischen Versailler Reitkunst.

François Baucher (1776–1873), genialer Reiter und Begründer einer neuen reiterlichen Schule, für die er zunächst viele Anhänger gewann, die sich aber schließlich doch nicht durchsetzen konnte.

Antoine d'Aure (1798–1863), der große Widersacher Bauchers in Frankreich und spätere Chefreitlehrer in Saumur, wies als erster darauf hin, daß sich das Pferd in den verstärkten Tempi im Hals strecken soll.

Bauchers Methode besteht darin, den Pferden jeglichen Willen und jede Initiative zu nehmen. Er gilt auch als Vater des Kniebelns und hat darin bis heute seine Jünger behalten. Baucher arbeitete seine Pferde viel im Halten und im Rückwärtsrichten, bog die Pferde stark im Hals ab und brachte die Hinterbeine extrem weit unter den Pferdeleib. Hankenbiegen und Formung des Pferdes im Vorwärtsreiten standen nicht in seinem Programm.

Dabei muß Baucher ein genialer Reiter gewesen sein, der über eine sehr starke Einwirkung verfügte. Sein reiterlicher Ruhm erreichte seinen Höhepunkt, als es ihm gelang, einen vierjährigen Vollblüter namens ,,Gericault", der bis dahin jeden Reiter in den Sand gesetzt hatte, innerhalb von 4 Wochen so gehorsam zu machen, daß er mit ihm sogar fliegende Galoppwechsel und Pirouetten reiten konnte. Von seiner außerordentlichen Geschicklichkeit zeugt auch eine Lektion wie der Galopp auf drei Beinen. Aber eben eine abartige Lektion, wie später der Rückwärtsgalopp von *Fillis.* Geblieben ist heute nur noch der fliegende Galoppwechsel von Sprung zu Sprung, dessen Erfindung Baucher zuzuschreiben ist.

Der in England geborene Wahlfranzose James Fillis (1834–1913) war der wohl größte Reitkünstler seiner Zeit und in seiner Einwirkung auf das Pferd auch einem Baucher noch überlegen. Ausgebildet von François Caron, einem Schüler Bauchers, war Fillis bereits 1861 Stallmeister Napoleons III., danach Stallmeister der Königin von Neapel und von 1889 bis 1910 Chefreitlehrer der Kavallerieschule in St. Petersburg.
Die Liste der von Fillis gezeigten Lektionen ist unwahrscheinlich: Galopp auf drei Beinen vorwärts, auf der Stelle und rückwärts, Galoppwechsel von Sprung zu Sprung auf der Stelle, Piaffe im Schaukeltritt, Passage rückwärts, Rückwärtsrichten ohne Zügel und Hin- und Herwiegen auf den Vorderbeinen oder Hinterbeinen, das sogenannte Balancer.
Fillis war ein großer Verehrer Bauchers, setzte sich aber dennoch kritisch mit dessen Methode auseinander. Den Hauptfehler Bauchers sah er darin, daß dieser seine Pferde ununterbrochen zusammenschraubte.

Baucher konnte sich in Frankreich jedoch zunächst durchsetzen. Seine Ideen fanden Einzug in die französische Kavallerie. Später verwarf man jedoch Bauchers Methode, und sein heftigster Widersacher, Graf d'Aure, wurde Chefreitlehrer in Saumur. Auch in Deutschland konnte Baucher nach Vorstellungen in Berlin zunächst viele Anhänger gewinnen. Der König beglückwünschte Baucher, viele Offiziere nahmen Reitunterricht bei ihm, und von Willisen übersetzte sein Buch ins Deutsche. Beim Kavallerie-Exerzieren zeigte sich aber, daß die nach Baucher gearbeiteten Pferde für die Armee untauglich waren.

Das Cadre noir der französischen Kavallerieschule in Saumur.

Im Alter hat Baucher dann seine reiterlichen Auffassungen modifiziert. In seinem letzten Buch «La seconde maniere» nähert er sich wieder den Klassikern und betont die Bedeutung richtiger Hankenbiegung.

DIE ANTWORT SEEGERS UND STEINBRECHTS.

Gegen die Reittheorien des François Baucher wandten sich in Deutschland in scharfer Form vor allem der Berliner Stallmeister *Louis Seeger* und später sein Schüler Gustav Steinbrecht.

Louis Seeger (1798–1865) erhielt für sein „System der Reitkunst" die goldene Verdienstmedaille des preußischen Staates.

Seegers Schüler Gustav Steinbrecht (1808–1885) schuf mit „Das Gymnasium des Pferdes" das Standardwerk der neueren hippologischen Literatur.

Seeger war einer der besten Schüler des berühmten *Max von Weyrother* und hatte bei ihm die klassische Reitkunst an der Spanischen Hofreitschule gelernt. Seeger hat sich intensiv mit der Wirkung des von den alten Meistern so sehr geschätzten Kappzaums beschäftigt und aus diesen Überlegungen heraus später das hannoversche Reithalfter entwickelt.

Als Baucher in Deutschland an Einfluß gewinnt, gibt Seeger die Schrift „*Herr Baucher und seine Künste, ein ernstes Wort an Deutschlands Reiter*" heraus. Er bezeichnet Bauchers Reiterei als „Hohe Schule zu ermäßigten Preisen" und prägt den Reitern wieder die Bedeutung des Vorwärtsreitens ein: „Deutschlands Reitern rufe ich zu: Vergeßt nie, daß die Fortbewegung die Seele der Reitkunst ist und der Impuls dazu von der Hinterhand des Pferdes ausgeht."

Dieser Gedanke zieht sich auch durch *Gustav Steinbrechts* Buch „*Das Gymnasium des Pferdes*", dem elementarsten neueren Werk der deutschen Reitliteratur. 1884 herausgegeben von Steinbrechts Schüler *Paul Plinzner,* der später durch seine Methode der unbedingten Beizäumung vielfach angegriffen wurde, und überarbeitet von *Hans von Heydebrecht* ist „Das Gymnasium des Pferdes" zur Grundlage aller später erschienenen deutschen Reitvorschriften geworden.

Steinbrecht prägt den klassischen Satz „*Reite dein Pferd vorwärts und richte es gerade!*"

„Unter diesem Vorwärtsreiten verstehe ich nicht ein Vorwärtstreiben des Pferdes in möglichst eiligen und gestreckten Gangarten, sondern vielmehr die Sorge des Reiters, bei allen Übungen die Schubkraft der Hinterhand in Tätigkeit zu erhalten, dergestalt, daß nicht nur bei den Lektionen auf der Stelle, sondern sogar bei Rückwärtsbewegungen das Vorwärts, nämlich das Bestreben, die Last vorwärts zu bewegen, in Wirksamkeit bleibt."

„Ferner verstehe ich unter der geraden Richtung des Pferdes nicht seine völlig ungebogene Körperhaltung, sondern eine derart vorwärts gerichtete Einstellung seiner Vorhand auf die abzuschreitenden Linien, daß es unter allen Umständen, selbst bei stärkster Biegung seines Körpers und in den Lektionen auf zwei Hufschlägen, mit seinen Vorderfüßen den Hinterfüßen vorschreitet, die ihrerseits wiederum jenen unbedingt folgen, indem sie stets in der Bewegungsrichtung vor und niemals seitwärts dieser Richtung treten."

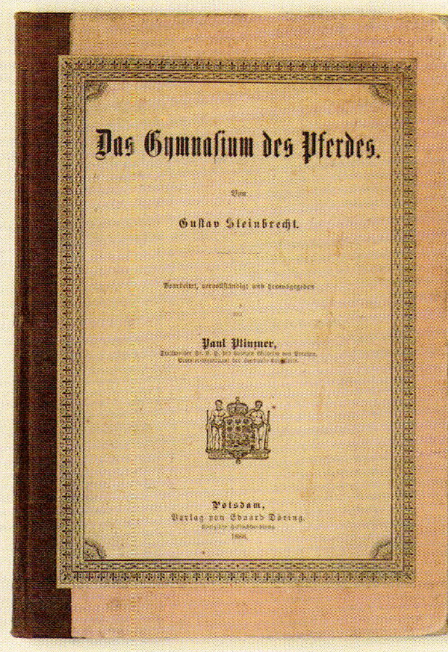

Paul Plinzner (1852–1920) brachte 1884 „Das Gymnasium des Pferdes" nach Aufzeichnungen von Steinbrecht heraus. Plinzner ergänzte die Fragmente Steinbrechts zu einem einheitlichen Ganzen, wobei er aber angab, welche Teile noch von Steinbrecht selbst stammen.
1935 veröffentlichte Hans von Heydebrecht die 4. Auflage des Werkes. Er hatte das Werk unter Berücksichtigung neuerer Erkenntnisse überarbeitet, die sich insbesondere durch die Entwicklung der Fotografie ergaben, und er nahm auch gewisse Veränderungen in der Gliederung vor. Die grundlegenden Gedanken Steinbrechts blieben jedoch unverändert erhalten.

Steinbrecht erklärt mit großer Präzision die geraderichtende Biegearbeit im Vorwärtsreiten als das Mittel, das Pferd gleichmäßig an beide Zügel heranzureiten, und legt ebenso dar, warum ein geradegerichtetes Pferd das Höchstmaß an Schubkraft und Tragkraft der Hinterhand entwickelt.

James Fillis in verschiedenen Lektionen, die dem natürlichen Bewegungsablauf des Pferdes widersprechen, aber doch von der großen reiterlichen Brillanz dieses Kü▸

Fillis auf Markir im Spanischen Trab.

Fillis auf Markir in der Passage auf zwei Hufschlägen.

Fillis auf Markir beim Piaffieren im Schaukelschritt.

Fillis auf Germinal im Rückwärtsgalopp.

ttel zeugen. Großes Foto: Galopp rückwärts auf drei Beinen mit Germinal.

DIE GROSSEN REITMEISTER DES 20. JAHRHUNDERTS.

Aufbauend auf dem theoretischen Gerüst eines Steinbrecht konnte sich in Deutschland ein hohes Niveau in der Dressurreiterei entwickeln, das durch die großen Reitmeister dieser Zeit geprägt und über Generationen an ihre Schüler weitergegeben wurde. Vor allem die Namen Oscar M. Stensbeck, August Staeck, Felix Bürkner, Richard Waetjen, Otto Lörke, Walter („Bubi") Günther und Willi Schultheis sind hier zu nennen, obwohl man natürlich auch noch manch anderen bekannten Reiter und Ausbilder in diesen Kreis einbeziehen könnte.

Oscar M. Stensbeck ist der älteren Generation unserer Dressurreiter aus der Zeit seiner letzten Lehrtätigkeit an der Kavallerieschule in Hannover in Erinnerung. Im Alter von achtzig Jahren stellte er dort ein Jahr vor seinem Tod den ostpreußischen Schimmel Nicolo noch in den Lektionen der Hohen Schule vor.

Stensbeck besaß bereits zu seinen Lebzeiten einen legendären Ruf als Schulreiter. Im Turniersport vornehmlich in den zwanziger Jahren aktiv, war er vorher vor allem als Ausbilder von Pferden für die damals auf hohem Niveau stehenden Zirkusreiter bekannt geworden. Von seinen Pferden ist besonders der Ostpreuße Gimpel zu erwähnen, der 1928 bei den Olympischen Spielen in Amsterdam startete und dann als Siebzehnjähriger noch einmal in der deutschen Goldmedaillenmannschaft bei der Olympiade 1936 in Berlin vertreten war.

Oscar Stensbecks jüngerer Bruder *Gustav Stensbeck,* der „Rat Stensbeck", muß ein ebenso hochtalentierter Reiter gewesen sein, wurde jedoch nicht so bekannt. Seine berühmtesten Pferde waren Count Moritz und vor allem Ten Drugi, die er im Zirkus Busch vorstellte.

Oscar Stensbeck habe er, so erzählte mir Willi Schultheis, als einen Reiter von ungeheurer Geduld erlebt. Altersbedingt am intensiven Vorwärtsreiten gehindert, habe Oscar Stensbeck – die obligatorische schwarze Zigarre im Mund – seine Pferde eine halbe Stunde lang vor dem Spiegel im Halten gearbeitet, die Pferde dabei völlig ausbalanciert, die Hinterbeine untergeschoben, die Pferde im Genick locker gemacht und sei lediglich ab und zu einige Schaukeln geritten.

Piaffe.

Passage.

Mitteltrab.

Oscar M. Stensbeck im Alter von achtzig Jahren auf dem Ostpreußen Nicolo.

August Staeck, Dressurchampion von 1928 bis 1935, auf Draufgänger, dem Siegerpferd Freiherr von Langens bei der Olympiade 1928.

Richard Waetjen, der Vertreter der Wiener Schule unter den deutschen Spitzenreitern, auf Burgsdorff.

Felix Bürkner, zehnfacher Champion der Dressurreiter und dreifacher Sieger im Westphalen-Memorial, auf Caracalla xx.

Otto Lörke auf Adular. Kein Reiter hat den Dressursport in diesem Jahrhundert so nachdrücklich geprägt wie er.

Bubi Günther auf Happy Day. Nach erfolgreichen Jahren im Springsattel wurde er Anfang der sechziger Jahre unser großer Dressurausbilder.

Willi Schultheis auf Pernod xx. Der erfolgreichste Schüler Otto Lörkes übernahm nach dem Tod Bubi Günthers das Amt des Bundestrainers.

Dem Außenstehenden sei gar nicht klar geworden, was Stensbeck eigentlich mache. Seine Pferde seien aber so auf den Reiter konzentriert gewesen, daß ihnen der Schweiß heruntergelaufen sei und Stensbeck sie plötzlich zur Piaffe antreten lassen konnte. Dann sei er noch fünf Minuten vorwärts geritten und die Pferde hätten alle Lektionen in vollkommenem Gehorsam und schöner Selbsthaltung ausgeführt.

Von 1928 bis 1935 stand *August Staeck* an der Spitze des deutschen Dressurchampionats. Der von ihm entdeckte und ausgebildete Hannoveraner Wallach Draufgänger wurde unter Freiherr von Langen bei den Olympischen Spielen 1928 in Amsterdam Deutschlands erster Olympiasieger in der Dressur. Staecks Meisterschülerin war Frau Käthe Franke, von der ich selbst wiederum während meiner Zeit im Gestüt Lauvenburg sehr viel gelernt habe. Käthe Franke war mit über 700 goldenen Schleifen in 20 Turnierjahren die erfolgreichste Turnierreiterin aller Zeiten, wurde als erste Reiterin mit dem goldenen Reitabzeichen ausgezeichnet und gewann unzählige Male die Damen-Championate in allen Disziplinen. Neben Frau Käthe Franke haben Frau

Felix Bürkner als Leiter der Heeres-Reit- und -Fahrschule in Krampnitz auf Herder. In der Krampnitzer Zeit schuf Bürkner eine unvergessene Schulquadrille, die anläßlich der Schlußfeier bei den Olympischen Spielen 1972 in München erneut vorgestellt wurde.

Hertha Rau, Albert Rother und Walter Körner als Schüler von August Staeck das Wissen dieses Reiters uns jüngeren Reitern nach dem Krieg weitervermittelt.

Felix Bürkner gehörte bereits zur Zeit der kaiserlichen Armee zu den bekanntesten und vielseitigsten Militärreitern in Deutschland. 1911, 1912 und 1913 gewann er das ,,Westphalen-Memorial", eine Vielseitigkeitsprüfung ganz besonderer Art, die aus folgenden Teilprüfungen bestand: 1. Vorstellen des eigenen Pferdes in einer Dressuraufgabe, 2. Pferdewechsel und Vorreiten eines fremden Pferdes in einer Dressuraufgabe, 3. Korrekturreiten unrittiger Pferde, 4. Vorstellen eines unbekannten Schulpferdes in den Lektionen der Hohen Schule, 5. Stilspringen, 6. Gewandtheitsprüfung (Schleifenraub), 7. Bewertung aller bisher gewonnenen Rennen.

An den Olympischen Spielen 1912 in Stockholm nahm Bürkner mit dem als unschlagbar geltenden King teil; King verletzte sich jedoch vorher und Bürkner wurde nur Siebter.

Nach dem Ersten Weltkrieg gründete Bürkner den Turnierstall Preußen und setzte seine erfolgreiche Turnierlaufbahn fort. Zehnmal wurde er Champion der deutschen Dressurreiter. Seine besten Pferde waren Caracalla xx, Herder, Imperator V und vor allem Pilger. Für die Olympischen Spiele 1928 in Amsterdam trainierte er die deutsche Dressurmannschaft. 1930 folgte dann die Gründung der Deutschen Reitschule in Berlin-Düppel. Bürkner gewann Waetjen und von Heydebrecht für die Dressurausbildung und Willy Spillner für die Springausbildung. Die Deutsche Reitschule wurde zum Mittelpunkt des damaligen reiterlichen Lebens.

1939 wurde Bürkner Kommandeur der von Hannover nach Krampnitz verlegten Heeres-Reit- und -Fahrschule. Es gelang ihm, die talentiertesten Reiter des Heeres – darunter Willi Schultheis, Walter Günther, Fritz Thiedemann, Walter Körner und Robert Schmidtke – nach Krampnitz abzukommandieren. Bürkner konzipierte die Deutsche Schulquadrille, und unter der fachlichen Leitung von Otto Lörke ritten jeweils zwölf der siebzehn Reiter des Schulstalles diese einmalig schöne Quadrille. Bürkner mit Herder an der Tête und Willi Schultheis als zweiter Tetenreiter. Die Quadrille wurde jedoch während des Krieges niemals öffentlich gezeigt und leider existieren auch keine Fotos davon. Dank der Initiative von Willi Schultheis, Albert Stecken und Bubi Günther wurde diese „Schulquadrille in memoriam Oberst Felix Bürkner" dann erstmals wieder bei der Schlußfeier der Olympischen Spiele 1972 in München geritten. Danach wurde sie nur noch 1973 in Aachen und Amsterdam, 1974 in Berlin und Dortmund und 1978 in Boekeloh gezeigt.

Nach dem Krieg brachte Felix Bürkner noch die beiden Dressurpferde Pikeur und Zigeunerbaron heraus. 1949 startete er als erster deutscher Reiter wieder im Ausland und gewann dabei in London auf Zigeunerbaron eine internationale S-Dressur. Felix Bürkner starb 1957, drei Tage vor dem Tod Otto Lörkes.

Richard Waetjen erhielt von Oscar Stensbeck die erste Einführung in die klassische Dressur. Entscheidend für seine reiterliche Ausbildung war dann sein langjähriger Aufenthalt an der Spanischen Hofreitschule. Zunächst als Meisterschüler des bekannten Oberbereiters *Johann Meixner* und später selbst als Ausbilder zusammen mit *Polak* und *Lindenbauer.*

1925 gründete Waetjen einen Turnierstall in Berlin und war von da an zusammen mit Staeck, Bürkner und Lörke immer in der Spitzengruppe der erfolgreichsten Dressurreiter. Diese 4 Reiter erhielten 1930 auch als erste das deutsche Reitabzeichen in Gold. Nach dem Krieg wirkte Waetjen viele Jahre lang in Amerika, nachdem er vorher bereits die englische Militarymannschaft in der Vorbereitung für die Olympischen Spiele 1952 unterstützt hatte.

Albert Stecken beschreibt Waetjen in seiner Reitweise als einen typischen und würdigen Vertreter der Wiener Schule. „Wenn man Waetjen bei der Morgenarbeit oder bei Turnieren beobachtete, dann fiel einem – wie auch zahlreiche Bilder ausweisen – sofort der mustergültige Sitz auf, aus dessen Einwirkung er seine Pferde schwungvoll und peinlich geradegerichtet vorwärtsritt. Er verstand es durchaus, die Pferde entschieden aufzufordern, unterließ aber stets jede grobe Einwirkung, die mit den Grundsätzen der klassischen Reitkunst nichts zu tun hat.

Von den großen Reitern der Vorkriegszeit hat *Otto Lörke* auch dem Wiederaufbau des Turniersports nach dem Krieg ganz entscheidende Impulse gegeben. Wir jungen Reiter konnten damals erleben, wie seine erst fünfjährigen Pferde Chronist xx und Adular bereits hervorragende Piaffen und Passagen zeigten, während sie gleichzeitig noch in Eignungsprüfungen starteten. Lörke war zu dieser Zeit schon siebzigjährig, beherrschte aber noch die Dressurszene.

1909: Otto Lörke in der Uniform des kaiserlichen Marstalls auf dem Hippodrom im Berliner Tiergarten.

Otto Lörke begann seine reiterliche Karriere im kaiserlichen Marstall, wo er nach dem Abgang Paul Plinzners bald zum Sattelmeister Wilhelms II. ernannt wurde und die Pferde des Kaisers arbeitete. Lörkes Lehrmeister war sein ebenfalls im kaiserlichen Marstall als Fahrmeister tätiger Onkel, der gleichzeitig auch ein hervorragender Reiter war. In der Hohen Schule war Lörke jedoch reiner Autodidakt. Nach seinen Erzählungen hat er, wie Willi Schultheis berichtet, vor allem von den damals berühmten und auf hohem Niveau stehen-

Otto Lörke während seiner Vornholzer Zeit mit Chronist xx, dem Pferd Fritz Thiedemanns bei den Olympischen Spielen 1952 in Helsinki.

den Zirkusreitern viel abgesehen und dann selbst ausprobiert.

Lörkes legendärer Ruf als Dressurausbilder begann vor allem durch seine überragenden Erfolge bei den Olympischen Spielen 1936 in Berlin. Lörke stellte mit Kronos unter Oberleutnant Pollay und Absinth unter Major Gerhard den Gold- und Silbermedaillengewinner. Seitdem hat kein anderer Reiter eine ähnliche Bedeutung als Ausbilder für die olympischen Dressurwettbewerbe gehabt.

Für die geplanten Olympischen Spiele 1940 in Tokio wurde Lörke die alleinige Ausbildung der Dressurmannschaft und gleichzeitig noch das Dressurtraining der Militarymannschaft übertragen. 1952 sorgte Lörke bei den Olympischen Spielen in Helsinki für den Anschluß der deutschen Dressurreiter an die Weltspitze und führte die deutsche Dressurmannschaft mit seinen Vornholzer Pferden Afrika, Adular (der damals erst sechsjährig war) und Chronist xx unter Baronesse Ida von Nagel, Heinz Pollay und Fritz Thiedemann zum Gewinn der Bronzemedaille. 1956 in Stockholm gewann ein Jahr vor seinem Tod seine Damendressurmannschaft mit Liselott Linsenhoff,

Olympische Spiele 1956 in Stockholm: Otto Lörke inmitten seiner „Silber"-Damenmannschaft (Liselott Linsenhoff, Anneliese Küppers und Hannelore Weygand).

Anneliese Küppers und Hannelore Weygand die Silbermedaille in der Mannschaftswertung. Adular mit Liselott Linsenhoff wurde Dritter in der Einzelwertung.

Lörkes Schüler bescheinigen ihm einen harten, aber unwahrscheinlich intensiven und lehrreichen Unterricht, bei dem er Pferd und Reiter gleichzeitig zu formen verstand. Dazu Willi

Entwicklung der Levade. Otto Lörke auf Fanal, seinem wohl besten und auch im hohen Alter noch überragenden Pferd.

Schultheis: ,,Lörke gab so präzise, detaillierte und schnelle Anweisungen, daß man als Reiter das Gefühl hatte, als säße er hinter einem im Sattel. Man vergaß völlig Zeit und Raum und war oft selbst erstaunt, daß man nach seinen Kommandos besser geritten war, als man eigentlich reiten konnte." Als Schüler erkannte Lörke aber nur jemanden an, der mindestens zehn Jahre lang bei ihm geritten hatte. Willi Schultheis: ,,Ich bin bis zum letzten Tag immer sein Lehrling geblieben."

Otto Lörke mit Fanal und Willi Schultheis mit Chronist xx bei einer Schaunummer auf dem Turnier des Bielefelder Reitclubs.

Lörke bevorzugte das Blutpferd. Vor allem Ostpreußen und Vollblüter. Pferde mit viel Intelligenz, Feinfühligkeit und Arbeitsbereitschaft. Dabei hatte er in der Auswahl seiner Pferde so viel Geschick, daß er Pferde, die nicht nervenstark genug waren, gar nicht erst kaufte.

Sein wohl bestes Pferd war der Trakehner Fanal. Durch den Krieg kam Fanal nie zum olympischen Einsatz. Aber er lieferte im Dressursport der Nachkriegszeit ein Musterbei-

Fanal in der Passage mit einer Kadenz, wie sie nur selten zu sehen ist.

spiel dafür, welche Frische, Gehfreudigkeit und Geschmeidigkeit das ältere Dressurpferd bei richtiger Ausbildung noch besitzt. Fanal schritt als 24jähriges Pferd hinter dem Sarg Lörkes.

Er konnte den Pferden ,,Beine machen": Bubi Günther auf Mazepa.

Von *Bubi Günther* behaupten die Dressurreiter, daß er auch einen Esel oder Ochsen zum Grand Prix gebracht hätte. Das ist vielleicht übertrieben. Aber daß Bubi Günther zu den ganz wenigen Reitern gehörte, die einfach alles können, daran gibt es keinen Zweifel.

Bubi Günther erhielt seine vielseitige Ausbildung bei seinem Vater, der in Köln den Turnierstall des Barons von Oppenheim leitete, und zu dessen Ausbildungsprinzipien es gehörte, seine Pferde gleichermaßen in Spring- und Dressurprüfungen zu starten. Schon als Junge ritt Bubi Günther mit Burggraf erfolgreich in den großen Springwettbewerben und erhielt bereits als Fünfzehnjähriger das Goldene Reitabzeichen. An der Kavallerieschule kam er dann zu Otto Lörke. Dazu Frau Maria Günther: ,,Otto Lörke ist immer sein Idol gewesen. Ihm hat er unendlich viel zu verdanken. Wenn Willi Schultheis und Bubi zusammensaßen, konnten sie beide stundenlang über die Zeit bei Lörke erzählen. Überhaupt ist er in seiner Art, Pferde auszubilden, Lörke ja sehr ähnlich gewesen. Bubis Devise war: Ich bin nicht dazu da, daß ich die Pferde reiten kann, sondern daß meine Schüler die Pferde nachreiten können. Und körperlich schwache Reiterinnen wie Karin Schlüter, Ilsebill Becher, Evi Pracht, Gabi Grillo und ich haben es eigentlich dieser Ausbildungsmethode zu verdanken, daß er uns alle in die Auswahlmannschaft I gebracht hat."

Nach dem Krieg gewann Bubi Günther die erste Olympia-Vorbereitungsmilitary mit der Vollblutstute Tosca xx. Danach lag er jahrelang in der Spitzengruppe der Springreiter, und erst Anfang der sechziger Jahre begann er, sich ganz der Dressurreiterei zu widmen, und wurde dann der große Dressurausbilder. Vor der Olympiade in Mexiko wurde er Honorartrainer des D.O.K.R. reiste ständig zwischen den großen Dressurställen hin und her und lud bis zu seinem Tod eine ungeheure Arbeitslast auf sich. Aber Bubi Günther war nicht nur seinen Schülern verpflichtet. Auf dem Turnierplatz half er jedem Reiter, der seinen Rat suchte. Und er engagierte sich auch ungefragt, wenn er sah, daß irgendein Reiter ein Problem hatte oder etwas falsch machte.

Bubi Günthers Geheimnis als Lehrer lag darin, daß er schon Sekunden vorher sah, was sein Schüler falsch machen würde, und entsprechende Korrekturen gab. Beim Unterricht entlud sich sein ganzes Temperament. Von seinen Schülern verlangte er das Äußerste, konnte dabei bisweilen auch regelrecht cholerisch werden, aber wenn man absaß, war alles wieder vergessen.

Zu seinen Pferden war er dagegen immer gut und beherrscht. Er konnte zwar ungeheuer zupacken, wenn ein Pferd ungezogen war, und es machte ihm auch nichts aus, die Pferde mitten in der Prüfung auf die Hinterhand zu setzen. Aber im nächsten Moment lobte er wieder. Überhaupt war ihm das sofortige Loben so wichtig, daß er es seinen Schülern immer wieder eingeprägt hat.

Ein Meister war Bubi Günther bei der Arbeit an der Hand. Schon den jungen Pferden brachte er fast spielerisch die ersten Piaffetritte bei. Stets nur einige Tritte verlangend und ohne es dabei irgendwie zum Kampf kommen zu lassen. Wie Maria Günther erzählt, hat er seine Pferde auch häufig an der Doppellonge gearbeitet, besonders, um die Übergänge von Piaffe und Passage zu entwickeln. Geradezu ein Paradebeispiel war es, wenn er Granit in den Grand Prix-Lektionen an der Doppellonge tanzen ließ.

Von den großen Ausbildern der letzten Jahrzehnte lebt heute nur noch *Willi Schultheis.*

Schultheis wollte eigentlich wie sein Vater Jockey werden, war aber zu schwer und wurde 1936 von Otto Lörke als Lehrling übernommen. Sein erstes Lehrpferd: der Olympiasieger Kronos.

Mit Lörke kam Schultheis zur Kavallerieschule nach Hannover und später nach Krampnitz. Nach dem Krieg holte Baron von Nagel zunächst Schultheis und dann Lörke ins Gestüt Vornholz bei Warendorf. Mit den alten Lörkeschen Trakehnern Fanal und Dorffrieden und den Vorn-

Deutscher Meister der Dressurreiter 1963: Bubi Günther vor Willi Schultheis.

Bubi Günther mit Josef Neckermann und Liselott Linsenhoff-Schindling.

Der Erfolgstrainer mit seiner Siegermannschaft bei der Europameisterschaft 1967.

holzer Pferden begann der Aufbau des führenden Dressurstalles der Nachkriegszeit.

Willi Schultheis bestach auf den damaligen Turnieren besonders mit den eleganten schwarzbraunen Vollblütern Pernod xx und Chronist xx, beide von Marcellus xx abstammend.

Willi Schultheis und Chronist xx: Ein Dressurpaar von seltener Eleganz.

Gemeinsame Sieger in der Berliner Deutschlandhalle 1974: Harry Boldt/Golo und Willi Schultheis/Armagnac.

Willi Schultheis 1965 als Derbysieger mit Memor zusammen mit Joan Hall, der Derbysiegerin bei den Reiterinnen.

Im Training mit seiner Meisterschülerin Rosemarie Springer auf Lenard.

Als Baron von Nagel Vornholz auf die Zucht von Springpferden umstellte und Otto Lörke zu Senator Schindling wechselte, machte sich Willi Schultheis 1953 in Düsseldorf selbständig und hatte bereits nach einer Woche 18 Pferde im Stall, die er alle allein arbeitete. Darunter auch die junge Doublette, die später mit 165 Siegen an der Spitze aller Dressurpferde lag und eines der ganz großen Pferde von Schultheis wurde.

Bei der Olympiade 1948 in London wurden unter den amerikanischen Reitern Capt. Borg und Col. Thomson bereits Klingsor und Pankgraf gestartet, die Willi Schultheis noch in Krampnitz ausgebildet hatte. Zur Stockholmer Olympiade 1956 kamen aus seinem Stall die drei Pferde Chronist xx, Perkunos und Doublette mit, von denen Perkunos unter Hannelore Weygand zum Einsatz kam, da sich Chronist xx beim Training eine schwere Verletzung am Fesselgelenk zuzog. 1960 in Rom war dann Doublette unter Rosemarie Springer Olympiateilnehmer.

Willi Schultheis wechselte 1954 in den Stall Springer und war bis zu seiner schweren Erkrankung 1965 Seriensieger in den Dressurprüfungen: zehnmal Champion der Dressurreiter, dreimal Deutscher Meister und dreimal Vizemeister, achtmal Sieger im Dressurderby.

Nach seiner Erkrankung startete Schultheis noch einmal in Dortmund mit Lenard, dem nach seinen Worten besten und intelligentesten Pferd, das er je hatte, und gewann die Intermédiaire und zusammen mit Dux den Grand Prix. Danach folgte ein langjähriger Aufenthalt in Kanada. Zunächst als Erholungsurlaub geplant, war er schon bald Trainer des kanadischen Dressurteams, mit dem er dann 1971 die Pan American Games gewann und mit Christilot Hansen und Armagnac auch die Einzelsieger stellte.

Wie stark der internationale Einfluß des Ausbilders Willi Schultheis inzwischen geworden war, zeigt die Tatsache, daß von den 33 Grand Prix-Pferden der Olympischen Spiele 1972 in München allein sechs Pferde von ihm ausgebildet waren. Es ist deshalb ein großes Glück, daß Willi Schultheis 1974 nach dem Tod von Bubi Günther für das Amt des Bundestrainers der Dressurreiter gewonnen werden konnte. 30 Grand Prix-Pferde hat er bisher ausgebildet. Und es ist zu erwarten, daß es noch einige mehr werden.

Schulstall der Kav. Schule

Willi

Kronos in Berlin

PERNOD xx

mit Bubi in Schwarzenbruch

Minorca erstes eigenes Pferdchen

Altgold in der Levade
Kav. Schule - Krampnitz 1943

Willi im Sulky

Auf einsamer Höhe: Schult

Hamburger Doppelerfolg im Deutschen Dressur-Derby

Eigener Bericht

Mo. **Hamburg, 12. Juli**

Willi Schultheis, Deutschlands neunmaliger Champion der Dressurreiter, steht nach wie vor unangefochten an der Spitze. Den Beweis hierfür lieferte er im 5. Deutschen Dressur-Derby am Sonntagvormittag auf dem Jungiusrund in Planten un Blomen, wo er sich zum fünften Male das Blaue Band des Dressursports holte. Sein Sieg stand nie in Frage. In dem mit Spannung erwarteten Kampf um den zweiten Platz behauptete sich Rosemarie Springer knapp vor dem Frankfurter Josef Neckermann. Mit größerem Abstand folgte auf dem vierten Platz der Schwede Rudolf Travén. Ein schöner Hamburger Doppelerfolg.

Erst am späten Sonnabendabend war die Entscheidung gefallen, wer als vierter Reiter in das Finale, in dem jeder Reiter außer seinem eigenen Pferd auch die seiner Gegner zu reiten hatte, einziehen würde. Auf dem Jungiusrund wurde noch eine kombinierte Dressurprüfung Kl. S ausgetragen, bei der sich der Schwede Travén mit seinem Pferd Charmör die noch notwendigen Punkte holte, und damit Reiner Klimke „ausbootete".

Die Vorstellung der eigenen Pferde am Sonntag konnte schon ein Hinweis auf die endgültige Placierung sein, denn Schultheis erzielte mit Doublette die höchste Wertnote (8,67) vor Rosemarie Springer, die mit Thyra 8,4 erhielt, während die Richter Neckermanns Vorstellung auf Asbach mit 8,27 bewerteten und Travén auf Charmör 7,33 gaben.

Das Kriterium beim Wechseln der Pferde wurde — wie erwartet — der schwedische

Vollblüter Charm
Rosemarie Springer
wurde als Travén se
mann wußte den F
herauszubringen ur
Richtern genau die
Rosemarie Springe
zauberte Schultheis
recht schwunglos g
aus (7,97).

Unter allen vier
am besten, denn sie
von 32,04, währen
kam. Es folgten A
mör (30,16). So kan
heis zur Ehrung au
Sonntag auf Thyra
dem Eichenkranz
des Dressursports.

Aus dem Privatalbum von Willi Schultheis: Dressurgeschehen über Jahrzehnte.

ster 1949

German star coaches

Christilot

Willi Schultheis, Germany's leading professional dressage rider, recently came to Canada to coach Christilot Hanson. He is shown here with Christilot and riding her horse, Bonheur. Photos by Harold Whyte.

Willi

PAYS/COUNTRY Allemagne
NOM DE FAMILLE/ SURNAME Schultheis
PRENOMS/ CHRISTIAN NAMES Willi
NE(E) LE/DATE OF BIRTH 6.3.1922
NE(E) A/PLACE OF BIRTH Berlin
DOMICILE Hamburg-Blankenese
NATIONALITE/ NATIONALITY Deutsch

Willi Schultheis
Signature · du porteur · of the holder

QUALITE POSITION Trainer

JEUX EQUESTRES DE LA XVIe OLYMPIADE
EQUESTRIAN GAMES OF THE XVIth OLYMPIAD

Robert Seifelt
SECRETAIRE GENERAL SECRETARY GENERAL

LE COMITE OLYMPIQUE NATIONAL DE
Allemagne
(Nom du pays)
certifie, que les renseignements donnés sur cette carte d'identité sont exactes et que le porteur se rend aux Jeux Equestres de la XVIe Olympiade en qualité indiquée ci-contre.

THE NATIONAL OLYMPIC COMMITTEE OF
(Name of Country)
certifies that the information contained herein is true and that the holder of this identity card is going to attend the Equestrian Games of the XVIth Olympiad in the stated capacity.

PRESIDENT (Signature) SECRETAIRE SECRETARY

Harry Boldt — Major St. Cyr-Schweden — Otto Mardtzke — Schultheis

Derby 56

S

...m schon
...er fertig
... Necker-
...prechend
...von den
...ote wie
... Ergebnis
...ken noch
...hör her-

Thyra
...amtnote
...uf 31,27
...d Char-
... Schult-
...latz am
...ückt mit
...n Band

DIE ENTWICKLUNG DES DRESSURSPORTS.

Während die klassische Reitkunst schon lange Zeit in hoher Blüte stand, entwickelte sich der Dressursport im Sinne unseres heutigen wettkampfmäßigen Turniersports erst um die Jahrhundertwende. Bis dahin war der Reitsport in erster Linie Rennsport der Kavallerie- und Artillerieoffiziere gewesen. Die ersten Concours hippique mit Dressur-, Spring-, Geländeprüfungen und Dauerritten gab es im Ausland zwar schon seit den sechziger und siebziger Jahren des 19. Jahrhunderts; der eigentliche Durchbruch unseres Sports begann in Deutschland mit Turnieren in München, Hamburg, Köln, Frankfurt und vor allem Berlin aber erst in den neunziger Jahren des vorigen Jahrhunderts. Die Turniere waren gesellschaftliche Ereignisse, reserviert für Militärs und das in vornehmen Reitclubs und Tattersalls reitende wohlhabende Bürgertum. Man war unter sich. Die Dressurprüfungen, sie wurden damals Preisreiten genannt, enthielten noch vergleichsweise niedrige Anforderungen und wurden häufig als Vielseitigkeitswettbewerbe in Verbindung mit Spring- und Geländeprüfungen durchgeführt.

Preisreiten des Berlin-Potsdamer Reitervereins.

1. Leutn. Stein von Kamiensky (1. G.-Art.) auf dem hann. br. W. „Quidnunc“, Sieger in Abt. A. 2. Rittm. von Anderten (2. G.-Drag.) auf „Tiszánninem“ ×× br. W. v. Marin — Tiszianella, Sieger in Abt. B. 3. Rittm. Frh. von Senden (1. G.-Drag.) auf F.-W. „Satrap“ v. Schweninger — Lady Bird, Sieger in Abt. C. 4. Major Frh. von Reibnitz (G. d. C.) auf dem hannov. R.-W. „Jagow“ v. Colorado (2. Pr., Abt. C). 5. Hauptm. von Bandemer (2. G.-Art.) a. d. posenschen F.-W. „Fridolin“ v. Großfürst (6. Pr., Abt. C), daneben rechts Hauptm. von Lewinski (Gen.-Stab) auf dem Neustädter F.-W. „Jambus“ v. Joung O'Bajan ○× — Jugendliebe. 6. Lt. v. Plessen (1. G.-Ul.) auf d. ostpreuß. F.-W. „Karzow“ v. Jenessai (2. Pr., Abt. A). 7. Die Chargenpferde-Konkurrenz, Gruppe 1 (von links nach rechts): Oberlt. Gr. Westphalen (G. d. C.) a. ostpr. br. W. „Kessel“ v. Carneval; Lt. v. Knyphausen (G. d. C.) a. ostpr. R.-W. „Leo“ v. Pape; Oberlt. v. Einem (G.-K.) a. br. W. „Vollmond“; Lt. Prinz zu Wied (G. d. C.) a. R.-W. „Lohengrin“; Oberlt. Gr. Eulenburg (2. G.-Ul.) a. ostpr. br. W. „Vesuv“ v. Favour Royal ××; Leutn. von Schmidt (2. G.-Ul.) a. F.-W. „Volker“; Der Sieger Lt. Stein von Kamiensky (1. G.-Art.) siehe Bild 1; Lt. von Luckwald (1. G.-Art.) a. hannov. F.-W. „Ostwind“. 9. Derselbe im Sprung. 10. Lt. v. Arnim (1. G.-Art.) im Sprung auf dem Vollblüter „Vigil“, F.-W. v. Trumpeter — Vinsebeck. 11. Oberlt. Gr. Westphalen (G. d. C.) auf dem Vollblüter „Major“, schwbr. W. v. Orwell — May Sr. K. u. Kgl. Hoheit des Kronprinzen (4. Pr., Abt. B) 12. Lt. Prinz zu Ratibor (L.-G.-H.) auf dem Vollblüter „Mantua“, br. St. v. Kegy-ur — Manna (5. Pr., Abt. B).

Phot. Franz Kühn, Berlin.

Aufgenommen mit Objectiv der Firma Carl Zeiss, Jena.

Der „St. Georg" von 1906 berichtet über ein Preisreiten des Berlin-Potsdamer Reitervereins. Damals fanden Dressurprüfungen lediglich im Rahmen von Vielseitigkeitsbewerben statt.

Bei der *Olympiade 1912 in Stockholm* aber war der Reitsport dank der Initiative des schwedischen *Grafen von Rosen* bereits mit allen drei Disziplinen im olympischen Programm vertreten. Die Dressurprüfung enthielt noch keine Piaffe und Passage, jedoch fünf Sprünge bis zu 1,10 m Höhe, wobei am Schluß der Prüfung eine auf die Pferde zurollende Walze zu überspringen war. Die großen Sieger der Dressurprüfung waren die Schweden mit dem Gewinn aller drei Medaillen. Deutschland stellte die zweitstärkste Equipe. Bei den baltischen Spielen in Malmö konnten sich Felix Bürkner und Siegfried von Haugk im gleichen Jahr bereits an zweiter und dritter Stelle hinter dem schwedischen Olympiasieger *Graf Bonde* plazieren.

Im *Winter 1912/13* kam es zur *Gründung des Deutschen Olympiakomitees für Reiterei* und man begann, sich intensiver auf die für 1916 in Berlin geplante Olympiade vorzubereiten, um besser als in Stockholm abzuschneiden. Nach dem Ersten Weltkrieg nahm der Dressursport dann, trotz des vorübergehenden Verlustes an geeigneten Pferden, seinen Aufschwung durch die Ausbildungsarbeit der großen Berufsreiter wie Stensbeck, Staeck, Bürkner, Waetjen und Lörke. Gleichzeitig bekam der Reitsport nach dem Verlust der Militärreiterei wieder ein breiteres Fundament durch die von Gustav Rau ins Leben gerufene Bewegung der ländlichen Reit- und Fahrvereine.

Der Weg zum Vereinsleben und zum Reitsport beginnt: Plaketten und Anstecknadeln sind ein äußeres Zeichen dieser Entwicklung.

Im internationalen Dressursport bewiesen die schwedischen Reiter ihre überragende Stellung auch bei den *Olympischen Spielen 1920 in Ant-*

werpen und 1924 in Paris. In Antwerpen gewannen die Schweden wieder alle drei Medaillen, in Paris die Gold- und Silbermedaille. Die Dressuraufgabe enthielt zum ersten Mal fliegende Galoppwechsel von Sprung zu Sprung. Das Springen über Hindernisse und der Gehorsamssprung über die rollende Walze entfielen.

Schon bei diesen ersten internationalen Prüfungen zeigte sich die für unsere Disziplin so gefährliche Tendenz, daß viele Richter die Reiter ihrer Nation hochpunkteten und die Urteile dadurch verfälschten. Dies hängt sicherlich damit zusammen, daß die Dressurauffassungen in den einzelnen Ländern etwas unterschiedlich sind. Aber im Vordergrund dürfte doch der Wunsch stehen, die eigenen Reiter vorn zu sehen. Auch später hat es dieses nationalistische Richten immer wieder gegeben. Erfreulicherweise läßt sich jedoch sagen, daß die Richterurteile heute im allgemeinen ausgeglichener sind.

Deutschland war bei den Olympischen Spielen in Antwerpen und Paris nicht vertreten. 1923 startete mit *Freiherr von Langen* erstmals wieder ein deutscher Reiter im Ausland. In Malmö gewann er die Dressurprüfung, siegte – was heute unvorstellbar erscheint – mit dem gleichen Pferd Goliath noch in einer Springprüfung und wurde mit ihm noch Dritter in der Military. 1928 wurde Freiherr von Langen dann der erste deutsche Olympiasieger in der Dressur. Deutschland gewann zusätzlich die Mannschaftsgoldmedaille in der Dressur; allerdings nur, weil ein französischer Reiter mit erheblichen Zeitfehlern belastet wurde und seine Mannschaft vom ersten auf den vierten Rang zurückfiel.

Bei den Olympischen Spielen 1932 in *Los Angeles* wurden erstmals Piaffe und Passage im olympischen Dressurprogramm verlangt. Nur drei Mannschaften nahmen teil: Frankreich, Schweden und die USA. Die Franzosen gewannen Mannschaftsgold und die Gold- und Silbermedaille in der Einzelwertung. Das gleiche Ergebnis glückte den deutschen Reitern bei den Olympischen Spielen 1936 in Berlin, bei denen mit 11 teilnehmenden Nationen im Dressurwettbewerb eine Rekordbeteiligung erreicht wurde.

Nach dem Krieg vollzog sich im Dressursport, wie auch im Turniersport allgemein, ein erheblicher Wandel. Hatten bisher die Militärreiter dominiert, so wurde die Dressurreiterei allmählich von den Zivilreitern beherrscht. Zwar waren die *Olympischen Spiele 1948 in London* noch eine fast ausschließliche Sache der Militärs, und die schwedischen und schweizerischen Militärreiter waren auch danach noch lange im Dressursport erfolgreich, aber heute treten mit wenigen Ausnahmen nur noch Reiter in Zivil auf.

Bei der *Olympiade 1952 in Helsinki* waren erstmals Damen bei den Dressurwettbewerben zugelassen. Auf Anhieb gewann *Lis Hartel* mit Jubilee die Silbermedaille. Seit dieser Zeit haben die Reiterinnen ihre hervorragende Begabung für den Dressursport immer stärker unter Beweis stellen können. Zuletzt mit dem Gewinn der Goldmedaillen durch *Liselott Linsenhoff-Schindling* und *Christine Stückelberger.*

Hatten vor dem Krieg die Schweden, die Deutschen und die Franzosen die internationale Dressurszene bestimmt, so traten jetzt andere Nationen in den Vordergrund. Die Franzosen konnten 1948 zwar noch einmal Olympiasieger werden, wurden dann aber in der Dressurreiterei sehr bald bedeutungslos. Die Schweden behielten noch etwa 10 Jahre lang eine Spitzenstellung (auch 1948 hatten sie zunächst Mannschaftsgold gewonnen, wurden später jedoch disqualifiziert), fielen dann jedoch zurück. Lediglich Deutschland konnte von diesen drei alten Dressurnationen seine Stellung festigen und ausbauen.

Einen steilen Aufstieg nahmen die sowjetischen und die schweizerischen Dressurreiter. Inzwischen ist auch in Großbritannien, Kanada und den USA das Interesse am Dressurreiten gestiegen. Den US-Damen gelang in Montreal der Gewinn der Bronzemedaille in der Mannschaftswertung, die kanadische Damenmannschaft wurde knapp hinter der Sowjetunion Fünfte. Über guten Dressurnachwuchs verfügen vor allem auch die Niederlande.

Die langjährige Sorge, daß der Dressursport international zurückgehen und aus dem olympischen Programm verschwinden würde, hat sich damit zunächst nicht bestätigt. In der Bundesrepublik hat sich mit dem allgemeinen Aufschwung der Reiterei in den letzten 10 Jahren auch die Spitze der Dressurreiterei weiter verstärkt. Und hinter den Spitzenreitern steht ein guter und breiter Nachwuchs, der nach vorn drängt.

CONCOURS HYPPIQUE ~
DEBRECZEN 1914 OKTOBER 11-16.

OLYMPISCHE SPIELE
BERLIN 1916

Sonderburg, 7. 8. 9. Juli 1912
Kreis-Ringreiter-Fest
Kreds-Ringrider-Fest
25
25
25
Jubiläum
25
Jubiläum

GENÈVE
IVme
CONCOURS HIPPIQUE
INTERNATIONAL
DU 6 AU 17 NOVEMBRE 1929

TURNIER
DEUTSCHER PFERDE
·BERLIN·
LANDWIRTSCHAFTL.
FEBRUAR-WOCHE
Reichsverband für Deutsches Halbblut

7. 8. u. 9.
März 1913
REIT-TURNIER
veranstaltet vom Land-
u. forstwirtschaftlichen
Hauptverein in
HILDESHEIM

Vom V. Internationalen Turnier in Aachen

Von unserem Sonderberichterstatter Herkus.

Draufgänger in der Olympia-Dressurprüfung geschlagen. — Vasall siegt in der Dressurprüfung für Damenpferde. — Die Jugend hat das Wort.

Aachen, den 3. August 1929.

Das Wichtigste an diesem Tage war die Vorprüfung zur Olympia-Dressurprüfung, die für die Klasse S ausgeschrieben worden war. Diese Prüfung brachte Draufgänger eine empfindliche Niederlage bei, die aber nicht weiter tragisch zu nehmen ist, denn Draufgänger stieß hier auf so routinierte Gegner wie Albrecht und Caracalla, die ihm in manchen Sachen doch an Routine usw. überlegen sind. Mit den neu zusammengestellten Aufgaben ist der Olympiade-Sieger doch noch nicht vertraut genug. Diese neuen Aufgaben sind auf der Grundlage geschaffen, Kampagnereiterei und Hohe Schule zu verbinden, stellen sich aber auch das Ziel, die sogenannten Freien Gänge nicht zu vernachlässigen. Zum Pflichtfach gehörten diesmal auch Passage und Piaffe, die gemeinsam mit der Trabarbeit gewertet wurden. Besonders bemerkenswert war, daß das Halten und das Stehenbleiben von acht Sekunden Dauer ebenso hoch wie die Schulgänge komplizierter Art gewertet wurden. Es bewarben sich um die Konkurrenz nur sieben Teilnehmer, von denen Hansi unter seinem Reiter Oberstlt. a. D. Henker ganz ausfiel. Das Pferd eignet sich wohl zum Auftreten in einem Zirkus, kommt aber für derartige Aufgaben nicht in Frage. Der Sieger Alberich unter Stallmeister Lörke fand sich mit den neuen Aufgaben in jeder Richtung korrekt ab. An seinem Sieg läßt sich nichts deuteln. Caracalla besetzte unter Major Bürckner den zweiten Platz. Der Reiter ritt den Vollblüter anfänglich mit großem Schwung, zeigte nicht ganz gleichmäßig. Passage ritt aber als einziger den gleichmäßig. Turridu mit General von Pongracz erhielt den vierten Preis zugesprochen. Der ungarische Vollblüter war mit seinem Kopf bei der Trabarbeit sehr unruhig. Die Passage gelang ihm gut, die Piaffe dagegen war etwas balancierend. Charm, gleichfalls von Stallmeister Staeck geritten, wurde hinter Turmwart unter Stallmeister Lönke Sechster. Beide Pferde gaben sich im großen und ganzen nichts nach.

Mit dem Resultat kann man in jeder Hinsicht zufrieden sein, und die nachstehend folgende Liste gewährt einen Ueberblick über die von den Richtern gegebenen Gutzahlen. Wenn man sich die Liste genau ansieht, dann muß man die Feststellung machen, daß die Richter in punkto Auffassung der Dressur doch voneinander sehr abweichen. Nicht einmal, sondern zweimal differierten Richter bei ein und demselben Pferd um über 500 Punkte. So z. B. gab der Schwede Graf Bonde Caracalla 1255 Punkte, der österreichische General Marx Franz 1755 Punkte. Draufgänger erhielt vom Grafen Bonde 1210 Punkte, vom deutschen Richter von Schleebrügge 1700 Punkte, das sind zwei am krassesten hervorleuchtende Beispiele. Am gleichmäßigsten gerichtet hat Herr Gustav Rau. Auch sonst differieren die einzelnen Richter gegeneinander mit mehr als 200 Punkten im Durchschnitt. Selten findet man eine Annäherung. Wir kommen daher wieder auf das Richten nach freiem Ermessen zurück und müssen erneut die Forderung stellen, daß hier endlich eine Aenderung zu schaffen ist, die uns allen die Gewißheit gibt, daß die gefällten Urteile objektiv im wahrsten Sinnes des Wortes sind und nicht von den persönlichen Einstellung der Richter und deren Mentalität abhängig gemacht werden. Der Sport als solcher ist zu ernst und seine Ziele sind zu hoch, als daß man Systeme,

Dritte. Die Trab- sowie Galopparbeit war in jeder Hinsicht vortrefflich, mit viel Schwung ausgeführt. Bei der Passage und Piaffe, von denen nur die Anfänge gezeigt wurden, verscherzte er sich seine Aussichten vollkommen. Auch waren die Changements auf der Schlangenlinie nicht immer ganz an das 9. Olympia in Amsterdam, wo uns der Sieg, der ehrlich errungen und erkämpft worden war, fast verlustig gegangen war, und dieses hatten wir dann nur dem Punktsystem und der persönlichen, nicht immer vorurteilslosen Einstellung der Richter zu verdanken gehabt. Nachstehend die Liste:

	Bonde	Franz	v. Langen	Rau	Schlebrügge	Summa	Ergebnis
1. v. Philipps **Alberich**, R.: Lörke	1630	1630	1460	1585	1640	7945	1589
2. Cl. Scheiblers **Caracalla**, R.: Bürkner	1255	1755	1505	1595	1705	7815	1563
3. Behrs **Draufgänger**, R.: Staeck	1210	1660	1400	1505	1700	7475	1405
4. Pongracz' **Turiddu**, R.: Besitzer	1265	1480	1250	1395	1470	6850	1370
5. Am Endes **Turmwart**, R.: O. Lörke	1195	1290	1175	1435	1310	6405	1281
6. Dr. Baumgartners **Charm**, R.: Staeck	1105	1420	1070	1230	1425	6250	1250
7. Henkers **Hansi**, R.: Besitzer	740	875	835	790	830	4070	814

Das Resultat selbst wird erst am Sonntag bekanntgegeben, da uns aber die Wertungstabelle zugänglich war, können wir mit ihm schon heute aufwarten.

Ansonsten sah das Programm die Dressurprüfung der Klasse L für Damenreitpferde vor. Diese wurde eine sichere Beute von Vasall, der von seiner Besitzerin Frau v. Becker in jeder Beziehung einwandfrei geritten wurde. Eine Lahmheit, wie man sie von verschiedenen hatte sehen wollen, konnten wir nicht feststellen. Sehr ordentlich waren die Leistungen von Frau Lucy Pawlaczky aus Oesterreich auf Grille, letzteres Pferd mußte aber ex officio disqualifiziert werden, da es den Bedingungen der Ausschreibung nicht genügte. Somit kamen Kurprinz und Irma unter Frau Rau bzw. Frau Glahn, die gleichfalls ihre Pferde schwungvoll vorgestellt hatten, im toten Rennen auf den zweiten Platz. Nicht placiert hätten wir Mohamed unter Frl. Ficht, da das Pferd in der Abteilung sehr unruhig ging bzw. sich in der Abteilung überhaupt nicht reiten ließ. Im allgemeinen zeigten aber die Damen gutes Können, was wir ja auch als bekannt voraussetzen.

Der jüngste deutsche Reiternachwuchs bekundete in dem Jugendreiten seine Fähigkeiten. Die Jüngsten fanden sich mit der Situation gut ab und saßen wie alte Routiniers im Sattel. Die Abteilung A wurde im toten Rennen von Ursula Bürckner auf Boliva und der Tochter der dänischen Championamazone Frau Hasselbach, auf Ecureile gewonnen. Gisela Bürckner auf Queeny wurde Dritte. Die Abteilung B für ältere Kinder sah den Bruder der beiden Fräulein Bürckners, Felix Bürckner, auf Königstochter, erfolgreich. Wir wollen hoffen, daß der junge Mann einstmal auch ein so geachteter und geschätzter Reiter werden möchte, wie sein Vater, dessen Name und Ruf Geltung besitzen. Herta Henkel ritt Artemis auf den zweiten Platz vor Helmut Cüpper auf Alice.

Die Eignungsprüfung für Wagenpferde brachte diesmal Einspänner an den Start. Zugelassen waren nur deutsche Pferde. Die Abteilung für Wagenpferde ohne Hackneyblut brachte einen Sieg des Gespannes des Herrn Dr. Baumgartner, das von Herrn Balcat gefahren wurde. Zweiter wurde Herr Müller-Albert und Dritter Herr Klopp. Die Namen der siegreichen Pferde waren Goldengel, Donau und Hamilkar. Die Abteilung für Hackneys vereinigte zwei Gespanne des Herrn W. Doerenkamp, von denen das von Dr. Flatten gefahrene den Erfolg für sich beanspruchte.

Der Reitsport findet das Interesse der Presse und wird einem größeren Publikum nähergebracht.

1912: Oberleutnant Felix Bürkner vom 12. Jägerregiment auf Romeo.

Die Erstplazierten auf dem Olympiade-Ausscheidungsturnier in Hannover 1928: 1. Freiherr von Langen, 2. Major von Haugk und 3. Rittmeister Linkenbach.

Oberleutnant Heinz Pollay mit dem erst achtjährigen Kronos, Sieger der Olympischen Spiele 1936 in Berlin, nach einem Gemälde von O. Merté.

Die deutsche Siegermannschaft bei der Olympiade 1936: Oberleutnant Pollay mit Kronos, Major Gerhard mit Absinth, Rittmeister von Oppeln-Bronikowski mit Gimpel.

Major Friedrich Gerhard mit Absinth, Silbermedaillengewinner der Olympischen Spiele 1936 in Berlin, in der Passage.

Besuch ausländischer Reiteroffiziere aus 20 Nationen in der Kavallerieschule Hannover anläßlich der Olympischen Spiele 1936 in Berlin.

Ein seltenes Foto aus dem Privatbesitz von Willi Schultheis: Die Fachsquadrille der Heeres-Reit- und -Fahrschule in Krampnitz.

1952 waren zum ersten Mal die Reiterinnen im Olympischen Dressurwettbewerb startberechtigt. Die Dänin Lis Hartel mit Jubilee gewann die Silbermedaille.

OLYMPISCHE SPIELE.

Austragungsort	Einzelwertung			Mannschaftswertung		
Stockholm 1912	1. Graf Carl Bonde Schweden (Emperor)	2. Gustaf A. Boltenstern Schweden (Neptun)	3. Hans von Blixen-Finecke Schweden (Maggie)	keine Mannschaftswertung	Keine Mannschaftswertung	Keine Mannschaftswertung
Antwerpen 1920	1. Janne Lundblad Schweden (Uno)	2. Bertil Sandström Schweden (Sabel)	3. Hans von Rosen Schweden (Runn. Sister)	Keine Mannschaftswertung	Keine Mannschaftswertung	Keine Mannschaftswertung
Paris 1924	1. Ernst von Linder Schweden (Piccolomini)	2. Bertil Sandström Schweden (Sabel)	3. Xavier F. Lesage Frankreich (Plumarol)	Keine Mannschaftswertung	Keine Mannschaftswertung	Keine Mannschaftswertung
Amsterdam. 1928	1. Friedrich von Langen Deutschl. (Draufgänger)	2. Pierre Marion Frankreich (Linon)	3. Ragnar Olson Schweden (Günstling)	1. Deutschland	2. Schweden	3. Niederlande
Los Angeles 1932	1. Xavier F. Lesage Frankreich (Taine)	2. Pierre Marion Frankreich (Linon)	3. Hiram E. Tuttle USA (Olympic)	1. Frankreich	2. Schweden	3. USA
Berlin 1936	1. Heinz Pollay Deutschland (Kronos)	2. Friedrich Gerhard Deutschland (Absinth)	3. Alois Podhajsky Österreich (Nero xx)	1. Deutschland	2. Frankreich	3. Schweden
London 1948	1. Hans Moser Schweiz (Hummer)	2. André Jousseaume Frankreich (Harpagon)	3. Gustaf A. Boltenstern Schweden (Trumpf)	1. Frankreich	2. USA	3. Portugal
Helsinki 1952	1. Henri St. Cyr Schweden (Master Rufus)	2. Lis Hartel Dänemark (Jubilee)	3. André Jousseaume Frankreich (Harpagon)	1. Schweden	2. Schweiz	3. Deutschland
Stockholm 1956	1. Henri St. Cyr Schweden (Juli)	2. Lis Hartel Dänemark (Jubilee)	3. Liselott Linsenhoff Deutschland (Adular)	1. Schweden	2. Deutschland	3. Schweiz
Rom 1960	1. Sergej Filatow UdSSR (Absent)	2. Gustav Fischer Schweiz (Wald)	3. Josef Neckermann Deutschland (Asbach)	Keine Mannschaftswertung	Keine Mannschaftswertung	Keine Mannschaftswertung
Tokio 1964	1. Henri Chammartin Schweiz (Woermann)	2. Harry Boldt Deutschland (Remus)	3. Sergej Filatow UdSSR (Absent)	1. Deutschland	2. Schweiz	3. UdSSR
Mexiko 1968	1. Iwan Kizimow UdSSR (Ichor)	2. Josef Neckermann Deutschland (Mariano)	3. Dr. Reiner Klimke Deutschland (Dux)	1. Deutschland	2. UdSSR	3. Schweiz
München 1972	1. Liselott Linsenhoff Deutschland (Piaff)	2. Elena Petuschkowa UdSSR (Pepel)	3. Josef Neckermann Deutschland (Venetia)	1. UdSSR	2. Deutschland	3. Schweden
Montreal 1976	1. Christine Stückelberger Schweiz (Granat)	2. Harry Boldt Deutschland (Woyceck)	3. Dr. Reiner Klimke Deutschland (Mehmed)	1. Deutschland	2. Schweiz	3. USA
Moskau 1980	1. Elisabeth Theurer Österreich (Mon Cherie)	2. Yuri Kovshov UdSSR (Igrock)	3. Viktor Ugrymov UdSSR (Shkval)	1. UdSSR	2. Bulgarien	3. Rumänien

WELTMEISTERSCHAFTEN.

Austragungsort	Einzelwertung			Mannschaftswertung		
Bern 1966	1. Josef Neckermann Deutschland (Mariano)	2. Harry Boldt Deutschland (Remus)	3. Dr. Reiner Klimke Deutschland (Dux)	1. Deutschland	2. Schweiz	3. UdSSR
Aachen 1970	1. Elena Petuschkowa UdSSR (Pepel)	2. Liselott Linsenhoff Deutschland (Piaff)	3. Iwan Kizimow UdSSR (Ichor)	1. UdSSR	2. Deutschland	3. DDR
Kopenhagen 1974	1. Dr. Reiner Klimke Deutschland (Mehmed)	2. Liselott Linsenhoff Deutschland (Piaff)	3. Elena Petuschkowa UdSSR (Pepel)	1. Deutschland	2. UdSSR	3. Schweiz
Goodwood 1978	1. Christine Stückelberger Schweiz (Granat)	2. Uwe Schulten-Baumer Deutschland (Slibovitz)	3. Jennie Loriston Clarke Großbr. (Dutch Courage)	1. Deutschland	2. Schweiz	3. UdSSR

EUROPAMEISTERSCHAFTEN.

Austragungsort	Einzelwertung			Mannschaftswertung		
Kopenhagen 1963	1. Henri Chammartin Schweiz (Wolfdietrich)	2. Harry Boldt Deutschland (Remus)	3. Henri Chammartin Schweiz (Woermann)	Keine offizielle Wertung	Keine offizielle Wertung	Keine offizielle Wertung
Kopenhagen 1965	1. Henri Chammartin Schweiz (Wolfdietrich)	2. Harry Boldt Deutschland (Remus)	3. Dr. Reiner Klimke Deutschland (Arcadius)	1. Deutschland	2. Schweiz	3. UdSSR
Aachen 1967	1. Dr. Reiner Klimke Deutschland (Dux)	2. Iwan Kizimow UdSSR (Ichor)	3. Harry Boldt Deutschland (Remus)	1. Deutschland	2. UdSSR	3. Schweiz
Wolfsburg 1969	1. Liselott Linsenhoff Deutschland (Piaff)	2. Iwan Kizimow UdSSR (Ichor)	3. Josef Neckermann Deutschland (Mariano)	1. Deutschland	2. DDR	3. UdSSR
Wolfsburg 1971	1. Liselott Linsenhoff Deutschland (Piaff)	2. Josef Neckermann Deutschland (Van Eick)	3. Iwan Kizimow UdSSR (Ichor)	1. Deutschland	2. UdSSR	3. Schweden
Aachen 1973	1. Dr. Reiner Klimke Deutschland (Mehmed)	2. Elena Petuschkowa UdSSR (Pepel)	3. Iwan Kalita UdSSR (Tarif)	1. Deutschland	2. UdSSR	3. Schweiz
Kiew 1975	1. Christine Stückelberger Schweiz (Granat)	2. Harry Boldt Deutschland (Woyceck)	3. Karin Schlüter Deutschland (Liostro)	1. Deutschland	2. UdSSR	3. Schweiz
St. Gallen 1977	1. Christine Stückelberger Schweiz (Granat)	2. Harry Boldt Deutschland (Woyceck)	3. Uwe Schulten-Baumer Deutschland (Slibovitz)	1. Deutschland	2. Schweiz	3. UdSSR
Aarhus 1979	1. Elisabeth Theurer Österreich (Mon Cherie)	2. Christine Stückelberger Schweiz (Granat)	3. Harry Boldt Deutschland (Woyceck)	1. Deutschland	2. UdSSR	3. Schweiz

Die Beurteilung eines Reitpferdes für den Dressursport.

Kein Pferd ist ohne Fehler, und die Kunst der Pferdebeurteilung besteht darin, Wesentliches von Unwesentlichem zu unterscheiden und die Qualität eines Pferdes trotz Mängel im Detail zu erkennen. Die Erfahrung lehrt, daß Pferde, die an sich korrekt gebaut sind, trotzdem ganz langweilige Pferde sein und umgekehrt Pferde mit deutlichen Gebäudemängeln zu Leistungspferden werden können.

Entscheidend ist deshalb zunächst der *Gesamteindruck*, den man von einem Pferd gewinnt. Das Dressurpferd soll möglichst große, harmonische Linien aufweisen und über viel Boden stehen: Langer, ausdrucksvoller Hals, lange und schräge Schulter, ausdrucksvoller Widerrist, genügend langer Rücken, kraftvolle und günstig gewinkelte Hinterhand.

Natürlich wünscht man sich auch Eleganz und Schönheit beim Dressurpferd, was beim Spring- und Militarypferd ja unwesentlich ist. Aber diese Merkmale sollte man nicht überbewerten. Viele gute Dressurpferde sind im Stand betrachtet überhaupt nicht schön, strahlen aber unter dem Reiter eine große Faszination aus. Die wirklich guten Pferde werden eben durch die richtige reiterliche Ausbildung so geformt, daß sie zunehmend an Schönheit gewinnen.

Dagegen muß das Pferd deutlich im *Leistungstyp* stehen. Es muß Härte und Energie ausstrahlen und trockene Gelenke und scharfe, klare Sehnen haben. Die Muskulatur sollte möglichst dem Pferdetyp entsprechend ausgeprägt sein und auf genügend Kraft hinweisen. Allerdings muß man bei der Beurteilung der Muskulatur auch den Trainingszustand des Pferdes berücksichtigen.

Schließlich erwartet man von einem zukünftigen Dressurpferd, daß es sich jederzeit gut ausbalanciert bewegt, sich in schöner Selbsthaltung trägt und somit ein *geborenes Gleichgewichtspferd* ist. Ist dieser Gesamteindruck positiv, so beurteilt man das Pferd im einzelnen nach den Kriterien Gebäude, Gang, Temperament und Charakter. Hierbei sind nach meiner Erfahrung folgende Grundgedanken zu beachten:

1.

Die Exterieurbeurteilung kann zweifellos Rückschlüsse auf die Bewegungsmöglichkeiten des Pferdes, auf seine Verschleißanfälligkeit und auf mögliche reiterliche Schwierigkeiten geben. Aber man muß immer berücksichtigen, daß bestimmte schwache „points" eines Pferdes durch andere gute „points" mehr als ausgeglichen werden können. Die Exterieurbeurteilung ist deshalb nur ein Hilfsmittel der Beurteilung.

2.

Die größere Bedeutung für die Beurteilung eines Dressurpferdes kommt dem Bewegungsablauf des Pferdes zu. Ein Pferd mit nur durchschnittlichen Bewegungen taugt nicht für den großen Dressursport. Ein Pferd mit überragendem Bewegungsablauf wird auch kaum bedeutende Gebäudemängel haben, oder aber diese Gebäudemängel werden durch andere gute „points" kompensiert. Umgekehrt findet man Pferde ohne wesentliche Gebäudemängel, die aber keine ausdrucksvollen Bewegungen haben, weil ihnen Nerv und Energie dazu fehlen.

3.

Schließlich muß ein Pferd nicht nur können, sondern auch wollen. Temperament und Charakter eines Pferdes sind deshalb ein mindestens gleichwertiges Beurteilungskriterium. Ich persönlich würde sogar einem Pferd den Vorzug geben, das etwas weniger überragende Bewegungen hat, aber eine ganz besondere Leistungsbereitschaft erkennen läßt.

Von der Abstammung her lassen sich für die dressurmäßige Veranlagung eines Pferdes kaum eindeutige Aussagen treffen. Während sich das Springblut in einzelnen Hengst- und Stutenlinien durchschlagend vererbt, variieren die Pedigrees unserer guten Dressurpferde doch sehr stark. Natürlich gibt es auch hier Ausnahmen. Wie beispielsweise den Vornholzer Hengst Ramzes, der vor allem in der westfälischen Zucht eine Reihe hervorragender Dressurpferde geliefert hat.

BEURTEILUNG DES GEBÄUDES.

Für Dressurzwecke soll das Pferd so gebaut sein, daß der Schub aus der Hinterhand ohne Stockungen in die ruhig aushaltende Reiterhand hinwirken kann und umgekehrt die verhaltenden Hilfen des Reiters ohne Stockungen von vorwärts nach rückwärts durchgehen können.

Die Hinterhand muß deshalb als Motor der Kraft so ausgeprägt sein, daß sie eine gewaltige Schubkraft entwickeln kann. Die Lende, der Rükken und der Hals sollen so konstruiert sein, daß sie elastisch federnd den Schub aus der Hinterhand nach vorn hin durchlassen. Die Vorhand muß den Schub aus der Hinterhand weit ausschwingen und weich abfedern können.

Zur Versammlung des Pferdes muß das Gebäude dem Pferd eine hohe Aufrichtung ermöglichen, durch die die Last auf die untergeschobene Hinterhand übertragen werden kann. Die Hinterhand des Pferdes wiederum muß so stark sein, daß sie die Last tragen kann.

Diese Überlegungen muß man zugrunde legen, wenn nunmehr auf die Einzelheiten der zweckmäßigen gebäudemäßigen Konstruktion eines Dressurpferdes eingegangen werden soll.

Der *Kopf* des Pferdes soll in der Größe zum ganzen Pferd passen, trocken und ausdrucksvoll sein, mit möglichst gerader Stirn-Nasenlinie oder — wie beim Araber — etwas eingesenktem Nasenrücken und großen, ruhigen und tiefliegenden Augen. Ober- und Unterkiefer müssen aufeinanderpassen.

Unerwünscht sind grobe, schwere Köpfe mit verschwommenen Konturen. Als Kopfform wünscht man sich möglichst keinen Ramskopf (gewölbte Stirn-Nasenlinie), keine Ramsnase (gewölbte Nasenlinie), keinen kurz und spitz verlaufenden Keilkopf und keinen Schweinskopf mit großen Backenknochen. Eine gewisse Vorsicht ist bei Pferden mit kleinen, unruhigen Augen und „viel Weiß" in den Augen angebracht.

Diese Fehler sind aber eigentlich nur Schönheitsfehler. Entscheidend für den Kopf eines Dressurpferdes ist, daß er genügend Ganaschenfreiheit besitzt und ein leichtes Genick hat. Pferde mit engen Ganaschen, bei denen die Ohrspeicheldrüse in der Beizäumung nicht genügend Platz zwischen den Ganaschen (Backenknochen) hat, und Pferde mit einem schweren Genick, das heißt einer zu starken Muskulatur beiderseits der beiden ersten Halswirbel, sind schwer beizuzäumen, kaum richtig durchlässig zu machen, schwer zu stellen, und sie verwerfen sich leicht im Genick. Ich habe zwar auch schon Pferde erlebt, die trotz dieser Mängel gute Piaffierer und Passagierer waren, aber diese Pferde sind trotzdem nie richtig durchlässig gewesen.

Der *Hals* des Dressurpferdes soll lang und genügend breit sein, zum Kopf hin leichter werden und sich harmonisch verjüngen. Der Hals soll nach oben leicht gebogen sein, die obere Halsmuskulatur soll kräftig ausgebildet sein und die Unterlinie des Halses gerade sein.

Pferde mit kurzen, dicken Hälsen und starker Bemuskelung der unteren Halspartien (Unterhals) sind schwer beizuzäumen, gehen nicht über den Rücken und bremsen den Schwung aus der Hinterhand. Ist der Hals eines Pferdes mit Unterhals jedoch lang genug und nicht zu tief angesetzt, so kann man die Halsmuskulatur durchaus noch formen. Man muß diese Pferde aber mindestens ein Vierteljahr in die Tiefe reiten, bis sich die Halsmuskulatur nach oben geschoben hat. Bei Pferden mit regelrechtem Hirschhals, nach unten gewölbter Ober- und Unterlinie des Halses, wird man jedoch keine Erfolge haben. Ebenso gefährlich sind lange, dünne Hälse, da die Pferde immer dazu neigen werden, sich im Hals zu eng zu machen und sich zu hoch aufzurichten.

Der Hals soll etwa rechtwinkelig auf die Schulter aufgesetzt sein. Ein etwas höherer *Halsaufsatz* kann für ein Dressurpferd jedoch durchaus vorteilhaft sein, da diese Pferde schon von Natur aus in schöner Haltung gehen. Bei Pferden mit extrem hohem Aufsatz, was allerdings selten ist, besteht jedoch die Gefahr, daß sie schwerer über den Rücken zu reiten sind und ihnen die Streckung in die Tiefe schwerfällt.

Der *Widerrist* des Pferdes soll ausgeprägt und hoch sein und allmählich in den Rücken übergehen. Pferde mit plattem, verschwommenem Widerrist haben eine schlechte Sattellage. Es können natürlich durchaus gute Dressurpferde sein, nur muß man diese Pferde entweder mit Vorgurt oder einem Sattel nach Maß reiten, damit der Reiter nicht auf der Schulter sitzt und die Vorhand des Pferdes nicht zu stark belastet wird.

Die *Schulterpartie* des Dressurpferdes wünscht man sich lang, schräg und straff bemuskelt, den *Oberarm* lang und schräg; die Winkelung zwischen Schulter und Oberarm soll etwa 90° betragen, das *Buggelenk* dementsprechend weit vorn liegen. Pferde mit kurzer, steiler Schulter und kurzem, steilem Oberarm haben meistens harte und wenig raumgreifende Gänge. Man sieht zwar auch Pferde, die keine ganz ideale Schulterpartie haben und dennoch gewaltig treten können, weil die Hinterhand entsprechend günstig gewinkelt ist. Von Pferden mit einer sehr steilen Schulter würde ich jedoch abraten.

Der *Ellenbogen* soll lang, plastisch und weit nach rückwärts gelagert sein und so weit vom Brustkorb abstehen, daß man die flache Hand zwischen Brustkorb und Ellenbogenhöcker legen kann. Von vorn betrachtet soll das Pferd zwischen den Ellenbogen mindestens ebenso breit sein wie zwischen den Buggelenken. Bei angeklatschten Ellenbogenhöckern ist die Bewegungsfreiheit der Vorhand behindert. Solche Pferde haben häufig Schwierigkeiten in den Traversalen, da ihnen das Übertreten erschwert ist.

Den *Unterarm* wünscht man sich lang, breit und möglichst gut bemuskelt. Das *Vorderfußwurzel*gelenk soll stark ausgeprägt und trocken sein, nah am Boden stehen und an den äußeren Begrenzungslinien harmonisch flach verlaufen.

Unerwünscht sind wenig ausgeprägte, geschliffene Vorderfußwurzelgelenke, die sich kaum von Unterarm und Röhre abheben, oder geschnürte Vorderfußwurzelgelenke, bei denen der hintere Absatz sich zu deutlich zur Röhre abhebt und der Übergang nicht harmonisch verläuft.
Die *Röhre* soll breit und möglichst kurz sein, da an der Röhre nur Sehnen und Bänder verlaufen und die kurze Röhre daher widerstandsfähiger ist. Das

Fesselgelenk wünscht man sich ausgeprägt und stark, damit Sehnen und Bänder gute Anheftungsmöglichkeiten haben.

Kleinere Fehler in diesen „points" sind aber für ein Dressurpferd nicht so gravierend und nur in einer Materialprüfung bedeutsam. Großen Wert sollte man dagegen auf klar abgezeichnete, straffe *Sehnen* und eine gute *Fesselung* legen. Man wünscht sich die Fessel mittellang, elastisch und nicht zu leicht. Zwischen Fessel und Röhre soll ein Winkel von etwa 135° bestehen. Im Zweifelsfall ist die etwas lange, aber weiche Fessel der kurzen, steilen Fessel auf jeden Fall vorzuziehen. Pferde mit kurzen, steilen Fesseln haben meistens einen unsicheren, harten und stampfenden Gang und können die Bewegungen nicht elastisch abfedern. Auch neigen diese Pferde zu Hufrollenerkrankungen.

Sehr wichtig ist auch ein guter Huf. Der *Huf* soll symmetrisch sein, zur Größe des Pferdes passen und auf keinen Fall zu klein sein. Während etwas schiefe Hufe und Hufe mit wenig Trachten von einem guten Schmied korrigiert werden können, sind kleine, enge Hufe sehr bedenklich.

Die *Stellung der Vorderbeine* soll von der Seite gesehen so sein, daß das Lot von der Mitte des Schulterblattes die Gelenke in etwa halbiert. Abweichungen davon sind nach vorn gestellte, nach vorn durchgebogene, nach hinten gestellte und nach hinten gebogene Vorderbeine. Besonders das nach hinten durchgebogene, sogenannte rückbiegige Vorderbein ist bedenklich, da Gelenke, Bänder und Sehnen schneller verschleißen. Dagegen sind viele Pferde mit vorbiegigen Vorderbeinen — häufiger bei Blütern anzutreffen — durchaus alt geworden.

Von vorn betrachtet soll das Lot vom Buggelenk die Gelenke des Vorderbeins und den Huf halbieren, und zwischen den Hufen soll etwa eine Hufbreit Abstand sein. Davon abweichend sind die bodenengen und bodenweiten oder die zehenengen und zehenweiten Stellungen der Vorderbeine, bei denen der Gang des Pferdes nicht gerade ist. Generell gilt, daß Gangabweichungen nach außen mehr als Schönheitsfehler anzusehen sind. Bei Gangabweichungen nach innen streichen sich die Pferde dagegen leicht, und besonders in den Seitengängen besteht die Gefahr, daß sich die Pferde Überbeine treten.

Den *Brustkorb* wünscht man sich mittelbreit und langgewölbt. Man sagt, daß engbrüstige Pferde wenig Platz für Herz und Lunge haben. Aber gerade edle Pferde sind häufiger etwas engbrüstig, und dies ist sicherlich kein Fehler, wenn der Brustkorb entsprechend tief ist.

Der *Rücken* des Pferdes soll mäßig lang sein, so daß das Pferd im leichten Rechteckformat steht. Die Länge von der Bugspitze bis zum äußersten Punkt der Hinterhand soll etwas größer sein als die Länge vom höchsten Punkt des Widerrists bis zum Boden.

Sogenannte „Quadratspferde" haben meistens einen strammen Rücken, der schwerer zum Schwingen zu bringen ist, und die Gänge sind manchmal weniger raumgreifend. Ich würde ein solches Pferd aber einem Pferd mit zu langem Rücken vorziehen, bei dem die Hinterbeine schwer zum Untertreten zu bringen sind. Natürlich kann eine günstig konstruierte Hinterhand die Nachteile eines zu langen Rückens in gewisser Weise kompensieren. Aber bei einem zu langen Rücken besteht zusätzlich die Gefahr, daß sich leichter ein Senkrücken bildet.

Der Rücken soll bei kurzer, breiter und kräftiger *Lende* gerade in die Kruppe verlaufen. Der nach oben gewölbte Karpfenrücken ist schwer zum Schwingen zu bringen. Der leicht nach unten gewölbte matte Rücken mit schwacher Lendenpartie und der hinter dem Widerrist weit nach unten gewölbte Senkrücken haben wenig Tragkraft. Bei solchen Pferden schwingt die Hinterhand nach und trägt nicht. Die Pferde können vor allem im Mittel- und starken Trab nicht mehr richtig diagonal treten.

Der *Widerrist* des Pferdes soll höher als die Kruppe sein. Überbaute Pferde, bei denen die Kruppe höher ist als der Widerrist, überlasten die Vorhand, haben oft eine schlechte Sattellage und sind schwer aufzurichten. Ich habe zwar schon gute Piaffierer gesehen, die hinten eine Handbreit überbaut waren. Diese Pferde sind aber Ausnahmen. Meistens sind sie säbelbeinig in der Hinterhand und können dadurch die Nachteile des Überbautseins in gewissem Maße ausgleichen. Im allgemeinen gilt, daß man für Dressurzwecke von überbauten Pferden die Finger lassen sollte, während sie durchaus gute Spring- und Militarypferde sein können.

Die *Kruppe* soll lang sein, mäßig nach rückwärts abfallen und zu den Seiten hin oval geformt sein. Sie soll als Zentrum der stärksten Muskelbildung am ganzen Körper stark bemuskelt sein. Die Muskulatur bildet sich jedoch während der Dressurarbeit und muß bei jungen Pferden noch nicht unbedingt stark entwickelt sein.

Mit der früher bevorzugten horizontalen Kruppe geht meistens auch eine steife Hinterhand einher. Pferde mit stark abschüssigen Kruppen entwickeln weniger Schub aus der Hinterhand.

Den *Schweif* soll das Pferd schön tragen. Nach dem Krieg gab es für schief getragene und eingeklemmte Schweife in den Dressurprüfungen sogar Minuspunkte. Heute betrachtet man das mehr als Schönheitsfehler. Tragen die jungen Pferde aber schon den Schweif schief, so deutet das meistens auf eine entsprechend ausgebildete Schiefe des Pferdes hin. Natürlich kann dies auch an reiterlichen Fehlern liegen, durch die das Pferd auf einer Seite völlig fest geworden ist.

In der Hinterhand des Pferdes wünscht man sich lange, schräge Linien von *Hüftbein, Oberschenkel* und *Unterschenkel* mit einer Winkelung von etwa 90°. Kurze Linien mit wenig Winkelung bringen wenig Schub aus der Hinterhand.

Die *Kniescheiben* sollen etwas nach außen gestellt sein. Zwischen den Kniegelenken soll das Pferd mindestens ebenso breit sein wie zwischen den Sitzbeinen. Angeklatschte Kniescheiben geben dem Pferd, ebenso wie angeklatschte Ellenbogen, wenig Bewegungsfreiheit, erleichtern das Streichen der Hinterbeine und führen zu Schwierigkeiten in den Seitengängen.

Die äußeren und inneren *Hosen* des Pferdes sollen gut bemuskelt sein. Hier gilt jedoch, wie bei der Kruppe erwähnt, daß sich die Muskulatur im Laufe der dressurmäßigen Ausbildung entwickelt.

Das *Sprunggelenk* soll kräftig, breit und trocken sein, tief am Boden stehen und allmählich und breit zum Röhrbein eingeschient sein. Fehlerhaft sind schwammige Sprunggelenke, kleine, geschliffene Sprunggelenke und ausgeschnittene, zum Röhrbein hin ausgebuchtete Sprunggelenke.

Hinsichtlich Röhre, Fesselgelenk, Fessel und Huf gelten die gleichen Kriterien, die bereits beim Vorderbein beschrieben sind.

Von der Seite gesehen soll das Lot vom Sitzbeinhöcker den hinteren Rand des Sprunggelenks und des Fesselgelenks treffen und der Winkel zwischen Unterschenkel und Röhre etwa 135° betragen. Stehen die Pferde mit der Hinterhand heraus (rückständige Stellung), so ist die Hinterhand besonders bei einem langen Mittelstück des Pferdes nur schwer unter den Rumpf zu bringen. Die sogenannte vorständige, unterständige oder säbelbeinige Stellung der Hinterhand ist dagegen bei den Dressurreitern nicht unbeliebt. Die Pferde sind leichter zu arbeiten, da sie leichter untertreten und mehr im Sprunggelenk arbeiten. Allerdings ist eine säbelbeinige Hinterhand auch verschleißanfälliger.

Von hinten gesehen soll das Lot vom Sitzbeinhöcker bei einer korrekten Beinstellung in etwa Schenkel und Huf halbieren. Sind die Pferde im Fesselgelenk etwas nach innen oder außen gestellt (zeheneng beziehungsweise zehenweit), so ist dies als der geringere Fehler anzusehen. Abzulehnen sind dagegen nach außen gedrehte Sprunggelenke (faßbeinige, O-beinige Hinterhand) oder nach innen gedrehte Sprunggelenke (kuhhessige, X-beinige Hinterhand).

Beurteilung des Bewegungsablaufs.

Die Bewegungen des Pferdes sollen ohne Taktfehler, gerade und von genügendem Raumgriff sein. Schon das junge Pferd sollte im Trab und Galopp von Haus aus Schwung mitbringen. Der Schritt sollte als schwunglose, schreitende Gangart den nötigen Fleiß zeigen.

Im *Schritt* soll das Pferd etwa zwei Hufbreit über die Spuren der Vorderbeine treten. Ein Schritt mit zuwenig Raumgriff ist wertlos. Bei fehlerhafter dressurmäßiger Arbeit wird der Schritt eher noch schlechter und verliert im Raumgriff. Bei sehr guter dressurmäßiger Arbeit läßt sich der Schritt, wenn das Pferd in den Hanken lockerer geworden ist, etwas verbessern. Der Raumgriff gewinnt aber höchstens um einige Zentimeter. Andererseits halte ich einen Schritt mit sehr weitem Raumgriff auch für problematisch. In der Beurteilungslehre wird zwar teilweise die Meinung vertreten, daß der Schritt nicht lang genug sein kann. Gerade bei der versammelnden Arbeit im Schritt habe ich jedoch die Erfahrung gemacht, daß ein Pferd mit sehr weitem Raumgriff im Schritt leicht zu Paß oder paßartigem Gehen neigt.

Typ des modernen Reitpferdes: Privathengst Plutos von Pluchino xx im Besitz des Gestüts Papenhausen, Bad Salzuflen.

Langer, genügend breiter, leicht nach oben gebogener Hals mit kräftiger oberer Halsmuskulatur, die sich zum Kopf hin harmonisch verjüngt.

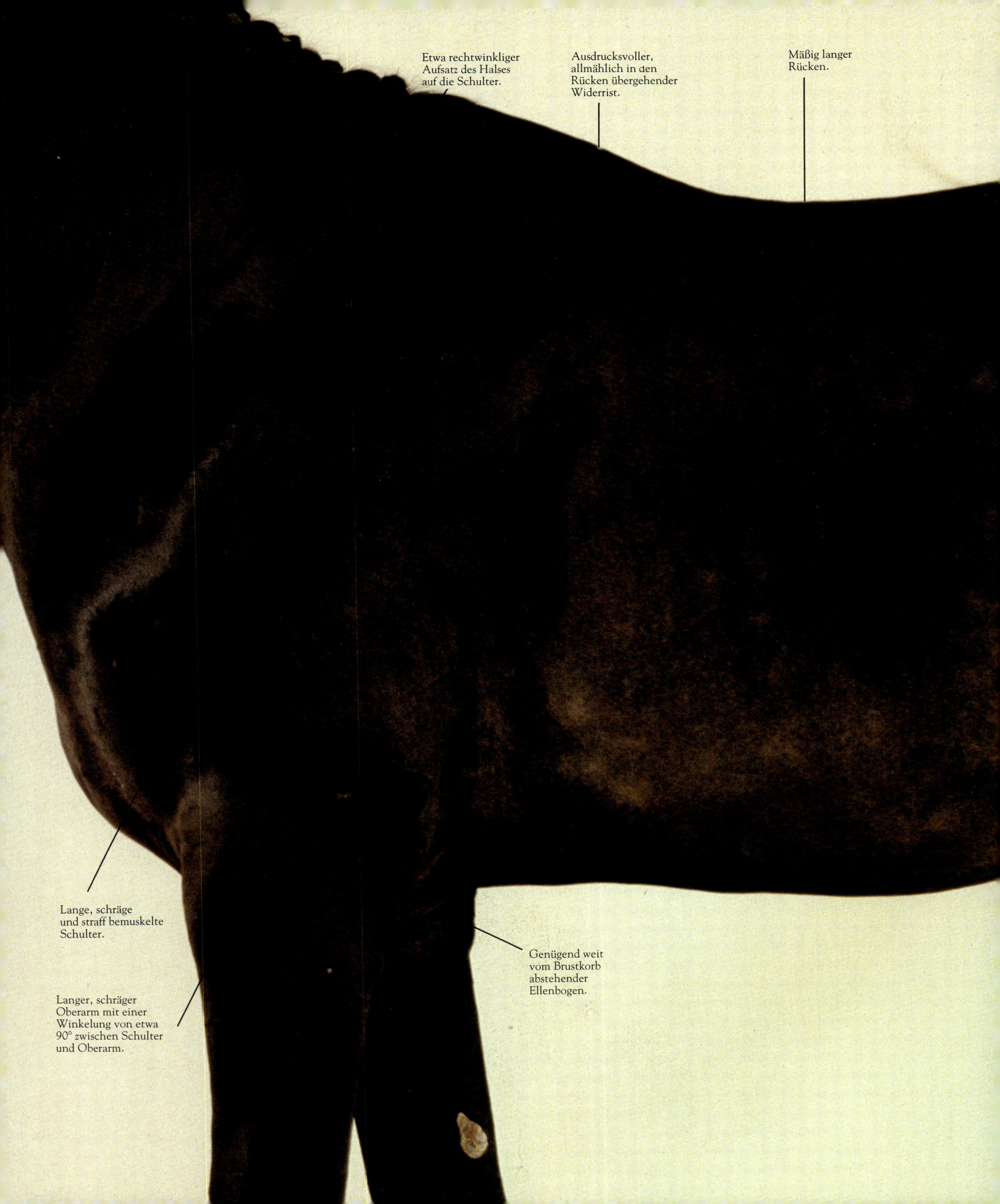

Etwa rechtwinkliger Aufsatz des Halses auf die Schulter.
Ausdrucksvoller, allmählich in den Rücken übergehender Widerrist.
Mäßig langer Rücken.
Lange, schräge und straff bemuskelte Schulter.
Genügend weit vom Brustkorb abstehender Ellenbogen.
Langer, schräger Oberarm mit einer Winkelung von etwa 90° zwischen Schulter und Oberarm.

Kurze, breite und harmonisch in die Kruppe übergehende Lende.
Lange, gut bemuskelte und mäßig nach rückwärts abfallende Kruppe.
Schön getragener Schweif.
Etwas nach außen gestellte Kniescheibe.
Lange, schräge Linien von Hüftbein, Oberschenkel und Unterschenkel mit einer Winkelung von etwa 90°. Gute Bemuskelung dieser Partien.

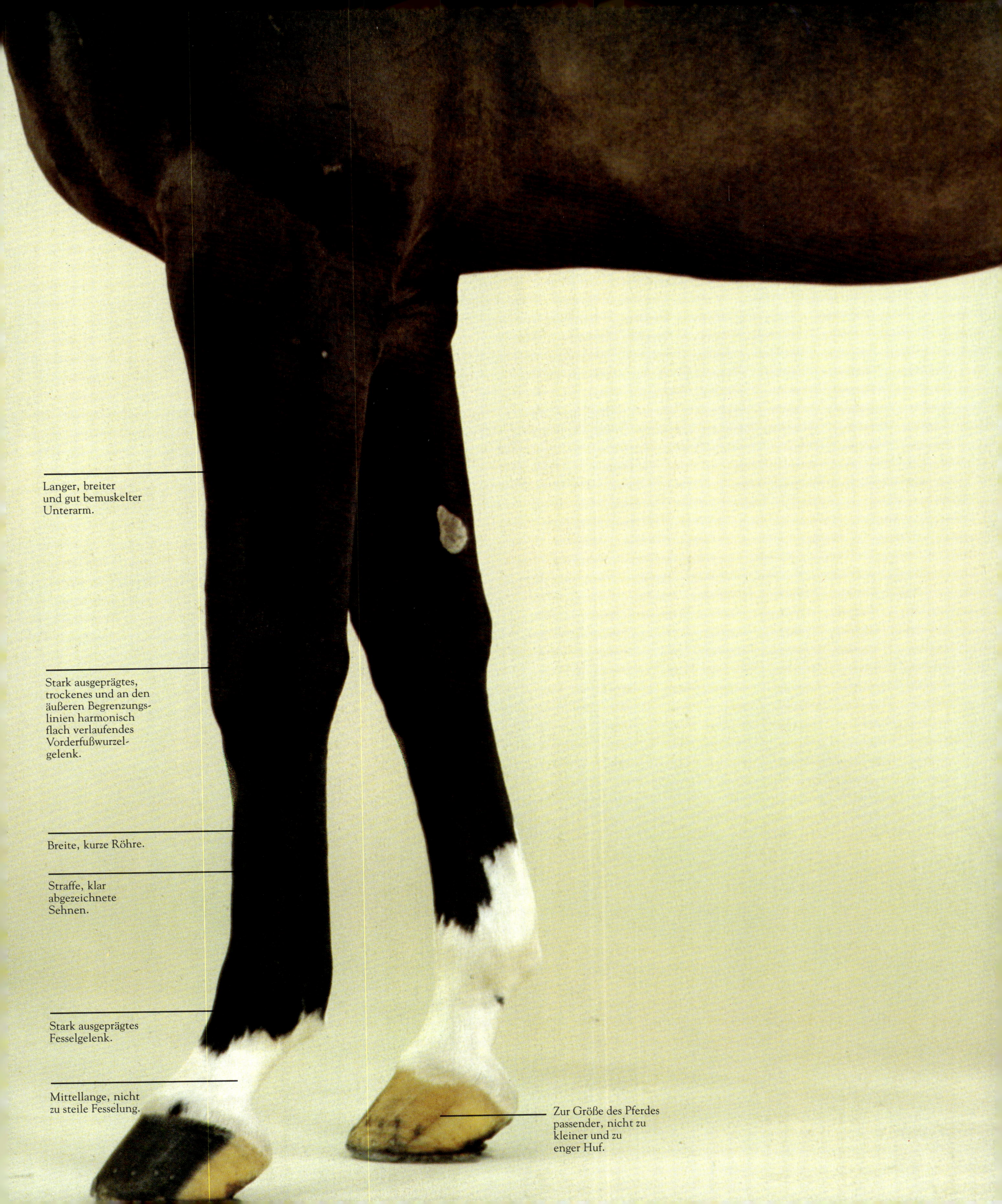
Langer, breiter und gut bemuskelter Unterarm.
Stark ausgeprägtes, trockenes und an den äußeren Begrenzungslinien harmonisch flach verlaufendes Vorderfußwurzelgelenk.
Breite, kurze Röhre.
Straffe, klar abgezeichnete Sehnen.
Stark ausgeprägtes Fesselgelenk.
Mittellange, nicht zu steile Fesselung.
Zur Größe des Pferdes passender, nicht zu kleiner und zu enger Huf.

Gut bemuskelte Hosen.
Kräftiges, trockenes und tief am Boden stehendes Sprunggelenk, das allmählich und breit zum Röhrbein eingeschient ist.

Den Schritt wünscht man sich weiterhin leicht und elastisch. Er soll nicht am Boden kleben und schlaff und schleppend sein. Die Erfahrung zeigt, daß meistens mit einem guten Schritt auch ein guter Galopp einhergeht.

Im *Trab* soll das Pferd die Hinterhand kräftig und elastisch abschieben, im Rücken schwingen und den Schwung aus der Hinterhand federnd mit der Vorhand abfangen. Die diagonalen Vorder- und Hinterbeine sollen parallel zueinander sein. Das Pferd soll gut ausbalanciert traben und dabei in schöner Selbsthaltung und natürlicher Schulterfreiheit gehen.

Bei der Beurteilung des Trabs darf man nicht den Fehler machen und nur auf das Vorschmeißen der Vorderbeine sehen, sondern man muß auch die Geschmeidigkeit der Hinterhand, die Biegung in den Hanken und das Arbeiten im Sprunggelenk beachten. Selbstverständlich richtet sich die Aktivität der Hinterhand stark nach der Rittigkeit des Pferdes, aber sehr veranlagte junge Pferde bringen eben doch einen gewissen Schwung aus der Hinterhand schon von Natur aus mit.

Haben die Pferde eine leichte Knieaktion, so ist dies gerade für die Piaffe und Passage nicht unvorteilhaft. Abzulehnen ist dagegen das bisweilen besonders bei Blutpferden zu beobachtende völlig gerade Vorbringen der Vorderbeine. Ein solcher Bewegungsablauf ist nicht geschmeidig und elastisch. Die Pferde sind steif in der Schulter und haben später Schwierigkeiten in den Traversalen und in der Piaffe und Passage.

Ein guter *Galopp* ist für ein Dressurpferd eigentlich noch wichtiger als ein guter Trab, da viele der schwierigen Dressurlektionen im Galopp geritten werden und man den Trab auch noch eher verbessern kann als den Galopp.

Der Galopp soll rund, fließend, leichtfüßig und raumgreifend sein. Sehr gute Galoppierer springen mit den Hinterbeinen manchmal schon als drei- oder vierjährige Pferde wie ein altes Dressurpferd unter dem Schwerpunkt. Solche Pferde muß man sich als Dressurpferd aussuchen. Ihnen fällt es leicht, mit langen, weiten Galoppsprüngen den starken Galopp zu entwickeln, ohne dabei ins Eilen zu kommen. Und solche Pferde kann man auch problemlos zum versammelten Galopp verkürzen, ohne befürchten zu müssen, daß ein hackender Galopp entsteht, bei dem die Hinterbeine steif und nach hinten herausgestellt sind.

Problematisch sind Pferde, die sich im Galopp nicht ausbalancieren können und daher stürmen. Manchmal dauert es ein ganzes Jahr, bis man diese Pferde im Galopp regulieren kann. Dabei können diese Pferde durchaus einen hervorragenden Trab haben.

Der Galopp soll nicht zu flach sein. Das Pferd soll mit der Vorhand nach oben abfußen und etwas Aktion zeigen. Dadurch gewinnt der Galopp an Ausdruck, und man kann vor allem bei den fliegenden Galoppwechseln Punkte herausreiten.

Von Vorteil ist es schließlich, wenn schon das junge Pferd – besonders auf der rechten Hand – gerade galoppiert und im Galopp auf einem Hufschlag bleibt.

Bedeutung von Temperament und Charakter.

Hinsichtlich des gewünschten Temperaments und Charakters seines Pferdes wird jeder Reiter natürlich etwas andere Vorstellungen haben. Ich kann daher keine allgemeinen Regeln aufstellen, sondern nur diejenigen inneren Eigenschaften eines Pferdes aufzeigen, die mir persönlich für ein Dressurpferd als besonders wichtig erscheinen: 1. Arbeitsbereitschaft und Gehfreudigkeit, 2. Innere Ruhe und Gelassenheit, 3. Feinfühligkeit.

Dressurpferde sollten von sich aus *Arbeitsbereitschaft und natürliche Gehfreudigkeit* besitzen. Sie müssen einen gewissen Eifer mitbringen und mitspielen, wenn man von ihnen Leistungen fordert. Bei jüngeren Pferden werden sich diese Eigenschaften besonders bei nervigen Pferden zunächst auch in einem gewissen Übereifer äußern, der nicht jedem Reiter liegt. Aber ich reite solche Pferde lieber als von Haus aus faule und phlegmatische, die man immer wieder anregen und zusammenstellen muß. Ein gehfreudiges Pferd formt sich dagegen viel leichter am Sitz des Reiters, und man kommt mit feineren Hilfen aus. Schließlich entwickeln solche Pferde auch mehr Charme als faule Pferde, die nur aufgrund starker reiterlicher Hilfen die einzelnen Dressurlektionen ausführen, sie oftmals mechanisch herunterspulen und dabei dann wenig Ausdruck gewinnen.

Idealerweise zeichnet sich das arbeitsfreudige Pferd gleichzeitig durch *innere Ruhe und Gelassenheit* aus, kann sich konzentrieren und läßt sich durch nichts ablenken. Diese Kombination von Eigenschaften ist natürlich selten, vor allem darf man sie noch nicht vom Beginn der Ausbildung an bei jedem Pferd erwarten.

Beim jungen Pferd muß man immer mit einer gewissen Vorsicht, Neugier und auch Ängstlichkeit vor allem Neuen rechnen. Hat das junge Pferd zu Hause eine gewisse Gelassenheit bei der täglichen Dressurarbeit gefunden, dann kommt es bei den ersten Turnierstarts in fremder Umgebung wieder zu einer erneuten inneren Anspannung. Und auch wenn man neue Lektionen übt, ist meistens eine gewisse Unruhe da. Damit muß man bei jedem Pferd rechnen. Bei ruhiger und geduldiger Arbeit legt sich diese Unruhe aber, und mit zunehmendem Vertrauen zum Reiter findet das Pferd auch seine innere Gelassenheit.

Aber man erlebt natürlich auch regelrecht neurotische Tiere, die sich bei jeder Gelegenheit aufladen und deren Nervosität oder Ängstlichkeit der Reiter kaum regulieren kann. Diese Pferde sind für den Dressursport kaum zu gebrauchen, auch wenn sie einen noch so bestechenden Bewegungsablauf haben.

Als einen großen Vorteil sehe ich es an, wenn ein Dressurpferd schon *von Natur aus feinfühlig* ist und mit leichten Hilfen zu reiten ist. Besonders die schwierigen Lektionen wie Piaffe und Passage verlangen eine besondere Sensibilität, da die Pferde nur auf Kreuz- und Schenkelhilfen ohne die Unterstützung von Stimme und Gerte in ausdrucksvollen, kadenzierten Tritten antreten sollen. Bis zu einem gewissen Grad kann man diese Feinfühligkeit einem Pferd natürlich auch anreiten. Aber das von Natur aus feinfühlige und auf leichte Hilfen reagierende Pferd bedeutet für die Dressurarbeit doch eine erhebliche Erleichterung. Andererseits setzen solche Pferde aber auch eine gewisse Feinfühligkeit und Routine beim Reiter voraus und werden bei grober Hilfengebung leichter widersetzlich.

Von einem guten Dressurpferd verlangt man Gehorsam und Zuverlässigkeit. Bestimmte Pferde bringen diese Eigenschaften von Natur aus mit. Es sind die gutmütigen und willigen Verlaßpferde, mit denen der Reiter wenig Probleme hat.

Daneben gibt es aber auch Pferde mit ausgeprägter Persönlichkeit, die durchaus die hier geforderten Eigenschaften wie Gehfreudigkeit, innere Ruhe und Gelassenheit und Feinfühligkeit aufweisen, aber andererseits auch einen starken Willen besitzen, der sich einem weniger starken Reiter nicht unbedingt unterordnet. Trotzdem sind dies oft die besten Pferde. Und man kann sogar sagen, daß die großen Leistungspferde eigentlich immer ein ausgeprägter Wille auszeichnet. Gelingt es dem Reiter, die besondere Energie dieser Pferde in die richtigen Bahnen zu lenken, dann kann er ein Dressurpferd von besonderer Ausstrahlungskraft heranbilden.

Temperamentsmäßige und charakterliche Unterschiede zwischen Hengsten, Stuten und Wallachen wird man sicherlich nicht generalisieren können. Dazu sind Pferde zu verschieden. Man kann jedoch sagen, daß Hengste, sofern sie ruhig bleiben, sich sehr gut für die Dressurarbeit eignen, da sie besonders gelehrig und feinfühlig sind. Sofern Stuten keine Probleme mit der Rosse haben, haben sie gegenüber Wallachen häufig den Vorteil größerer Leistungsbereitschaft. Wallache werden dagegen mit zunehmendem Alter leicht ledern und auch phlegmatisch. Sie müssen deshalb schon als junges Pferd genügend Nerv mitbringen.

Als Praxisbeispiele für die Beurteilung eines Dressurpferdes dienen die Beschreibungen der besten deutschen Dressurpferde auf den folgenden 35 Seiten.

Porträts bekannter Dressurpferde.

Meine Reiterkameraden Kurt Capellmann, Gabi Grillo, Maria Günther, Reiner Klimke, Herbert Kuckluck, Vroni Meier-Johann, Josef Neckermann, Herbert Rehbein, Uwe Sauer, Uwe Schulten-Baumer, Willi Schultheis und Georg Wahl haben für dieses Buch in Interviews oder schriftlichen Beiträgen unsere besten Dressurpferde der Nachkriegszeit in kurzen Porträts beschrieben. Diese Porträts zeigen, wie wenig sich Dressurpferde in ein einheitliches Schema bringen lassen. Jedes dieser Pferde hat seine Besonderheiten. Aber doch ist ihnen eins gemeinsam: Sie sind, wenn auch nicht immer problemlos, so doch stets ausgeprägte Pferdepersönlichkeiten.

Diese Beispiele beweisen auch, daß doch eine gute Portion Glück dazu gehört, um ein wirkliches Spitzenpferd im Dressursport zu bekommen. Wir Dressurreiter können ja immer erst während der langjährigen Ausbildung eines Pferdes feststellen, ob dieses Pferd nun wirklich die Begabung dazu hat, zur absoluten Spitze vorzustoßen. Am deutlichsten wird das wohl am Beispiel von Granat, bei dem Georg Wahl mehr als einmal daran dachte, die ganze Arbeit mit ihm aufzugeben. Und dann wurde er das überragende Siegerpferd der letzten Jahre.

Die Dressurausbildung bis zu den Lektionen der Hohen Schule verläuft eben auch bei erfahrenen Reitern nicht immer geradlinig, sondern häufig in Sprüngen. Oftmals muß man immer wieder eine bestimmte Lektion üben, und man sieht einfach keine Erfolge. Und plötzlich haben die Pferde diese Lektion begriffen, und die weitere Ausbildung ist ohne Probleme.

Aber genauso kann es einem bei der Ausbildung eines Dressurpferdes passieren, daß ein Pferd alles ohne jede Schwierigkeit lernt. Nur eine Lektion ist dem Pferd einfach nicht beizubringen. So wie bei Kurt Capellmanns Granit, der alles hervorragend konnte, nur keine gute Piaffe. Oder wie bei meiner Trakehnerstute Illusion, die einfach keine Einerwechsel gehen wollte.

Nicht umsonst mißt deshalb jeder Reiter dem Temperament und Charakter seines Pferdes eine so große Bedeutung bei, begeistert sich an den positiven Temperaments- und Charaktereigenschaften seines Pferdes oder weiß von Schwierigkeiten zu berichten, die er in dieser Hinsicht mit seinem Pferd hatte. Wenn Josef Neckermann sagt, daß das Temperament seines Asbach auf jeden Fall mehr wert war als ein etwas längerer Hals, dann ist damit wohl alles gesagt.

Auffällig dürfte schließlich auch sein, daß sich unter den großen Dressurpferden zum Teil auch Pferde mit deutlichen Gebäudefehlern befunden haben. Das gute Dressurpferd braucht eben durchaus nicht in seiner Jugend Sieger in einer Materialprüfung gewesen zu sein, und es muß auch nicht durch besondere Schönheit bestechen. Dagegen kommt es selten vor, daß ein Dressurpferd nicht über gute Grundgangarten verfügt. Oder es muß zum Beispiel ein Mangel im Schritt durch überragende Leistungen in den Schullektionen ausgeglichen werden. Insofern bestätigen mir meine Reiterkameraden meine These, daß dem Bewegungsablauf des Dressurpferdes eine größere Bedeutung als dem Exterieur des Pferdes beigemessen werden muß.

Aar: „Vom Sieger im Großen Preis von Aachen zum Dressurstar."

Aar	Heissa	Heinitz	Heintze
			Waldmädel
		Exakte	First
			Antiqua
	Stute	Nubier	Nuntius
			Canella
		–	–
			–

Geboren: 1945. Zuchtgebiet: Holstein. Züchter: Heinrich Hegner, Deichhausen. Besitzer: Heinrich Busch (1950), Dr. h. c. Gustav Rau (1952). Bedeutendste Erfolge: Sieger im Dressurderby 1960. 99 Plazierungen in S-Dressuren.

Die wechselvolle Geschichte dieses schwergewichtigen Holsteiners gehört in jedes Dressurlehrbuch. Aar war ein großrahmiger Wallach mit starkem Knochenbau, der ganz im Typ des alten Holsteiners stand. Oberlandstallmeister Dr. h. c. Gustav Rau hatte ihn für seine Frau Hertha als junges Pferd gekauft und ihn dann Fritz Weidemann zur Springausbildung übergeben. Der Wallach konnte unbegrenzt springen und galoppieren. Trotzdem galt er als nicht gerade mutig. Viele Springreiter versuchten sich auf ihm, bis er unter Fritz Thiedemann 1953 den Großen Preis von Aachen gewann.

Nach Beendigung seiner Springlaufbahn kam Aar Ende 1953 zu seiner Besitzerin nach Warendorf zurück. Frau Rau vertraute mit Weitblick auf die Dressurlaufbahn dieses außergewöhnlichen Pferdes. Aar war bereits als Springpferd von Fritz Thiedemann dressurmäßig sehr gut geritten worden. Schwierigkeiten gab es jedoch bei der Entwicklung der Passage. Hierbei half mir Karl Lietz, der beim Passagieren neben Aar herlief und, eine Gerte vor und eine hinter das Pferd haltend, versuchte, Aar beim Passagieren zusammenzuhalten. Später wurde die Passage dann besser als seine Piaffe.

1954 und 1955 gewann ich mit Aar zahlreiche Dressurprüfungen im In- und Ausland. Später setzte er seine Erfolgslaufbahn fort unter Albert Brandl, Eike von Veltheim und Grete Kemper, geb. Klimke. 1960 gewann ich auf Aar noch mein erstes Dressurderby.

Aar wurde 28 Jahre alt und stand zuletzt als Lehrpferd in der Landesreitschule Wülfrath. Trotz seiner Schwergewichtigkeit bestach er durch eine mustergültige Galoppade und Leichtigkeit im Ablauf des Programms. Ein Riese mit dem Charme und der Intelligenz eines Vollblüters war dieser Aar, der durchaus mit Granat in einem Atemzug genannt werden darf. *Dr. Reiner Klimke*

Adular: „Im Schnellverfahren zur olympischen Reife gefördert."

Adular	Oxyd	Irrlehrer	Perfectionist xx
			Inständige
		Oxalis	Metellus xx
			Oberpfalz
	Altdeutsche von Hollern	Alsterpreis (Hann.)	Alter Kerl I
			Slablita
		Sabobilla	Schuhmann
			A. St. Nr. 790

Geboren: 1945. Zuchtgebiet: Westfalen. Züchter: Freiherr von Nagel-Doornick, Vornholz. Besitzer: Freiherr von Nagel-Doornick, Gestüt Asta. Bedeutendste Erfolge: Bronzemedaille in der Mannschaftswertung und 7. Platz in der Einzelwertung bei den Olympischen Spielen 1952 in Helsinki. Silbermedaille in der Mannschaftswertung und Bronzemedaille in der Einzelwertung bei den Olympischen Spielen 1956 in Stockholm. 8 Grand Prix-Siege. Insgesamt 57 Plazierungen in S-Dressuren.

Adular mußte von Otto Lörke, da wir damals keine anderen Pferde für die Olympischen Spiele 1952 in Helsinki zur Verfügung hatten, sozusagen im Schnellverfahren ausgebildet werden. Er war kolossal gelehrig und machte bei Lörkes Ausbildung voll mit. Mit $3^1/_2$ Jahren wurde er angeritten, fünfjährig beherrschte er bereits sämtliche Grand Prix-Lektionen, sechsjährig wurde er in Helsinki gestartet. Zwar besaß er damals noch nicht die gewünschte Erfahrung, ging aber doch schon verhältnismäßig sicher den olympischen Dressurpreis.

Adular war kein großes, aber ein sehr wuchtiges und stabiles Pferd. Er besaß enormen Schwung und Vorwärtsdrang. Seine Höhepunkte lagen in den starken Tempi, sehr gut waren auch seine Piaffen und Passagen. Obwohl er sehr erfolgreich von Liselott Linsenhoff-Schindling geritten wurde, war er kein ideales Damenpferd, sondern verlangte einen Reiter mit viel Einwirkung.

Während in Helsinki die schwierigen Lektionen bei Adular naturgemäß noch nicht so gefestigt waren und er nur an 7. Stelle plaziert wurde, gingen wir mit großen Erwartungen zu den Olympischen Spielen 1956 in Stockholm. Aber dann bekam Adular eine Lungenentzündung, wir mußten bis zuletzt zittern, ob er überhaupt gestartet werden konnte, und nach den Olympischen Spielen konnte Adular im Turniersport nicht mehr eingesetzt werden.

In der Prüfung selbst mußte Adular, da es nachts stark geregnet hatte, auf glitschigem Rasen gehen. Bei einem Pferd mit soviel Vorwärtsdrang war auf diesem Boden sehr schwer zu reiten, und Adular kam auch einige Male gefährlich ins Rutschen. Der Gesamteindruck der Vorführung wurde dadurch etwas beeinträchtigt, und so reichte es „nur" zur Bronzemedaille in der Einzelwertung.

Willi Schultheis

Afrika: „Ein Produkt Lörkescher Reitkunst."

Afrika	Oxyd	Irrlehrer	Perfectionist xx
			Inständige
		Oxalis	Metellus xx
			Oberpfalz
	Anlage von Langeln	Anlauf	Irrlehrer
			Anciennität
		Stute	Honking
			–

Geboren: 1945. Zuchtgebiet: Westfalen. Züchter: Freiherr von Nagel-Doornick, Vornholz. Besitzer: Freiherr von Nagel-Doornick, Anneliese Küppers. Bedeutendste Erfolge: Bronzemedaille in der Mannschaftswertung und 10. Platz in der Einzelwertung bei den Olympischen Spielen 1952 in Helsinki. Silbermedaille in der Mannschaftswertung und 14. Platz in der Einzelwertung bei den Olympischen Spielen 1956 in Stockholm. 2 Grand Prix-Siege. Insgesamt 74 Plazierungen in S-Dressuren.

Afrika war exterieurmäßig überhaupt nicht als Dressurpferd geeignet. Sie war lose im Hals und hatte einen leichten Hirschhals. Die Nierenpartie war schwach. In der Rippe war die Stute etwas zu lang. Zudem war sie noch leicht überbaut. Und sie besaß – von Oxyd vererbt – eine breite und schiefe Blesse, so daß es von vorn betrachtet immer so aussah, als würde sich die Stute im Genick verwerfen. Daß Afrika überhaupt zu solchen Erfolgen als Dressurpferd kam, ist deshalb nur der Reitkunst Otto Lörkes zuzuschreiben.

Afrikas Stärken lagen in ihrem großen Schwung und ihrem hervorragenden Schritt. Sehr schön war auch die Passage. Dagegen hat Afrika nie gelernt, richtig zu piaffieren. Es reichte lediglich zu einigen piaffeähnlichen Tritten, und auf der Stelle konnte die Stute überhaupt nicht piaffieren.

Afrika war ein sehr sensibles Pferd und dementsprechend schwer zu reiten. Vor allem die Piaffen, die Pirouetten und auch der versammelte Schritt verlangten viel reiterliches Einfühlungsvermögen. Gerade deshalb kamen wohl auch die Reiterinnen Baroness Ida von Nagel und später Anneliese Küppers erstaunlich gut mit der Stute zurecht.

Afrika war bei ihrem ersten olympischen Start erst siebenjährig, hatte also eine ähnlich schnelle Ausbildung wie Adular und Chronist xx mitmachen müssen. Die Stute erkrankte auf dem Seetransport nach Helsinki an Gelbsucht, konnte nur einen Tag vor der Prüfung etwas geritten werden und wurde dann doch noch an 10. Stelle plaziert.

Willi Schultheis

Ahlerich: „Genie und Wahnsinn dicht beieinander."

Ahlerich II	Angelo xx	Oliveri xx	Macherio xx
			Flor d'Orchidea xx
		Antibes xx	Neckar xx
			Alwara xx
	Dodona	Donar	Dolman
			Fabita
		Mieze	Meldeschein
			Sonja

Geboren: 1971. Zuchtgebiet: Westfalen. Züchter: Herbert De Baey, Hamminkeln. Besitzer: Dr. Reiner Klimke (1975). Bedeutendste Erfolge: 34 Siege und insgesamt 59 Plazierungen in S-Dressuren (Stand 31. 12. 1979). Mannschaftssieger und 3. Platz in der Einzelwertung beim Dressurfestival Goodwood 1980. Deutscher Meister 1978. 3. Platz bei der Deutschen Meisterschaft 1979. 2. Platz bei der Deutschen Meisterschaft 1980.

Dieser westfälische Angelo xx-Sohn strahlt seine ganze Persönlichkeit aus. Er ist 186 cm Bandmaß groß, aber schmal. Bei ihm liegen Genie und Wahnsinn dicht beieinander. Ich habe selten ein Pferd geritten, das so empfindsam seinen Reiter sucht. Ahlerich braucht viel Freiheit. Man kann ihn nur überreden, jedoch nicht mit Gewalt unterordnen. Ich würde jeden Tag dafür bezahlen, diesen Wallach reiten zu dürfen.

Die Natur hat Ahlerich keine Grenzen gesetzt. Die Zukunft wird zeigen, ob es gelingt, seinen Übereifer zu bremsen und ihn in Ruhe ausreifen zu lassen. Pferde wie Ahlerich machen das Reiten zur Freude.

Ahlerich war das Spitzenpferd der Westfalen-Auktion 1975. Ich hatte ihn vorher ausprobiert und war begeistert. Auf der Auktion selbst war Ahlerich jedoch überdreht und zeigte vor allem wenig Trab. Wir haben ihn deshalb anfangs überhaupt nicht gefordert und nur darauf gewartet, daß er sich innerlich beruhigte. Aber den ganzen Sommer blieb er ein Hering und rannte davon, wenn er etwas Neues kennenlernte.

Erst nach den Olympischen Spielen 1976 in Bromont habe ich ernsthaft mit dem Training begonnen. Und immer, wenn Ahlerich neue Lektionen begriffen hatte, habe ich sie sofort abgebrochen und sie ihn wieder vergessen lassen. Das ist eigentlich das Geheimnis, daß Ahlerich, der außerordentlich schnell lernte, nervlich nicht überfordert wurde.

1977 wurde Ahlerich dann turniermäßig eingesetzt und gewann hintereinander 3 M-Dressuren und 7 S-Dressuren, darunter die Westfalenmeisterschaft. Als siebenjähriges Pferd konnte Ahlerich 1978 in Aachen bereits seinen fünften Grand Prix gewinnen. Er ist damit meine größte Hoffnung für die Olympischen Spiele 1980 in Moskau. *Dr. Reiner Klimke*

Antoinette: „Bewährt beim Regenritt von Tokio."

Antoinette	Anblick xx	Ferro xx	Landgraf xx
			Frauenlob xx
		Antonia xx	Herold xx
			Adresse xx
	Korinna	Heiner	Heintze
			Achtung
		Nelsa	Hallo
			Irma

Um Antoinette, die Primadonna unseres Stalles, zu schildern, möchte ich bei unserem ersten Grand Prix-Start in Paris beginnen. Es war die größte Katastrophe, an die ich mich in meiner reiterlichen Laufbahn erinnern kann. Antoinette wollte nach dem Gruß einfach nicht auf die Richter zugehen. Nach drei bis vier Tritten auf der Mittellinie drehte sie um, und ich bin dreimal nach X geritten, habe gegrüßt und versucht, meine Vorführung zu beginnen.

Den Ritt in Paris vor Augen, kann man sich vielleicht meine Situation bei den Olympischen Spielen in Tokio vorstellen. Die Stute war damals in einer bestechenden Form, und wir fuhren als Favorit nach Japan. Und genau in der Viertelstunde, in der ich reiten mußte, setzte dann ein unglaubliches Unwetter ein. Es wurde damals so dunkel, daß man kaum noch etwas sehen konnte. Obwohl Blaulicht eingesetzt wurde, konnten die Richter kaum bis zum Ende des Dressurvierecks sehen. Auf unseren Filmen erkennt man lediglich meinen weißen Kragen, meinen Armstreifen, das Stirnband und die Schabracke des Pferdes. Unser Equipechef versuchte, eine Verzögerung des Rittes zu erreichen, aber ohne Erfolg. Ein Funktionär gab mir lediglich kurz vor dem Start Anweisungen, wie ich mich im Falle eines Erdbebens zu verhalten habe.

So ritt ich also mit Antoinette ein. Auf den Tribünen große Unruhe, da sich die Zuschauer vor den Regenmassen schützen wollten. Und frontal vor Antoinette und mir stand ein Fernsehteam, das ein großes Plastiktuch über seine Aufnahmegeräte gespannt hatte. Ich wußte um die Sensibilität von Antoinette. Sie zitterte vor Angst und beim Anreiten habe ich nur gedacht: „Jetzt entscheidet sich, ob du Paris noch einmal erlebst." Aber Antoinette ist dann ohne einen falschen Tritt gegangen. Natürlich war sie verspannt und konnte ihre Leistung nicht bringen. Aber das war auch nicht so wichtig. Als wir dann herausritten, fielen mir meine Reiterkameraden mit den Worten um den Hals: „Jetzt hast Du die Mannschaft gerettet."

Dr. h. c. Josef Neckermann

Geboren: 1955. Zuchtgebiet: Holstein. Züchter: Karl Harder, Siethwende. Besitzer: H. Günther (1960), Liselott Dütting (1961), Annemarie Neckermann (1964), Eva-Maria Pracht (1969). Bedeutendste Erfolge: Mannschaftssieger und 5. Platz in der Einzelwertung bei den Olympischen Spielen 1964 in Tokio. Mannschaftssieger und 5. Platz in der Einzelwertung bei der Weltmeisterschaft 1966. Mannschaftssieger und 5. bzw. 9. Platz in der Einzelwertung bei den Europameisterschaften 1965 und 1967. 3. Platz und 2. Platz bei den Deutschen Meisterschaften 1966 und 1969. 13 Grand Prix-Siege. Insgesamt 113 Plazierungen in S-Dressuren.

Arcadius: „Trotz aller reiterlichen Bemühungen bis zuletzt bodenscheu."

Arcadius	Wanderfalk xx	Alchimist xx	Herold xx
			Aversion xx
		Wildrose xx	Prunus xx
			Wünschelruthe xx
	Agneta	Ortstein	Ortler
			Calla
		Therese	Peter
			Replik

Geboren: 1955. Zuchtgebiet: Holstein. Züchter: H. Neels, Prehnsfelde. Besitzer: Eduard Falkenberg (1958), Chr. Stocks (1958), Chr. Wagner und Dr. Reiner Klimke (1965). Bedeutendste Erfolge: Sieger im Europachampionat 1962. 3. Preis in der Einzelwertung und Mannschaftssieger in der Europameisterschaft 1965. 10. Platz bei der Weltmeisterschaft 1966. 4. Platz im Dressurderby 1962 und 3. Platz im Dressurderby 1966. 2 Grand Prix-Siege. Insgesamt 99 Plazierungen in S-Dressuren.

Arcadius stammte von dem Vollblüter Wanderfalk, der in der Holsteiner Zucht in den sechziger Jahren mit großem Erfolg gewirkt hat. Zusammen mit der Wanderfalk-Tochter Waldfee von Vroni Meier-Johann eroberte er im Sturm die Herzen der Zuschauer. Während Waldfee für ihre Treue bekannt wurde, leistete sich „Aki" häufig einige Streiche. Arcadius blieb bis zuletzt bodenscheu. Wenn die Buchstaben zu nah am Viereck standen, konnte er mit Erfolg nur gestartet werden, wenn er sehr lange abgeritten, ja manchmal sogar etwas müde gemacht wurde. Am Beispiel von Arcadius habe ich erkannt, daß ein Pferd, das von Natur aus bodenscheu ist, durch den Reiter nicht verändert werden kann.

Der elegante, schwarzbraune Wallach maß 178 cm Band. Er hatte ein kleines, sehr lebhaftes Auge und war stets zu Überraschungen fähig. Die Leichtigkeit seiner Bewegungen faszinierte. Arcadius kam immer gut an, selbst wenn ihm ein paar Fehler unterliefen. Seine Sternstunde erreichte er 1962, als er in Rotterdam beim Europachampionat der Dressurreiter den Schweizer Olympiasieger von 1964 Henri Chammartin auf Woermann nach Stechen sicher schlug.

Als Stallgefährte von Dux blieb Arcadius wegen der Zuverlässigkeit von Dux häufig nur meine zweite Wahl. 1964 war er bei den Olympischen Spielen in Tokio Ersatzpferd. In Kopenhagen 1965 half er bei der Europameisterschaft mit, die Mannschaft zu gewinnen und wurde dritter in der Einzelwertung. 1968 wurde er nach Amerika verkauft, wo er noch viele Jahre erfolgreich im Sport ging.

Arcadius entsprach dem Typ des eleganten deutschen Reitpferdes von hoher Intelligenz und leichtfüßigem Bewegungsablauf. Er gehörte zu den Dressurpferden, die Schönheit und Harmonie ausstrahlen. *Dr. Reiner Klimke*

Armagnac: „Als Fünfzehnjähriger mit dem ersten Grand Prix-Sieg."

Armagnac III	Aumund	Amos	Amurath I
			Feile
		Alhild	Alamund
			Hamoza
	Abendfest	Aberglaube xx	Dark Ronald xx
			Aversion xx
		S 5154	Fliegerstern
			Tijuca xx

Armagnac kaufte ich als zwölfjähriges Pferd für meine kanadische Schülerin Christilot Hansen. Er war bis dahin von meinem Berufskollegen Walter Körner bis zur S-Dressur gefördert worden, hatte auch einige S-Plazierungen, war im Dressursport aber noch nicht besonders hervorgetreten.

Armagnac ist hochinteressant gezogen: Väterlicherseits bestes hannoversches Blut der Amurath-I-Linie, und mütterlicherseits stammt er aus einer der besten Graditzer Vollblutlinien.

Im starken Trab war Armagnac wohl der damals Beste, selten ging er unter einer 9, ab und zu war auch eine 10 dabei. Sehr korrekt alle Seitengänge und die Pirouetten; Galoppwechsel bis zu einem Tempi ebenfalls eine 9. Passage mit viel Ausdruck und wunderbar gleichmäßig. Die Piaffe war etwas sein schwacher Punkt, wenn sie auf der Stelle ausgeführt werden mußte.

Armagnac war leicht zu reiten; sehr locker und leicht in der Hand bei wunderbarer Aufrichtung. Herrlich war Armagnac in der Kür zu reiten. Er begeisterte das Publikum stets durch seinen überragenden Trab. Armagnac war immer leistungsbereit. Morgens um 6.00 Uhr in der Prüfung und nachts um 24.00 Uhr in einer Kür oder Schaunummer.

Mit Armagnac ist Christilot Hansen in die Weltspitze vorgestoßen. 1971 gewann das Paar die Pan American Games, 1972 in München wurden sie siebte im Grand Prix Special und sechste im Grand Prix. Vorher hatte Armagnac unter mir etwa 15 Grand Prix-Plazierungen als zweiter und dritter. Seinen ersten Grand Prix gewann er als Fünfzehnjähriger (!) in Nörten-Hardenberg gegen den damaligen Seriensieger Macbeth unter Bubi Günther. 1973 gewann er dann den Grand Prix von Berlin gegen Kizimov mit Ichor, den Olympiasieger von Mexiko, und den Grand Prix von Dortmund. *Willi Schultheis*

Geboren 1957. Zuchtgebiet: Hannover. Züchter: Heinrich Wilkens, Burden/Kreis Verden-Aller. Besitzer: Ilse Matheis (1961), Verein zur Förderung des Dressurreitens (1969), Christilot Hansen (1969), M. Bronfmann (1970), Willi Schultheis (1973), Christilot Hansen (1974). Bedeutendste Erfolge: Goldmedaille in der Einzel- und Mannschaftswertung bei den Pan American Games 1971. 7. Platz bei den Olympischen Spielen 1972 in München. Gewinner des Dressurderbys 1969, einmal 2. Platz und einmal 3. Platz im Dressurderby. 3 Grand Prix-Siege, 5 zweite Plätze im Grand Prix. Insgesamt 77 Plazierungen in S-Dressuren (in Deutschland).

Asbach: „Ein absolutes Verlaßpferd."

Asbach	Anilin	Anstand	Asti
			Nasera
		Freundeshand	Friedolin
			Ackerdrossel
	S 18755	Spinck	Sportgruß
			Saburara
		S 11154	Schuß II
			Stute v. Almarich

Geboren: 1948. Zuchtgebiet: Hannover. Züchter: B. Dresing, Alfhausen/ Krs. Bersenbrück. Besitzer: Peter Busch (1955), Annemarie Neckermann (1958). Bedeutendste Erfolge: Bronzemedaillengewinner bei den Olympischen Spielen 1960 in Rom. 2. Platz bei den Deutschen Meisterschaften 1960 und 1961. 3. Platz bei der Deutschen Meisterschaft 1962. Derbysieger 1961, 3. Platz im Dressurderby 1959, 4. Platz im Dressurderby 1958. 5 Grand Prix-Siege, 8 zweite Plätze im Grand Prix. Insgesamt 133 Plazierungen in S-Dressuren.

Als wir Asbach gekauft hatten und am gleichen Tag auf einem Ball anläßlich der Verdener Auktion stolz von unserer Neuerwerbung sprachen, herrschte allgemeines Schweigen. Keiner wollte uns zu diesem Pferd gratulieren.

Aber ich habe von Anfang an trotz aller Kritiken an dieses Pferd geglaubt. Die Kritiker bemängelten vor allem seinen etwas kurzen Hals, und angeblich sollte Asbach auch die erforderliche Eleganz für ein Dressurpferd fehlen. Noch ein halbes Jahr vor den Olympischen Spielen in Rom hieß es in einer Fachzeitschrift, daß ein Pferd in Rom wohl nichts zu suchen hätte, nämlich Asbach.

Aber Asbach hatte Vorteile, die die Kritiker übersahen: Er verfügte über hervorragende Grundgangarten, der Motor saß bei ihm wirklich in der Hinterhand, und vor allem war er ein Pferd, das sich durch nichts erschüttern ließ.

Er ist dann durch die dressurmäßige Ausbildung auch so geformt worden, daß er in seinem Gesamtausdruck wesentlich verschönt wurde und auch seine Halsung nicht mehr als störender Faktor gewertet wurde. Die Galoppwechsel, zunächst eine Schwierigkeit bei ihm, wurden seine ganz große Stärke. Sie waren wirklich wie mit dem Lineal gezogen. Ebenso waren der starke Trab und die Piaffen und Passagen große Höhepunkte bei ihm, und er bestach immer wieder durch die korrekte Ausführung aller Lektionen.

Daß Asbach ein absolutes Verlaßpferd war, bewies er nicht zuletzt in Rom. Im Grand Prix mußten wir bei starkem Regen reiten. Dabei wurde eine Zeitung über den Platz geweht, die ich während der ganzen Vorführung im Auge hatte. Beim starken Trab auf der Diagonalen flog die Zeitung dann genau auf uns zu. Asbach trat nur einmal energischer zu und ließ sich ansonsten überhaupt nicht irritieren. Im Stechen passierte mir dann das Mißgeschick, daß Asbach kurz an die Bande trat und für einen Moment erschrak. Aber dann piaffierte er weiter, als sei nichts geschehen. Ein solches Temperament eines Pferdes ist auf jeden Fall mehr wert als ein etwas längerer Hals. *Dr. h. c. Josef Neckermann*

Brillant xx: „Als einziger Vollblüter erfolgreich im Galoppderby und Sieger im Dressurderby."

Brillant xx	Organdy xx	Arjamam xx	Herold xx
			Aditja xx
		Osterfreude xx	Pazman xx
			Sachertorte xx
	Bereitschaft xx	Athanasius xx	Ferro xx
			Athanasie xx
		Binse xx	Prunus xx
			Bunch Gras xx

Geboren: 1949. Züchter: Ferdi Leisten, Gestüt Charlottenhof. Besitzer: Ferdi Leisten, H. H. Alsen. Bedeutendste Erfolge: Gewinner der Deutschen Meisterschaft 1960 und 1961. Sieger im Dressurderby 1958. 3. Platz im Dressurderby 1960. Insgesamt 104 Plazierungen in S-Dressuren.

Brillant xx war bereits dritter im Galoppderby gewesen und hatte zweimal das „Silberne Band der Ruhr" gewonnen, als ihn H. H. Alsen 1954 nach einer erfolgreichen Karriere als Galopper fünfjährig für den Dressursport kaufen konnte. Er wurde dann auch der bisher einzige Vollblüter, der erfolgreich im deutschen Galoppderby ging und später auch das Dressurderby gewinnen konnte.

Obwohl Brillant xx Hengst war, gab es bei ihm keinerlei temperamentsmäßige Schwierigkeiten. Er hatte für einen Vollbluthengst sogar ein gewisses Phlegma und eine gewisse Dickfelligkeit und ließ sich vom Reiter durchaus anfassen. Brillant xx brauchte die Spannung der Turnieratmosphäre und wurde in Esprit und Aufrichtung noch um eine Klasse besser, wenn er ein großes Publikum um sich hatte.

Zu den Olympischen Spielen 1960 in Rom fuhr Brillant xx als Reservepferd mit. Er stand Doublette damals in nichts nach; Frau Springer hatte Doublette jedoch häufiger geritten, und so kam die Stute schließlich zum Einsatz. Josef Neckermann ritt Brillant xx im Training. Der Hengst war ihm wie auf den Leib geschnitten; er kam schon nach zwanzig Minuten mit ihm sehr gut zurecht, obwohl er ihn vorher nie geritten hatte.

Seine ganz großen Auftritte hatte der Hengst in Kürvorführungen. Ich selbst habe Kürvorführungen immer besonders gern geritten, da man die Stärke des Pferdes hierbei voll ausspielen kann. Dabei bin ich nie mit einer auswendig gelernten Kür aufs Viereck geritten, sondern habe auf dem Viereck improvisiert und die Lektionen besonders herausgestellt, die die Pferde gerade anboten. Brillant xx bot sich hierzu hervorragend an. Wahre Beifallsstürme löste er nach einer Kür in London aus, zumal die Engländer gar nicht glauben konnten, daß Brillant xx ein ehemaliges Rennpferd war.

Willi Schultheis

Brokat: „Kein absoluter Siegertyp, aber der ideale Lehrmeister für seine Reitschüler."

Brokat	Lux	Lucian	Elegant
			Nelsa
		Rhea	Dagobert
			Isolde
	Rutsche	Friedberg	Honduras
			Reform
		Hertha	Erbonkel
			Bonne

Geboren: 1946. Zuchtgebiet: Holstein. Züchter: Hans Ehlers, Kollmoor. Besitzer: P. Meermann, Gestüt Quenhorn, Günther Jucho. Bedeutendste Erfolge: 3. Platz im Dressurderby 1955 und 1956. 95 Plazierungen in S-Dressuren.

Brokat war ein kalibriger, aber dabei nicht uneleganter Holsteiner Wallach. Er besaß die typische Knieaktion des alten Holsteiners, was aber später bei der Passage, die er sehr ausdrucksvoll mit gut angewinkelten Vorderbeinen gehen konnte, durchaus von Vorteil war.

Brokat war, obwohl er auch die Lörkeschen Pferde mehrmals geschlagen hat, nicht der Typ des absoluten Siegerpferdes. Seine Schwächen lagen in der Piaffe und im Schritt. Besonders der starke Schritt wollte bei ihm kein Ende nehmen. Aber er hatte den Vorteil, ein unbedingtes Verlaßpferd zu sein. Er war immer gutmütig, leicht zu reiten, ließ sich durch nichts aus der Ruhe bringen, und was er einmal gelernt hatte, das vergaß er nicht mehr.

Mein Vater hatte Brokat vierjährig bekommen und ihn bis zum Grand Prix ausgebildet. Später wurde Brokat mein Lehrmeister. Ich habe von A-Dressuren bis S-Dressuren alles mit ihm geritten und auch meine erste S-Dressur mit ihm gewonnen. 1956 ritt ich ihn in den Qualifikationsprüfungen für die Olympischen Spiele in Stockholm. Aber in den Augen der damaligen Dressurführung besaß ich, wie auch Reiner Klimke, noch nicht die Erfahrung für Olympische Spiele. In unserer Disziplin muß man eben Geduld haben.

Das Gefühl für Traversalen, Galoppwechsel, Pirouetten, Piaffen und Passagen hat Brokat später noch anderen Reitern vermittelt. Zunächst Angelika Jucho und Udo Nesch und zuletzt noch Karl-Heinz Streng. Für alle ist er ein guter Lehrmeister gewesen, der seinen Reitschülern nichts übel nahm und sie allmählich auf den richtigen Weg brachte. *Harry Boldt*

Chronist xx: „Ein Kürpferd par excellence."

Chronist xx	Marcellus xx	Pergolese xx	Festino xx
			Perfect Love xx
		Moire xx	Saint Saulge xx
			Moutre xx
	Chronik xx	Ferro xx	Landgraf xx
			Frauenlob xx
		Citadelle xx	Herold xx
			Circe xx

Geboren: 1942. Zuchtgebiet: Vollblut. Züchter: Freiherr v. Nagel-Doornick, Vornholz. Besitzer: Freiherr v. Nagel-Doornick, Hannelore Weygand. Bedeutendste Erfolge: Bronzemedaille in der Mannschaftswertung und 12. Platz in der Einzelwertung bei den Olympischen Spielen 1952 in Stockholm. 3 Grand Prix-Siege. 31 Siege und insgesamt 99 Plazierungen in S-Dressuren.

Chronist war ein leichter und kleiner Vollbluthengst, der durch seinen großen Halsaufsatz unter dem Sattel aber groß genug wirkte. Da er schon als junges Pferd im Rücken stark nachgegeben hatte, fehlte die gewünschte Verbindung zwischen Hinterhand und Rücken etwas, und die Hinterhand konnte nicht genügend nach vorn treten.

Die größte Schwäche Chronists war der Schritt. Nach dem heutigen Punktsystem hätte er als Schrittnote höchstens eine 4 oder 5 erhalten. Hinzu kam, daß Chronist, sobald man ihn im Schritt auch nur etwas zu stark trieb, sofort anzackelte. Auch der Raumgriff im starken Trab war begrenzt, obwohl der Ausdruck im Trab an sich hervorragend war.

Alle anderen Lektionen ging Chronist dagegen mit traumhafter Sicherheit. Wunderbar waren die Piaffen, Passagen und Galoppwechsel. Von zwanzig gerittenen Pirouetten gelangen zwanzig.

Chronist war daher in jeder Prüfung vorn, die wenig Schritt enthielt. Er war schlechthin das Kürpferd und Schaunummernpferd.

Chronists Laufbahn endete tragisch. Bei den Olympischen Spielen 1956 in Stockholm trat er sich beim Training einen dicken Stein in den Huf, und bei der Wendung in der Passage verdrehte er sich dann den Fesselkopf so unglücklich, daß zwei Risse im Fesselgelenk entstanden. Er ließ sich überhaupt nicht anfassen, und nur mit Mühe bekamen wir Chronist zur Tierärztlichen Hochschule nach Hannover, wo er geröntgt und vernagelt wurde.

Später wurde Chronist dann mit Erfolg als Deckhengst in Süddeutschland eingesetzt.

Willi Schultheis

Doublette: „Rein hannoveranisch gezogen, aber in Temperament, Gehlust, Auffassungsgabe und Arbeitsbereitschaft einem Vollblüter gleich.“

Doublette	Duellant	Dolman	Detektiv
			Aussicht
		Forstweihe	Foliant
			Schnepfenjagd
	Allerschütt	Allerhand	Althof
			Soubrette
		Schützenfeier	Schuß
			Jempiza

Geboren: 1949. Zuchtgebiet: Hannover. Züchter: Heinrich Witt, Esch/Kreis Stade. Besitzer: H. H. Alsen (1953). Bedeutendste Erfolge: 7. Platz bei den Olympischen Spielen 1960 in Rom. Gewinnerin der Deutschen Meisterschaften 1959, 1960 und 1961. Derbysiegerin 1957 und dreimal 2. Platz im Derby. 9 Grand Prix-Siege. Insgesamt 119 Siege in S-Dressuren.

Doublette bekam ich 1953 als Vierjährige in Arbeit. Als Sechsjährige hatte sie dann bereits 5 S-Siege zu verzeichnen. 1963 ging sie mit 165 Siegen, davon 119 Siege in S-Dressuren, und 118 weiteren Plazierungen unbeschadet in die Zucht und brachte noch sechs Fohlen. Bekanntester Nachkomme ist ihr Erstling Dahlwitz, benannt nach meiner Heimatstadt, von mir zum Grand Prix ausgebildet und heute im Besitz von Edith Masters, die ihn, von Heinz Lammers gefördert, zweimal für die USA olympisch ritt.

Doublette war ein Pferd von geradezu unbegrenzter Gehlust. Rein hannoveranisch gezogen, kam sie in Temperament, Gehlust, Auffassungsgabe und Arbeitsbereitschaft einem Vollblüter gleich. Mit ihrem Temperament hatte ich in den ersten Jahren allerdings „einige" Schwierigkeiten. Die Stute hatte einen ausgeprägten Herdendrang. Vom Abreiteplatz zum Dressurviereck war es bei ihr ausgesprochen schwierig und hat uns viele Siege gekostet.

Die Stute konnte übrigens – wie viele Duellants – hervorragend springen. Bei einem S-Springen in Vechta schlidderte ich beim Abreiten für eine S-Dressur aus Zufall auf den Springplatz, Hans-Heinrich Isenbart sagte mich zum Spaß als nächsten Starter an und die Stute absolvierte dann den Parcours mit 4 Fehlern (Fehler beim letzten Hindernis in der dreifachen Kombination). Zeuge: Hans-Joachim Köhler, Verden. 100 m weiter ritt ich dann die S-Dressur und gewann mit der Wertnote 0,3 gegen Granit mit Bubi Günther.

Kein anderes Dressurpferd hat bisher eine so große Anzahl von Siegen erzielt wie Doublette. Aber eine Olympiamedaille blieb ihr versagt. Rosemarie Springer wurde mit ihr 1960 in Rom siebte, weil sich die Stute durch Verzögerungen beim Start aufgeladen hatte. Reiner Klimke ritt sie 1955/56 in den Olympia-Vorbereitungsprüfungen mit allerbestem Erfolg. Das Paar kam jedoch wegen der mangelnden Erfahrung von Pferd und Reiter nicht zum Einsatz.

Willi Schultheis

Duero: „Ein Pferd mit ganz großem Go."

Duero III	Ducker	Duellant	Dolman
			Forstweihe
		Försterration	Förster
			Alteration
	Amsella	Allasch	Allerhand
			Freya
		Otti	–
			–

Geboren: 1970. Zuchtgebiet: Westfalen. Züchter: Josef Fieke, Greven. Besitzer: Josef Schulze-Sutthoff (1973), Heiner Luetke-Bexten (1974), Annemarie Neckermann (1974). Bedeutendste Erfolge: 40 Siege und insgesamt 65 Plazierungen in S-Dressuren (Stand 31. 12. 1979). 4. Platz bei der Deutschen Meisterschaft 1980.

Duero fiel mir 1974 bei der DLG-Ausstellung in Frankfurt auf, wo er in der siegreichen Mannschaft Westfalens in der Gebrauchsprüfung für Reitpferde ging.

Duero ist ein Pferd mit ganz überragenden Grundgangarten. Sehr guter Schritt, ein kaum zu überbietender Trab und ein schwungvoller, elastischer Galopp. Allerdings mußte er im Galopp zunächst noch lernen, sein Gewicht mit der Hinterhand zu tragen, was bei einem Pferd mit soviel Kaliber naturgemäß etwas länger dauert. Bestechend ist seine unbegrenzte Gehlust, die der dressurmäßigen Ausbildung sehr entgegenkommt.

Temperamentsmäßig hatte ich zunächst gewisse Bedenken, da sein Großvater Duellant ja nicht immer ganz einfache Pferde geliefert hat. Aber bisher gab es in der Ausbildung keine wesentlichen Schwierigkeiten, und seine Seriensiege in den leichteren S-Dressuren sprechen bereits für seine Klasse.

Bei einem Pferd wie Duero muß man nur Zeit haben und ihn reifen lassen. So hatte er zunächst eine Periode, in der er die Galoppwechsel etwas durcheinander brachte. Aber nach einigen Monaten ruhiger Dressurarbeit waren diese Fehler völlig behoben. Inzwischen ist er auch in der Piaffe und Passage schon wesentlich gefördert. Dennoch werde ich ihn im Grand Prix erst dann starten, wenn er auch in diesen Lektionen die erforderliche Sicherheit gewonnen hat.

Die einzige Sorge, die wir mit Duero haben, ist seine große Freßlust. Obwohl er sonst ein sehr liebes Pferd ist, tobt er, sobald er die Futterschwinge sieht, so im Stall herum, daß wir seine Box aus Angst vor Verletzungen ausgepolstert haben. Außerdem mußten wir ihn auf Torf stellen, damit er uns nicht zu rund wird.

Dr. h. c. Josef Neckermann

Dux: „Im Typ der heutigen Spitzendressurpferde stehend, aber damals nicht ganz so elegant wie seine Konkurrenten."

Dux	Duellant	Dolman	Detektiv
			Aussicht
		Forstweihe	Foliant
			Schnepfenjagd
	Allerlust	Allerhand	Althoff
			Soubrette
		Kampflust	Khelius
			Oberkirch

Geboren: 1952. Zuchtgebiet: Hannover. Züchter: Sophie Grothmann, Hollerdeich/Kreis Stade. Besitzer: Dr. Klusmann (1958), Dr. R. Klimke (1959). Bedeutendste Erfolge: 1. bzw. 6. Platz und 1. bzw. 3. Platz in der Mannschafts- bzw. Einzelwertung bei den Olympischen Spielen 1964 bzw. 1968. 1. bzw. 3. Platz in der Mannschafts- bzw. Einzelwertung bei der Weltmeisterschaft 1966. 1. Platz in der Mannschafts- und Einzelwertung bei der Europameisterschaft 1967. Deutsche Meisterschaft 1963 und 1967 1. Platz, 1966 2. Platz. Dressurderby 1963 und 1966 1. Platz, 1965 2. Platz 18 Grand Prix-Siege, 142 Plazierungen in S-Dressuren.

Dux war ein großrahmiger Fuchs mit Blesse. Rein hannoversches Blut ohne Vollblutanteil. Sein Bandmaß betrug 184 cm. Dux gewann von 1960 bis 1969 insgesamt 94 Dressurprüfungen, davon 18 Grand Prix.

Anfangs hatte ich Schwierigkeiten mit dem Temperament dieses stets gehfreudigen Wallachs. Hinzu kam seine Neigung, im Hals zu eng zu werden. Besondere Schwierigkeiten bereiteten die fliegenden Galoppwechsel. Da Dux heftig war, konnte ich die Galoppsprünge zunächst nicht herauslassen, und er sprang hinten ständig nach. Es dauerte fast ein ganzes Jahr, bis er die einmaligen fliegenden Wechsel fehlerfrei ging. Dann gab es allerdings bis zu den Einerwechseln überhaupt keine Schwierigkeiten mehr. Bei Dux stellten sich die großen Siege ein, als ich zum Treiben kam und er vollkommen losgelassen ging.

Dux war eine Pferdepersönlichkeit. Sein lautes, ungeniertes Wiehern, wenn er seinen Stallgefährten „Arcadius" sah, brachte die Zuschauer häufig zum Lachen. Seine Grundgangarten waren mustergültig. In der Präzision seiner Vorführungen war er in seinen besten Jahren unübertrefflich. 1968 gewann Dux alle Grand Prix, in denen er startete, bis auf den olympischen Grand Prix in Mexiko, wo er umstritten dritter wurde.

Es gab im Ablauf der Lektionen bei Dux keinen schwachen Punkt. Nur wirkte er in seiner Größe und Masse eben nicht so elegant wie ein Teil seiner damaligen Konkurrenten. Dieser Typ Pferd war zu seiner Zeit nicht so beliebt, wie er es heute gewesen wäre, wo Pferde mit viel Kaliber wie Granat und Woyceck die Dressurspitze bilden.

Dr. Reiner Klimke

Fanal: „Er wäre heute noch absolute Dressurspitze."

Fanal	Hausfreund	Astor	Wolkenflug
			Astoria
		Hausfreundin	Musterknabe
			Hürde
	Fanfare	Wolkenflug	Rhamses xx
			Windprinzess
		Fanny	Viadukt
			Facultas

Geboren: 1934. Zuchtgebiet: Trakehnen. Züchter: Preuß. Hauptgestüt Trakehnen. Besitzer: Otto Lörke, Gestüt Asta. Bedeutendste Erfolge: 58 Siege in M- und S-Dressuren.

Otto Lörke kaufte Fanal 1938 auf der Auktion in Trakehnen zum damals sehr hohen Preis von 17000,– RM. Als junges Pferd bestand er eigentlich nur aus einem großen Kopf und einer riesigen Schulter, und in Material- und Eignungsprüfungen war er immer „nur" an 4. Stelle plaziert. Herder von Felix Bürkner war damals „das" Championatspferd.

Fanal wurde dann in Krampnitz zur Grand Prix-Reife ausgebildet, war zusammen mit Herder Têtenpferd der Schulquadrille und war nach dem Krieg das führende Dressurpferd in Deutschland. Auch heute wäre Fanal noch absolute Dressurspitze. Ich habe nie wieder ein Pferd erlebt, das so herrlich piaffieren und passagieren konnte. Sobald Fanal den Takt in der Passage gefunden hatte, konnte man den Zügel hingeben, brauchte wirklich nichts mehr zu tun und konnte so lange passagieren, wie man wollte. Jedem Pferd, das ich bisher geritten habe, muß man bei diesen Lektionen irgendwie helfen. Fanal nicht.

In Aachen erhielt Fanal in einer S-Dressur von dem Richterteam Rau–Pulte–Wätjen die einmalige Note 0.0. Besser ging es nicht mehr. Bemängelt wurde an ihm von einigen Kritikern lediglich der hohe, als wagenpferdähnlich bezeichnete Trab, obwohl heute eine solche Mechanik im Trab gerade wieder sehr geschätzt wird.

Fanal wurde – unter Lörke ungeschlagen – im Alter von 22 Jahren aus dem Turniersport verabschiedet. Bekannten Reiterinnen wie Baroness Ida von Nagel, Liselott Linsenhoff-Schindling und Anneliese Küppers hat Fanal das Gefühl für „echte" Schullektionen beigebracht. Er war der beste Lehrer seiner Reitschüler und das beste Pferd, das Otto Lörke jemals hatte. Einmal auf Fanal zu sitzen, jeder Dressurreiter würde noch heute etwas dafür geben.

Als Fanal im Alter von 24 Jahren hinter dem Sarg Otto Lörkes einherschritt, ging ein Stück Dressurgeschichte mit uns.

Willi Schultheis

Feudal: „Ein langsamer Lerner, aber dann ein um so sichereres Pferd."

Feudal 11	Frühlicht II	Frühsport	Fiat I
			Sportnadel
		Almkirsche	Almjäger I
			–
	Flamme II	Felsen I	Fernando
			Ferdinande
		Friedchen II	Flott
			Sponsa

Geboren: 1968. Zuchtgebiet: Westfalen. Züchter: Theodor Schweckhorst, Haldern-Helderloh. Besitzer: Dr. Uwe Schulten-Baumer. Bedeutendste Erfolge: 3. Platz bei der Deutschen Meisterschaft 1978. Sieger im Dressur-Derby 1979. 8 Grand Prix-Siege. Insgesamt 103 Plazierungen in S-Dressuren (Stand 31. 12. 1979).

Feudal bekam ich 1972 von der Westfalen-Auktion. Er setzte anfangs den ganzen Schwung, den er in der kräftigen Hinterhand entwickelte, in Schub nach vorne um. Es ging in der Arbeit deshalb zunächst darum, ihn dressurmäßig gymnastizierend in der Muskulatur so weit auszubilden, daß er gesetzt auf der Hinterhand getragen gehen und mit der Vorhand frei nach oben treten konnte.

Feudal lernte langsam, aber dafür um so sicherer. So dauerte es sehr lange, bis er seine ersten fliegenden Galoppwechsel sauber sprang. Aber dann ging er innerhalb weniger Wochen die Galoppwechsel bis zu den Einertempi und machte dabei nur selten einen Fehler.

Mit 6 Jahren erreichte Feudal dann seine ersten S-Plazierungen, mit 8 Jahren seine ersten Grand Prix-Siege. In den letzten beiden Jahren war er das erfolgreichste westfälische Dressurpferd. Auf dem CHIO Nizza im April 1978 gewann er die Intermédiaire II, den Grand Prix und den Grand Prix Special überlegen vor der ausländischen Konkurrenz.

Schon jetzt – mit 10 Jahren – ist Feudal ein ausgesprochen sicheres Grand Prix-Pferd mit besonderen Höhepunkten in den Piaffen, Passagen und Galoppwechseln. Immer, wenn ich ihn starte, weiß ich, daß ich mich auf ihn verlassen kann. Er hat eigentlich nur das Pech, zweites Pferd neben Slibovitz zu sein und dadurch bei den großen internationalen Wettkämpfen weniger häufig zum Einsatz zu kommen.

Uwe Schulten-Baumer

Golo: „Ein Musterbeispiel für große Klasse trotz deutlicher Exterieurmängel."

Golo IV	Grünschnabel	Grünspecht	Gründer
			Alpenrose
		Ahnfrau	Almhüter
			Flugfee
	Alexe von Cörde	Altmann	Altmeister
			Sportmaid
		Sponsa von Einen	Schatzherr
			Anita

Golo bekam ich erst als achtjähriges Pferd in den Stall. Eigentlich sollte er nur 4 Wochen bei mir bleiben. Aber dann holte ihn die Besitzerin nicht ab, nach einem Jahr ging er M-Dressur, und er kam bei den Richtern so gut an, daß sich die weitere Arbeit mit ihm lohnte.

Vom Gebäude sah man Golo die Dressurbegabung überhaupt nicht an. Er ist ein Musterbeispiel dafür, daß die Exterieurbeurteilung nicht alles ist. Vorne steht er etwas zeheneng, hinten säbelbeinig, und dazu hat er noch einen ausgeprägten Senkrücken. Aber er war als Achtjähriger noch völlig unverbraucht und brachte einen ungeheuren Arbeitswillen und Schwung mit.

Allerdings mußte sein Schwung erst einmal in die richtigen Bahnen gebracht werden. Golo war zwar schon L-Dressuren und M-Springen gegangen, aber er war ein richtiger „Brenner". Er lag noch stark auf der Hand, nahm die Schenkel nicht an, machte sich etwas eng im Hals und war in seinem Vorwärtsdrang einfach nicht zu bremsen.

Als sich dieses Stürmen gelegt hatte, lernte Golo jedoch unwahrscheinlich schnell und mühelos. Schwierigkeiten gab es bei Golo eigentlich nur bei der Ausbildung der Passage. Er piaffierte damals bereits sehr gut und war dabei auch sehr schön locker in den Sprunggelenken, ich konnte ihn aber einfach nicht aus der Piaffe zur Passage bringen. Ich habe dann die Passage aus dem Mitteltrab entwickelt, indem ich den Mitteltrab verkürzte und er daraus allmählich den Schwebetakt der Passage begriff. Später ist er die Passage sehr taktvoll und mit gut angewinkelten Beinen gegangen.

Harry Boldt

Geboren: 1962. Zuchtgebiet: Westfalen. Züchter: August Bäumer, Westbevern. Besitzer: Gesa Köser (1966-1975), Gerd Herrmann Teich (1975-1978), Dr. Uwe Andresen (1978). Bedeutendste Erfolge: Mannschaftssieger und 4. Platz in der Einzelwertung bei der Weltmeisterschaft 1974. Sieger im Dressurderby 1974. Sieger in der Deutschen Meisterschaft 1973. 5 Grand Prix-Siege, 2 zweite Plätze im Grand Prix. Insgesamt 124 Plazierungen in S-Dressuren.

Granat: „Europameister, Olympiasieger, Weltmeister."

Granat	Consul	Cottage son xx	Young Lover xx
			Wait not xx
		Isolde	Gabriel
			Banka
	Salmei	Heißsporn	Heintze
			Franzi
		Hyazinthe	Lorentin
			Priamel

Geboren: 1965. Zuchtgebiet: Holstein. Züchter: Ernst Otto Lill. Besitzer: Christine Stückelberger (ab 1969). Bedeutendste Erfolge: Goldmedaille (Einzel) und Silbermedaille (Mannschaft) Olympische Spiele 1976. Einzelsieger und 3. Platz (Mannschaft) Europameisterschaft 1975. Einzelsieger und 2. Platz (Mannschaft) Europameisterschaft 1977. Einzelsieger und 2. Platz (Mannschaft) Weltmeisterschaft 1978. 2. Platz (Einzel) und 3. Platz (Mannschaft) Europameisterschaft 1979. Einzelsieger und 2. Platz (Mannschaft) Dressurfestival Goodwood 1980. 15. Platz Olympische Spiele 1972. 3. Platz (Mannschaft) Europameisterschaft 1973. Sieger Dressurderby 1975. 2. Platz Dressurderby 1974.

Granat kauften wir vierjährig. Nicht eben eine Pferdeschönheit, sondern eher im Wagenpferdetyp stehend. Aber da er drei sehr gute Grundgangarten hatte und nicht besonders teuer war, wollten wir es mit ihm versuchen.

Zu Hause merkten wir, daß Granat wohl doch nicht das Pferd war, das wir uns gewünscht hatten. Denn charakterlich war er unmöglich: Er stieg, schmiß den Reiter runter und verließ auf zwei Beinen das Viereck. Wir verkauften ihn deshalb, als er bis zur L-Dressur ausgebildet war. Ich konnte ihn aber weiterarbeiten, und plötzlich war bei ihm der Groschen gefallen. Granat arbeitete mit und lernte alles spielend. Es dauerte nur etwa 3 bis 4 Wochen, bis er Piaffen, Passagen und Galoppwechsel begriffen hatte.

Dennoch hatten wir bei Granat noch lange nicht gewonnen. Als er bei einem Turnier in Salzburg wieder einmal Schwierigkeiten machte, sagte ich verzweifelt zu George Theodorescu, er sei wohl doch ein Männerpferd. Worauf George nur meinte: Das ist kein Männerpferd, sondern mindestens ein Zwei-Mann-Pferd. Auch Harry Boldt lehnte das Angebot, Granat zu übernehmen, dankend ab, als er sah, wie Granat beim Prix St. Georges in Frankfurt auf zwei Beinen das Viereck verließ.

Da niemand Granat haben wollte, mußten wir ihn wohl oder übel weiterarbeiten. Der Durchbruch kam dann, als Granat bei den Olympischen Spielen 1972 in München den 15. Platz errang. Er war damals erst siebenjährig, war nur als Ersatzpferd mitgekommen und ging seinen ersten Grand Prix überhaupt.

Von da an begann seine steile Karriere: Europameister, Olympiasieger und jetzt der Gewinn der Weltmeisterschaft. Er gewann alle denkbaren Titel und ist seit 1975 ungeschlagen. Dennoch ist Granat nach wie vor ein schwieriges Pferd. Ihn so auf eine Prüfung einzustellen, daß er nicht müde ist, aber dennoch nicht zu frisch ist und explodiert, ist bei jedem Start eine neue Aufgabe. *Georg Wahl*

Granit: „An der Doppellonge präsentierte er sich wie selten ein Pferd."

Granit	Gong	Goldmann	Goldfisch II
			Jägerblume
		Allachen	Allweiser III
			Achen
	Asternhaus	Ast	Alter Dessauer
			Adakilla
		Allerwette	Allersport
			Dabella

Granit, den Fritz Tempelmann bis zu seinem ersten S-Sieg ausgebildet hatte, wurde mir 1960 beim Turnier in der Münsterlandhalle von ihm angeboten. Ich bat Herrn Tempelmann um vier Tage Bedenkzeit und versprach, ihn pünktlich bis 18.00 Uhr am vierten Tag anzurufen. Mein Anruf kam leider erst um 18.06 Uhr. Granit war genau um 18.01 Uhr an Otto Schulte-Frohlinde verkauft worden und kam zu Bubi Günther in die Ausbildung.

Fast drei Jahre mußte ich auf Granit warten. Er war damals beim CHI Dortmund aus dem Viereck gesprungen. Otto Schulte-Frohlinde fragte mich, verärgert über Granits schwieriges Temperament, ob ich noch immer so an ihm interessiert sei. Ich war es. Und 24 Stunden später war der Kauf perfekt.

Seine Grundgangarten waren überragend, seine Galoppwechsel – hin und wieder mit einer 10 benotet – waren von ganz großer Geschmeidigkeit und Geradlinigkeit. An der Doppellonge präsentierte er sich in sämtlichen Grand Prix-Lektionen wie selten ein Pferd.

Auf 17 Turnieren im Ausland siegte er 26mal. In Kopenhagen waren Antoinette unter Dr. Josef Neckermann und Granit in der Kür, nachdem Granit bereits zwei Prüfungen gewonnen hatte, ex aequo auf den ersten Platz gesetzt worden. Da nur ein Siegerpreis vorhanden war, traten wir in einer erneuten Kür zum Stechen an, und Granit siegte, nachdem er auf der Mittellinie herrliche Einerwechsel gesprungen war. Von diesem Tag an fand Granit auch zunehmend das Interesse der deutschen Richter.

Hätte Granit auch nur annähernd so ausdrucksvoll piaffieren wie passagieren können, so wäre er zu seiner Zeit wohl kaum zu schlagen gewesen.

Kurt Capellmann

Geboren: 1954. Zuchtgebiet: Hannover. Züchter: Alfred Nagel, Ritsch, Krs. Stade. Besitzer: Dietrich Oberfohren (1958), Inge Tempelmann (1959), Stall Rex (1960), Stall Georg (1963). Bedeutendste Erfolge: 12. Platz bei der Weltmeisterschaft 1966. 5. Platz bei der Europameisterschaft 1967. 4. Platz bei der Deutschen Meisterschaft 1966. 2. Platz im Dressurderby 1964. 3. Platz im Dressurderby 1965. 7 Grand Prix-Siege. Insgesamt 132 Plazierungen in S-Dressuren.

Hirtentraum: „Starker Wille und frech in der Jugend, aber mit großen Höhepunkten als reifes Dressurpferd."

Hirtentraum	Traumgeist xx	Goody xx	Admiral Drake xx
			Goog Bess xx
		Traumkind xx	Aventin xx
			Träumerei xx
	Herbstsonne II	Komet	Goldregen
			Kokette
		Herbstgold	Totilas
			Herbstzeit

Geboren: 1967. Zuchtgebiet: Trakehner. Züchter: Kurhess. Hausstiftung, Gutsverwaltung Schmoel. Besitzer: Heinz Struck. Bedeutendste Erfolge: 5. Platz bei der Europameisterschaft 1977. 7. Platz bei der Weltmeisterschaft 1978. 7. Platz in der Einzelwertung bei der Europameisterschaft 1979. Mannschaftssieger und 4. Platz in der Einzelwertung beim Dressurfestival Goodwood 1980. 2. Platz bei der Deutschen Meisterschaft 1978. 3. Platz bei der Deutschen Meisterschaft 1980. 3. Platz im Dressurderby 1976. Insgesamt 73 Plazierungen in S-Dressuren (Stand 31. 12. 1979).

Hirtentraum ist wohl ein Prototyp für ein hochveranlagtes Dressurpferd, das aber einen starken Willen und Charakter besitzt und deshalb eine längere Entwicklungszeit braucht, bis es zum Spitzenpferd wird.

Am Exterieur und den Grundgangarten gibt es bei Hirtentraum kaum etwas auszusetzen. Er ist auch intelligent und feinfühlig und hat äußerst leicht gelernt, wie man es gerade bei Blutpferden ja häufig findet. Obwohl Hirtentraum das erste Pferd war, das ich bis zum Grand Prix ausgebildet habe, gab es selbst bei den Piaffen, Passagen, Pirouetten und Einerwechseln kaum Schwierigkeiten.

Aber als junges Pferd war Hirtentraum frech und eigenwillig. Er konnte beim starken Galopp plötzlich losbuckeln, schlug schon mal nach dem Sporn, und es war anfangs schwierig, ihn auf dem Viereck ruhig zu halten.

Diese Eigenarten Hirtentraums haben sich aber völlig gelegt, als er etwa sieben Jahre alt war. Und ich glaube heute, daß gerade Pferde mit einer so starken Persönlichkeit wie Hirtentraum bei richtiger Ausbildung später am besten mitmachen. Dadurch, daß solche Pferde ihre besonderen Eigenarten haben, haben sie eben auch ihre besonderen Höhepunkte.

Ein eigenwilliges Pferd wird Hirtentraum aber wohl immer bleiben. Zucker nimmt er nur, wenn er gerade Lust dazu hat. Und wenn er im Stall seine Ruhe haben will, läßt er sich durch nichts stören.

Uwe Sauer

Illusion: „Bei den Einerwechseln mit dem reiterlichen Latein am Ende."

Illusion II	Flugsand	Altan	Hirtensang
			Alicante
		Flugtaube	Totilas
			Flandra
	Inka	Humboldt	Hutten
			Bergamotte
		Ilona	nicht feststellbar
			Reinbl. nachgew.

Geboren: 1963. Zuchtgebiet: Trakehner. Züchter: Ernst Schlegel, Detmold-Jerxen. Besitzer: Irmgard Schlegel, Gestüt Nehmten. Bedeutendste Erfolge: 2 Intermédiaire-Siege und 5 Siege im Prix St. Georges. Insgesamt 34 Plazierungen in S-Dressuren.

Illusion war eine große und hochelegante Trakehnerstute, die ganz im modernen Reitpferdetyp stand. Exterieurmäßig schwache Punkte waren bei ihr nur der etwas lange Rücken und die etwas steile Hinterhand. Die Stute war deshalb etwas schwierig zusammenzuhalten und mußte zunächst in der Hinterhand stärker aktiviert werden.

Illusion verfügte über große Bewegungen, vor allem über einen gewaltigen Trab, der anfangs noch etwas laufend war. Als die Stute gelernt hatte, sich zu setzen, und gut am Kreuz stand, wurden die Trabtritte aber schön lang und ruhig.

Illusion bekam ich sechsjährig von Hans Biss, der sie bis zur L-Dressur ausgebildet hatte. Sie war nervig und ließ sich bei neuen Übungen und auf dem Turnierplatz leicht ablenken. Ich habe beim Reiten deshalb häufig Musikbänder laufen lassen, um sie an die Geräuschkulisse zu gewöhnen.

Piaffe und Passage lernte Illusion ohne besondere Schwierigkeiten. Bei der Piaffe half mir Albert Rother, der die Stute wöchentlich einmal an der Hand arbeitete und hierin wirklich ein großer Künstler war. Zur Passage mußte man Illusion nur etwas aus dem Trab verkürzen und dann leicht wechselseitige Hilfen geben; sie bot dann die Passage von Natur aus an.

Die Schwierigkeiten ergaben sich bei den fliegenden Galoppwechseln. Schon das Erlernen des einmaligen fliegenden Galoppwechsels war nicht einfach. Ich habe dann zwar fliegende Wechsel bis zu zwei Sprüngen reiten können. Aber oftmals mußte ich die Anforderungen am nächsten Tag wieder ganz herunterschrauben, durfte eine Woche lang gar keine Galoppwechsel reiten und mußte erst wieder mit dem einmaligen fliegenden Galoppwechsel beginnen. Galoppwechsel von Sprung zu Sprung hat Illusion dann leider nicht gelernt. Sie machte sich einfach stur dabei. Es gibt eben Fälle, bei denen man mit seinem Latein am Ende ist. Nach mir haben es dann noch Georg Wahl und George Theodorescu probiert, aber auch ohne Erfolg.

Harry Boldt

Liostro: „Nur ohne Frackschöße zu reiten und besonders locker, wenn er sich vorher beim Freispringen austoben durfte."

Liostro	Der Löwe xx	Wahnfried xx	Flamboyant
			Winnica xx
		Lehnsherrin xx	Herold xx
			Lapis Electrix xx
	Doljahr	Dolmann	Detektiv
			Aussicht
		Jarra	Jassy I
			Ammoniak

Geboren: 1960. Zuchtgebiet: Hannover. Züchter: J. Horns, Engelshoff. Besitzer: Stall Greif. Otto Schulte-Frohlinde, FORS und Gestüt Groenwoldhof. Bedeutendste Erfolge: Mannschaftszweiter und 7. Platz in der Einzelwertung bei den Olympischen Spielen 1972 in München. Mannschaftssieger und 5. Platz in der Einzelwertung bei der Weltmeisterschaft 1974. Mannschaftssieger und 5. Platz in der Einzelwertung bei der Europameisterschaft 1973. Gewinner der Deutschen Meisterschaft 1970 und 2. Platz 1971. Gewinner des Dressurderbys 1970, 1974 und 1976, 2. Platz 1975 und 3. Platz 1968 und 1977. 12 Grand Prix-Siege, insgesamt 201 Plazierungen in S-Dressuren.

Liostro bekam ich fünfjährig in Arbeit. Bis dahin hatte ihn mein Lehrmeister Bubi Günther zur Ausbildung, und Liostro konnte bereits piaffieren und passagieren, als ich ihn übernahm. Überhaupt war er ein Pferd, das sehr leicht lernte. Aber er war anfangs noch leicht abzulenken, war sehr kernig, und es dauerte längere Zeit, bis er auf dem Viereck ruhig wurde. Selbst als älteres Pferd haben wir ihn meistens kalt in die Dressurprüfungen geritten und das eigentliche Abreiten weit vor die Prüfungen gelegt.

Liostro bekam es immer sehr gut, wenn er sich beim Freilaufen richtig austoben konnte oder wir ihn an der Hand oder unter einem Reiter springen ließen. Selbst als älteres Pferd haben wir ihn noch ab und zu gesprungen, da er dann immer sehr schön locker war. Beinahe wäre Liostro im übrigen Springpferd geworden, da Alwin Schockemöhle sich für ihn interessierte, als er noch ein junges Pferd war.

Nerv und Gehfreude hat Liostro bis ins hohe Alter behalten. Als er jetzt in der Dortmunder Westfalenhalle mit 18 Jahren vom Turniersport verabschiedet wurde, war er immer noch topfit. Und eine weitere Eigenschaft hat er Zeit seines Lebens behalten: Er war immer kitzelig am Rücken, und man konnte ihn nicht in einem Frack mit Frackschößen reiten.

Liostros besondere Stärke waren sein sehr ausdrucksvoller Trab und Galopp. Den Schritt hätte man sich dagegen etwas raumgreifender gewünscht. Liostro war etwas überbaut, was aber eigentlich bei der Arbeit nicht störte. Eine gewisse Schwierigkeit gab es bei der Piaffe. Liostro fußte mit den Vorderbeinen nicht besonders gut ab, kreuzte dabei die Vorderbeine und trat sich bisweilen auf die Kronenränder.

Herbert Rehbein

Macbeth: „Ein Pferd, das eigentlich nur Bubi richtig reiten konnte."

Macbeth	Pernod xx	Marcellus xx	Pergolese xx
			Moire xx
		Perlenreihe xx	Anakreon xx
			Postenkette xx
	Marina	Krol Walca	Jantos xx
			Warszawinka
		Malta	Oxyd
			Meerfahrt

Geboren: 1958. Zuchtgebiet: Westfalen. Züchter: Freiherr v. Nagel-Doornick, Vornholz. Besitzer: Maria und Walter Günther. Bedeutendste Erfolge: 9 Grand Prix-Siege, 9 zweite Plätze im Grand Prix. Insgesamt 113 Plazierungen in S-Dressuren.

Macbeth bekamen wir fünfjährig. Seine Grundausbildung hatte er schon bei Willi Schultheis erhalten. Aber er war temperamentsmäßig ungeheuer schwierig und anfangs auch sehr schwierig im Maul. Ich erinnere mich daran, wie mein Mann Willi fragte: „Wie hast Du den bloß geritten?" und er ihm sagte: „Das ist ein Kandarenpferd, den darfst Du auf Trense überhaupt nicht reiten."

Von allen seinen Pferden hat Bubi bei Macbeth wohl die meiste Geduld aufbringen müssen. Er war hoch veranlagt, lernte alles sehr schnell und war später lange Zeit ja überhaupt das Grand Prix-Pferd. Aber Macbeth ruhig zu bekommen war eine Aufgabe, bei der die meisten Reiter wohl aufgegeben hätten.

Auch als Macbeth im Training schon alle Lektionen sicher ging, wunderbar piaffieren und passagieren konnte und die Galoppwechsel schnurgerade und sicher sprang, hat er Bubi auf den Turnieren immer wieder versetzt. Er ließ sich auf dem Turnierplatz einfach durch alles Mögliche ablenken und lud sich auf dem Viereck förmlich auf. Besonders im Schritt war er sehr problematisch und anfangs immer verspannt. Eine andere Klippe war das Anreiten aus dem Rückwärtsrichten. In einer Aufgabe muß man aus dem Rückwärtsrichten angaloppieren, in einer anderen Aufgabe anpassagieren, und Macbeth brachte das zunächst immer durcheinander.

Später ist Macbeth dann gelassener geworden, und nach dem Tod meines Mannes habe ich ihn noch zwei Jahre lang turniermäßig geritten. Ich habe versucht, ihn als Lehrpferd einzusetzen, aber wenn ein Schüler nicht ganz ruhig saß und die Hilfen nicht ganz sicher und bestimmt gab, verdrehte Macbeth auch als älteres Pferd noch die Augen, verspannte sich und ging nur noch Einerwechsel. Er blieb eben das Pferd, das eigentlich nur Bubi richtig reiten konnte.

Maria Günther

Mariano: „Ein Ausnahmepferd in jeder Hinsicht."

Mariano	Ramzes (Anglo-Araber)	Rittersporn xx	Saint Saulge xx
			Molly Clarke xx
		Jordi ox	Shagya x-3
			Demeter
	Malta	Oxyd	Irrlehrer
			Oxalis
		Meerfahrt	Meleager
			Finnländerin

Geboren: 1955. Zuchtgebiet: Westfalen. Züchter: Freiherr v. Nagel-Doornick, Vornholz. Besitzer: Herzogin von Croy (1959), Josef Neckermann (1968). Bedeutendste Erfolge: Goldmedaille in der Mannschafts- und Silbermedaille in der Einzelwertung bei den Olympischen Spielen 1968 in Mexiko. Einzelsieger bei der Weltmeisterschaft 1966. Mannschaftssieger und 3. Platz in der Einzelwertung bei der Europameisterschaft 1969. Sieger in der Deutschen Meisterschaft 1969. 2. Platz in der Mannschaftswertung und 4. Platz in der Einzelwertung bei der Weltmeisterschaft 1970. 11 Grand Prix-Siege. Insgesamt 128 Plazierungen in S-Dressuren.

Als ich Mariano von Harry Boldt übernahm, sagte er mir nur: „Im Grunde bin ich froh, daß Du mir dieses Pferd abnimmst."

Und daß Mariano in jeder Hinsicht ein Ausnahmepferd war, habe auch ich bald erfahren müssen. Im Stall von einer Ausgeglichenheit, wie man sie nur selten findet. Unter dem Sattel ein Kämpfer wie kaum ein anderes Pferd. Ermüdungen kannte er nicht. Er war immer bereit, alles zu geben. Aber er war überaus sensibel und brauchte einen Reiter, der ganz konsequent und mit äußerster Sorgfalt und Geduld mit ihm arbeitete. Auf einen Streit durfte man sich auf keinen Fall mit ihm einlassen; man hätte als Reiter immer den kürzeren gezogen. Mariano wäre eher zusammengebrochen, als daß er sich der Gewalt gebeugt hätte. Wenn man ihn einmal ungerecht strafte, dauerte es mindestens 14 Tage, bis er das vergessen hatte. Dieses Pferd erzog wirklich seinen Reiter.

Mariano war etwas überbaut und hatte eine verhältnismäßig steile Hinterhand. Aber durch die besondere Elastizität seiner Bewegungen traten diese Schwächen völlig in den Hintergrund.

Eine seiner Eigenarten war, daß er während einer Dressurvorführung nicht misten konnte. Man mußte ihn deshalb nach dem Abreiten noch einmal in den Stall stellen und völlig zur Ruhe kommen lassen. Bei den Olympischen Spielen in Mexiko war dies, durch einen verspäteten Transport der Pferde und schlechte Abreitemöglichkeiten bedingt, nicht möglich, und beim Einreiten zur Stechaufgabe wußte ich schon genau, daß es bei den schweren Lektionen zu Schwierigkeiten kommen würde. Bei der Weltmeisterschaft in Bern wollte er auf dem Abreiteplatz absolut keine Einerwechsel gehen, und ich überlegte ernsthaft, ob ich überhaupt reiten sollte. Dann mistete Mariano, was er sonst nie tat, kurz vor dem Einreiten, und ich hatte das Gefühl, die halbe Prüfung schon gewonnen zu haben. Auf dem Viereck machte er dann keinen einzigen Fehler bei den Galoppwechseln, und wir wurden Weltmeister.

Dr. h. c. Josef Neckermann

Mehmed: „In seiner Glanzzeit das Musterbeispiel eines schwungvollen Pferdes mit drei reinen Grundgangarten."

Mehmed	Ferdinand	Ferrara	Feinschnitt
			Arlenda
		Herzenskind	Helgoland
			Irland
	Altliebe	Altried	Alkoven
			Febra
		Axier	Axenstein II
			Alttier

Geboren: 1961. Zuchtgebiet: Hannover. Züchter: Heinrich Pape, Wichtern, Kreis Stade. Besitzer: Freiherr Knigge (1966), Frau R. Klimke (1967). Bedeutendste Erfolge: Goldmedaille in der Mannschaftswertung und Bronzemedaille in der Einzelwertung bei den Olympischen Spielen 1976 in Bromont. Einzel- und Mannschaftssieger bei der Weltmeisterschaft 1974. Einzel- und Mannschaftssieger bei der Europameisterschaft 1973. Deutscher Meister 1975. Sieger im Dressurderby 1970, 1971 und 1975. 2. Platz im Dressurderby 1976. 34 Grand Prix-Siege. Insgesamt 208 Plazierungen in S-Dressuren.

Er ist Deutschlands erfolgreichster Sohn des hannoverschen Hengstes Ferdinand, der als Springpferde-Vererber international bekannt wurde. Seine Mutter Altliebe trägt ebenfalls Springpferdeblut. Ist doch ihr Vater Altried ein Dreiviertelbruder des Warwick-Rex-Großvaters Allwieder.

Als Mehmed zu mir kam, hatte er den mißglückten Versuch eines Militarytests mit 6 Jahren gerade hinter sich. Schnell und hart genug war er, aber beim Springen war er ausgesprochen feige. Und von seinem dressurmäßigen Talent mußte ich die Richter und Kritiker erst nach langer Dressurausbildung überzeugen.

Mehmed ist ein mittelschweres Pferd, das viel Harmonie ausstrahlt. Der etwas lange Kopf ist gleichwohl ausdrucksvoll, das Auge ruhig und ehrlich. Die großen Linien seines Körpers lassen erkennen, daß dieser Wallach über große Bewegungen verfügt. Das war der Grund, weshalb ich mich entschloß, ihn in Ausbildung zu nehmen.

In seiner Glanzzeit war Mehmed das Musterbeispiel eines schwungvollen Pferdes mit drei reinen Grundgangarten. Er bestach vor allem durch seine große Sensibilität und seine fast einmalige Taktsicherheit im Trab und Schritt. Mehmed gewann alle denkbaren Titel: Deutscher Meister, Europameister, Weltmeister – bis auf den olympischen Einzelsieg, den er an Granat unter Christine Stückelberger vor Woyceck unter Harry Boldt abgeben mußte, weil ihm beide Pferde in den Lektionen der Piaffe und Passage überlegen waren.

Die Passage von Mehmed blieb trotz aller Versuche, die gewünschte Anwinkelung des Vorderfußwurzelgelenks zu erzielen, flach. Die Natur ließ sich nicht verändern. Nach zehnjähriger Laufbahn trat Mehmed in Aachen 1977 mit 101 Siegen, davon 93 in Klasse S, ab. Über ihn wird man in Lehrbüchern und Fachdiskussionen noch lange sprechen, wenn es darum geht, ein gymnastisch ausgebildetes Pferd mit schwingendem Rücken und absoluter Präzision zu zeigen.

Dr. Reiner Klimke

Perkunos: „Bis Stockholm eine schlichte braune Heeresremonte."

Perkunos	Lustig	Tempelhüter	Perfectionist xx
			Teichrose
		Lustige Witwe	Red Prince II xx
			Luftkönigin
	Preußenerde	Manelescu	Astor
			Mein Lieb
		Polka	Barkas
			Posse

Geboren: 1943. Zuchtgebiet: Ostpreußen. Züchter: Freiherr von der Leyen, Hasselbusch, Ostpreußen. Besitzer: Hannelore Weygand. Bedeutendste Erfolge: Silbermedaillengewinner in der Mannschaftswertung und 9. Platz in der Einzelwertung bei den Olympischen Spielen 1956 in Stockholm. 2 Grand Prix-Siege. Insgesamt 83 Plazierungen in S-Dressuren.

Hannelore Weygand hatte Perkunos vor der Währungsreform für ein paar Zentner Kartoffeln erstanden. Keiner vermutete in ihm das Talent zum S-Dressurpferd. Am wenigsten die Besitzerin.

Das Paar trat dann später in M-Dressuren immer wieder gegen den übermächtigen Stall Vornholz an, bis Otto Lörke schließlich meinte, man müsse sich mal mehr um das immer wiederkehrende Mädchen kümmern. So wurden Hannelore und Perkunos meine Schüler.

Im Trab und Galopp war Perkunos leichtfüßig, aber mit wenig Ausdruck. Auch die Piaffen und Passagen waren gerade ausreichend. Nur eins zeichnete ihn aus: Er ging völlig fehlerlos durch jede Prüfung. Nett und schön, aber kein Siegertyp. Noch kurz vor den Olympischen Spielen 1956 in Stockholm bezeichnete ihn die oberste Reiterführung als „schlichte braune Heeresremonte".

In Stockholm hatte Perkunos dann seine Sternstunde. Hannelore Weygand hatte noch kurz vor dem Start die Befürchtung, daß ihr Perkunos, wie er es häufig tat, in der zweiten Hälfte der Prüfung etwas zu tief kommen würde. Nun wehten etwa 100 Fahnen im Stockholmer Stadion, und ich sagte ihr: „Laß ihn nur die Fahnen ansehen, dann hat er genau die richtige Kopfhaltung. Und wenn er alle Fahnen gezählt hat, dann ist dein Grand Prix zu Ende." Und genauso kam es. Perkunos ging in wunderbarer Aufrichtung und machte dabei, wie wir es von ihm gewohnt waren, keinen einzigen Fehler.

Plötzlich war er dann auch nicht mehr die „schlichte braune Heeresremonte", sondern alle Fachleute hatten schon seit langem gewußt, was für ein tolles Pferd Perkunos sei.

Willi Schultheis

Pernod xx: „Nach einer Karriere als Steepler achtjährig in den Dressursport."

Pernod xx	Marcellus xx	Pergolese xx	Festino xx
			Perfect Love xx
		Moire xx	Saint Saulge xx
			Moutre xx
	Perlenreihe xx	Anakreon xx	Ferror xx
			Anmut xx
		Postenkette xx	Lycaon xx
			Pinie xx

Geboren: 1939 Zuchtgebiet: Vollblut. Züchter: Freiherr v. Nagel-Doornick, Vornholz. Besitzer: Freiherr v. Nagel-Doornick. Bedeutendste Erfolge: 75 Siege in M- und S-Dressuren.

Pernod war während des Krieges als Steepler Rennen gegangen und galt schon bei den Rennreitern als ein Pferd, das „zu schlau geworden war" und den Reiter gern hängen ließ, wenn er im Finish mit seinen treibenden Hilfen einsetzte. Erst als achtjähriges Pferd kam der Hengst dann mit einem Beinschaden zu Otto Lörke in die Dressurausbildung. Die Dickfelligkeit, die er auf der Rennbahn gezeigt hatte, behielt er auch jetzt.

Wenn man ihn auf dem Abreiteplatz anfaßte, war alles in Ordnung. Aber im Viereck ging er häufig nicht vorwärts, blieb stehen oder stieg sogar. Die Richter warteten nur darauf, daß ich ihn auch auf dem Viereck einmal richtig anfassen würde, aber das ging gegen Lörkes Instruktionen.

Beim Turnier in Aachen diktierte dann Dr. Rau als Richter einer Prüfung so laut, daß ich es hören konnte: „Schreiben Sie, das Pferd schläft." Bei der nächsten Runde: „Schreiben Sie, jetzt schlafen sie beide." Da packte mich die Wut und Pernod bekam einige kräftige Schläge übergezogen. Und bei der nächsten Runde hieß es dann: „Schreiben Sie, jetzt sind sie aufgewacht."

Als Pernod begriffen hatte, daß er mich nicht mehr so einfach auf dem Viereck versetzen konnte, begann er sehr gut zu gehen und wurde mit 75 Siegen in M- und S-Dressuren eines meiner erfolgreichsten Pferde. Er war, ähnlich wie Chronist, nicht groß, wirkte aber durch seine Halsung groß und bestach durch seine Eleganz und die Leichtigkeit seiner Bewegungen. In Schaunummern paßte er wunderbar mit Chronist zusammen. Und die schönste Schaunummer haben wir nach dem Krieg wohl in London geritten: Ida von Nagel auf Afrika, Otto Lörke auf Adular, Fritz Thiedemann auf Chronist und ich auf Pernod.

Pernod wurde später in Vornholz als Deckhengst eingesetzt, wo er vor allem wunderbare Stuten geliefert hat.

Willi Schultheis

Piaff: „Ein Hengst mit den idealen Voraussetzungen für ein Dressurpferd."

Piaff	Gaspari	Parad	Humanist
			Musette
		Russi	Haffner
			Rasette
	Clodette	Ruthven	Magnet Kyff
			Ullan
		Comtesse	Kondor
			Triola

Geboren: 1958. Zuchtgebiet: Schweden. Züchter: Carl-Axel Andreasson, Ljungatorp, Tomelilla. Besitzer: Gestüt Asta (1966). Bedeutendste Erfolge: 1. bzw. 8. Platz und 2. bzw. 1. Platz in der Mannschafts- bzw. Einzelwertung bei den Olympischen Spielen 1968 bzw. 1972. Einzelsieger und Mannschaftssieger bei den Europameisterschaften 1969 und 1971. 2. Platz in der Einzel- und Mannschaftswertung bei der Weltmeisterschaft 1970. 2. Platz in der Einzelwertung und Mannschaftssieger bei der Weltmeisterschaft 1974. 2. Platz bei der Deutschen Meisterschaft 1966, Sieger 1971. 29 Grand Prix-Siege. Insgesamt 116 Plazierungen in S-Dressuren.

Piaff wurde von Herrn Horstmann, dem damaligen Leiter der Reit- und Fahrschule Elmshorn, entdeckt und kam im Alter von 7 Jahren zu uns. Er war in Schweden als Deckhengst eingesetzt, gleichzeitig aber auch dressurmäßig gearbeitet worden. Gut waren bereits seine Piaffen und Passagen. Aber insgesamt war er damals noch nicht voll ausgereift.

Piaff war sehr leichtrittig. Die weitere Ausbildung mit ihm verlief deshalb ohne wesentliche Probleme. Mit 9 Jahren war er Grand Prix-reif und bestach in den Dressurprüfungen vor allem durch seine ausgezeichneten Piaffen und Passagen und seine sehr gut gesprungenen Pirouetten. Die einzige Schwäche war der starke Schritt. Aber der Hengst erhielt in den Schullektionen immer so hohe Noten, daß er diese Schwächen stets überspielen konnte.

Charakterlich war Piaff immer ein sehr braves Pferd. Er hatte überhaupt keine Hengstmanieren. Als Hengst war er aber wiederum besonders feinfühlig und gelehrig, so daß sich aus diesen Eigenschaften verbunden mit seinem sehr guten Exterieur und Bewegungsablauf geradezu ideale Voraussetzungen für ein Dressurpferd ergaben.

Eine seiner liebenswürdigen Eigenschaften war übrigens, daß er sehr gerne mit dem Flugzeug flog. Auf den Flughäfen wartete er direkt ungeduldig darauf, ins Flugzeug verladen zu werden.

Piaff wurde im Alter von 16 Jahren völlig unverbraucht und kerngesund vom Turniersport verabschiedet. Heute wirkt er wieder als Deckhengst, und wir hoffen, von ihm noch einige Fohlen zu bekommen, die man dann vielleicht wieder einmal im Dressursport sehen wird. *Herbert Kuckluck*

Remus: „Vom unscheinbaren Doppelpony zum Olympiapferd."

Remus	Ramzes (Anglo-Araber)	Rittersporn xx	Saint Saugge xx
			Molly Clarke xx
		Jordi ox	Shagya
			Demeter
	Astra von Haus Boge	Abd el Krim	Adrill
			Slakora
		Helcin von Hohenholte	Hersdorf
			R. v. Hohenholte

Remus war das erste Pferd, das ich von Grund auf bis zur Grand Prix-Reife gebracht habe. Als junges Pferd konnte man Remus noch keineswegs ansehen, daß er einmal Olympiapferd werden sollte. Er hatte zwar drei gute Grundgangarten, aber noch nicht viel Ausdruck in den Bewegungen. Exterieurmäßig wirkte er ziemlich unscheinbar, eher wie ein größeres Pony. Er hat dann aber eine erstaunliche Entwicklung durchgemacht, wuchs noch um 6 cm und legte durch die dressurmäßige Arbeit in der Breite so zu, daß man ihn kaum wiedererkannte.

Nachteilig war die etwas rückbiegige Stellung der Vorderbeine. Er war dadurch anfällig an den Sehnen. Der Hals war breit, aber nicht besonders lang. Am Anfang monierten die Richter deshalb häufiger, daß sich Remus im Hals mehr dehnen müsse. Den Rücken hätte man sich für ein Dressurpferd eher etwas länger gewünscht.

Bei der Ausbildung hatte ich zunächst Schwierigkeiten damit, Remus durchlässig zu bekommen und ihn über den Rücken zu reiten. Aufpassen mußte ich auch im Schritt, da er einen sehr weiten Schritt hatte und zum Paß neigte. Problematisch war er im Maul. Er neigte dazu, die Zunge hochzuziehen oder sie nach unten herauszustrecken. Diese Schwierigkeiten habe ich nie ganz beheben können. Als junges Pferd war Remus noch wenig gehfreudig. Er konnte mitten in der Dressurstunde stehenbleiben und ging dann keinen Schritt weiter.

Insgesamt lief die Ausbildung von Remus aber doch ziemlich problemlos, da er sehr anständig und zuverlässig war, intelligent war, schnell lernte und sehr feinfühlig war. Als gerittenes Pferd konnte man ihn aus dem Stall holen und sofort Grand Prix-Lektionen reiten, ohne ihn besonders lösen oder auf die Aufgaben vorbereiten zu müssen. Charakterlich konnte er manchmal etwas phlegmatisch und triebig sein, ließ sich dafür aber durch nichts aus der Ruhe bringen.

Harry Boldt

Geboren: 1955. Zuchtgebiet: Westfalen. Züchter: Stefan Grüter, Liesborn, Kreis Beckum. Besitzer: Gustav Pütter. Bedeutendste Erfolge: Goldmedaillengewinner in der Mannschafts- und Silbermedaillengewinner in der Einzelwertung bei den Olympischen Spielen 1964 in Tokio. Mannschaftssieger und 2. Platz in der Einzelwertung bei der Weltmeisterschaft 1966. Mannschaftssieger und zweimal 2. Platz und einmal 3. Platz in der Einzelwertung bei den Europameisterschaften 1963, 1965 und 1967. Gewinner der Deutschen Meisterschaft 1966. Zweiter Platz bei der Deutschen Meisterschaft 1967 und 1969. 3. Platz im Dressurderby 1963. Insgesamt 143 Plazierungen in S-Dressuren.

Slibovitz: „Schon als junges Pferd mit ungewöhnlicher Elastizität und ganz großem Schwung."

Slibovitz	Servus	Sesam	Senator
			Abendquelle
		Dombucht	Dominus
			Goldseele
	Angelina	Abhang	Aktionär
			Fischerheim
		Falkenburg	Faruk
			Ahnendolde

Geboren: 1969. Zuchtgebiet: Hannover. Züchter: Manfred Reinstorf, Buetlingen. Besitzer: Dr. Uwe Schulten-Baumer (1974). Bedeutendste Erfolge: Mannschaftssieger und 3. Platz in der Einzelwertung bei der Europameisterschaft 1977. Mannschaftssieger und 2. Platz in der Einzelwertung bei der Weltmeisterschaft 1978. Mannschaftssieger und 4. Platz in der Einzelwertung bei der Europameisterschaft 1979. Mannschaftssieger und 2. Platz in der Einzelwertung beim Dressurfestival Goodwood 1980. Deutscher Meister 1979 und 1980. 8 Grand Prix-Siege. 80 Plazierungen in S-Dressuren (Stand 31. 12. 1979).

Slibovitz kam als vierjähriges Pferd von der Verdener Herbstauktion in meinen Stall. Bereits als junges, dressurmäßig noch nicht geformtes Pferd zeigte Slibovitz überragende Grundgangarten und eine ungewöhnliche Elastizität und ganz großen Schwung in seinen Bewegungen. Vom Charakter her war Slibovitz immer ein sehr anständiges Pferd; im Stall sehr lieb und unter dem Sattel gelehrig.

Slibovitz hatte aufgrund dieser guten Anlagen eine für ein Dressurpferd überaus schnelle und steile Karriere. Mit 5 Jahren plazierte er sich schon erfolgreich in L- und M-Dressuren, sechsjährig gewann er bereits seine ersten Prix St. Georges- und Intermédiaire-Prüfungen und siebenjährig konnte sich Slibovitz in internationalen Grand Prix' plazieren.

Mit 8 Jahren habe ich ihn dann 1977 nur noch auf den größten Turnieren gestartet, wo er immer einen der ersten Plätze belegte. In der Deutschen Meisterschaft wurde er zweiter, und bei der Europameisterschaft in St. Gallen belegte er hinter Granat und Woyceck den dritten Platz. In der von Max Amman aufgestellten Weltrangliste war er 1977 das dritterfolgreichste Dressurpferd. Seinen bisher größten Erfolg erzielte Slibovitz mit dem 2. Platz bei der diesjährigen Weltmeisterschaft in Goodwood.

Begründet auf seine Jugend und Frische, auf seinen großen Schwung und Ausdruck und auf die Leichtigkeit, mit der er selbst die schwierigsten Lektionen geht, setze ich auf Slibovitz meine größten Hoffnungen für die Zukunft.

Uwe Schulten-Baumer

Thyra: „Zu ihrer Zeit das Damen-Dressurpferd schlechthin."

Thyra	Trebonius xx	Dark Ronald xx	Bay Ronald xx
			Darkie xx
		Tactique xx	Rabelais xx
			Tanderagee xx
	Panela	Carneval	Astor
			Coutry
		Putzi	–
			–

Thyra war zu ihrer Zeit schlechthin das Damen-Dressurpferd. Nur 158 cm Stockmaß, aber groß im Rahmen stehend. Viel Aufsatz, viel Hals, schwarzbraun, stets rund und herrlich im Haar. Als Stute stets einsatzbereit. Leicht an den Hilfen stehend. Wunderbarer Trab, sehr gute Piaffe und Passage, herrliche Galoppwechsel. Ein Temperament, wie man es sich nur wünschen kann.

Die Stute ging einen Grand Prix, ohne ein nasses Haar zu bekommen. Und nach nur 20 Minuten Vorbereitung konnte man sie im Grand Prix starten.

Thyra ist ausgebildet worden von unserem Altmeister Karl Diehl, der mit ihr 1953 in Neumünster auch die erste S-Dressur gewann. 1954 erwarb dann Frau Springer die Stute, und Thyra wurde das Pferd, mit dem Frau Springer groß wurde.

1955 gewann Thyra mit mir das damals erstmals gestartete Dressurderby, ebenso 1956 und dann noch 1959. Frau Springer wurde mit ihr 1956 beim Grand Prix in Aachen bereits dritte, und Thyra wäre damals schon reif für die Olympischen Spiele gewesen, aber Frau Springer hatte zu dieser Zeit noch nicht genügend Erfahrung. 1960 war Thyra dem Olympiade-Komitee dann zu klein, um auf dem Viereck „groß rauszukommen", und Frau Springer stieg auf Doublette um.

So lag die beste Zeit des Paares Thyra – Frau Springer zwischen den Olympischen Spielen. Ihr erfolgreichstes Jahr war wohl 1957, als sie in Aachen allein vier Dressurprüfungen gewannen. Darunter auch den Grand Prix gegen das Schweizer Paar Henri Chammartin mit Woermann, die späteren Olympiasieger von Tokio.

Willi Schultheis

Geboren: 1947. Zuchtgebiet: Trakehner. Züchter: Kurt Holz, Gr.-Rönnar, Kreis Segeberg. Besitzer: L. Dethleffsen (1952), Rosemarie Springer (1954). Bedeutendste Erfolge: Siegerin im Dressurderby 1955, 1956 und 1959. Dritter Platz im Dressurderby 1957. Zweiter Platz bei der Deutschen Meisterschaft 1959. 3 Grand Prix-Siege. Insgesamt 68 Siege in S-Dressuren und 144 weitere Plazierungen.

Ultimo: „Provozieren sollte man ihn nicht, die Quittung folgt auf dem Fuß."

Ultimo II	Heros	Humboldt	Hutten
			Bergamotte
		Toga	Totilas
			Sabine
	Undine	Gabriel	Gigant
			Erbin
		Ulla	Centurio
			Ursula

Geboren: 1965. Zuchtgebiet: Trakehner. Züchter: A. Nörenberg, Rothensande bei Malente. Besitzer: Freifrau von Maltzahn (1971), Marita Grillo (1975). Bedeutendste Erfolge: Goldmedaille in der Mannschaftswertung und 4. Platz in der Einzelwertung bei den Olympischen Spielen 1976 in Bromont. Mannschaftssieger und 4. Platz in der Einzelwertung bei der Europameisterschaft 1977. Mannschaftssieger und 10. Platz in der Einzelwertung bei der Weltmeisterschaft 1978. Mannschaftssieger und 8. Platz in der Einzelwertung bei der Europameisterschaft 1979. 5. Platz in der Einzelwertung beim Dressurfestival Goodwood 1980. Derbysieger 1977 und 1980. 8 Grand Prix-Siege. Insgesamt 115 Plazierungen in S-Dressuren (Stand 31. 12. 1979).

Auf dem Dortmunder Hallenturnier 1974 sah ich ihn zum ersten Mal. Harry Boldt hatte ihn als Übungspferd für die Olympiaquadrille mitgebracht. Mir fiel der Wallach sofort durch seinen Charme und seinen Dickkopf auf; er brachte alles und alle ziemlich durcheinander. Im November '74 stand Ultimo dann in unserem Stall. Happy End dieser, zugegeben ausgefallenen, Liebe auf den ersten Blick – so glaubte ich zumindest.

Die ersten Wochen waren noch sehr harmonisch, doch dann begann Ultimo mich zu testen. Ich muß wohl nicht sehr gut abgeschnitten haben, denn bald „ritt" er mich. Harry Boldt hatte mich in seiner ihm eigenen kameradschaftlichen Art schon auf diese Probleme aufmerksam gemacht. Ultimo beherrschte zwar alle Grand Prix-Lektionen, war aber noch „grün", war außerdem ein richtiger Dickkopf, und seine Durchlässigkeit ließ zu wünschen übrig.

Ultimo ist in der Hals- und Schulterpartie prädestiniert für ein Dressurpferd. Sein etwas langer Rücken und die leicht steile Hinterhand machen ihm jedoch in einigen Lektionen, wie der Piaffe, zu schaffen. Aber er überstrahlt diese negativen Exterieurpunkte durch Energie, starken Willen und Selbstbewußtsein. Sicherlich ist sein bisweilen ungeniertes Verhältnis zum Menschen dadurch mitgeprägt, daß seine Mutter kurz nach der Geburt starb und sein Aufzüchter, Herr Krossa, deren Rolle übernahm.

Seitdem Ultimo meine Absicht erkannt hat, mich friedlich mit ihm zu einigen, leben wir in guter Partnerschaft. Auf der Basis der Freiwilligkeit kann man mit seinem inneren Engagement rechnen. Gerechte Korrekturen erkennt er an; provozieren sollte man ihn nicht, die Quittung folgt auf dem Fuß. Seine eigenwillige Pferdepersönlichkeit sorgt immer für genügend Lehr- und Lernstoff. Mit jetzt 13 Jahren hat er zugenommen an Weisheit und Verstand, ist aber nach wie vor frohen Mutes und kann bisweilen regelrecht albern sein. Ich betrachte das als einen wesentlichen Erfolg neben den Turniererfolgen. *Gabriela Grillo*

Venetia: „Eher ein Durchschnittspferd, aber aus dem fleißigen Lieschen des Stalles wurde eine Medaillengewinnerin."

Venetia II	Anblick xx	Ferro xx	Landgraf xx
			Frauenlob xx
		Antonia xx	Herold xx
			Adresse xx
	Rhea	Marder	Makler I
			Dornröschen
		Adele	Heideläufer
			Monika

Geboren: 1961. Zuchtgebiet: Holstein. Züchter: Lieselotte Flatow, Gestüt Hilliggrund, Hemdingen über Pinneberg. Besitzer: H. O. Herzmann (1966), Josef Neckermann (1973). Bedeutendste Erfolge: Silbermedaille in der Mannschaftswertung und Bronzemedaille in der Einzelwertung bei den Olympischen Spielen 1972 in München. 5 Grand Prix-Siege. 8 zweite Plätze im Grand Prix. Insgesamt 68 Plazierungen in S-Dressuren.

Venetia bekam ich durch Zufall in meinen Stall, und ich habe anfangs gar nicht daran gedacht, daß sie einmal mein Olympiapferd für München werden würde. Sie war mit 174 cm Bandmaß für mich etwas klein und in ihrem Bewegungsablauf auch nicht überragend, sondern eher ein Durchschnittspferd. Zudem war Venetia temperamentsmäßig zunächst nicht einfach, konnte richtig zickig sein, und manchmal war es schwierig, sie überhaupt auf dem Viereck zu halten. Reiterkameraden, die Venetia kannten, rieten mir denn auch dringend, keine weitere Arbeit in die Stute zu stecken.

Aber nach einem Jahr dressurmäßiger Ausbildung, bei der mir Bubi Günther sehr geholfen hat, war Venetia vernünftig geworden, und eine Eigenschaft der Stute trat immer deutlicher zutage: Venetia ist ein Pferd, das alles besonders gut machen will. Meine Frau nennt sie oft unser fleißiges Lieschen, und damit ist sie wohl sehr treffend charakterisiert. Wenn meine Frau sie ins Gelände ritt, fing sie plötzlich an zu piaffieren und zu passagieren, als wolle sie ihr zeigen, was sie alles kann. Und den gleichen Eifer hat sie bis heute behalten, wenn unsere Enkelkinder sie reiten. Man kann immer noch mit hingegebenem Zügel mit ihr piaffieren und passagieren, so gut ist sie bei der Sache.

Bei den Olympischen Spielen in München ist Venetia dann in einer einmaligen Form gegangen, die vor allem aus dieser unbedingten Arbeitsbereitschaft resultierte. Bei Venetia mußte ich sogar aufpassen, daß ich von ihr nicht zuviel verlangte. Denn gerade bei Pferden, die sich so bedingungslos anbieten, neigt man als Reiter ja dazu, sie zu überfordern. *Dr. h. c. Josef Neckermann*

Waldfee: „Den Galopp durch leichtes Springtraining über In-Outs verbessert."

Waldfee	Wanderfalk xx	Alchimist xx	Herold xx
			Aversion xx
		Wildrose xx	Prunus xx
			Wünschelruthe xx
	Brennerin	Trebonius xx	Dark Ronald xx
			Tactique
		Kommandeuse	Mirza
			Geheimrätin

Geboren: 1952. Zuchtgebiet: Holstein. Züchter: Hermann Kremer, Haselan. Besitzer: Vroni Meier-Johann. Bedeutendste Erfolge: 1. Platz bei den Deutschen Meisterschaften 1966 und 1967. 2. Platz bei den Deutschen Meisterschaften 1961 und 1965. 3. Platz bei den Deutschen Meisterschaften 1960, 1962 und 1963. Gewinnerin der Dressurderbys 1966, 1967, 1969 und 3. Platz im Dressurderby 1964. 7. Platz bei der Weltmeisterschaft 1966. 10. Platz und 9. Platz bei den Europameisterschaften 1967 und 1969. 5 Grand Prix-Siege, 5 zweite Plätze im Grand Prix, insgesamt 249 Plazierungen in S-Dressuren.

Waldfee kaufte ich dreijährig. Sie stand damals noch ganz im Vollbluttyp. Durch die reiterliche Ausbildung hat sie später in der Hals- und Hinterhandmuskulatur aber noch so gewaltig zugelegt, daß sie später selbst der eigene Züchter nicht wiedererkannte.

Die Stute bestach von Anfang an durch ihren vorzüglichen Schritt. Auch der Trab war, obwohl sie etwas bügelte, sehr ausdrucksvoll. Der Galopp dagegen war zunächst noch nicht richtig rund und auch etwas eilig. Im Laufe der dressurmäßigen Ausbildung und vor allem durch leichtes Springtraining über In-Outs wurde der Galopp aber sehr bald verbessert. Waldfee hat überhaupt sehr gerne und sehr gut gesprungen, ist viele A- und L-Springen gegangen, und ich habe mit dem Springreiten erst aufgehört, als ihr noch größeres Talent für die Dressur immer deutlicher wurde.

Waldfee war ein Pferd von besonders liebem Charakter, war dabei aber stark auf mich hin orientiert. Hinter mir lief sie wie ein Hund ohne Halfter von der Weide in den Stall. Unseren Pfleger ließ sie dagegen bis auf einen halben Meter heran, wenn er sie von der Weide holen wollte, drehte sich dann um und lief ihm weg. Temperamentsmäßig war sie von unerschütterlicher Ruhe. Als bei einem Transport der Pferdeanhänger umkippte, weil sich ein Rad gelöst hatte, lag die Stute nach dem Unfall ganz ruhig im Wagen. Sie blieb auch ruhig, als ich über die auf ihr liegende Trennwand steigen mußte, um Trennwand und Pferd frei zu bekommen. Als wir Waldfee dann endlich aus dem Anhänger befreit hatten, guckte sie sich auf der Autobahn nur einmal kurz um und fraß.

Diese guten charakterlichen und temperamentsmäßigen Eigenschaften und ihre besondere Feinfühligkeit und Arbeitsbereitschaft beim Reiten waren wohl ein wesentlicher Grund für unsere Erfolge. Hinzu kam, daß Waldfee die Turnieratmosphäre liebte, wie ein Star auftrat und auf den großen Turnierplätzen immer eine Klasse besser ging als auf kleineren Plätzen. *Vroni Meier-Johann*

Woyceck: „Kaliber mit Adel – Prototyp des modernen Dressurpferdes."

Woyceck	Wunsch II	Wöhler	Flügeladjudant
			Flozia
		Schutzwelle	Schutzmann II
			Alte Welt
	Denkerdirndl	Deputant	Dolman
			Färberei
		S 25568	Abessinier
			Nixe

Woyceck ist, was Ausdruck der Bewegungen, Gehfreude, Arbeitsbereitschaft, Sensibilität und Temperament angeht, das beste Pferd, das ich bisher geritten habe. Er ist ein absolutes Verlaßpferd und verbindet in hervorragender Weise Kaliber mit Adel. Wenn ich heute Woyceck und Remus in unseren Filmen von den großen Dressurereignissen vergleiche, dann ist Woyceck doch noch um eine ganze Klasse besser als Remus.

Gebäudemäßig ist kaum etwas an ihm auszusetzen. Er knickt lediglich im Sprunggelenk etwas nach außen, und es wurde zunächst auch von Fachleuten prophezeit, daß er deshalb nicht lange halten würde. Allerdings hat dieser Mangel bisher überhaupt noch keine Folgen gehabt.

Woyceck war bereits bis zum Grand Prix ausgebildet, als er zu mir kam. Sein Ausbilder, Udo Nesch, hatte hier wirklich hervorragende Arbeit geleistet, und ich habe Woyceck 14 Tage nach der Übernahme bereits in S-Dressuren vorgestellt. Für mich kam es nur noch darauf an, Woyceck in den schwierigen Lektionen zu verfeinern. Er zeigte anfangs in der Piaffe und Passage noch unreine Tritte und trat vor allem hinten links etwas stärker. Piaffe und Passage wurden aber schon sehr bald gleichmäßig.

Udo Nesch bekam Woyceck als sechsjähriges Pferd. Er ging damals eine leidliche L-Dressur, war noch nicht richtig rund und insgesamt etwas lümmelhaft. Aber nach wenigen Wochen hatten sich die beiden aufeinander eingespielt. Woyceck lernte schnell, war sehr aufmerksam und wurde in seinem ganzen Verhalten so ausgeglichen, daß man auf seinem Rücken Skat spielen konnte, wenn er sich zum Mittagsschlaf hingelegt hatte. Bereits nach zweijähriger Ausbildung ging Woyceck seinen ersten Grand Prix. Es dauerte lediglich etwas länger, bis Woyceck die fliegenden Galoppwechsel begriffen hatte. Aber als die einmaligen fliegenden Wechsel sicher saßen, gab es bis zu den Wechseln von Sprung zu Sprung überhaupt keine Schwierigkeiten mehr.

Harry Boldt

Geboren: 1966. Zuchtgebiet: Hannover. Züchter: Fritz Grünegras, Hesepe, Kreis Bersenbrück. Besitzer: Hans Camp, Barbara Petersen, Hans J. Denecke, Uta Denecke. Bedeutendste Erfolge: Goldmedaille in der Mannschaftswertung und Silbermedaille in der Einzelwertung bei den Olympischen Spielen 1976 in Bromont. Mannschaftssieger und 2. Platz in der Einzelwertung bei der Europameisterschaft 1975. Mannschaftssieger und 5. Platz in der Einzelwertung bei der Weltmeisterschaft 1978. Mannschaftssieger und 3. Platz in der Einzelwertung bei der Europameisterschaft 1979. 3. Platz im Dressurderby 1975. 48 Grand Prix-Siege. 118 Plazierungen in S-Dressuren, davon 65 Siege (Stand 31. 12. 1979).

Die Dressur-Ausbildung von der M-Dressur bis zum Grand Prix de Dressage.

Um Dressurlektionen sinnvoll erklären zu können, müßte neben der verbalen Erläuterung eigentlich der praktische Unterricht in der Reitbahn stehen. Um hier einen Ersatz zu schaffen, sind alle Lektionen mit bis zu 9 Bildern/Sekunde in ihrem Bewegungsablauf fotografiert beziehungsweise als Fotomontage festgehalten worden.

Eine weitere Erleichterung für den Leser erhoffe ich mir aus den von Albert Brandl übernommenen und auf die Lektionen der Dressurklassen M und S übertragenen Piktogrammabfolgen. Sie zeigen im einzelnen, in welchem Moment welche Hilfengebung einzusetzen hat.

Bei der Beschreibung der Dressurlektionen setze ich das Fachwissen aus Brandls großem Lehrbuch voraus, in dem die Ausbildung des jungen Pferdes bis zur Klasse L ausführlich beschrieben ist. Lediglich die Skala der Dressurausbildung habe ich noch erweitert dargestellt, da sie die theoretische Grundlage dieses Lehrteils bildet.

An einzelnen Stellen wird der Leser eine von der herrschenden Meinung in der hippologischen Literatur etwas abweichende Meinung finden. Es erschien mir jedoch wichtig, nur die Hilfengebung und die Ausbildungsmethoden darzustellen, die ich selbst praktisch erprobt habe.

SKALA DER DRESSURAUSBILDUNG.

Durch die ganze Dressurarbeit bis zum Grand Prix de Dressage zieht sich wie ein roter Faden die sogenannte Skala der Dressurausbildung: Takt, Losgelassenheit, Anlehnung, Schwung, Geraderichten, Versammlung. Diese Begriffe sind die Kriterien für die korrekte Ausführung jeder dressurmäßigen Lektion. Takt und Losgelassenheit bilden die Grundvoraussetzungen der Ausbildung. Aus der Losgelassenheit entwickelt sich die sichere Anlehnung. Hat man eine leichte Anlehnung zum Pferdemaul gewonnen, kann der Schwung des Pferdes verbessert werden. Im schwungvollen Vorwärtsreiten gelingt es, das Pferd geradezurichten. Und erst das geradegerichtete Pferd erlaubt uns, die größtmögliche Versammlung herbeizuführen.

Wer sich mit der Dressurreiterei beschäftigen will, muß deshalb dieses theoretische Gerüst unserer Disziplin verstehen, wenn er den gymnastischen Wert der Dressurarbeit beurteilen will.

TAKT.

Unter Takt verstehen wir das *Gleichmaß der Bewegungen in den drei Grundgangarten.* Wer die Pferde in ihren natürlichen Bewegungen auf der Weide beobachtet, wird bei einem gesunden Pferd nur in seltenen Fällen Mängel im Takt feststellen können. Taktfehler entstehen meistens erst durch störende reiterliche Einwirkung. Taktfehler sind ein Grundübel für das Dressurreiten und müssen unbedingt abgestellt werden, wenn sich die weitere dressurmäßige Arbeit mit einem Pferd lohnen soll.

Der Schritt ist eine schreitende, schwunglose Gangart im Viertakt. Die Beine fußen nacheinander einzeln in diagonaler Folge auf. Zum Beispiel: 1. linkes Vorderbein, 2. rechtes Hinterbein, 3. rechtes Vorderbein, 4. linkes Hinterbein. Der Schritt ist dann taktmäßig, wenn dieses Auffußen in vier gleichen zeitlichen Abständen erfolgt und die Schrittlänge innerhalb des gewählten Tempos unverändert bleibt.

Geht der gleichmäßige Viertakt verloren, so entwickelt sich leicht ein paßartiger Schritt oder sogar Paß. Die Pferde fußen gleichseitig und gleichzeitig auf. Zum Beispiel: 1. linkes Vorderbein und linkes Hinterbein, 2. rechtes Vorderbein und rechtes Hinterbein.

Taktfehler im Schritt können entstehen, wenn sich die Pferde im Rücken festhalten, wenn man sie im Schritt zu forciert vorwärts reitet oder wenn man sie im Schritt zu früh und zu viel versammelt. Nach meinen Erfahrungen neigen insbesondere Pferde zu Paß oder paßartigem Gehen, die über einen zu großen Schritt verfügen, also von Natur aus sehr weit mit den Hinterbeinen über die Hufspuren der Vorderbeine fußen. Bei diesen Pferden muß man bei der versammelnden Schrittarbeit besonders vorsichtig sein.

Der Trab ist eine schwungvolle Gangart, bei der die jeweiligen diagonalen Beinpaare gleichzeitig auf- und abfußen. Das vorschwingende Beinpaar erreicht dabei den Boden einen Augenblick später, als ihn das abfußende Beinpaar verläßt. Es entsteht also ein Moment der freien Schwebe. Der Trab ist dann taktmäßig, wenn

1.

das Auffußen beziehungsweise das Abfußen des jeweils diagonalen Vorder- und Hinterbeines gleichzeitig erfolgt und wenn

2.

der Zeitabstand zwischen dem Auffußen (Abfußen) des einen diagonalen Beinpaares und des anderen diagonalen Beinpaares gleich ist.

Man erkennt den sauberen Takt im Trab daran, daß die diagonalen Vorder- und Hinterbeine parallel zueinander sind.

Taktfehler treten vor allem dadurch auf, daß die Hinterbeine später auffußen als die jeweils diagonalen Vorderbeine. Man sagt, daß die Hinterbeine nachschwingen. Die Gründe für diesen Fehler liegen vor allem in einer zu frühen Versammlung im Trab, für die die Hinterhand noch nicht genügend gymnastiziert ist, oder aber in einer zu frühen Aufrichtung ohne entsprechende Rückentätigkeit. Als Folge davon ergibt sich dann im Mitteltrab ein Eilen des Pferdes mit dem gleichen Taktfehler. Bei Pferden mit von Natur aus steifer Hinterhand und etwas herausgestellten Sprunggelenken ist die Gefahr des Nachschwingens der Hinterhand natürlich besonders groß.

Daneben kommt es gelegentlich auch vor, daß die Pferde mit einem Hinterbein weniger vortreten als mit dem anderen Hinterbein. Diese

Pferde bezeichnet man als zügellahm. Die Pferde verhalten sich und treten auf einer Seite nicht richtig ans Gebiß heran, obwohl sie ohne Reiter taktmäßig traben. Häufig liegt der Grund, besonders bei empfindlichen Pferden, darin, daß der Reiter mit einer Hand unbeabsichtigt stärker einwirkt. Liegt der Fehler jedoch nicht beim Reiter, so muß man der Zügellahmheit durch geraderichtende Biegearbeit entgegenwirken.

Der Galopp ist eine Dreitaktbewegung mit einem Moment der freien Schwebe. Der Galopp ist dann im Takt, wenn ein klarer Dreitakt zu hören ist und die Zeitabstände zwischen den einzelnen Galoppsprüngen gleich sind. Im Galopp fußt ein Beinpaar weiter vor als das andere Beinpaar. Im Rechtsgalopp das rechte Beinpaar, im Linksgalopp das linke Beinpaar.

Nach dem Moment der freien Schwebe fußt als erstes der äußere Hinterfuß auf, dann fußen gleichzeitig der innere Hinterfuß und der äußere Vorderfuß auf, und als drittes fußt der innere Vorderfuß auf. Fußt der innere Hinterfuß vor dem äußeren Vorderfuß auf, so entsteht die schleichende Bewegung des Viertaktes.

Der wesentliche Grund für diesen Fehler ist ein zu starkes Einfangen mit der Hand beim Versammeln des Galopps ohne ein gleichzeitig energisches Vortreiben der Hinterhand. Natürlich gibt es bei Pferden auch schlechte und gute Galoppierer, und wenn man ein Dressurpferd aussucht, ist der von Natur aus runde, ruhige Galopp schon ein wesentlicher Vorteil.

Losgelassenheit.

Geht das Pferd taktmäßig und kommt der Reiter zum Treiben, so entspannt das Pferd bei tiefer Halseinstellung seine Hals- und Rückenmuskulatur, und die Hinterhand kann vermehrt herangeholt werden. Die Bewegungen werden raumgreifender. Das Pferd geht losgelassen.

Man erkennt die Losgelassenheit am *schwingenden Rücken* des Pferdes, der dem Reiter einen tiefen und geschmeidigen Sitz ermöglicht, und an ruhigen und taktmäßigen Bewegungen des Pferdes. Beim Zügel-aus-der-Hand-kauen-Lassen dehnt sich das Pferd allmählich im Hals nach vorwärts-abwärts, ohne dem Reiter ruckartig den Zügel aus der Hand zu ziehen. Erst wenn diese *Entspannung der Hals- und Rückenmuskulatur* erzielt worden ist, kann man die Muskulatur während der Arbeitsphase einer Dressurstunde wieder in eine elastische Spannung bringen.

Die Losgelassenheit des Pferdes muß am Anfang jeder Stunde durch Übungen wie Leichttraben, Wechsel zwischen Trab und Galopp oder Bodenrickarbeit erneut hergestellt werden. Denn die Pferde sind durch das Stehen in der Box steif und haben eventuell noch einen Muskelkater von besonders anstrengenden Lektionen, die man am Vortage geübt hat.

Daneben kann aber auch Nervosität den Pferden ihre Losgelassenheit nehmen. Der erfahrene Reiter wird deshalb in solchen Fällen seine Anforderungen so dosieren, daß die Pferde ihre innere Gelassenheit bewahren beziehungsweise wiederfinden.

Eine leichte Unruhe entsteht aber meistens dann, wenn man mit neuen Lektionen beginnt und die Pferde noch nicht begriffen haben, was man von ihnen verlangt. Es ist wichtig, daß man die Unruhe des Pferdes durch eigenes ruhiges Verhalten überwindet und sich dadurch die Losgelassenheit seines Pferdes während der gesamten Dressurstunde sichert. Eventuell entspannt man das Pferd auch wieder durch Schrittpausen, denn ohne die Losgelassenheit des Pferdes ist das Dressurtraining völlig wertlos.

Anlehnung.

Geht das Pferd losgelassen, so kann die Schubkraft der Hinterhand über den schwingenden Rücken bei nachgebendem Genick in die ruhig aushaltende Hand hineinwirken. Es entsteht eine *gleichmäßige und stete Verbindung zum Pferdemaul.* Der Reiter hat *in beiden Händen eine gleichmäßig starke Anlehnung.* Diese Verbindung kann sich nur aus den treibenden Kreuz- und Schenkelhilfen entwickeln, nicht aber aus einer reinen Zügeleinwirkung. Das Pferd muß vielmehr durch die vortreibenden Hilfen an die Hand herangeschoben werden, wodurch Vor- und Hinterhand miteinander in Verbindung gebracht werden.

Dabei soll das Pferd jedoch *keine Stütze in der Hand des Reiters* suchen, sondern es soll sich am Gebiß abstoßen und am Gebiß kauen. Wird die Anlehnung zu stark, so muß der Reiter durch halbe Paraden wiederum eine leichtere Anlehnung herstellen. Der Reiter spannt das Kreuz verstärkt an, schiebt die Hinterhand durch einen verstärkten Schenkeldruck vermehrt unter und bringt das Pferd dadurch dazu, sich zu tragen und am Gebiß abzustoßen.

SCHWUNG.

Schwingt das Pferd im Rücken und hat es eine sichere Anlehnung an die Reiterhand gefunden, so kann die *Schubkraft der Hinterhand* im Laufe der weiteren Ausbildung *vermehrt angeregt* und mit zunehmender Biegsamkeit der Hinterhandgelenke das Pferd zu schwungvollen Trab- und Galoppbewegungen veranlaßt werden.

Der Schwung äußert sich im *elastischen Auf- und Abfußen der Hinterhand.* Voraussetzung dafür ist ein vermehrtes Strecken und Beugen der Hüft- und Kniegelenke, der sogenannten Hanken des Pferdes. Bei besonders veranlagten Pferden ist der Schwung schon von Natur aus gegeben und braucht vom Reiter nur noch weiterentwickelt zu werden. Bei anderen Pferden stellt sich Schwung aber erst ein, wenn die Hanken entsprechend gelenkig gemacht worden sind.

Je mehr der Schwung des Pferdes entwickelt ist und je mehr die Hinterhand damit die Last aufnimmt, desto feiner wird auch die Anlehnung. Das Pferd braucht den Zügel nicht mehr als Gleichgewichtsstütze, es trägt sich allein. Die durch den Schwung gekennzeichneten elastischen Bewegungen der Hinterhand ermöglichen dem Reiter einen tiefen, geschmeidigen Sitz.

GERADERICHTEN.

Schub- und Tragkraft der Hinterhand kommen um so mehr zur Wirkung, je gerader sie gegen die Gewichtsmasse wirken.

Die Pferde sind von Natur aus jedoch in sich schief. Ihre Hinterbeine fußen nicht genau in Richtung des gleichseitigen Vorderbeins. In der Regel sind Pferde von hinten rechts nach vorne links schief, das heißt, das linke Hinterbein fußt zwischen die Spur der Vorderbeine, und das rechte Hinterbein fußt neben das rechte Vorderbein. Das rechte Hinterbein wird also nicht unter, sondern neben den Pferdeleib gesetzt.

Das Pferd belastet in diesem Fall vermehrt die linke Schulter, der Reiter hat am linken Zügel eine verstärkte Anlehnung, das Pferd verspannt die linke Halsmuskulatur. Auf der rechten Seite nimmt das Pferd den Zügel nicht an und macht sich im Hals hohl.

Geraderichtende Arbeit ist daher eine wesentliche Aufgabe des Dressurreitens. Man erkennt das richtig gerade gerichtete Pferd daran,

- daß das Pferd auf einer geraden Linie in seiner Längsachse gerade ist,
- daß auf gebogenen Linien die Längsachse des Pferdes dieser Linie so angepaßt ist, daß die Hinterhufe auf die Spuren der Vorderhufe fußen,
- daß das Pferd bei Seitengängen mit den Hinterbeinen in die Bewegungsrichtung und nicht seitwärts davon tritt.

Der Reiter spürt das Geraderichten dadurch,

- daß er eine gleichmäßige Anlehnung in beiden Händen hat,
- daß Zirkel und Volten sich nach links und rechts gleich leicht ausführen lassen und man auf geharktem Boden nur eine Hufspur sieht,
- daß die Ohren des Pferdes auf gleicher Höhe stehen, das Pferd sich also nicht im Genick verwirft,
- daß das Pferd den Reiter gerade hinsetzt, er nicht zur Seite hängt und seinen Sitz immer wieder korrigieren muß.

Das gymnastische Mittel zum Geraderichten ist die *geraderichtende Biegearbeit.* Diese Biegearbeit muß sich auf das ganze Pferd erstrecken. Die korrekte Biegearbeit zeigt sich darin, daß die Biegung gleichmäßig durch das ganze Pferd hindurchgeht und das Pferd in Kopf, Hals, Wirbelsäule und Hinterhand genau auf die gebogene Linie der Hufschlagfigur eingestellt ist.
Dadurch wird

- der Widerstand im Genick beseitigt,
- die Streckmuskulatur des Halses auf der gebogenen Seite entspannt und nachgiebig gemacht,
- die Wirbelsäule biegsam, wodurch die federnde Tätigkeit des Rückens gefördert wird und die Hinterbeine dazu gebracht werden, unter die Last und nicht seitwärts der Last zu treten.
- Hüft-, Knie- und Sprunggelenk biegsamer,
- das Pferd in seiner gesamten Muskulatur gelöst.

Ist die Gleichmäßigkeit der Biegung jedoch nicht gegeben, ist die durch das Pferd hindurchgehende gleichmäßige Anlehnung der Wirbel also an irgendeiner Stelle unterbrochen, so kann der Schwung aus der Hinterhand sich nicht mehr bis ins Maul fortsetzen, sondern er wird gebrochen. Solche Fälle sind das Verwerfen im Genick, der falsche Knick im Hals, die zu starke Abstellung des Halses und die mangelnde Rippenbiegung.

Die größte Bedeutung der geraderichtenden Biegearbeit kommt der größeren Biegsamkeit und damit der Gelenkigkeit der Hanken, des Hüft- und des Kniegelenkes zu. Dies sind die beiden kräftigsten Gelenke der Hinterhand. Und sind diese Gelenke biegsam gemacht worden, so entlasten sie die Sprunggelenke und erlauben eine Verbesserung der Schub- und Tragkraft, die sich bei dem geradegerichteten Pferd nunmehr voll entfalten. Die Gänge des Pferdes gewinnen also an Ausdruck.

VERSAMMLUNG.

Mit zunehmender Biegsamkeit in den Hanken ist es möglich, die Hinterhand mehr vortreten zu lassen, das Pferd dabei gleichzeitig durch halbe Paraden und vortreibende Hilfen mehr zusammenzuschieben und dadurch *die Last vermehrt auf die Hinterhand zu übertragen.* Das Pferd geht versammelt.

Die Hand des Reiters wirkt also auf die Hinterhand des Pferdes ein. Aber nur im Zusammenwirken mit den vortreibenden Kreuz- und Schenkelhilfen, die den *verstärkten Vortritt der Hinterhand* herbeiführen müssen.

Durch die vermehrte Lastaufnahme wird die Tragkraft der Hinterhand vermehrt beansprucht und das Pferd dadurch in der Hankenbiegung vermehrt gymnastiziert. *Die Hinterhand senkt sich, und dementsprechend wird die Vorhand des Pferdes mehr aufgerichtet.* Das vermehrte Beugen und Strecken der Hinterhand erlaubt erhabenere und von Schwung gekennzeichnete Tritte und Sprünge des Pferdes. Das Pferd hat durch die vermehrte Aufrichtung der Vorhand nur noch eine sehr feine Anlehnung an die Reiterhand.

Der größte reiterliche Fehler bei der versammelnden Arbeit liegt in einer zu starken Einwirkung mit der Hand ohne gleichzeitig vortreibende Kreuz- und Schenkelhilfen. Dadurch werden die Tritte und Sprünge des Pferdes zwar kürzer, aber nicht erhabener. Eventuell leidet sogar die Reinheit des Ganges. Die vortreibenden Hilfen haben also immer dafür zu sorgen, daß der Schwung in der Versammlung erhalten bleibt.

Je mehr dies gelingt, desto mehr wird gleichzeitig auch die Durchlässigkeit des Pferdes verbessert. Das Pferd läßt die vortreibenden und verhaltenden Hilfen des Reiters ohne irgendwelche Stockungen durch. Der Schwung aus der Hinterhand geht also bis zum Pferdemaul durch, und umgekehrt wirken die belastenden und damit biegenden Zügelhilfen bei gleichzeitigen Kreuz- und Schenkelhilfen auf die gleichseitigen Hinterbeine ein.

VORAUSSETZUNG FÜR DEN BEGINN DER DRESSURARBEIT IN DEN FORTGESCHRITTENEN LEKTIONEN.

Die Skala der Dressurausbildung stellt das theoretische Gerüst dar, das vom Anreiten des jungen Pferdes bis zum Reiten der Grand Prix-Lektionen die Dressurreiterei beherrscht. Bevor ich nun auf die Lektionen der Klasse M eingehe, möchte ich noch kurz die Anforderungen an Pferd und Reiter abhandeln, die erfüllt sein müssen, wenn man reiterlich über das Niveau einer L-Dressur hinauskommen will.

AUSBILDUNGSSTAND DES PFERDES.

Wenn man mit dem Training der M-Lektionen beginnt, das Pferd also den Ausbildungsstand der Klasse L erreicht hat, so sollte das Pferd bereits alle Übungen sauber ausführen, die in der nachfolgenden Tabelle aufgeführt sind. Diese aus „Das Reitpferd" von Albert Brandl übernommene und etwas erweiterte Übersicht zeigt, daß bereits das L-Dressurpferd in sich geradegerichtet sein sollte und einen gewissen Versammlungsgrad erreicht haben muß.

Praktisch erlebt man aber immer wieder, daß man auf zwei Punkte besonders achten muß, bevor man mit den Lektionen der Klasse M beginnen kann: 1. die Reinheit der Gänge und 2. das Geraderichten des Pferdes.

Es hat praktisch keinen Sinn, schon mit schwierigen Lektionen zu beginnen, wenn diese beiden Punkte nicht sichergestellt sind. Allerdings ist besonders das Geraderichten eine Auf-

DIE SKALA DER DRESSURAUSBILDUNG IN DEN ERSTEN DREI AUSBILDUNGSJAHREN.

	Junges Pferd		Ausbildung bis Klasse A		Ausbildung bis Klasse L	
Skala der Dressurausbildung	Übungen	Trainingstest	Wird zusätzlich trainiert durch:	Trainingstest	Wird zusätzlich trainiert durch:	Trainingstest
Takt	Vorwärtsreiten ohne zu übereilen. Bodenrickarbeit. Halbe Paraden zum Regulieren eines übereilten Tempos.	Der Reiter kommt zum Treiben. Kein Eilen oder Verhalten der Tritte und Sprünge.	—	—	—	—
Losgelassenheit	Leichttraben. Wechsel Trab – Galopp und Galopp – Trab. Bodenrickarbeit. Klettern. Longieren.	Das Pferd schwingt im Rücken und sucht die Verbindung zur Reiterhand. Beim Zügel-aus-der-Hand-kauen-Lassen dehnt sich das Pferd nach vorwärts-abwärts, ohne zu übereilen.	Schenkelweichen. Viereck verkleinern u. vergrößern. Vorhandwendung.	Ruhiges u. taktmäßiges Seitwärtstreten.	—	—
Anlehnung	Tempowechsel. Auffangen der treibenden Hilfen durch die stete und ruhige Hand.	Es besteht eine gleichmäßige, stete und weiche Verbindung zum Pferdemaul. Das Pferd kaut bei geschlossenem Maul am Gebiß.	—	—	—	—
Schwung	Tempowechsel. Verlängern der Trabtritte. Bestimmteres Einwirken bei gleichbleibendem Tempo.	Die Hinterbeine beginnen zu schwingen. Der Reiter wird in die Vorwärtsbewegung mitgenommen.	Mitteltrab. Mittelgalopp.	Die Hinterbeine schwingen u. beginnen zu tragen.	Starker Trab.	Die Hinterbeine schwingen und tragen. Das Beugen und Strecken der Hinterbeine wird deutlich sichtbar.
Geraderichten	Zirkelreiten.	Das Pferd geht an beiden Zügeln. Vorder- und Hinterbeine spuren auf der gleichen Linie, auch auf gebogenen Linien.	Volten im Trab. Kehrtwendungen. Schlangenlinien. Durch den Zirkel wechseln.	Wie im ersten Ausbildungsjahr. Die Durchlässigkeit des Pferdes wird verbessert.	Volten und Kehrtwendungen im Galopp.	Wie im ersten und zweiten Ausbildungsjahr.
Versammlung	—	—	—	—	Versammelter Trab. Versammelter Galopp. Hinterhandwendung.	Vorwärts-aufwärts-Bewegung des Pferdes. Erhabene Tritte und Sprünge. Hankenbeugung. Ruhiges und taktmäßiges Übertreten.

gabe, die sich täglich neu stellt, auch noch beim Olympiapferd.

Die Reinheit der Gänge geht vor allem verloren, wenn das Pferd *gespannte Tritte* zeigt. Das Pferd schwingt nicht elastisch, sondern geht in krampfhafter Spannung. Es fehlt der Nachschub aus der Hinterhand über den schwingenden Rücken. Legt man im Tempo zu, so werden die Bewegungen stechend oder strampelnd. Die Hufe treten nicht dorthin, wohin sie zeigen. Der Reiter kommt, wenn er nicht besonders geschmeidig ist, mit dem Gesäß aus dem Sattel und klappt mit dem Gesäß. Verlangsamt man das Tempo, so werden die gespannten Tritte zu schwebenden Tritten. In beiden Fällen kann man eine Korrektur nur dadurch herbeiführen, daß man das Pferd wieder zur Losgelassenheit bringt.

Die Bewegungen des Pferdes können aber auch dadurch an Reinheit verlieren, daß das Pferd mit der *Hinterhand nachschleppt.* Die Korrektur liegt dann in einem energischeren Einsatz der Kreuz- und Schenkelhilfen, eventuell unterstützt durch kurze Gertenhilfen.

Das Geraderichten des Pferdes geschieht in diesem Ausbildungsstadium vor allem durch häufiges Zirkel- und Voltenreiten. Später wird dann durch das Reiten von Seitengängen das Geraderichten weiter verbessert. Natürlich beginnt die geraderichtende Arbeit aber schon damit, daß man bereits beim jungen Pferd beide Hände gleichmäßig weich führt und nicht mit einer Hand stärker einwirkt.

Da die meisten Pferde von hinten rechts nach vorne links schief sind, sich also vermehrt auf den linken Zügel lehnen und die linke Halsmuskulatur verspannen, reitet man zum Geraderichten häufiger auf der linken Hand. Aber natürlich darf man einen mehrfachen Handwechsel nicht vergessen, um die Pferde nicht zu einseitig anzustrengen.

Für die geraderichtende Biegearbeit kann man folgende Regeln aufstellen:

1.

Man muß auf der Seite, auf der sich das Pferd vermehrt auf den Zügel lehnt, mit der Hand immer wieder nachgeben und die andere Hand ruhig stehenlassen. Reitet man also auf der linken Hand, so sorgt die linke Hand für die Stellung und Biegung des Pferdes und versucht dann durch Annehmen und Nachgeben dem Pferd die Stütze im Maul zu nehmen. Allmählich bringt man dann das Pferd dazu, den rechten Zügel anzunehmen.

2.

Verwirft sich das Pferd im Genick, so kann man vorübergehend auf der Seite, auf der das Ohr tiefer gestellt ist, die Hand etwas höher nehmen.

3.

Der innere Schenkel des Reiters sorgt für die Rippenbiegung und regt den inneren Hinterfuß zum fleißigen Untertreten an. Der äußere, verwahrende Schenkel wird nur dann aktiv, wenn das Pferd mit dem äußeren Hinterfuß ausfällt, also den genauen Kreisbogen verläßt.

4.

Kommt man mit der Schenkelhilfe beim Heranholen eines Hinterbeines nicht durch, so bringt man das Pferd durch eine kurze Gertenhilfe zum vermehrten Vortreten des betreffenden Hinterbeines. Der Reiter spürt dann, wie das Pferd nach dieser Gertenhilfe plötzlich gleichmäßig an beide Zügel herantritt.

5.

Die geraderichtende Biegearbeit muß immer in einem schwungvollen Vorwärtsreiten geschehen. Das Pferd muß sich dadurch, um im Gleichgewicht zu bleiben, mehr auf die geforderte Biegung der Hufschlagfigur einstellen und kann sich der Biegearbeit schwerer durch ein Ausfallen der Hinterhand entziehen.

6.

Unterstützend kann man bei Pferden mit Genickschwierigkeiten auch das Abbiegen im Halten üben. Dabei biegt man das Genick durch Zügelhilfen seitwärts gegen den gerade bleibenden Hals. Durch diese Übung wird das Genick beweglicher gemacht. Der Mähnenkamm klappt dabei nach rechts und links herüber, wenn das Pferd im Genick locker ist.

Besonders bei Pferden, die im Rücken fest sind, ist die biegende Arbeit schließlich ein Mittel, um die Pferde zum Nachgeben zu bringen.

Reiterliche Voraussetzungen.

Grundvoraussetzung für einen Reiter, der zur M- und S-Dressur ausgebildet werden will, ist natürlich ein *tiefer, geschmeidiger Sitz,* den man in der Grundausbildung erworben haben muß. Der Reiter muß darüber hinaus ein sehr gutes *Bewegungsgefühl* und ein ausgeprägtes *rhythmisches Gefühl* besitzen, wenn er es in der Dressurreiterei weiterbringen will.

Der Reiter muß auch über eine gute allgemeine körperliche Fitness verfügen, aber man braucht zum Dressurreiten nicht besonders kräftig zu sein. Ich habe selbst oft geglaubt, daß bestimmte Pferde einen kräftigen Reiter brauchen, und dann erlebt, daß leichte Reiterinnen mit diesen Pferden sehr gut zurechtkamen. Die Erfahrung lehrt, daß sich diese Pferde auf die leichteren reiterlichen Hilfen einstellen und sich ihnen anpassen.

Andererseits ist es eine Wahrheit, daß Gewicht auch reitet. Vorausgesetzt, daß man das eigene Gewicht richtig einsetzt. Aber der geschickte Reiter mit dem größeren Körpergewicht kann natürlich die Hinterhand des Dressurpferdes stärker belasten und biegen.

Es ist deshalb wichtig, daß man für jeden Reiter das für ihn passende Pferd findet. Das bedeutet nicht unbedingt, daß der körperlich leichtere Reiter nun auch leichtere und kleinere Pferde braucht. Häufig vertragen auch sehr kalibrige Pferde einen leichten Reiter. Aber diese Pferde müssen angenehm in der Hand sein, dürfen keine Genickschwierigkeiten haben und müssen eine von Natur aus aktive Hinterhand mitbringen. Solche Gleichgewichtspferde muß man sich aussuchen, wenn man den körperlich schwächeren Reiter gut beritten machen will.

Als *ideale Reiterfigur* für den Dressurreiter betrachtet man den schlanken Reiter mit langen Beinen, schmalem Becken und nur mäßig gekrümmter Wirbelsäule. Aber man kann hier auch gleich Gegenbeispiele anführen. Bubi Günther etwa hatte überhaupt keine Reiterfigur, verfügte aber über eine so kolossale Kreuzeinwirkung, daß er bei manchen Pferden nicht einmal die Beine zumachen mußte. Und dabei waren alle seine Pferde sehr gut nachzureiten. Ohnehin haben etwas gedrungene Reiter meiner Erfahrung nach den Vorteil, stärker mit dem Kreuz dransitzen zu können, auch wenn für das Auge die schlanke Reiterfigur gefälliger ist.

Sehr wichtig ist, daß der Dressurreiter sich immer die Geschmeidigkeit seines Sitzes erhält. Ich reite deshalb häufig ohne Bügel. Und eigentlich machen das alle guten Dressurreiter so, die ich kenne. Bei Willi Schultheis kann man beispielsweise beobachten, daß er an einigen Sätteln überhaupt keine Bügel hat und konsequent eine ganze Dressurstunde ohne Bügel reitet.

Beim älteren Reiter läßt die Geschmeidigkeit naturgemäß nach. Er wird vieles durch Erfahrung ausgleichen können, aber sich auch nach Pferden umsehen müssen, die gut sitzen lassen und einen guten Vorwärtsdrang mitbringen.

Das A und O eines guten Dressurreiters ist eine gute *Konzentrationsfähigkeit.* Schon vor der Prüfung darf man sich durch nichts ablenken lassen. Ich hasse es deshalb, wenn ich ein Pferd abgeritten habe, in Gedanken die Aufgabe noch einmal durchgehe und dabei von anderen Leuten angesprochen werde. In die Prüfung muß man voll konzentriert einreiten und darf sich auch nicht nervös machen lassen, wenn ein Pferd einmal nicht so mitspielt. Mein Vorbild war hier immer Josef Neckermann. Seine große Stärke ist es, sich so konzentrieren zu können, daß seine Pferde während der ganzen Prüfung in gleichbleibend schöner Haltung gehen und man nie das Gefühl hat, daß er zwischendurch die Pferde wieder zusammenstellen muß.

Wer gelernt hat, sich gut zu konzentrieren, gewinnt schließlich auch die für das Dressurreiten nötige Selbstbeherrschung, die Menschen, die nicht über die nötige innere Ruhe verfügen, erst bei sich entwickeln müssen.

Um als jüngerer Reiter den Sprung zur S-Dressur zu schaffen, braucht man neben diesen körperlichen und geistigen Eigenschaften immer ein *erfahrenes Lehrpferd.* Ich hatte zum Lernen Brokat zur Verfügung, den mein Vater nach dem Krieg ausgebildet hat. Reiner Klimke hat auf Scipio xx von Willi Schultheis gelernt, Willi Schultheis auf Kronos von Otto Lörke. Und so könnte man eigentlich alle Dressurreiter durchgehen. Bis zum fliegenden Galoppwechsel ist es noch möglich, daß ein Reitlehrer Pferd und Reiter gleichzeitig ausbildet. Aber Piaffe, Passage, Pirouetten und Einer-Wechsel muß man auf einem routinierten Pferd erst einmal erfühlen. Natürlich kann man als Lehrpferd ein älteres Pferd nehmen, das nicht mehr im großen Sport geht. Kann man ein solches Pferd noch 3 bis 4 Jahre reiten, ohne damit unbedingt an Turnieren teilnehmen zu wollen, dann hat man auf die Dauer auf jeden Fall sehr viel erreicht.

M-DRESSUR.

Bei der Ausbildung eines Dressurpferdes zur Klasse M muß vor allem die Versammlung deutlich gesteigert werden. Zwar werden auch schon in den L-Dressuren versammelter Trab und versammelter Galopp verlangt, aber der Grad der Versammlung ist bei einem L-Dressurpferd doch wesentlich geringer.

AUSBILDUNGSZIELE.

Als *neue Lektionen* kommen in der M-Dressur die Seitengänge im Trab, der starke Galopp, der versammelte und starke Schritt und der fliegende Galoppwechsel hinzu.

Die Seitengänge stellen eigentlich keine wesentliche Schwierigkeit dar, wenn das Pferd auf gebogenen Linien gelernt hat, gleichmäßig an beide Zügel heranzutreten, und wenn die Längsbiegung des Pferdes auf gebogenen Linien gleichmäßig und geschmeidig ausgebildet ist.

Einen guten starken Galopp mit viel Raumgriff, deutlichem Unterschied zum Mittelgalopp und wirklich gerade geritten sieht man dagegen schon viel seltener. Das gleiche gilt für den versammelten und starken Schritt.

Der fliegende Galoppwechsel, geradeaus und schwungvoll geritten, ist schließlich für viele Pferde eine wirklich schwierige neue Lektion. Beherrschen die Pferde den einmaligen fliegenden Galoppwechsel sicher, dann sind bei einer weiteren systematischen Dressurausbildung die wirklich schwierigen neuen Lektionen erst wieder die Piaffe, die Passage und die fliegenden Galoppwechsel von Sprung zu Sprung.

Das *wichtigste neue gymnastische Mittel* auf dem Ausbildungsniveau der M-Dressur sind die Seitengänge im Trab. Sie bauen auf auf dem Schulterherein. Kann man diese Lektion genau in der vorgeschriebenen Stellung und Biegung reiten, ohne daß sich das Pferd im Genick verwirft oder an Takt und Schwung verliert, dann lassen sich Travers, Renvers und Traversalen ohne Schwierigkeiten reiten. Mit zunehmender Verfeinerung dieser Lektionen werden dann Schwung, Geraderichten und Versammlung des Dressurpferdes immer mehr gesteigert.

Die neben dieser Tabelle dargestellten Symbole werden im folgenden Lehrteil dieses Buches verwandt, um die Abfolge der reiterlichen Hilfengebung bei den verschiedenen Dressurlektionen von der M-Dressur bis zum Grand Prix de Dressage visuell verständlich zu machen. Die Piktogramme sind entnommen aus Albert Brandls großem Lehrbuch und werden hier als Piktogrammabfolgen dargestellt.

DIE SKALA DER DRESSURAUSBILDUNG AUF DEM NIVEAU DER M-DRESSUR.

Skala der Dressurausbildung	Wird bei der Ausbildung zur Klasse M zusätzlich trainiert durch:	Trainingstests
Takt Losgelassenheit Anlehnung	— — —	Erhaltung von Takt, Losgelassenheit und Anlehnung . auch bei erhöhter Versammlung und größerer Schwungentfaltung . und in den neuen Lektionen.
Schwung	Starker Galopp. Seitengänge im Trab.	Deutliche Steigerung des Raumgriffs gegenüber dem Mittelgalopp. Erhaltung und allmähliche Steigerung des Schwunges in den Seitengängen.
Geraderichten	Seitengänge im Trab.	Saubere Stellung und Biegung des Pferdes in den Seitengängen, ohne ein Verwerfen im Genick. Steigerung des Schwunges als Folge zunehmenden Geraderichtens. Fliegender Galoppwechsel auf gerader Linie ohne zu schwanken. Absolut gerade Tritte und Sprünge in den versammelten und starken Tempi.
Versammlung	Versammelter Schritt. Seitengänge im Trab.	Deutliche Erhöhung des Versammlungsgrades gegenüber der Klasse L mit zunehmender Hankenbiegung, Aufrichtung und Schulterfreiheit.

Annehmende, durchhaltende, verwahrende Zügelhilfe.

Nachgebende Zügelhilfe.

Belastende Gewichtshilfe.

Vermehrtes Anspannen des Kreuzes.

Weniger stark belastende Gewichtshilfe.

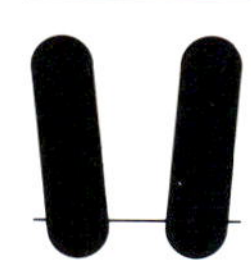
Treibende Schenkelhilfe.

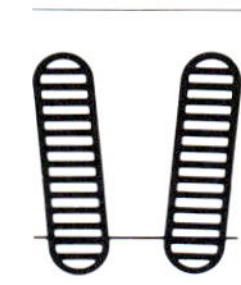
Verwahrende Schenkelhilfe.

SCHRITTEMPI.

Im *Mittelschritt* soll das Pferd im klaren Viertakt in fleißigen und raumgreifenden Schritten gehen. Die Hinterhufe fußen etwas über die Spuren der Vorderhufe hinaus.

Der *versammelte Schritt* ist weniger raumgreifend als der Mittelschritt. Die Hinterhufe dürfen nicht über die Spuren der Vorderhufe hinwegfußen, sie dürfen höchstens in die Spuren der Vorderhufe hineinfußen. Der Schritt ist erhaben bei gesenkter Hinterhand und vermehrter Aufrichtung des Pferdes. Die Stirn- und Nasenlinie des Pferdes nähert sich der Senkrechten.

Im *starken Schritt* schreitet das Pferd weit aus. Die Hinterhufe fußen weit vor den Spuren der Vorderhufe auf. Der Reiter läßt dabei die Zügel weich herausgleiten, so daß sich der Pferdehals in voller Länge strecken kann. Dabei muß das Pferd die Hand des Reiters suchen, also willig der sich öffnenden Hand folgen, ohne daß die Verbindung zum Pferdemaul verlorengeht.

Mit dem Herausarbeiten der Unterschiede im Schritt muß man jedoch sehr vorsichtig sein. In keiner Gangart können sich so gravierende Fehler einstellen wie im Schritt. Und in keiner Gangart sind einmal aufgetretene Fehler so schwer zu korrigieren wie im Schritt.

Im allgemeinen soll man den Schritt nur als Erholungsphase einer Dressurstunde benutzen. Praktisch wird jedoch von den meisten Reitern viel zuviel am Schritt herumgearbeitet. Vor allem eine zu starke Einwirkung mit den Händen kann sich sehr schlecht auf den Schritt auswirken, da der Schritt eine schreitende und keine schwungvolle Gangart ist und der fehlende Schwung nicht

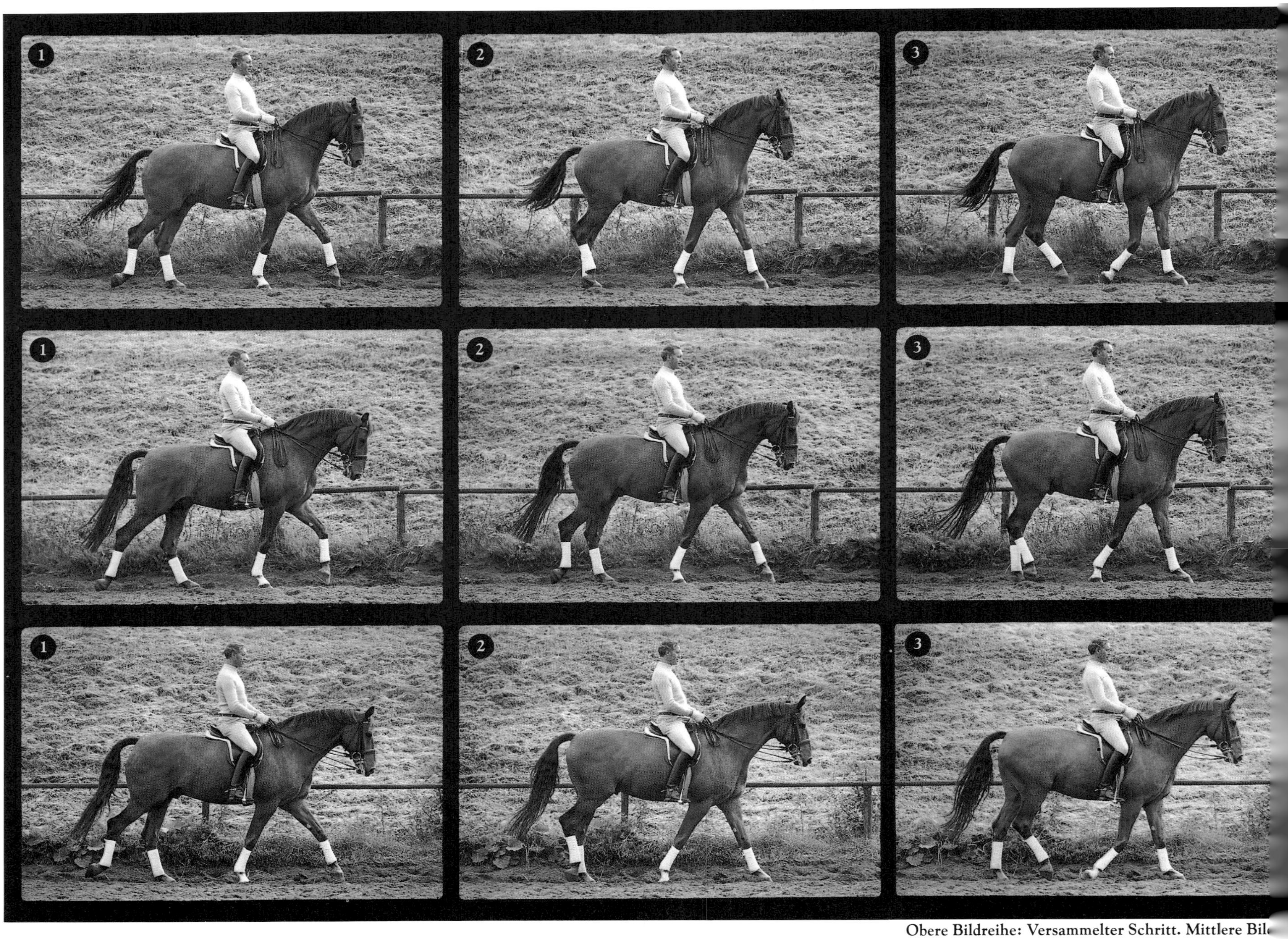

Obere Bildreihe: Versammelter Schritt. Mittlere Bil

wie im Trab und Galopp Fehler in der Zügeleinwirkung kompensieren kann.

Mit dem Reiten des versammelten Schritts und des starken Schritts darf man deshalb erst beginnen, wenn das Pferd völlig losgelassen und durchlässig ist und die Hanken in der Trab- und Galopparbeit geschmeidig gemacht worden sind. Unbedingt achten muß man dabei auf sauberes Einhalten des Taktes. Dies ist wichtiger, als schon besonders erhabene oder besonders weit ausgreifende Schritte zu erwarten.

Ich selbst reite diese Lektionen bei meinen erfahrenen Pferden immer nur zwei bis drei Tage vor einer Dressurprüfung, um die Pferde darauf einzustellen. Außerdem reite ich diese Lektionen immer nur über einen kurzen Zeitraum.

Bisweilen wird man auch die Erfahrung machen, daß sich der Raumgriff des Schrittes durch gute versammelnde Arbeit im Trab und Galopp noch verbessern läßt, da das Pferd in den Hanken lockerer geworden ist. Auch ist der Raumgriff im Schritt vor allem nach der Galopparbeit oftmals besser als am Anfang einer Dressurstunde.

TRABTEMPI.

Beim *versammelten Trab* wird das Pferd durch halbe Paraden bei gleichzeitig vortreibenden Kreuz- und Schenkelhilfen vermehrt zusammengeschoben. Die Tritte sind weniger raumgreifend, aber erhaben und kadenziert. Das Pferd ist in den Hanken gebeugt, die Hinterhand übernimmt vermehrt die Last und federt energisch ab, wobei der Schwung jedoch mehr nach aufwärts als nach vorwärts gerichtet ist. Fehlerhaft sind eine rein durch Handeinwirkung erzeugte Verlangsamung

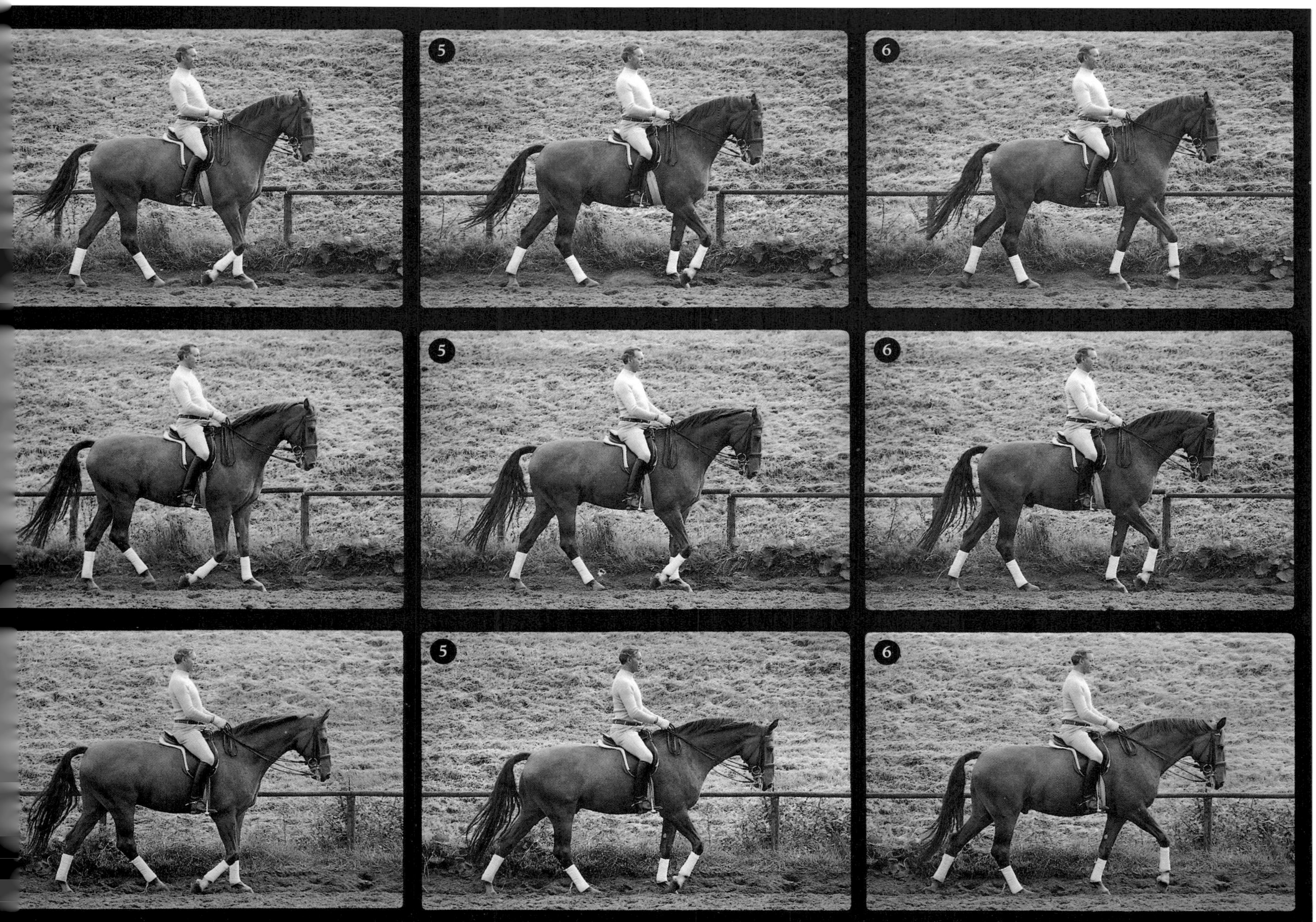

schritt. Untere Bildreihe: Starker Schritt.

des Tempos ohne entsprechende vortreibende Hilfen sowie schwebende Tritte als Ergebnis fehlender Losgelassenheit des Pferdes.

Den versammelten Trab reitet man zunächst nur in kurzen Reprisen und in Verbindung mit freieren Gängen. Von großem gymnastischem Wert sind die Übergänge zwischen Mitteltrab und versammeltem Trab und umgekehrt. Der geschickte Reiter kann dabei den Schwung des Mitteltrabs in den versammelten Trab mit hinübernehmen und dann aus der elastischen Spannung des versammelten Trabs die raumgreifenden Tritte des Mitteltrabs entwickeln.

Der *Arbeitstrab* ist gekennzeichnet durch lebhafte Tritte in deutlichem Vorwärtsdrang. Hankenbeugung und Aufrichtung sind geringer als im versammelten Trab. Das Pferd darf nicht eilen, es darf sich aber auch nicht verhalten. Das Tempo muß immer wieder durch halbe Paraden oder durch vortreibende Hilfen reguliert werden.

Im *Mitteltrab* erhöht sich der Raumgriff der Trabtritte durch den kräftigeren Nachschub der vermehrt herangeholten Hinterhand. Durch die Beugung der Hanken kommt die Vorhand zum freien Vorschwingen. Die Vorhand darf also nicht vermehrt belastet werden. Vielmehr sollen die Trabtritte bei guter Schulterfreiheit lang und federnd sein. Das Pferd trägt sich in schöner Selbsthaltung, wobei die Nasen- und Stirnlinie etwas vor die Senkrechte kommt.

Großer Wert ist darauf zu legen, daß die Losgelassenheit des Pferdes erhalten bleibt. Dies setzt voraus, daß der Reiter den Mitteltrab allmählich entwickelt und sein Pferd nicht mit seinen vortreibenden Hilfen überfällt. Pferde, denen die Losgelassenheit im Mitteltrab fehlt,

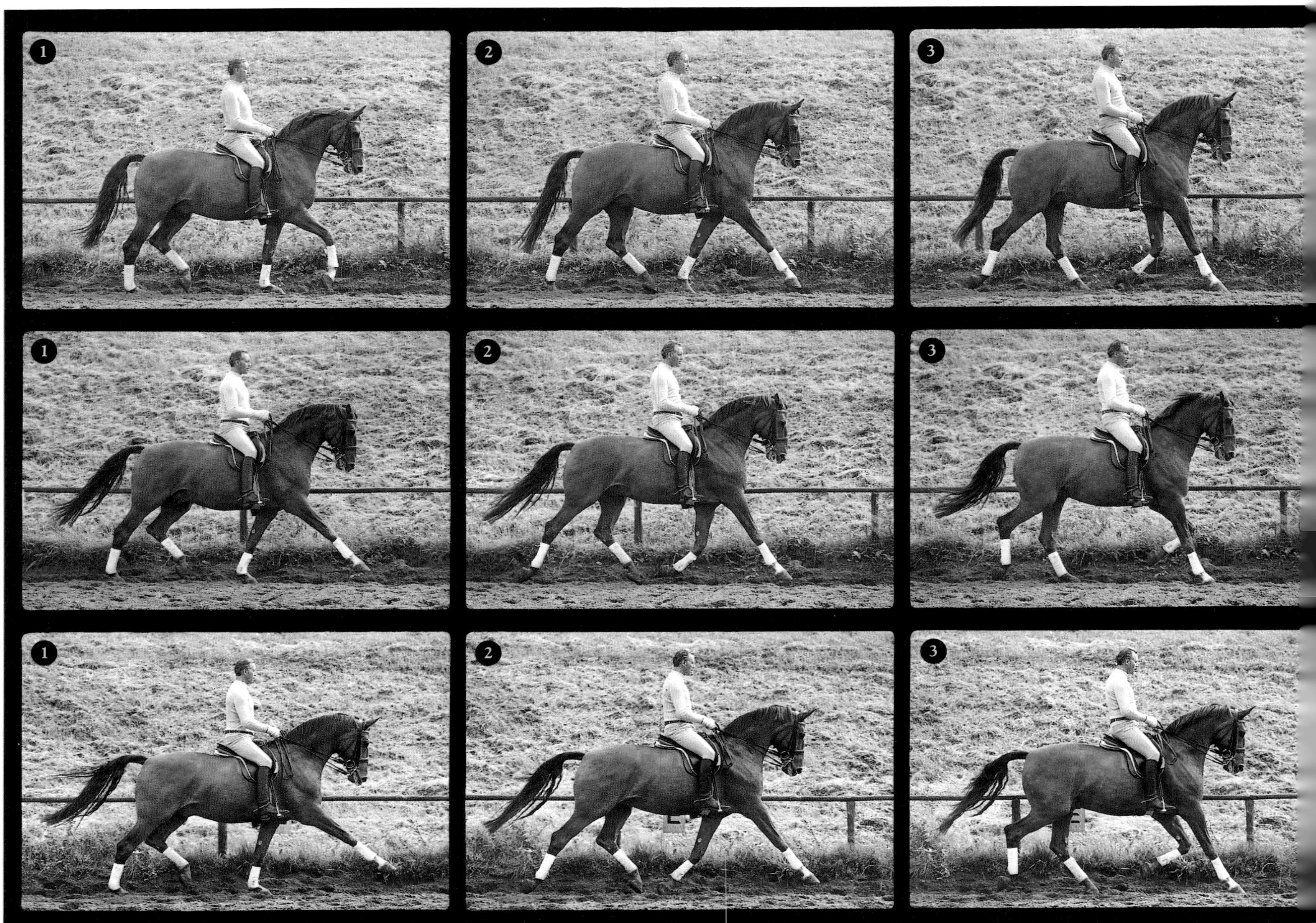

Obere Bildreihe: Versammelter Trab. Mittlere Bild

neigen dazu, sich auf die Hand zu legen, unregelmäßig zu treten, in der Hinterhand breit oder seitwärts zu treten. Oder die Hufe treten nicht dorthin, wohin sie zeigen.

Mit dem *starken Trab* darf man erst dann beginnen, wenn das Pferd die Übergänge zwischen versammeltem Trab und Mitteltrab sicher beherrscht. Im starken Trab entwickelt das Pferd den größtmöglichen Schwung und Raumgriff, ohne dabei zu eilen und den Takt zu verlieren.

Der Reiter stellt die Hand etwas tiefer, damit sich das Pferd an die Hand herausstrecken und im Rahmen größer werden kann. Schwingt das Pferd dabei im Rücken, so wird der Reiter über den schwingenden Rücken in die Vorwärtsbewegung hineingesetzt. Dies erfordert natürlich einen geschmeidigen Sitz, bei dem der Reiter in seiner gesamten Muskulatur locker ist.

Die vollendete Versammlung im Trab und die größtmögliche Entfaltung des Schwunges im starken Trab ist nur bei einem Pferd möglich, das in den Hanken durch fortwährende Gymnastizierung gelenkig und geschmeidig gemacht worden ist und das in sich gerade ist, dessen Hinterhand also gerade gegen die Gewichtsmasse wirken kann. Es hat deshalb auch keinen Zweck, immer wieder den versammelten Trab oder aber den Mittel- und starken Trab zu üben, wenn man in der geraderichtenden Arbeit noch nicht weit genug fortgeschritten ist. Außerdem muß man beim Üben des versammelten Trabs und der freieren Gänge berücksichtigen, daß die Pferde hierbei mehr angestrengt werden und man auch aus diesem Grunde die Häufigkeit dieser Übungen beschränken muß, um die Pferde nicht in der Vorhand beziehungsweise in der Hinterhand zu schädigen.

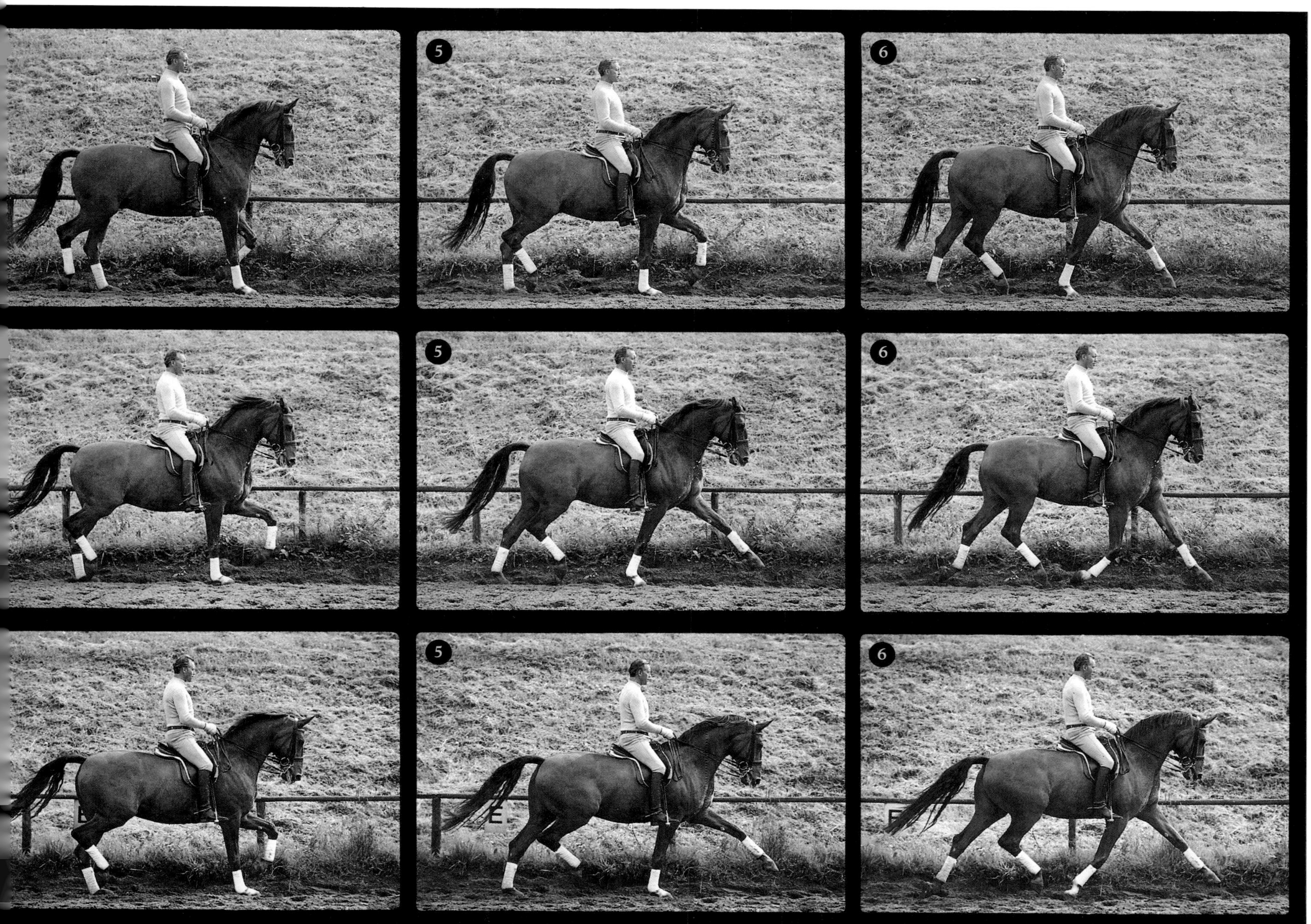

ltrab. Untere Bildreihe: Starker Trab.

Galopptempi.

Im Galopp wird die natürliche Schiefe des Pferdes am deutlichsten sichtbar, da viele Pferde dazu neigen, auf der rechten Hand im Rechtsgalopp mit der Hinterhand in das Innere der Bahn hineinzukommen. Das rechte Hinterbein springt also nicht unter den Pferdeleib, sondern seitwärts davon. Bevor man mit dem versammelten Galopp beginnt, muß dieser Fehler zunächst im Arbeitsgalopp korrigiert werden.

Man reitet dazu häufig im Galopp auf dem Zirkel, um das innere Hinterbein zunehmend biegsam zu machen. Ist die Neigung des Pferdes, mit der Hinterhand hereinzukommen, stark ausgeprägt, so kann man die Vorhand auch auf die Hinterhand einstellen, indem man die Vorhand durch eine seitwärts gerichtete Zügelhilfe etwas nach innen führt, also in einer leichten Schulterhereinstellung reitet. Geht das Pferd Außengalopp, so korrigiert man die Schiefe des Pferdes durch einen Rechtsgalopp auf der linken Hand, da das Pferd durch die Bande daran gehindert wird, mit der Hinterhand seitwärts zu springen.

Die Korrekturarbeit des Geraderichtens muß stets im schwungvollen Vorwärtsreiten erfolgen, zu dem der Reiter das Pferd durch den verstärkt treibenden inneren Schenkel und den verstärkt belasteten inneren Gesäßknochen anregt. Verhält sich das Pferd dagegen, so wird seine Neigung, schief zu gehen, nur noch ausgeprägter.

Springt das Pferd mit beiden Beinen gerade unter die Gewichtsmasse, so kann man zum *versammelten Galopp* übergehen. Dieser soll schwungvoll und erhaben aus den gebeugten Hanken gesprungen werden, und zwar im klaren Dreitakt.

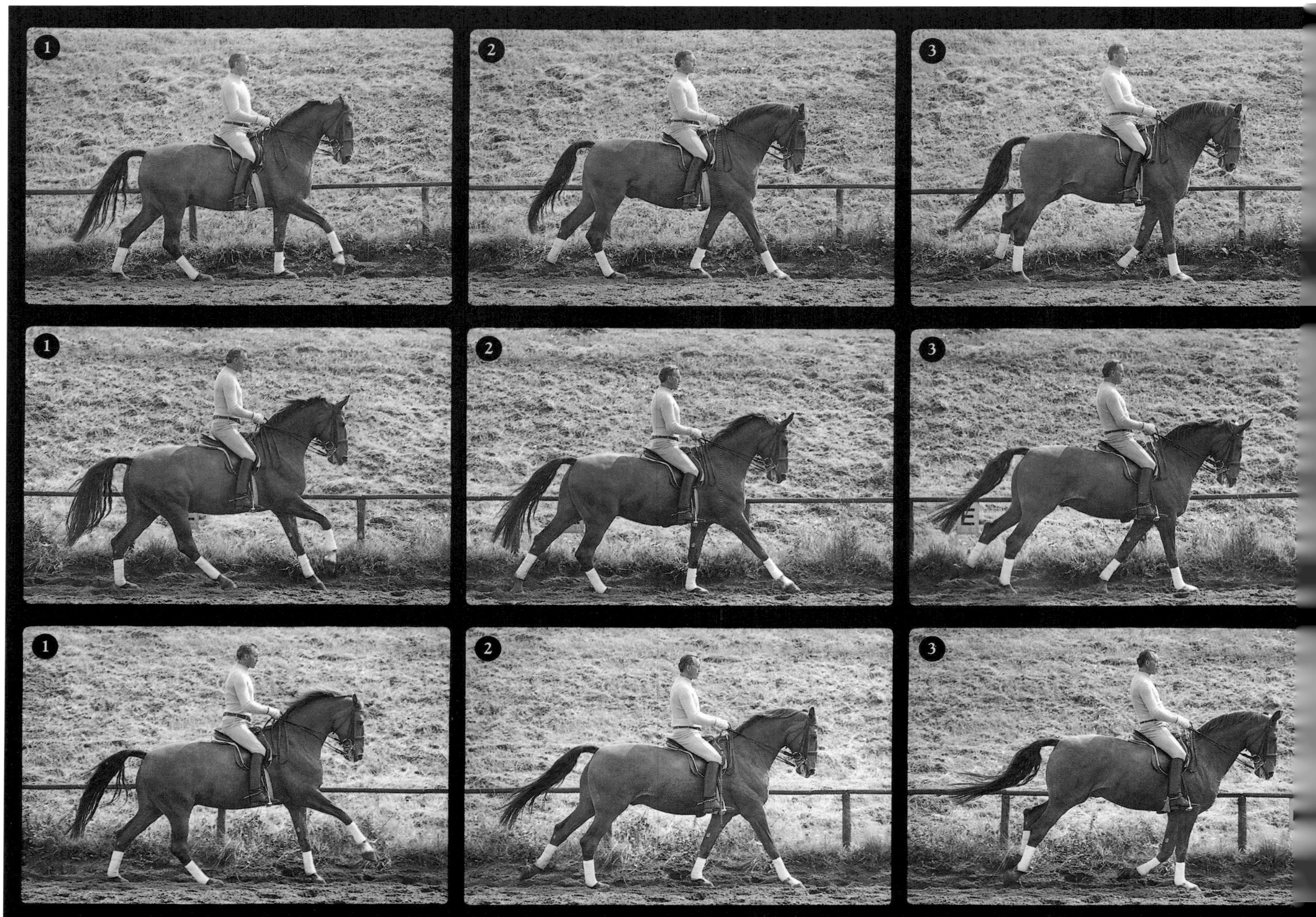

Obere Bildreihe: Versammelter Galopp. Mittlere Bild-

Geht der klare Dreitakt verloren und fällt das Pferd in den Viertakt, so muß durch Vorwärtsreiten zunächst die Reinheit des Ganges wiederhergestellt werden, bevor man das Pferd erneut in den versammelten Galopp führt.

Den versammelten Galopp kann man trainieren, indem man aus dem Schritt angaloppiert und nach einigen Galoppsprüngen durchpariert oder den Arbeitsgalopp allmählich zum versammelten Galopp verkürzt. Für den weniger erfahrenen Reiter scheint mir der erste Weg sicherer zu sein, denn beim Verkürzen des Arbeitsgalopps besteht die Gefahr, daß die Zügelhilfen stärker als die vortreibenden Kreuz- und Schenkelhilfen gegeben werden, das Pferd in den Viertakt fällt oder mit der Hinterhand hereinkommt.

Die Verstärkung des Galopps zum *Mittelgalopp* und zum starken Galopp muß allmählich erfolgen. Der Reiter stellt die Hand tiefer und läßt die Wirkung der vortreibenden Kreuz- und Schenkelhilfen durch eine nachgebende Zügelhilfe heraus, ohne jedoch die Verbindung zum Pferdemaul aufzugeben. Das Pferd dehnt sich im Hals, die Stirn- und Nasenlinie kommt etwas weiter vor die Senkrechte, die Galoppsprünge werden weiter. Im *starken Galopp* entfaltet das Pferd sein ganzes Galoppiervermögen, ohne daß der Galopp dabei aber irgendwie überhastet wirken darf. Wichtig ist es, daß zwischen dem Mittelgalopp und dem starken Galopp ein Unterschied deutlich wird und der starke Galopp im Raumgriff noch eine deutliche Steigerung bringt.

Der Reiter darf bei den freieren Tempi nicht mit dem Gesäß klappen. Dies gelingt nur, wenn er selbst losgelassen bleibt und seine Mittelpositur bei jedem Galoppsprung nach vorn schiebt.

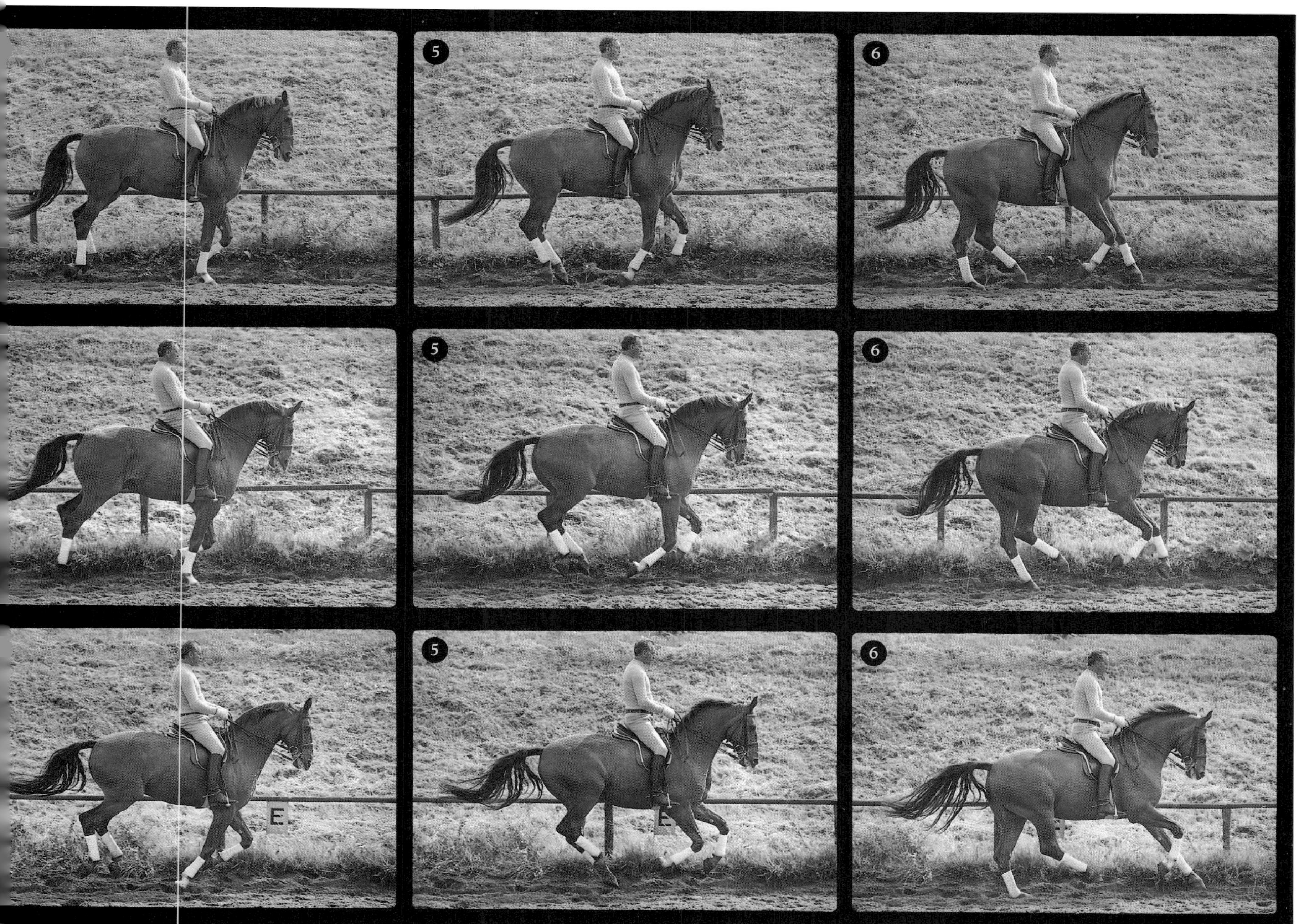

lgalopp. Untere Bildreihe: Starker Galopp.

GANZE PARADE.

In einer M-Dressur sollen ganze Paraden, Anreiten aus dem Halten und Übergänge weiter verfeinert werden. Ihre korrekte Ausführung ist für den Richter ein wichtiges Kriterium für die Durchlässigkeit des Pferdes.

Das Wesentliche an der ganzen Parade ist, daß die Vorwärtsbewegung durch die Hinterhand weich aufgefangen wird und das Pferd nicht auf die Vorhand aufprallt. Die Hinterhand soll sich dabei senken und deutlich unterschieben.

Dies ist aber nur möglich, wenn die Hinterhand durch Kreuz- und Schenkelhilfen festgehalten und untergeschoben wird. Der Reiter spannt dazu sein Kreuz vermehrt an, wirkt mit beiden Schenkeln treibend ein und hält dabei die Hand für einen kurzen Moment durch, bis die Parade durchgekommen ist. Ein in seinen Hanken gelenkig gemachtes Pferd wird bei dieser Hilfengebung die Hinterhand so elastisch unterschieben, daß die Vorwärtsbewegung weich und nicht stoßweise aufgefangen wird.

Nach der Parade soll das Pferd seine *vier Beine gleichmäßig belasten,* unbeweglich stehen und weich am Gebiß bleiben. Der Reiter gibt im Zügel etwas nach, ohne jedoch die Verbindung zum Pferdemaul aufzugeben. Die Schenkel bleiben auch im Halten leicht am Pferdeleib liegen.

Tritt das Pferd nach der ganzen Parade etwas vor, so ist dies der geringere Fehler. Einem Zurücktreten der Hinterhand muß man jedoch durch ein erneutes Anspannen des Kreuzes und energischen Schenkeldruck, eventuell unterstützt von einer Gertenhilfe, entgegenwirken. Oft entsteht das Zurücktreten des Pferdes auch dadurch, daß der Reiter mit der Hand nicht früh genug nachgegeben hat.

ANREITEN AUS DEM HALTEN.

Aus dem Halten soll das Pferd ohne Stokkungen antraben oder angaloppieren können.

Hilfengebung zur ganzen Parade.

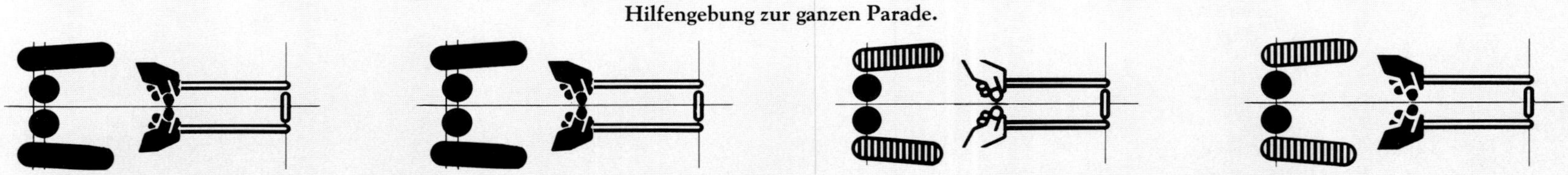

1. Auffangen der Vorwärtsbewegung durch mehrere halbe Paraden, bis das Pferd zum Halten kommt.
2. Momentanes Leichterwerden der Hand, um ein Zurücktreten des Pferdes zu vermeiden und dem Pferd eine vermehrte Dehnung im Hals zu ermöglichen. Verminderung der Kreuz- und Schenkeleinwirkung.
3. Hilfengebung im Halten. Aufrechterhaltung der Verbindung zum Pferdemaul. Leicht am Pferd liegende Schenkel.

Hilfengebung beim Anreiten zum Schritt und Trab aus dem Halten.

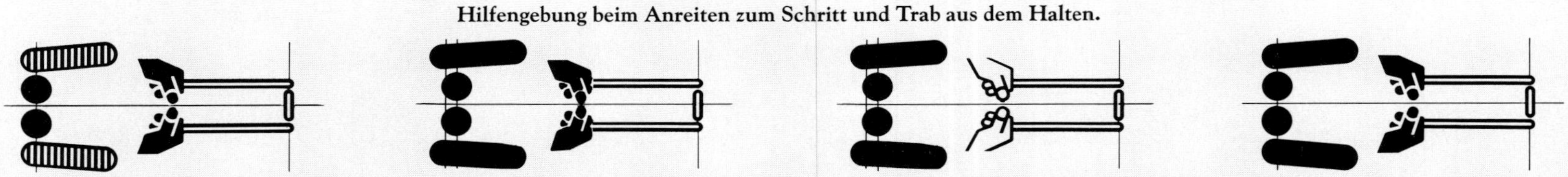

1. Hilfengebung beim Halten.
2. Anspannen des Kreuzes und geringfügige Erhöhung des Schenkeldrucks, um das Pferd auf das Anreiten vorzubereiten.
3. Nachgebende Zügelhilfe, um die Wirkung der Kreuz- und Schenkelhilfen herauszulassen.
4. Hilfengebung im Schritt und Trab.

Hilfengebung zum Angaloppieren aus dem Halten.

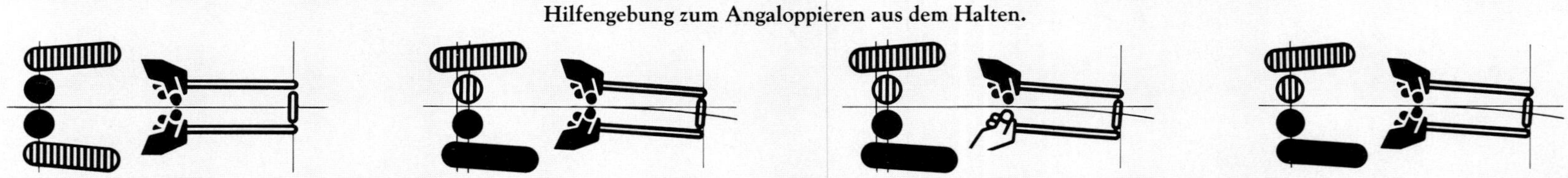

1. Hilfengebung im Halten.
2. Anspannen des Kreuzes, leichte Stellung nach innen, vermehrtes Belasten des inneren Gesäßknochens und geringfügige Erhöhung der Einwirkung des inneren Schenkels, um das Pferd auf das Angaloppieren vorzubereiten.
3. Herauslassen des Galoppsprunges durch Nachgeben des inneren Zügels.
4. Hilfengebung im Rechtsgalopp.

Der erste Tritt soll ein Trabtritt sein, der erste Sprung ein Galoppsprung. Dies ist nur möglich, wenn man sich beim Halten die ganze Aufmerksamkeit des Pferdes sichert. Vor dem Anreiten spannt man deshalb das Kreuz bereits wieder etwas stärker an und erhöht den Schenkeldruck geringfügig, so daß das Pferd nur darauf wartet, bei einer weiteren Verstärkung der Kreuz- und Schenkelhilfen und nachgebender Hand aus dem Halten anzutreten. Setzen die treibenden Hilfen dagegen zu abrupt ein, so verliert das Pferd leicht seine Losgelassenheit, und es tritt nicht gerade an.

ÜBERGÄNGE.

Die Übergänge von einer Gangart in eine andere Gangart und von einem Tempo in ein anderes Tempo sollen *deutlich sichtbar, aber geschmeidig und nicht abrupt* ausgeführt werden. Beim Reiten einer Aufgabe muß man sich darauf konzentrieren, die Übergänge *genau an der vorgeschriebenen Stelle* auszuführen. Gangart und Tempo bleiben bis zu diesem Punkt erhalten.

Beim Übergang in eine höhere Versammlung muß das Pferd deutlich von hinten nach vorn zusammengeschoben werden. Beim Übergang in ein freieres Tempo muß sich der Rahmen des Pferdes deutlich erweitern; der Hals des Pferdes streckt sich, und die Stirn- und Nasenlinie kommt entsprechend weiter vor die Senkrechte.

Werden Übergänge abrupt ausgeführt, so ist das Pferd entweder noch nicht durchlässig genug, oder der Reiter hat seine Hilfen zu stark und zu plötzlich gegeben. Dabei treten häufig auch Taktfehler auf, da das Pferd aus dem Gleichgewicht gebracht wird. Wenn ich also zum Beispiel aus dem versammelten Trab einen starken Trab entwickeln will, so spanne ich das Kreuz vermehrt an und mache die Beine zu, halte das Pferd dabei aber noch etwas an der Hand, bis ich merke, daß die Tritte raumgreifender werden, werde dann mit der Hand leichter und lasse die Tritte ganz heraus.

Hilfengebung zum Übergang vom versammelten zum starken Trab.

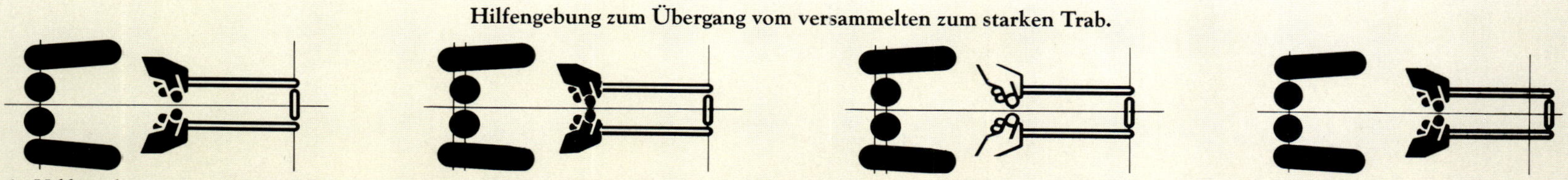

1. Hilfengebung im versammelten Trab
2. Vorbereitung des starken Trabs durch eine halbe Parade.
3. Herauslassen der Trabtritte durch eine nachgebende Zügelhilfe.
4. Erweiterung des Rahmens im starken Trab.

Hilfengebung zum Übergang vom starken zum versammelten Trab.

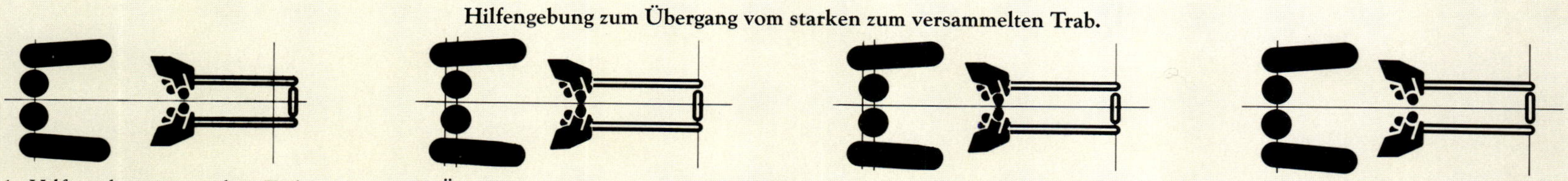

1. Hilfengebung im starken Trab.
2. Übergang zum versammelten Trab durch eine oder mehrere halbe Paraden.
3. Hilfengebung im versammelten Trab.

Hilfengebung zum Übergang vom versammelten zum starken Galopp.

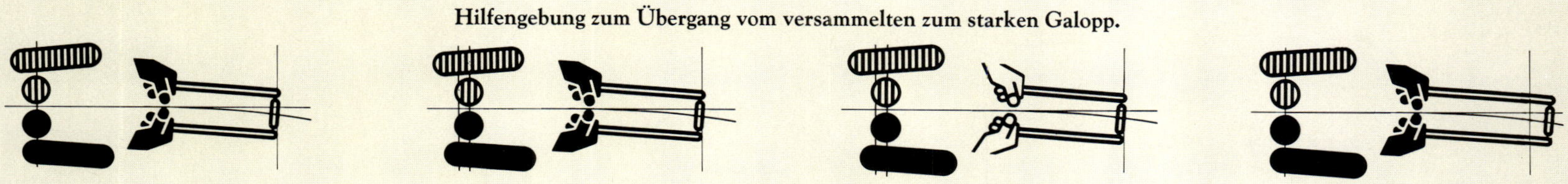

1. Hilfengebung im versammelten Rechtsgalopp.
2. Vorbereitung des starken Galopps durch eine halbe Parade.
3. Herauslassen der Galoppsprünge durch eine nachgebende Zügelhilfe.
4. Erweiterung des Rahmens im starken Galopp.

Hilfengebung zum Übergang vom starken zum versammelten Galopp.

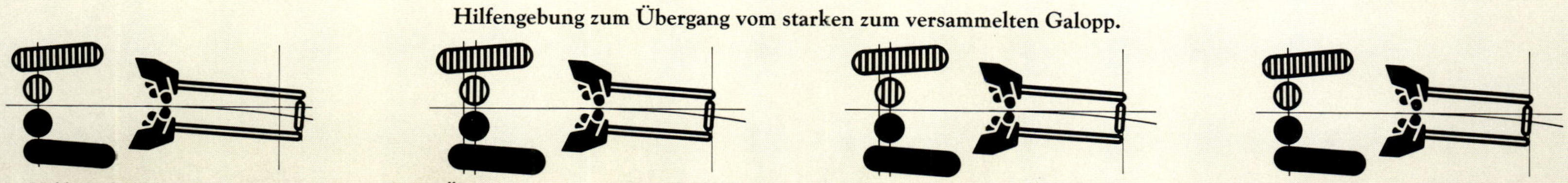

1. Hilfengebung im starken Galopp.
2. Übergang zum versammelten Galopp durch eine oder mehrere halbe Paraden.
3. Hilfengebung im versammelten Galopp.

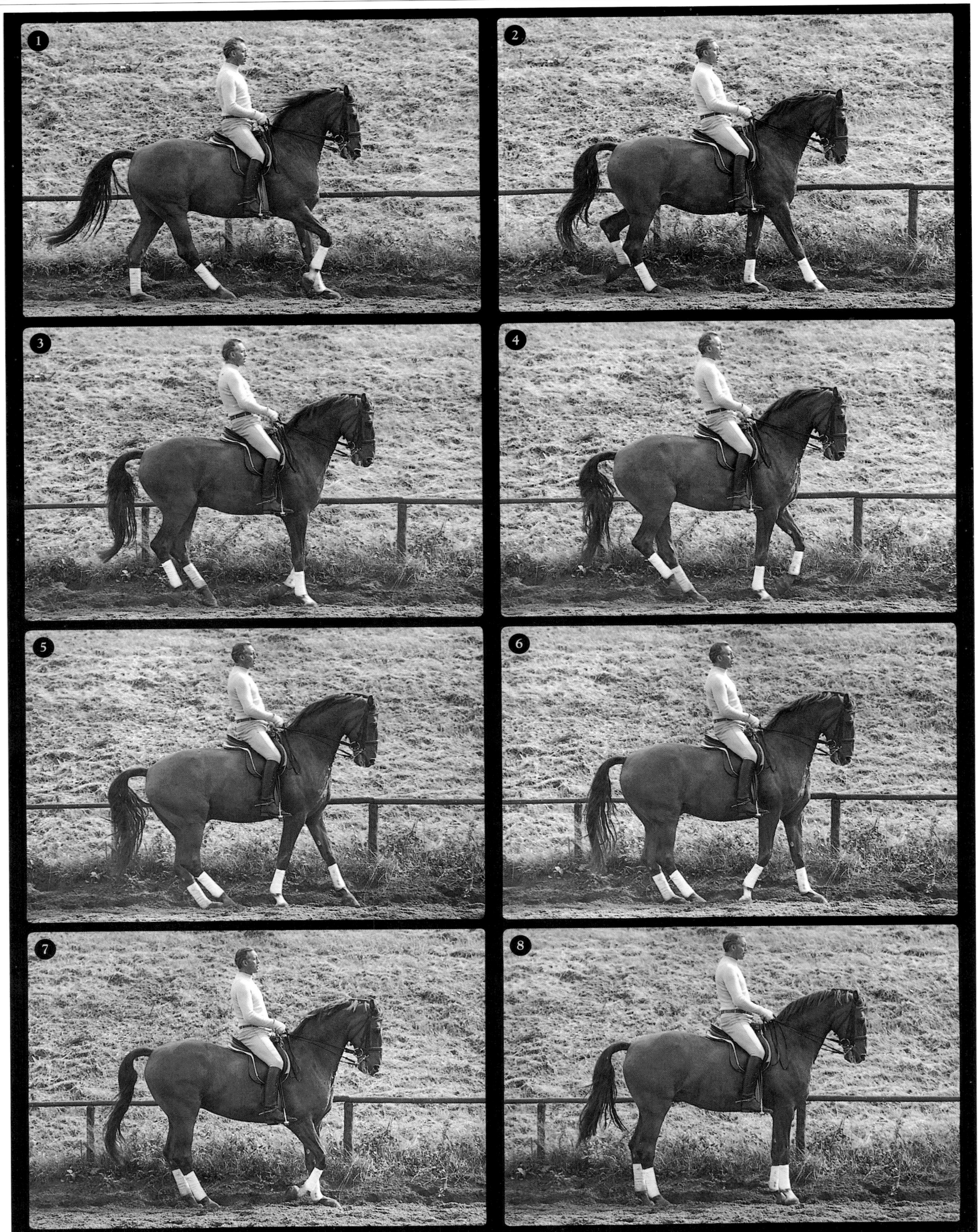

Ganze Parade aus dem Galopp mit deutlich gesenkter Hinterhand. Vorder- und Hinterbeine im Halten nicht ganz auf gleicher Höhe.

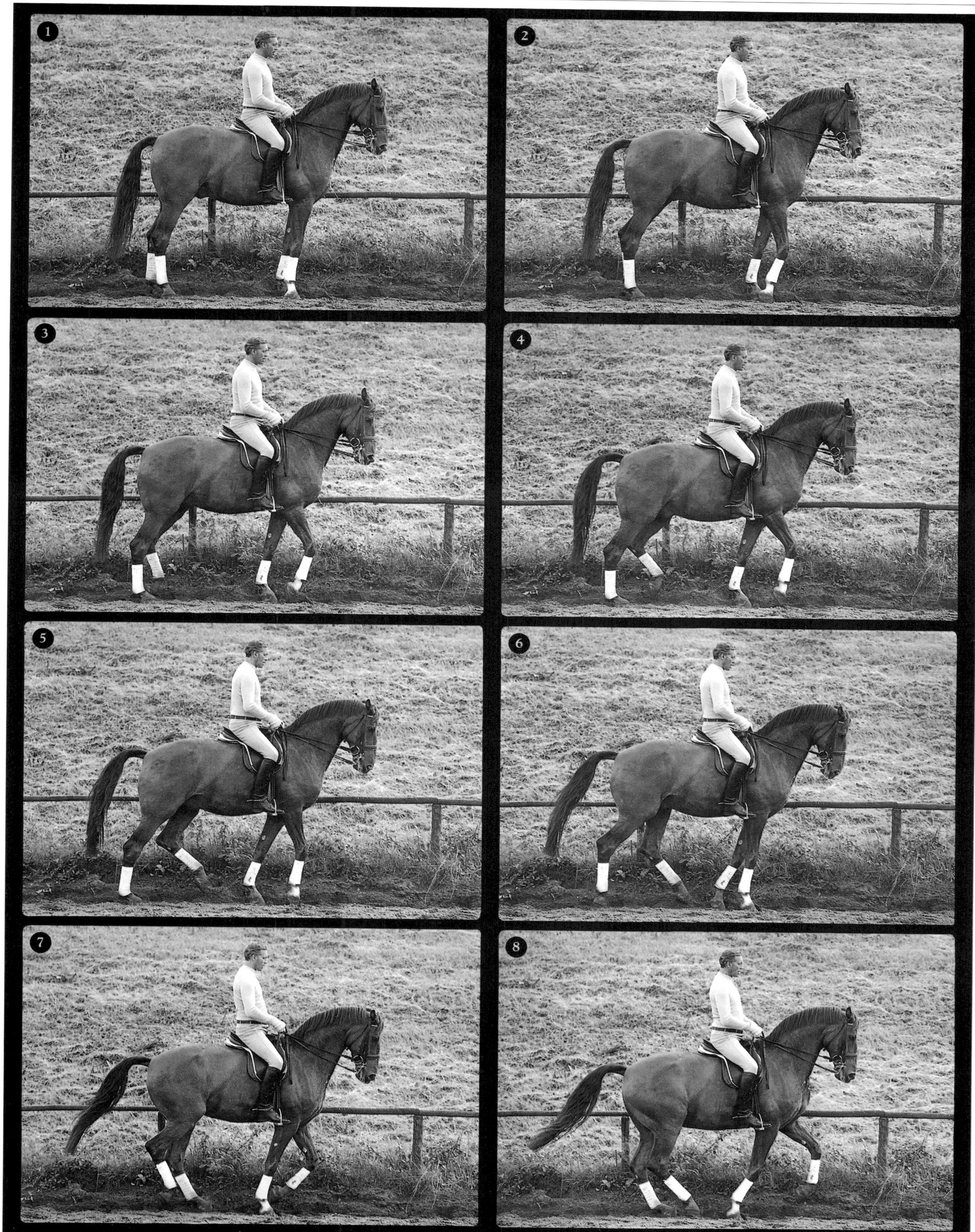

Sofortiges Angaloppieren aus dem Halten. Der erste Sprung ist ein Galoppsprung.

Übergang vom versammelten zum starken Trab.

Übergang vom starken zum versammelten Trab.

Übergang vom versammelten zum starken Galopp.

Übergang vom starken zum versammelten Galopp.

KURZKEHRTWENDUNG.

Bei der Kurzkehrtwendung wird das Pferd aus der Bewegung heraus um 180° Schritt für Schritt um das innere Hinterbein gewendet, ohne daß das Pferd dabei vor oder nach Ausführung der Wendung zum Halten kommt.

Die Kurzkehrtwendung wird eingeleitet durch eine halbe Parade, die das Pferd zu einer erhöhten Versammlung bringt. Die innere Hand gibt dem Pferd Stellung und Biegung. Das Pferd ist also in die Bewegungsrichtung gestellt und gebogen. Die äußere Hand gibt nach, um die äußere Schulter vorzulassen, und begrenzt dann verwahrend die Biegung. Der äußere Schenkel liegt hinter dem Gurt, der innere Schenkel am Gurt. Der innere Gesäßknochen wird vermehrt belastet.

Im Gegensatz zu der in manchen Fachbüchern vertretenen Ansicht und bei vielen Reitern zu beobachtenden Reitweise, nur mit dem äußeren Schenkel zu treiben, gebe ich die *Schenkelhilfen beim Kurzkehrt wechselseitig.* Und zwar so, daß zunächst der äußere Schenkel das äußere Hinterbein zum Vortreten bringt und der innere Schenkel verwahrt. Dann treibt der innere Schenkel und bewirkt das Vorwärts-seitwärts-Treten des inneren Hinterbeins. Danach treibt wieder der äußere Schenkel.

Auch in der Hinterhandwendung muß man leichte halbe Paraden geben, wenn das Pferd zu eilig wird. Die Schultern des Reiters müssen genau parallel zu den Schultern des Pferdes sein. Der Reiter muß also gut mit der Bewegung des Pferdes mitgehen.

Nach Ausführung der Kurzkehrtwendung wird das Pferd geradegestellt und durch vortreibende Kreuz- und Schenkelhilfen bei nachgebender Hand zum sofortigen Geradeausgehen veranlaßt, ohne daß das Pferd dabei für einen Moment zum Halten kommen darf.

Bei einer richtig ausgeführten Kurzkehrtwendung nimmt das Pferd die Last vermehrt mit dem inneren Hinterbein auf und wird dementsprechend leichter in der Vorhand. Das Pferd bleibt in der Wendung immer in der Vorwärtsbewegung.

Es ist deshalb der geringere Fehler, wenn sich das innere Hinterbein in einem kleinen Kreisbogen bewegt. Fußt das Pferd dagegen nicht mit dem inneren Hinterbein ab, sondern dreht es lediglich das Hinterbein, so ist die Kurzkehrtwendung ohne jeden gymnastischen Zweck, da die Last des Pferdes nicht vermehrt vom inneren Hinterbein aufgenommen wird.

Ein noch größerer Fehler ist es natürlich, wenn das Pferd in der Wendung zurücktritt. Ein Fehler, der durch fehlende Kreuzeinwirkung und rückwärts wirkende Hände entsteht, die die Bewegung nicht herauslassen. Häufig sieht man auch, daß die Pferde herumgeworfen werden, anstatt die Wendung Schritt für Schritt auszuführen. Das Pferd verliert dabei seinen Takt und ist gezwungen, sich im Hinterbein zu drehen.

Hilfengebung zur Kurzkehrtwendung.

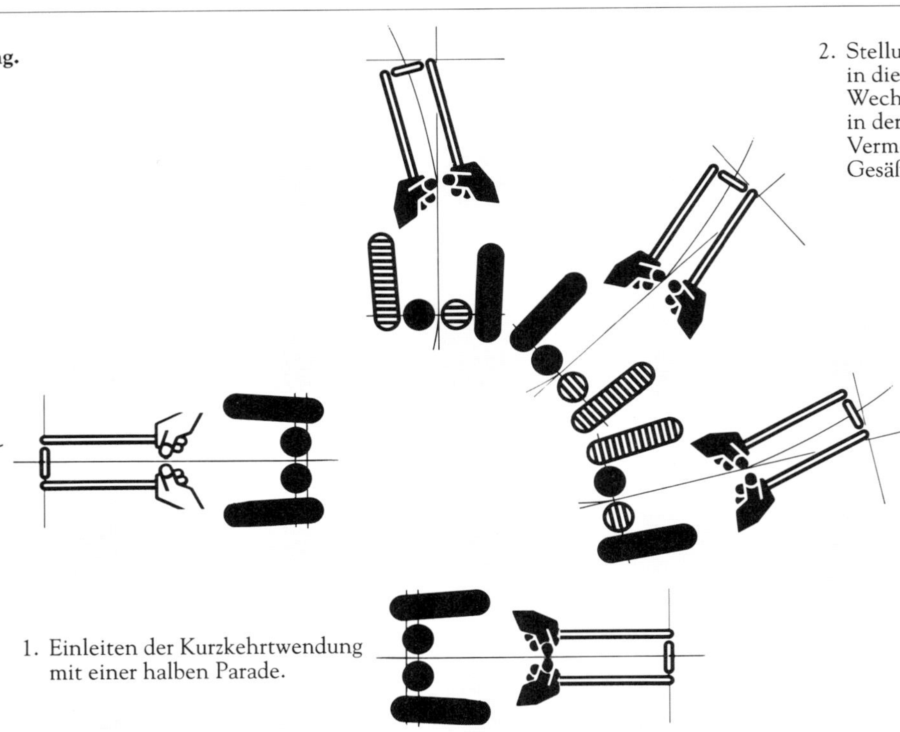

2. Stellung und Biegung des Pferdes in die Bewegungsrichtung. Wechselseitige Schenkelhilfen in der Wendung. Vermehrtes Belasten des inneren Gesäßknochens.

3. Vortreibende Kreuz- und Schenkelhilfen bei nachgebender Hand veranlassen ein sofortiges Geradeausgehen, ohne daß das Pferd zum Halten kommt.

1. Einleiten der Kurzkehrtwendung mit einer halben Parade.

Kurzkehrtwendung: Wendung des Pferdes um 180° um das innere Hinterbein, ohne daß das Pferd dabei zum Halten kommt.

WENDUNGEN IN DER BEWEGUNG.

Bei den Wendungen in der Bewegung (Zirkel, Volten, Kehrtvolten, Schlangenlinien) soll das Pferd im Laufe der M-Ausbildung so weit gefördert werden, daß es *in seiner Längsbiegung genau dem Grade der Wendung angepaßt* ist, Vorder- und Hinterbeine auf der gleichen Linie spuren und das Pferd in der Wendung keine Stütze mehr im Maul sucht, sondern eine gleichmäßige und leichte Anlehnung an beide Zügel hat.

Aufgabe des inneren Zügels ist es, das Pferd in Kopf und Hals zu stellen und zu biegen. Die äußere Hand geht entsprechend vor, läßt damit die äußere Schulter vor und begrenzt die Biegung durch verwahrendes Gegenhalten. Der äußere Zügel gibt dem Pferd Halt, um es nicht aus dem Gleichgewicht zu bringen. Der innere Schenkel liegt am Gurt, treibt vermehrt, gibt dem Pferd die Rippenbiegung und sichert die Aktivität des inneren Hinterbeins. Der innere Gesäßknochen wird vermehrt belastet, um ebenfalls auf das innere Hinterbein einzuwirken. Der äußere Schenkel liegt verwahrend hinter dem Gurt und wird nur dann aktiv, wenn das Pferd mit dem äußeren Hinterbein auszufallen droht. Die Hüften des Reiters sollen parallel zu den Hüften des Pferdes, seine Schultern parallel zu den Schultern des Pferdes verlaufen. Sitzt der Reiter nicht hinter der Schulter, so kommt er nicht mit der Bewegung mit.

Hilfengebung bei Wendungen in der Bewegung (Beispiel Kehrtwendung).

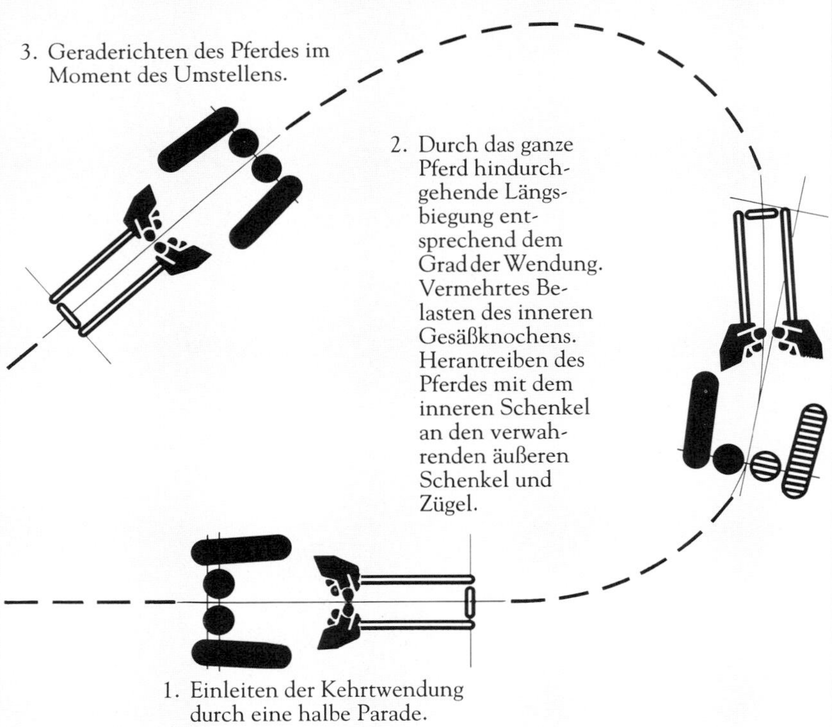

Saubere Längsbiegung des Pferdes, die dem Grad der Wendung angepaßt ist. Takt und Sc

in der Wendung nicht verlorengehen. Eine halbe Parade vor dem Einleiten der Wendung muß deshalb den Nachschub aus der Hinterhand und die erforderliche Versammlung sichern.

SEITENGÄNGE IM TRAB.

Bei den Seitengängen sind die Pferde gestellt und gebogen. Die Längsbiegung geht gleichmäßig durch das ganze Pferd hindurch. *Vor- und Hinterhand bewegen sich nicht mehr auf einem Hufschlag, sondern auf mehreren Hufschlägen vorwärts-seitwärts.* Dabei sollen die Hinterbeine dicht aneinander vorbeitreten.

Die Seitengänge werden im versammelten Trab geritten. Takt und Schwung müssen dabei genauso erhalten bleiben wie beim Reiten auf geraden oder gebogenen Linien.

Übt man bereits Seitengänge, ohne daß die Pferde schon einen gewissen Versammlungsgrad erreicht haben, so besteht die Gefahr, daß sie vermehrt auf die Schulter kommen und die Reinheit des Ganges verlorengeht. Das Reiten von Seitengängen setzt deshalb voraus, daß das Pferd bei der Zirkel- und Voltenarbeit gelernt hat, den inneren Hinterfuß vermehrt zu belasten.

Zur Vorbereitung der Seitengänge im Trab reite ich bei jüngeren Pferden die Seitengänge zunächst im Schritt, um die Pferde mit der Hilfengebung vertraut zu machen. Da die Bewegungsabläufe im Schritt langsamer sind, fällt es den Pferden leichter, die Beinsetzung des Vorwärts-seitwärts-Tretens zu erlernen. Die Pferde verhaspeln sich weniger und treten sich auch nicht so leicht. Der gymnastische Wert dieser Übung ist natürlich geringer, aber die Pferde werden doch auch in den Gelenken locker gemacht und für die Seitengänge im Trab vorbereitet.

Der Reiter muß bei den Seitengängen unbedingt darauf achten, daß er genau hinter dem Pferdehals sitzt, seine Schultern parallel zu den Schultern des Pferdes und seine Hüften parallel zu den Hüften des Pferdes sind. Nur so ist es möglich, mit der Be-

Das Schultervor ist die vorbereitende Übung für das Schulterherein. Das Pferd ist dabei nur geringfügig nach innen gestellt und gebogen. Das innere Hinterbein tritt zwischen die Vorderbeine. Das äußere Hinterbein tritt neben das innere Vorderbein.

Im Schulterherein wird das Pferd vermehrt um den inneren Schenkel gestellt und gebogen. Das Pferd bewegt sich auf drei Hufschlägen nach der zur Kopfstellung entgegengesetzten Seite. Von vorn betrachtet wird das innere Hinterbein durch das äußere Vorderbein verdeckt.

wegung des Pferdes mitzukommen, das freie Treten des Pferdes nicht zu stören und das Pferd nicht aus dem Gleichgewicht zu bringen. Der Reiter belastet bei den Seitengängen verstärkt den inneren Gesäßknochen. Viele Reiter versuchen dies zwar, knicken aber in der Hüfte ein und belasten dann den äußeren Gesäßknochen, so daß die Pferde leicht den Takt verlieren.

SCHULTERHEREIN.

Von den Seitengängen ist das Schulterherein die am einfachsten zu reitende Lektion. Es steht deshalb am Anfang des Trainings der Seitengänge und bereitet das Pferd auf Travers, Renvers und Traversalen vor. Mit dem Üben von Travers, Renvers und Traversalen sollte man daher erst beginnen, wenn das Pferd Schulterherein korrekt beherrscht.

RICHTIGE AUSFÜHRUNG UND GYMNASTISCHES ZIEL.

Im Schulterherein ist das Pferd um den inneren Schenkel gestellt und gebogen, mit der Vorhand bis zu einem Schritt ins Innere der Bahn gestellt und bewegt sich nach der zur Kopfstellung entgegengesetzten Seite.

Die inneren Füße des Pferdes treten vor seine äußeren Füße. Und zwar ist die heutige internationale Regelung so, daß das Pferd dabei auf drei Hufschlägen geht, während das Schulterherein früher im Ausland auf vier Hufschlägen geritten wurde.

Von vorn betrachtet soll man also nur drei Beine sehen: das innere Vorderbein, das äußere Vorderbein – das das innere Hinterbein verdeckt – und das äußere Hinterbein.

Schulterherein ist eine Übung, die ich am Anfang fast jeder Dressurstunde reite, da sie das

Im Travers ist die Hinterhand ins Innere der Bahn gestellt. Das Pferd ist in die Richtung gestellt und gebogen, in die es tritt, und bewegt sich auf 4 Hufschlägen. Die Biegung ist stärker als beim Schulterherein.

Im Renvers als Konterlektion des Travers ist die Vorhand ins Innere der Bahn gestellt. Wie beim Travers ist das Pferd in die Richtung gestellt und gebogen, in die es tritt. Die Biegung entspricht der des Travers.

Training vieler gymnastischer Ziele ermöglicht.

1.

Durch die Abstellung bedingt wird die Tragkraft der Hinterhand vermehrt beansprucht; die Hinterhand wird also vermehrt belastet und gebeugt. Das Pferd gewinnt an Versammlung.

2.

Wegen der Abstellung des Pferdes können auch die treibenden Hilfen stärker gegeben werden, ohne daß man befürchten muß, die treibenden Hilfen nicht durchhalten zu können. Im Schulterherein läßt sich deshalb auch der Schwung des Pferdes verbessern.

3.

Die durch das ganze Pferd hindurchgehende Längsbiegung wird gefördert, und das Pferd wird dadurch zunehmend geradegerichtet.

4.

Durch die gymnastische Ausbildung der Hinterhand, die geraderichtende Biegearbeit und das verstärkte Arbeiten des Pferdes in der Schulter wird die Schulterfreiheit des Pferdes gefördert.

5.

Die Vorwärts-seitwärts-Bewegung verfeinert den Schenkelgehorsam und damit die allgemeine Durchlässigkeit des Pferdes.

6.

Schließlich ist das Schulterherein auch noch ein hervorragendes Mittel, um die Pferde im Genick locker zu machen.

Die vorbereitende Übung für das Schulterherein ist das sogenannte *Schultervor.* Das Pferd ist dabei in geringerem Maße nach innen abgestellt. Das innere Hinterbein tritt zwischen die Vorderbeine, das äußere Hinterbein neben das äußere Vorderbein. Das Pferd ist nur ganz leicht gebogen.

HILFENGEBUNG.

Das Schulterherein wird eingeleitet durch eine halbe Parade. Der innere Zügel führt dann die Vorhand nach innen. Die äußere Hand gibt nach, um die äußere Schulter vorzulassen, und begrenzt dann die Biegung durch verwahrendes Gegenhalten. Wie in den Wendungen zeigt der innere Zügel dem Pferd also den Weg, und der äußere Zügel gibt dem Pferd Halt, um es nicht aus dem Gleichgewicht zu bringen.

Der Reiter belastet vermehrt den inneren Gesäßknochen und achtet darauf, daß seine äußere Schulter nicht zurückbleibt. Der innere Schenkel liegt dicht am Gurt, erhält die Rippenbiegung, veranlaßt den inneren Hinterfuß zum Vortreten und erhält die Seitwärtsbewegung. Der äußere Schenkel verwahrt und wird nur dann aktiv, wenn das Pferd mit dem äußeren Hinterbein ausfällt.

Hilfengebung zur Einleitung des Schulterherein.

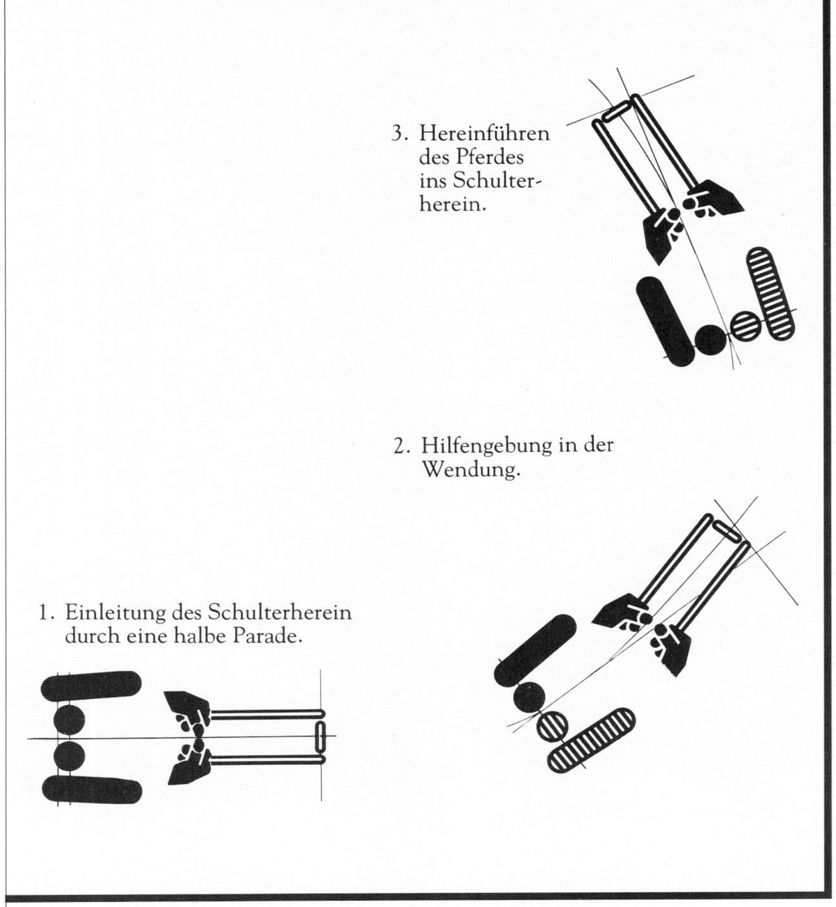

Ist der äußere Schenkel lediglich verwahrend, so liegt er etwas weiter hinter dem Gurt. Regt er das äußere Hinterbein an, so kommt er etwas mehr an den Gurt heran. Zur Beendigung des Schulterherein führen äußerer Zügel und innerer Schenkel die Vorhand auf den Hufschlag zurück.

HINWEISE ZUM ÜBEN DES SCHULTERHEREIN.

Das Schulterherein übt man am zweckmäßigsten *aus der ersten Ecke der langen Seite heraus,* da sich das Pferd bereits in der Wendung befindet und man das innere Hinterbein gut heranholen kann. Man reitet dann aus der Ecke heraus, als wenn man die Wendung weiter fortsetzen will, leitet jedoch mit dem inneren Zügel und Schenkel die Seitwärtsbewegung ein.

Anfangs begnügt man sich mit einer geringeren Abstellung des Pferdes. Man reitet also zunächst einige Male Schultervor, erhöht dann die Abstellung etwas und begnügt sich mit einigen Tritten im Schulterherein.

Verliert das Pferd Takt und Schwung oder geht die geforderte Biegung verloren, so führt man das Pferd auf den Hufschlag zurück, stellt es gleichmäßig an beide Zügel heran und reitet zunächst einmal schwungvoll vorwärts, bevor man wiederum mit dem Schulterherein beginnt.

FEHLER UND FEHLERKORREKTUREN.

Ein häufiger Fehler beim Schulterherein ist das *Ausfallen der äußeren Schulter.* Dies kann daran liegen, daß die Pferde noch nicht genügend versammelt sind oder aber, daß die Abstellung im Hals durch einen zu starken Gebrauch des inneren Zügels zu stark geworden ist. Zur Korrektur kann man mit dem äußeren Zügel und Schenkel stärker gegenhalten. Meistens genügt es aber auch schon, wenn man mit dem inneren Schenkel etwas passiver wird, die Abstellung im Hals wieder korrigiert und dem Pferd mit dem äußeren Zügel eine leichte halbe Parade gibt.

Ein großes Problem ist es, daß sich die Pferde beim Schulterherein leicht *im Genick verwerfen.* Besonders auf der rechten Hand kommt es vor, daß das rechte Ohr des Pferdes tiefer gestellt ist. Die Ursache kann darin liegen, daß der Reiter mit dem äußeren Zügel klemmt, mit der äußeren Hand also zu stark einwirkt, oder aber das Pferd noch nicht gleichmäßig an beide Zügel herantritt. Zur Korrektur kann man – beim Reiten auf der rechten Hand – die rechte Hand etwas höher stellen, eventuell das rechte Hinterbein verstärkt heranholen, und man muß versuchen, das Pferd genau in der gewünschten Längsbiegung zu halten. Nutzt diese Korrektur nichts, so ist das Pferd noch nicht reif für das Schulterherein und muß zunächst durch geraderichtende Biegearbeit auf gebogenen Linien gleichmäßig an beide Zügel herangeritten werden.

Ist das Pferd nur im Hals abgestellt, ohne gleichzeitig in den Rippen gebogen zu sein, so kommt es zum *Ausfallen des äußeren Hinterbeins.* Ein Fehler, der sich vor allem beim Schulterherein links zeigt. Liegt dieser Fehler nicht an einer fehlerhaften reiterlichen Hilfengebung – zu starke Abstellung mit der Hand und zu wenig Einwirkung mit dem inneren Schenkel –, so muß man zunächst durch vermehrtes Reiten auf gebogenen Linien für eine größere Geschmeidigkeit in der Rippenbiegung des Pferdes sorgen.

Kommen die Pferde beim Schulterherein *hinter den Zügel,* so reitet man sie auf dem Hufschlag wieder an die Hand heran. Auch bei *Taktfehlern* im Schulterherein muß man die Pferde zunächst wieder auf den Hufschlag führen. Beim erneuten Ansatz zum Schulterherein muß der Reiter sich dann besonders darauf konzentrieren, daß er richtig in der Bewegung sitzt und das Pferd nicht durch Sitzfehler aus dem Gleichgewicht bringt.

VERSCHIEDENE LEKTIONEN IM SCHULTERHEREIN.

Hat man das Schulterherein so weit entwickelt, daß man eine lange Seite korrekt im Schulterherein reiten kann, so kann man diese Lektion auch in Verbindung mit anderen Lektionen und auf der Mittellinie reiten.

Eine gute Übung ist es, aus dem *Schulterherein* eine *Volte* zu reiten und nach der Volte wiederum ins *Schulterherein* überzugehen. Mit dieser Übung kann man sehr gut die Durchlässigkeit des Pferdes kontrollieren.

Schulterherein auf der Mittellinie fällt den Pferden schwerer, da der Halt der Bande fehlt und die Pferde leicht von der Mittellinie abweichen. Diese Übung ist deshalb ein sehr guter Prüfstein dafür, ob die Pferde wirklich an den Hilfen stehen.

Neigen die Pferde dazu, bei einer ganzen Parade mit einem Hinterbein etwas zurückzubleiben, so kann es zweckmäßig sein, die ganze *Parade aus dem Schulterherein* zu üben. Bleibt ein Pferd beispielsweise mit dem linken Hinterbein häufiger bei der ganzen Parade zurück, so pariert man einige Male auf der linken Hand aus dem Schulterherein zum Halten durch.

In der hippologischen Literatur wird zuweilen auch empfohlen, *Schulterherein durch die Ecke und auf Zirkeln und Volten* zu reiten. Ich halte diese Lektion jedoch für bedenklich, da die Hinterhand dabei leicht nach außen schleudert. Ich persönlich reite Schulterherein durch die Ecke lediglich zur Korrektur, wenn das Pferd in der Ecke aus irgendeinem Grund scheut.

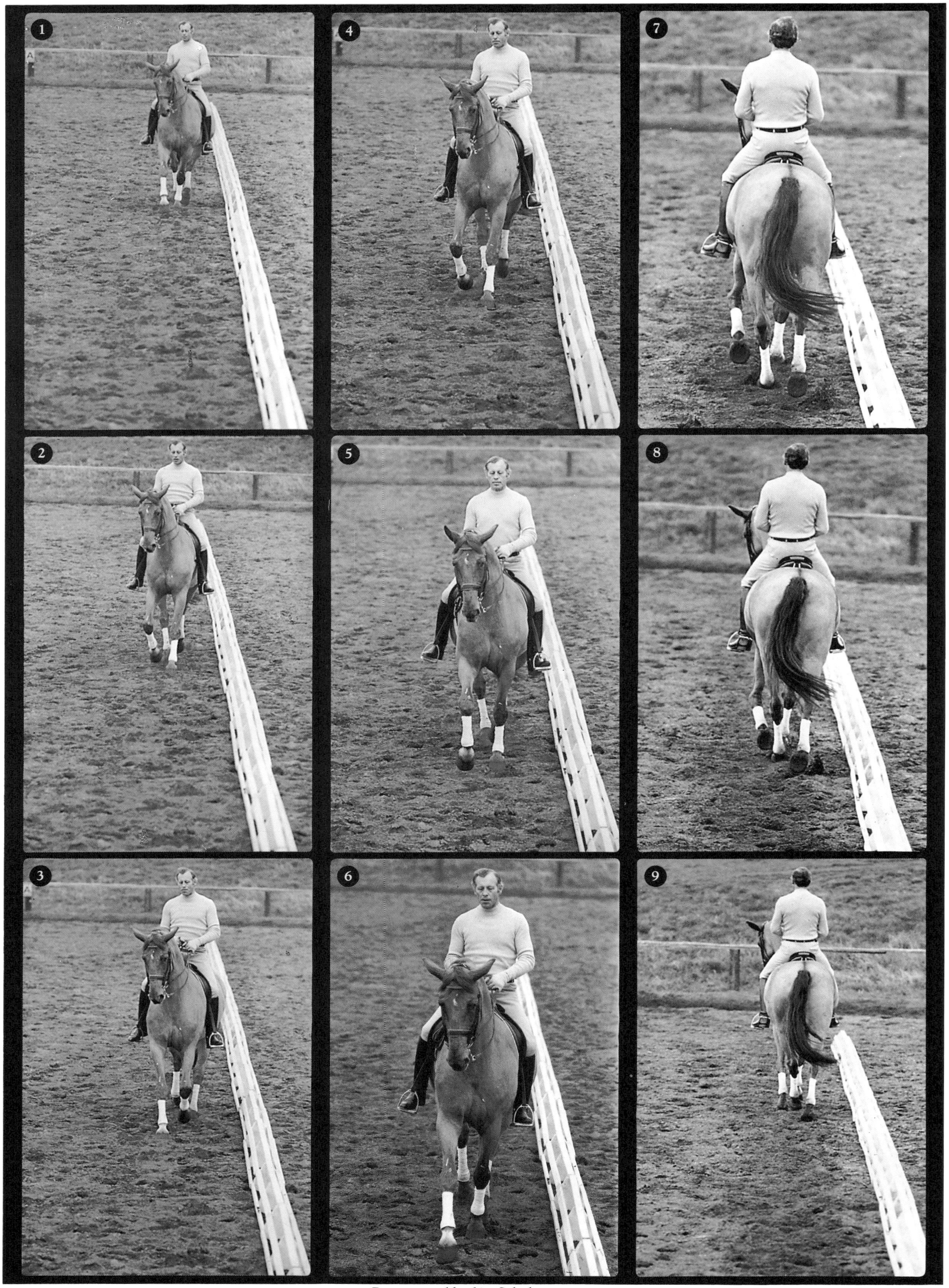

Bewegungsablauf im Schultervor.

Stellung und Biegung im Schultervor.

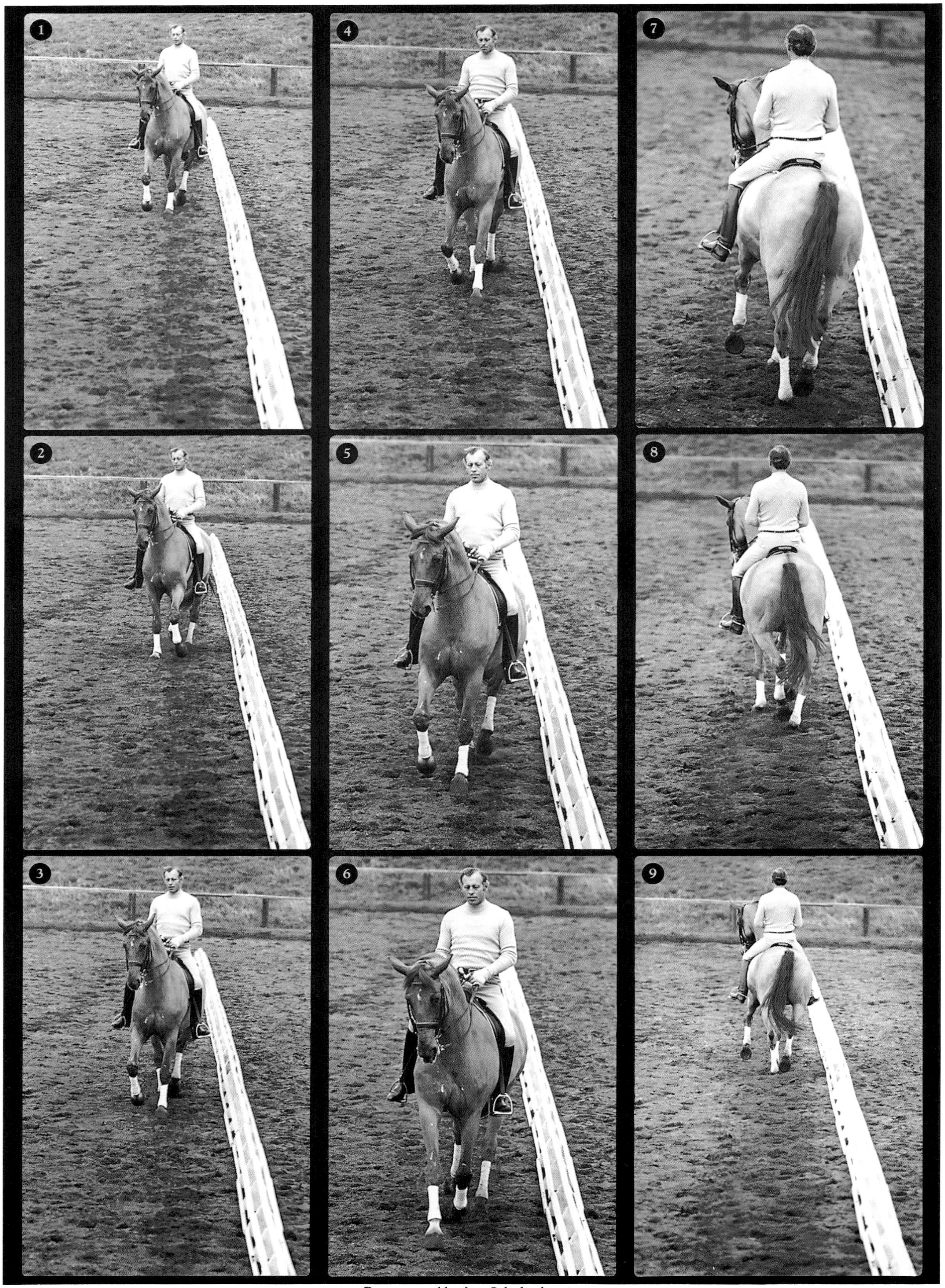

Bewegungsablauf im Schulterherein.

Stellung und Biegung im Schulterherein.

TRAVERS UND RENVERS.

Im Travers und Renvers ist das Pferd in die Richtung gestellt und gebogen, in die es tritt. Im Travers ist die Hinterhand ins Innere der Bahn gestellt, im Renvers die Vorhand.

RICHTIGE AUSFÜHRUNG UND GYMNASTISCHES ZIEL.

Die Pferde sind stärker gebogen als im Schulterherein. Von vorn betrachtet sieht man vier Beine. Die äußeren Füße des Pferdes treten vor und über die inneren Füße. Der Reiter spürt die richtige Abstellung, wenn die äußere Hüfte hinter die innere Schulter gerichtet ist. Die Abstellung zur Bande beträgt etwa 30°.

Travers und Renvers vervollkommnen die Gymnastizierung des Schulterherein. Sie dienen also den gleichen gymnastischen Zielen. Jedoch muß die Versammlung und Biegung stärker sein als beim Schulterherein. Durch die Stellung und Biegung in die Bewegungsrichtung wird das äußere Hinterbein unter die Gewichtsmasse getrieben. Das innere Hinterbein wird vermehrt belastet, da sich die Gewichtsmasse des Pferdes über das innere Hinterbein schiebt.

Für die Pferde sind Travers und Renvers – im Vergleich zum Schulterherein – die anstrengenderen Lektionen. Man sollte sie deshalb im Anschluß an Schulterherein und auch kürzer als Schulterherein reiten.

HILFENGEBUNG.

Die Hilfengebung beschreibe ich hier für das Travers. Für das Renvers als Konterlektion ist die Hilfengebung entsprechend.

Der Reiter gibt dem Pferd zur Entwicklung des Travers etwas mehr Stellung und leitet die Lektion mit einer halben Parade ein. Der äußere Schenkel liegt hinter dem Gurt, drückt das Pferd mit der Hinterhand ins Innere der Bahn, biegt das Pferd um den inneren Schenkel und sorgt für die Vorwärts-seitwärts-Bewegung.

Die innere Hand stellt das Pferd, die äußere Hand geht vor und begrenzt dann durch verwahrendes Gegenhalten die Biegung des Pferdes. Der innere Gesäßknochen wird vermehrt belastet. Der innere Schenkel liegt verwahrend am Gurt

Hilfengebung zur Einleitung des Travers.

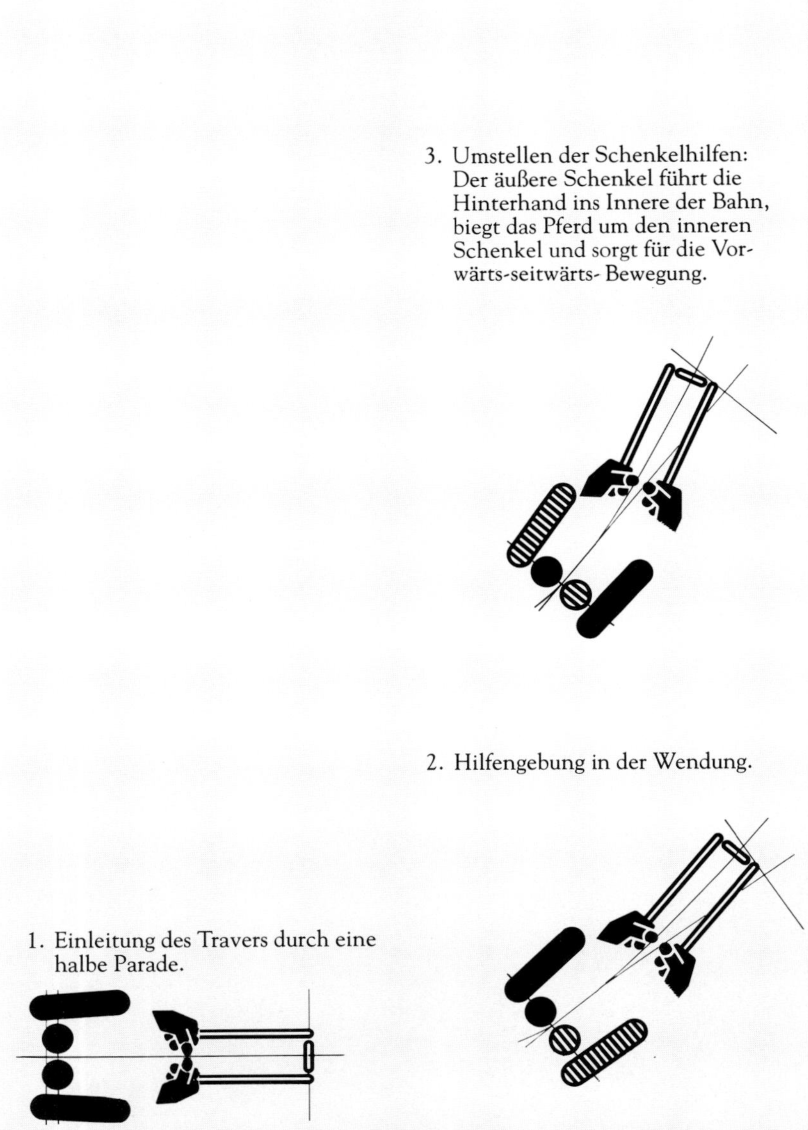

und wird nur aktiv, wenn das Pferd eiliger wird oder die Hinterhand zu weit hereinkommt.

Zur Beendigung der Lektion führen innerer Schenkel und äußerer Zügel die Hinterhand auf den Hufschlag zurück.

HINWEISE ZUM ÜBEN DES TRAVERS UND RENVERS.

Travers entwickelt man am besten aus der ersten Ecke der langen Seite, da das Pferd in der Ecke bereits um den inneren Schenkel gebogen ist und der Reiter nur die Hinterhand mit dem äußeren Schenkel ins Innere der Bahn führen muß. Da dem Pferd die Stellung und Biegung in die Bewegungsrichtung anfangs schwerfällt, darf man die Biegung um den inneren Schenkel erst allmählich steigern.

Zum Renvers führt man die Pferde zunächst aus der ersten Ecke der langen Seite kurz ins Schulterherein und stellt sie erst dann vorsichtig

Hilfengebung zur Einleitung des Renvers.

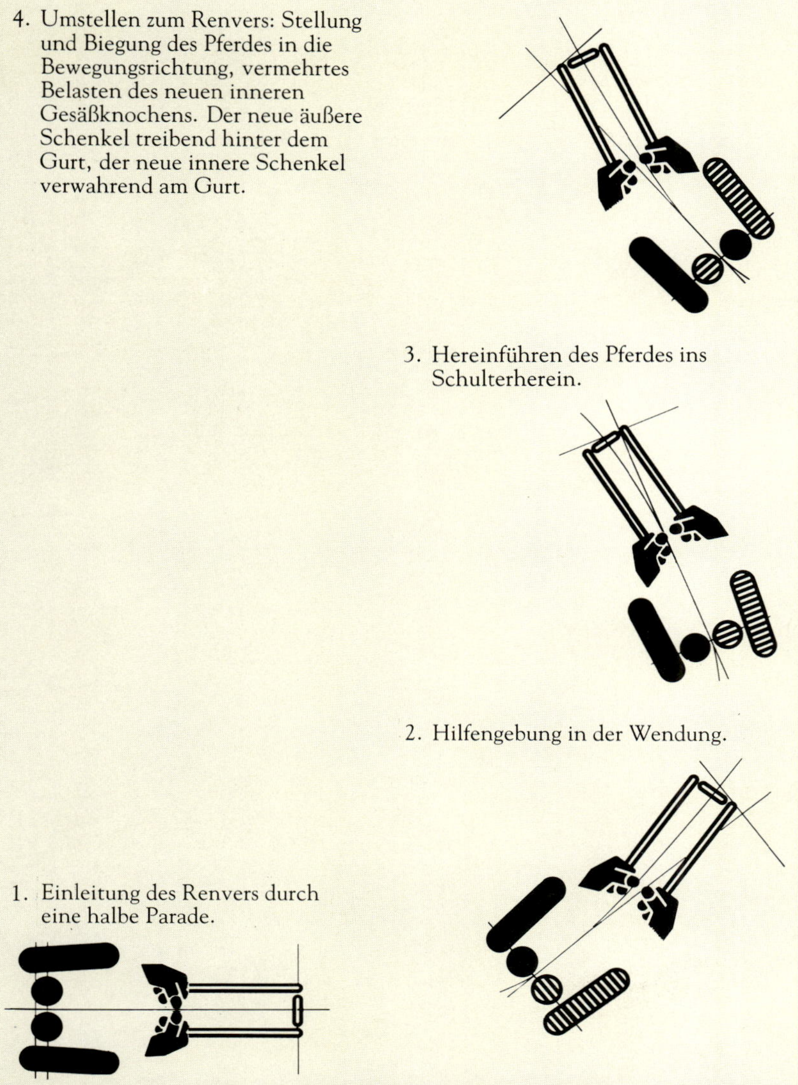

in die Bewegungsrichtung um, ohne daß dabei Takt und Schwung verlorengehen darf. *Das Renvers ist also schwieriger als das Travers,* da man zunächst die Vorhand ins Innere der Bahn führen und dem Pferd dann noch Stellung und Biegung in die Bewegungsrichtung geben muß.

Teilweise wird auch empfohlen, das Renvers aus der Hinterhandwendung heraus zu üben. Zum Üben des Renvers halte ich dies jedoch nicht für zweckmäßig, da die Pferde leicht angaloppieren und den Pferden das Antreten aus der Hinterhandbewegung schwerer fällt.

FEHLER UND FEHLERKORREKTUREN.

Der Hauptfehler beim Travers und Renvers ist eine *zu starke Abstellung des Pferdes im Hals ohne entsprechende Rippenbiegung.* Die Pferde sind also zu steil zur Bande abgestellt. Sie treten mehr seitwärts als vorwärts-seitwärts, verhalten sich und kommen nicht richtig von der Stelle. In diesem Fall muß der innere Schenkel stärker einwirken, der äußere Zügel gegenhalten und die Biegung des Pferdes mehr begrenzen.

Fehler wie Verwerfen im Genick, hinter dem Zügel gehen oder Taktfehler treten ebenso auf wie beim Schulterherein und sind entsprechend zu korrigieren.

Bisweilen kommt es auch vor, daß die Pferde im Travers und Renvers aus dem Trab angaloppieren. Diesen Fehler korrigiert man am besten nicht auf geraden Linien, sondern reitet so lange im Travers beziehungsweise Renvers weiter, bis die Pferde wieder in den Trab übergehen.

VERSCHIEDENE ÜBERGÄNGE ZWISCHEN DEN SEITENGÄNGEN.

Wenn die Pferde Schulterherein, Travers und Renvers beherrschen, ist es sinnvoll, häufige Übergänge zwischen diesen Seitengängen zu reiten. Die Pferde bleiben durch den Wechsel in der Hilfengebung aufmerksam und werden in ihrer Durchlässigkeit verbessert.

Zweckmäßig ist die Verbindung der Seitengänge mit einer Volte. Also zum Beispiel *Schulterherein – Volte – Travers* oder *Travers – Volte – Schulterherein.* Übergänge dieser Art werden auch in den Dressuraufgaben verlangt.

Bei gut gerittenen Pferden kann man zur Überprüfung der Rittigkeit auch das *Renvers aus dem Kurzkehrt* oder die Übergänge *Travers – Kurzkehrt – Renvers* verlangen.

Beim Reiten von *Travers und Renvers auf der Mittellinie* ergibt sich die gleiche Schwierigkeit wie beim Schulterherein auf der Mittellinie. Dem Pferd fehlt der Halt an der Bande, und der Reiter muß sehr konzentriert reiten, um das Pferd genau auf der Mittellinie zu halten.

Verbinden kann man diese Übung wiederum mit einer Volte oder mit einer Acht im Mittelpunkt der Bahn. Zum Beispiel Travers auf der Mittellinie, daraus eine Acht im Mittelpunkt der Bahn und hieraus Renvers auf der Mittellinie.

Gegen *Travers und Renvers durch die Ecke* habe ich die gleichen Bedenken wie beim Schulterherein durch die Ecke. Denn diese Lektion auf gebogenen Linien korrekt zu reiten gelingt nur bei wirklich ganz gut ausgebildeten Pferden.

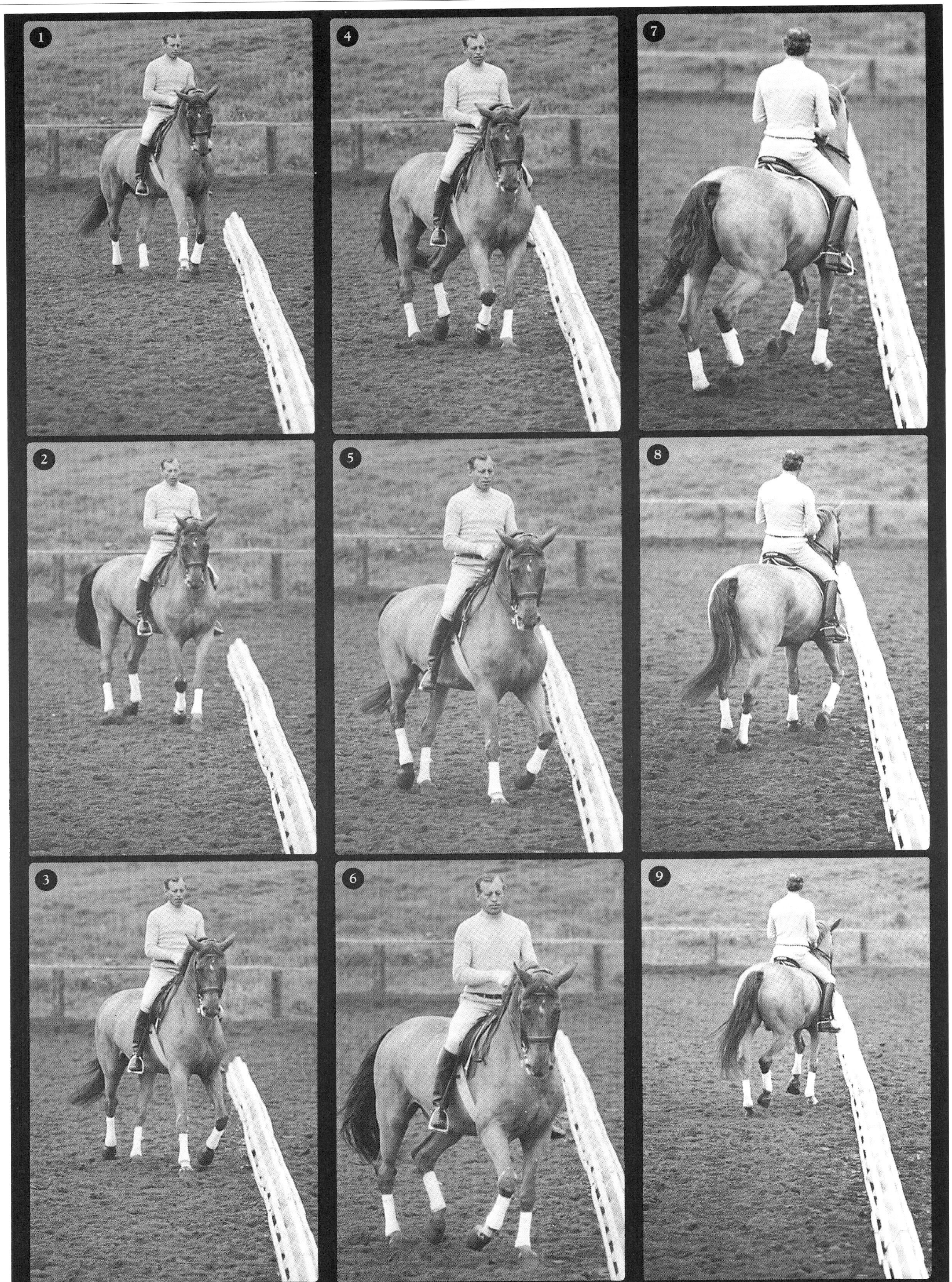

Bewegungsablauf im Travers.

Stellung und Biegung im Travers.

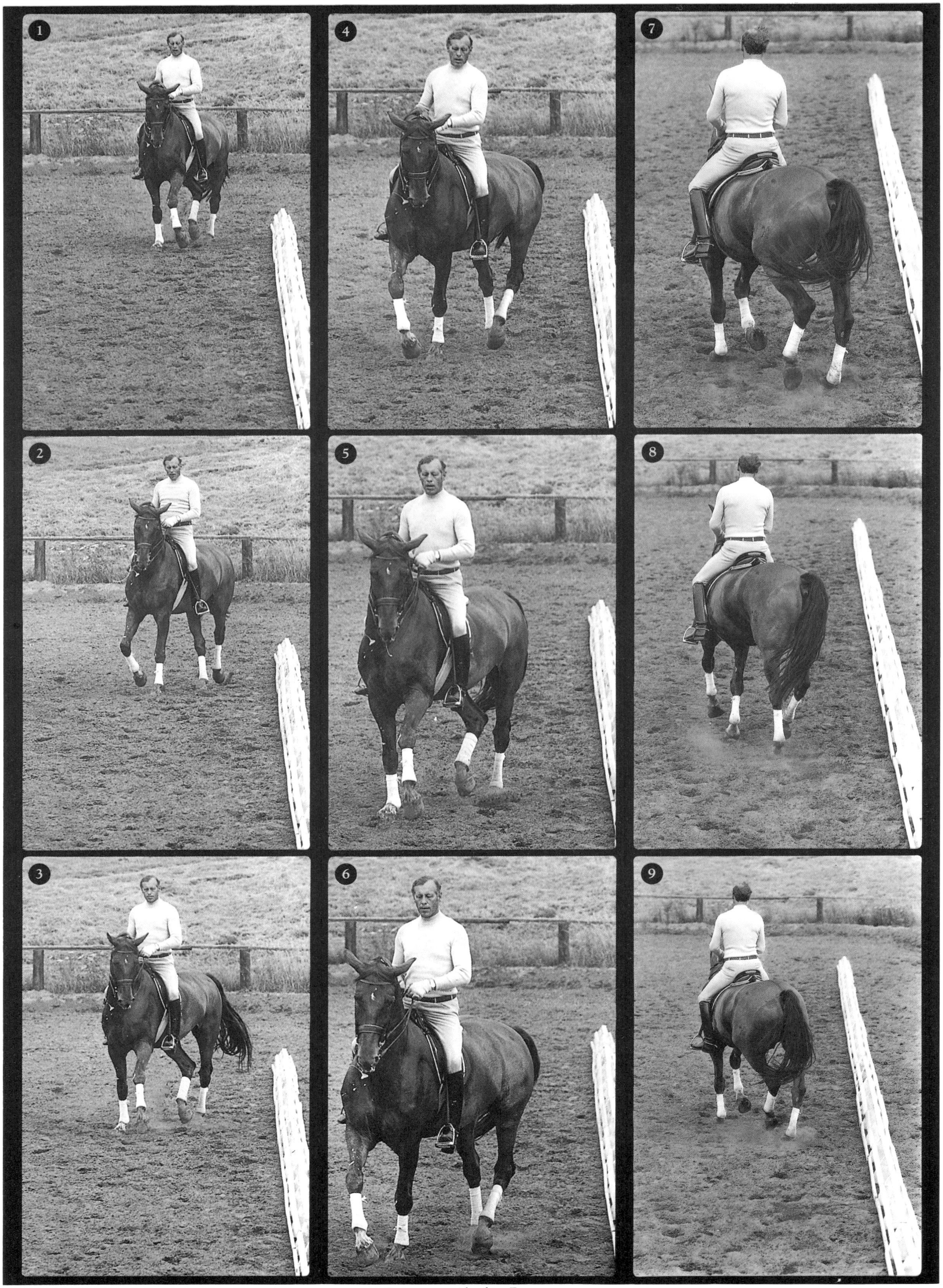

Bewegungsablauf im Renvers.

Stellung und Biegung im Renvers.

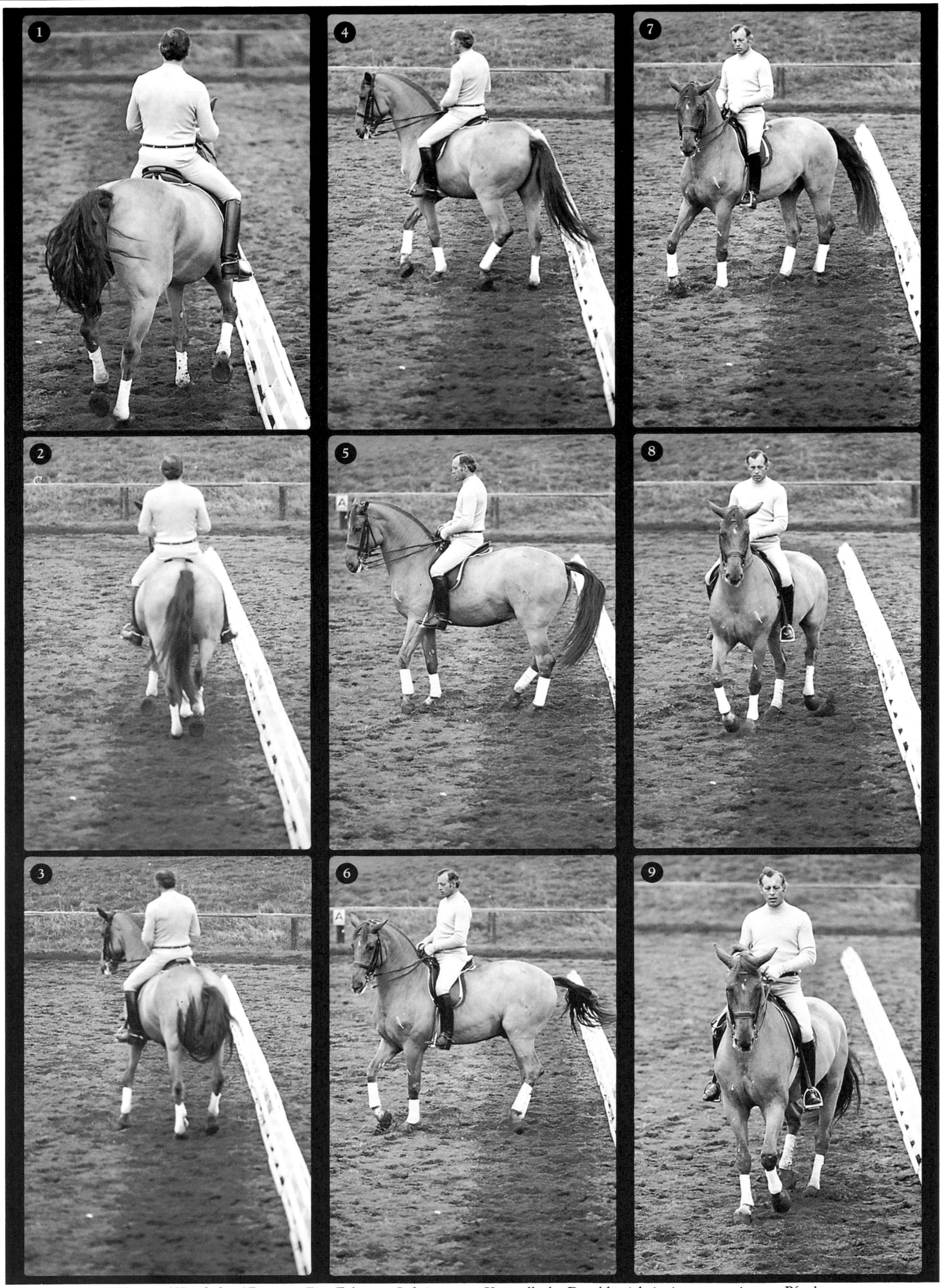

Travers / Kurzkehrt / Renvers: Eine Folge von Lektionen zur Kontrolle der Durchlässigkeit eines gut gerittenen Pferdes.

Schulterherein / Volte / Travers: Auch die Folge dieser Lektion prüft sehr gut, ob das Pferd gut an den Hilfen steht und durchlässig ist.

TRAVERSALEN.

Traversalen sind Vorwärts-seitwärts-Verschiebungen des Pferdes im Travers.

Traversalverschiebungen werden geritten als ganze Traversalen, halbe Traversalen, doppelte ganze Traversalen, doppelte halbe Traversalen oder Zickzacktraversalen.

Bei der *ganzen Traversale* traversiert das Pferd von der langen Seite zur gegenüberliegenden langen Seite, bei der *halben Traversale* von der langen Seite zur Mittellinie oder von der Mittellinie zur langen Seite.

Die *doppelte ganze Traversale* wird im Grand Prix auf einem Viereck 20x60 m gefordert. Für eine Traversale stehen dem Pferd also in der Längsrichtung nur 30 m und nicht 40 m zur Verfügung, beim Grand Prix Special sogar nur 24 m. Die Längsbiegung bleibt dabei unverändert. Die Pferde müssen jedoch viel weiter übertreten, das äußere Bein also weit vor das innere Bein bringen. Diese Übungen verlangen deshalb eine besonders große Geschmeidigkeit in der Schulter des Pferdes. Und das Pferd muß bei diesen steilen Traversalen gut mit der Hinterhand herangeholt werden.

Doppelte halbe Traversalen reitet man von der langen Seite zur Mittellinie und wieder zur langen Seite oder umgekehrt von der Mittellinie zur langen Seite und wieder zur Mittellinie. *Zickzacktraversalen* werden beiderseits der Mittellinie geritten. Der seitliche Abstand von der Mittellinie ist dabei jeweils vorgeschrieben.

RICHTIGE AUSFÜHRUNG UND GYMNASTISCHES ZIEL.

Die Traversalen werden fast parallel zur Bande ausgeführt. Die Vorhand soll jedoch etwas vorausgehen. Das Pferd ist in die Bewegungsrichtung gestellt und gebogen. Die äußeren Beine treten vor und über die inneren Beine. Stellung und Biegung entsprechen der des Travers.

Die gymnastischen Ziele sind bei den Traversalen die gleichen wie beim Travers oder Renvers. Der besondere Wert liegt jedoch darin, daß sich die gleichmäßige Geschmeidigkeit des Pferdes auf beiden Seiten besonders deutlich kontrollieren läßt. Die Stellung, die Biegung, das leichte und flüssige Übertreten soll auf beiden Seiten gleichmäßig gut ausgebildet sein.

Hilfengebung zur Einleitung der Traversale.

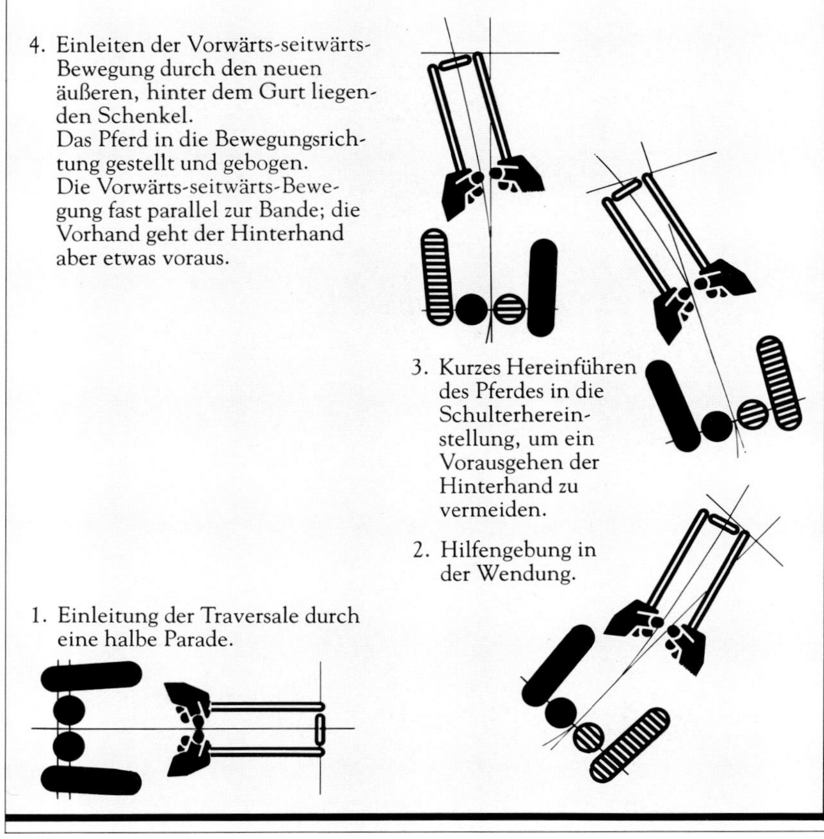

HILFENGEBUNG.

Die reiterliche Hilfengebung bei der Traversale entspricht der Hilfengebung beim Travers. Ein kleiner Unterschied besteht jedoch beim Einleiten dieser Lektionen.

1.

Beim Einleiten des Travers aus der Ecke der langen Seite nutze ich die Stellung und Biegung des Pferdes in der Ecke aus und führe nur die Hinterhand des Pferdes mit dem äußeren Schenkel ins Innere der Bahn.

2.

Bei der Traversale soll die Vorhand aber der Hinterhand etwas vorausgehen. Viele Reiter machen nun den Fehler, beim Ansatz zur Traversale zu früh mit dem äußeren Schenkel einzuwirken, und bringen dadurch die Hinterhand voraus. Man muß deshalb beim Einleiten der Traversale zunächst an Schulterherein denken und die Hilfengebung zur Traversale erst dann geben, wenn die Vorhand der Hinterhand etwas vorausgestellt ist.

Beim *Umstellen von einer Links- in eine Rechtstraversale* oder umgekehrt muß man darauf achten, daß man seine Hilfengebung nicht abrupt umstellt und das Pferd dadurch herumschmeißt. Der Übergang soll weich und flüssig sein. Das Pferd ist

Hilfengebung beim Umstellen von einer Links- in eine Rechtstraversale.

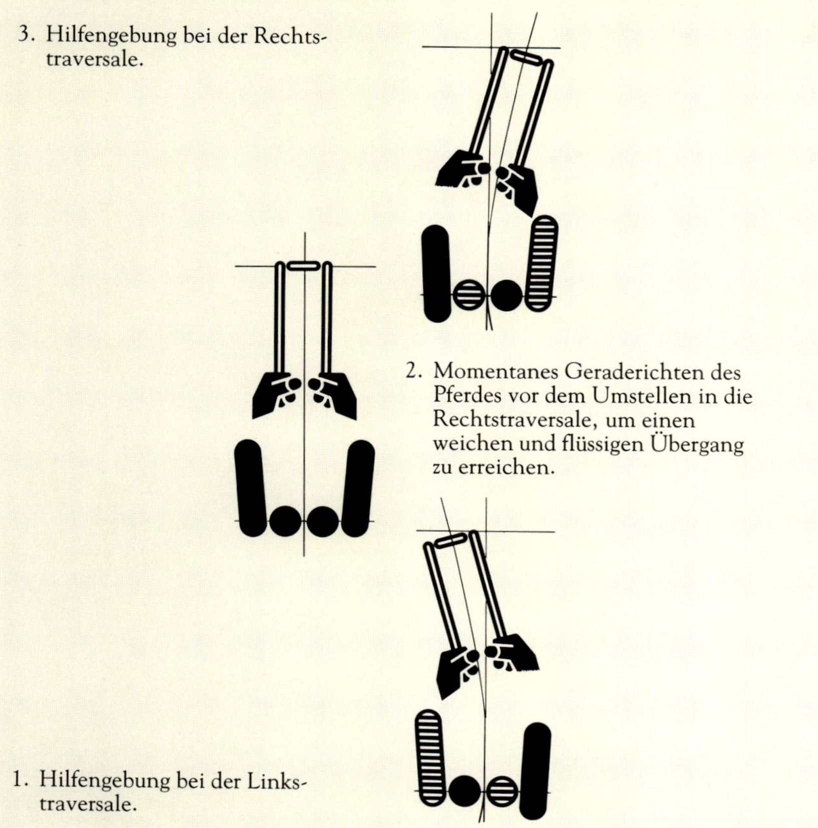

für einen Moment geradegerichtet, bevor es in die neue Bewegungsrichtung umgestellt wird.

Die Hilfengebung wird dann umgestellt, wenn das Pferd mit dem bisherigen inneren Hinterfuß und äußeren Vorderfuß auffußt. Der neue innere Schenkel hält die Hinterhand noch so lange fest, bis die Vorhand der Hinterhand etwas vorausgestellt ist. Vergesse ich diese Hilfengebung und treibe ich nur mit dem äußeren Schenkel, so wird das Pferd mit der Hinterhand herumgeschmissen und die Hinterhand geht der Vorhand voraus.

HINWEISE ZUM ÜBEN DER TRAVERSALEN.

Unbedingte Voraussetzung für das Reiten von Traversalen ist die korrekte Vorbereitung im Schulterherein und Travers. Gehen die Pferde diese Lektionen wirklich sauber, dann bereiten die Traversalen keine Schwierigkeiten mehr.

Zum Üben ist es zweckmäßig, die Traversalen aus gebogenen Linien heraus zu entwickeln. Entweder man reitet aus der Ecke heraus oder auf dem Zirkel und leitet die Traversale dann ein, wenn das Pferd gleichmäßig an beide Zügel herantritt und in der Längsbiegung gut auf die Zirkellinie eingestellt ist. Beim Traversieren aus der Ecke muß man darauf achten, daß die Ecken wirklich tief ausgeritten werden. Es ist dann viel einfacher, die Vorhand vorauszustellen.

Bei jungen Reitern und jungen Pferden passiert es häufig, daß die ersten 5 bis 6 Traversaltritte in Stellung und Biegung in Ordnung sind und das Pferd dann immer mehr an Biegung verliert. In diesem Fall sollte der Reiter nicht die Traversale weiter fortsetzen, sondern sein Pferd zunächst für einige Tritte geradeaus reiten, das Pferd wieder an die Hilfen stellen und erst dann wieder zur Traversale ansetzen.

FEHLER UND FEHLERKORREKTUREN.

Bei den Traversalen können die gleichen Fehler auftreten wie beim Travers und Renvers. Liegen die Fehler nicht beim Reiter und kann man die Fehler nicht kurzfristig abstellen, so ist es zweckmäßig, nicht immer wieder Traversalverschiebungen zu reiten, sondern die Korrektur im Travers oder im Schulterherein oder im Reiten auf gebogenen Linien vorzunehmen. Man muß also einen Schritt in der Ausbildung zurückgehen und dort den betreffenden Fehler abstellen.

Geht die *Hinterhand* in der Traversale *voraus*, so verlieren die Pferde an Schwung, da die Hinterbeine nicht in die Bewegungsrichtung, sondern seitwärts davon treten. Der Reiter hat große Schwierigkeiten, am vorgeschriebenen Punkt anzukommen. Zur Korrektur muß der innere Schenkel verstärkt einwirken und die Hinterhand festhalten. Durch verstärkte Kreuzeinwirkung, leichte innere Hand und Treiben mit dem äußeren Schenkel bringt man das Pferd dann wieder zum flüssigen Übertreten.

Ist das Pferd in Kopf und Hals zu stark abgestellt, in den Rippen aber nicht gebogen, und kommt die Hinterhand nicht nach, so muß der äußere Schenkel das Pferd vermehrt um den inneren Schenkel biegen. Der äußere Zügel muß die Biegung des Pferdes stärker begrenzen. Eventuell ist aber durch Reiten auf gebogenen Linien und durch Schulterherein die Rippenbiegung des Pferdes zu verbessern.

Besonders in den Linkstraversalen verwerfen sich die Pferde leicht im Genick und stellen das rechte Ohr tiefer. Zur Korrektur achtet man auch auf eine genaue Traversalstellung und nimmt vorübergehend die rechte Hand etwas höher.

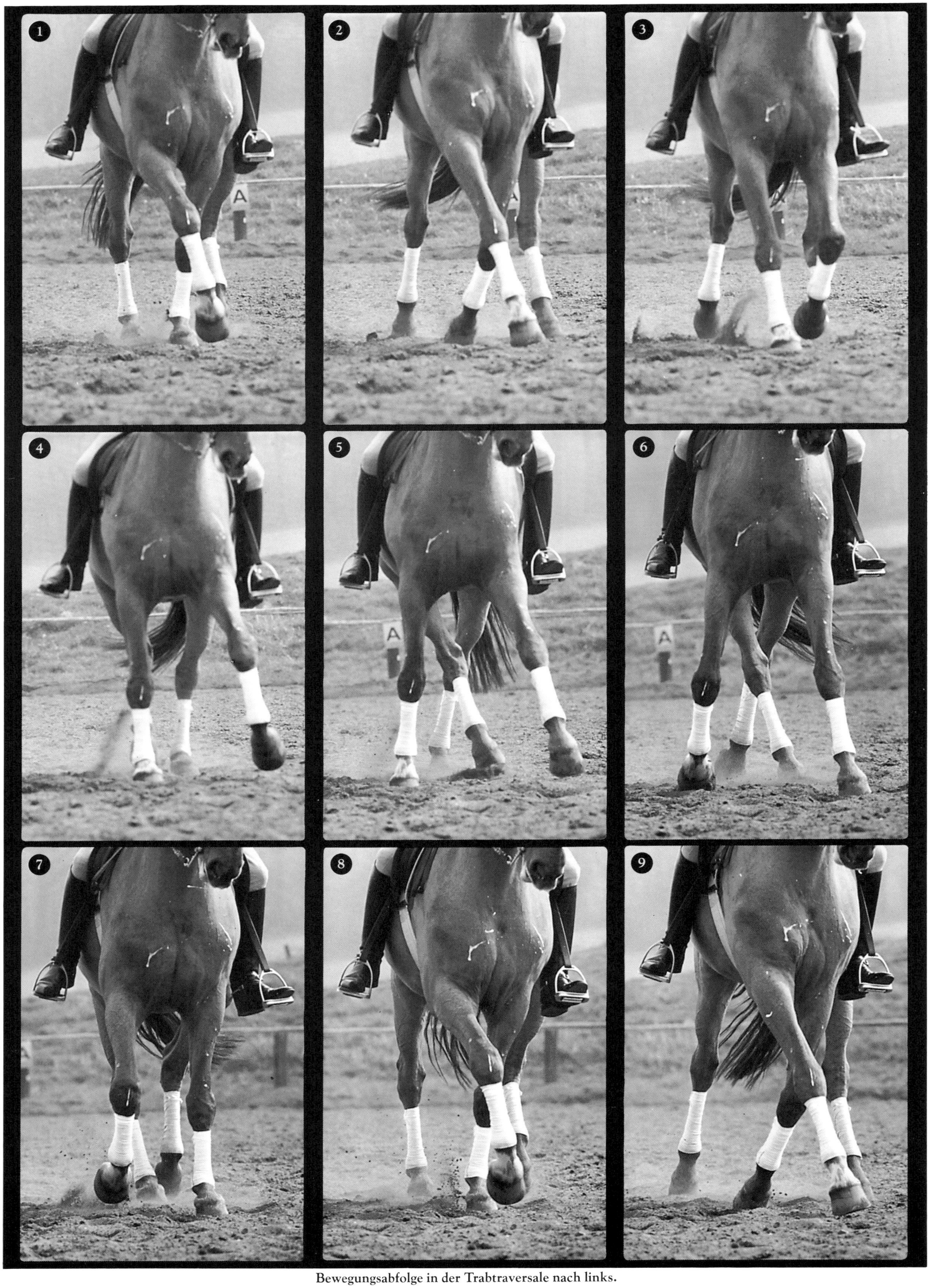

Bewegungsabfolge in der Trabtraversale nach links.

Weites Übertreten des äußeren Vorderbeins über das innere Vorderbein.

Stellung und Biegung des Pferdes in einer steilen Trabtraversale nach links. Die äußeren Vorder- und Hint

weit vor und über die inneren Vorder- und Hinterbeine. Takt und Schwung des Pferdes bleiben erhalten.

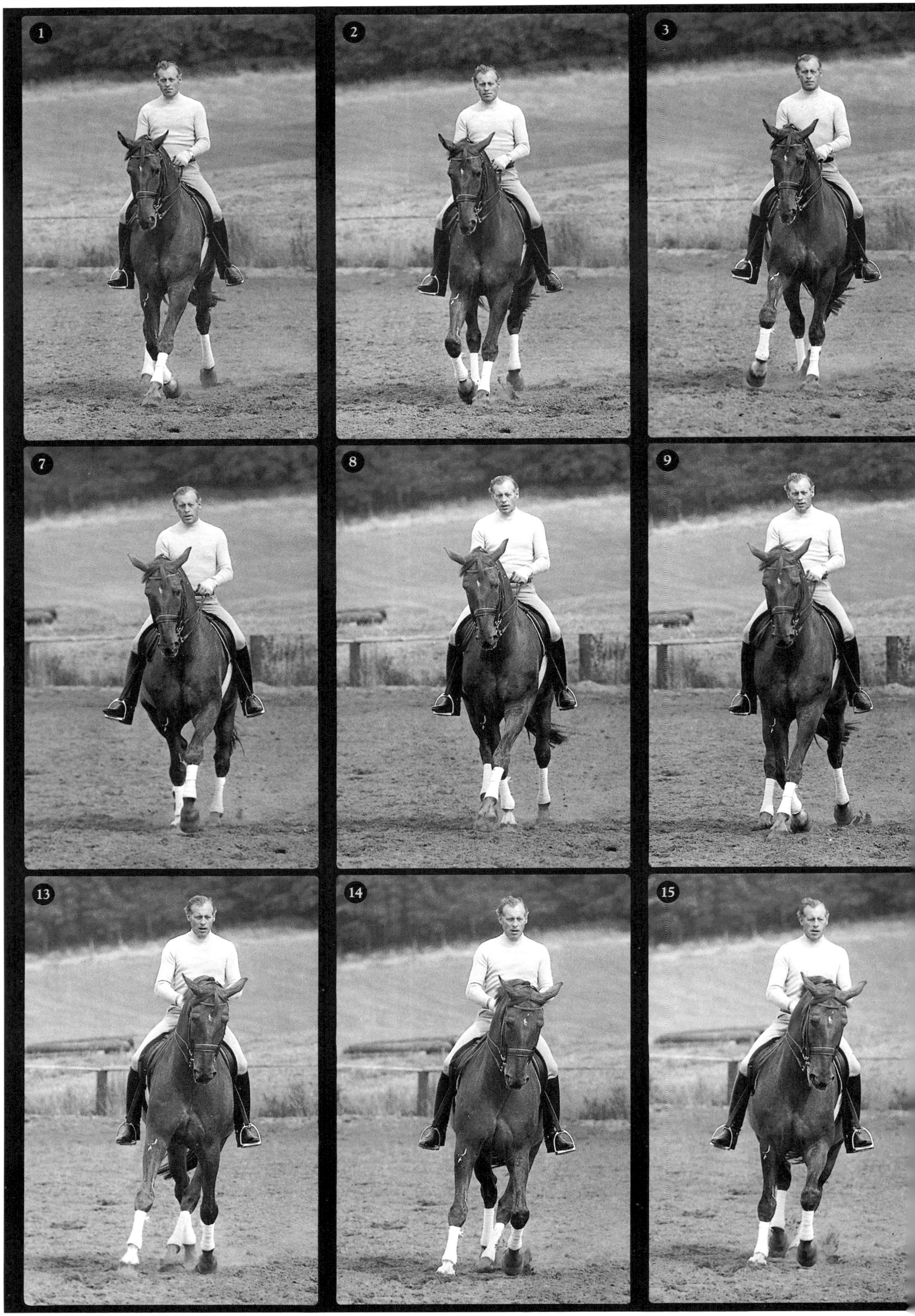

Weiches und geschmeidiges Umstellen von einer Rechtstraversale in eine Linkstraversale. Das Pferd wird zunächst geradegerichtet, bevor es in die neue Bewegungsrichtung gestellt wird. Die Vorhand geht der Hinterhand etwas voraus.

5
6
11
12
17
18

FLIEGENDER GALOPPWECHSEL.

Pferde mit einer guten Galoppade bieten den fliegenden Galoppwechsel im freieren Tempo häufig schon als junge Pferde an. Bei diesen Pferden ist es problemlos, einen dressurmäßig korrekten Galoppwechsel zu entwickeln. Bei anderen Pferden kann der fliegende Galoppwechsel jedoch zu einer echten Klippe in der Ausbildung werden.

RICHTIGE AUSFÜHRUNG.

Der dressurmäßige fliegende Galoppwechsel wird aus dem erhaben gesprungenen versammelten Galopp entwickelt. Das Umspringen erfolgt im Moment der freien Schwebe. Dabei wechselt das Pferd den äußeren Hinterfuß und die Diagonale, also den inneren Hinterfuß und den äußeren Vorderfuß.

Der Galoppwechsel soll ruhig, aber mit deutlichem Vorwärtsdrang und auf gerader Linie erfolgen. Fehlerhaft ist insbesondere ein Herumwerfen der Hinterhand – was später zu Schwierigkeiten bei den mehrfachen fliegenden Galoppwechseln führt – sowie ein stockender, mit steifender Hinterhand, hoher Kruppe und wenig Raumgewinn ausgeführter Galoppwechsel.

HILFENGEBUNG.

Zum fliegenden Galoppwechsel stellt der Reiter das Pferd in Kopf und Hals leicht um. Dieses Umstellen darf aber nur ganz geringfügig sein, so daß man nur das innere Pferdeauge geringfügig schimmern sieht. In der Praxis sieht man häufig den groben Fehler, daß die Pferde regelrecht mit Kopf und Hals pendeln. Dies sieht man auch noch bei Pferden, die bereits Einerwechsel gehen können. Das Umstellen darf also nur so geschehen, daß die Reiterhand auf der neuen inneren Hand etwas leichter wird.

Mit dem Umstellen des Pferdes werden auch die Schenkel des Reiters umgelegt. Der bisher zurückgelegte verwahrende Schenkel gleitet an den Gurt. *Der bisher am Gurt liegende Schenkel wird weiter hinter den Gurt gelegt, wirkt dabei stärker ein und fordert das Pferd zum Umspringen auf.* Der Reiter schiebt mit dem Umlegen der Schenkel auch die nunmehr innere Hüfte etwas nach vorn, wobei das Pferd sozusagen nach vorn geschoben und im Vorwärts gehalten wird. Die Hand bleibt leicht und läßt den Galoppsprung heraus.

Diese Hilfengebung muß einen Moment vor der freien Schwebe einsetzen, und zwar beim Stützen des bisher inneren Hinterfußes und äußeren Vorderfußes. Zügel-, Kreuz- und Schenkelhilfen werden praktisch gleichzeitig gegeben. Das Umstellen des Pferdes geschieht jedoch einen kurzen Moment früher als das Umlegen der Schenkel und das Vorschieben der inneren Hüfte.

Wichtig ist, daß der Reiter ruhig sitzen bleibt und seine Schenkellage unabhängig von der Haltung seines Oberkörpers verändern kann. Grobe Fehler sind ein Herumschmeißen des Oberkörpers, ein Einknicken mit der Hüfte oder ein Aufstehen des Gesäßes aus dem Sattel.

Erwähnen möchte ich noch, daß die von mir beschriebene Hilfengebung in der hippologischen Literatur nicht genau gleich beschrieben wird. Steinbrecht und Wätjen bemerken, daß der neue innere und nicht der neue äußere Schenkel beim Umlegen der Schenkel einen vermehrten Druck ausüben soll. Ich glaube, daß die meisten Dressurreiter die Hilfen aber in der von mir be-

Hilfengebung zum fliegenden Galoppwechsel.

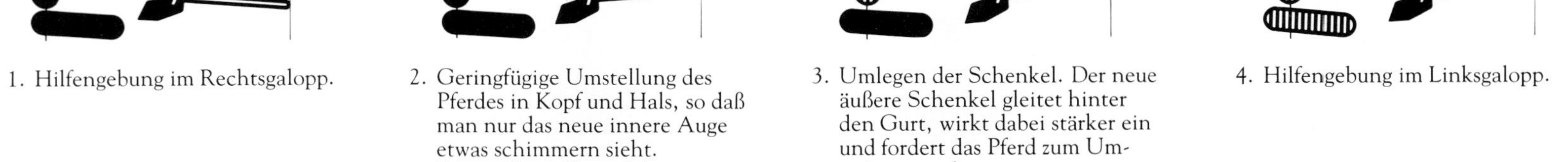

1. Hilfengebung im Rechtsgalopp.
2. Geringfügige Umstellung des Pferdes in Kopf und Hals, so daß man nur das neue innere Auge etwas schimmern sieht. Dieses Umstellen erfolgt nur einen kurzen Moment vor dem Umstellen der übrigen Hilfen.
3. Umlegen der Schenkel. Der neue äußere Schenkel gleitet hinter den Gurt, wirkt dabei stärker ein und fordert das Pferd zum Umspringen auf. Die neue innere Hüfte wird etwas nach vorn geschoben, der neue innere Gesäßknochen dadurch vermehrt belastet. Die innere Hand wird etwas leichter.
4. Hilfengebung im Linksgalopp.

schriebenen Art geben. Mir erscheint diese Hilfengebung auch aus folgendem Grund logisch zu sein: Will ich von links nach rechts wechseln, so fußt bisher das rechte Hinterbein nach der freien Schwebe als erstes auf. Soll nunmehr das linke Hinterbein als erstes auffußen, so muß ich es durch Schenkeldruck auf der linken Seite dazu anregen. Diesen Schenkeldruck übe ich aus, wenn der Schenkel weiter hinter den Gurt gelegt wird.

VERSCHIEDENE METHODEN ZUM ÜBEN DES FLIEGENDEN GALOPPWECHSELS.

Mit dem Üben des fliegenden Galoppwechsels wird man im allgemeinen erst dann beginnen, wenn das Pferd sicher und leicht angaloppiert, sich gut aus dem Galopp durchparieren läßt und einen geregelten und erhaben gesprungenen Außengalopp beherrscht. In Ausnahmefällen kann man mit einem talentierten Pferd auch schon früher fliegende Wechsel üben, sobald es in lebhaften Sprüngen im Gleichgewicht galoppiert und der Reiter durch eine Veränderung des gemeinsamen Gleichgewichts das Pferd zum Umspringen veranlassen kann. Dieser Ausbildungsweg erfordert jedoch viel Erfahrung und ist dem jüngeren Reiter nicht unbedingt anzuraten.

Beim Training des fliegenden Galoppwechsels beginnt man in der Regel mit dem *Wechsel vom Rechts- in den Linksgalopp,* da dies den meisten Pferden leichter fällt. Erst wenn das Pferd diese Übung sicher beherrscht, ist es sinnvoll, den Wechsel vom Links- in den Rechtsgalopp zu üben.

Die ersten Male übt man den fliegenden Galoppwechsel stets an der gleichen Stelle. Damit das Pferd aber nicht lernt, an dieser Stelle sozusagen automatisch ohne reiterliche Hilfen oder vor der reiterlichen Hilfengebung zu wechseln, reitet man die gewählten Hufschlagfiguren häufiger auch ohne Galoppwechsel. Hat sich der fliegende Galoppwechsel etwas gefestigt, führt man ihn an beliebigen Bahnpunkten aus.

Warnen möchte ich noch vor einem zu häufigen Üben des fliegenden Wechsels, vor allem im Anfangsstadium dieses Trainingsabschnittes. Zweckmäßigerweise übt man den Galoppwechsel am Ende einer Dressurstunde und beendet die Stunde, sobald das Pferd einige Galoppwechsel gesprungen ist, auch wenn die Ausführung noch nicht völlig korrekt war. Zumindest sollte man die Pferde aber nach einem fliegenden Galoppwechsel wieder in ruhiger Schrittarbeit entspannen. Dies gilt insbesondere für nervige Pferde, die sich bei den ersten Versuchen leicht aufregen.

Zum ersten Üben des fliegenden Galoppwechsels kann man *traversartig aus einer Kehrtvolte* auf den Hufschlag reiten und das Pferd dann mit dem inneren Gesäßknochen – ohne allerdings in der Hüfte einzuknicken – vorwärts-seitwärts in das Innere der Bahn schieben. Hat das Pferd diese Lektion begriffen, geht man im Verlauf des weiteren Trainings dazu über, den Wechsel nicht mehr vorwärts-seitwärts, sondern auf gerader Linie zu reiten.

Gehen die Pferde einen guten Außengalopp, so kann man den fliegenden Wechsel auch *vom Außengalopp zum Handgalopp* reiten. Man reitet auf dem Zirkel im Außengalopp und wechselt im Mittelpunkt der Bahn oder kurz vor dem Erreichen des Hufschlages. Weniger zweckmäßig ist nach meiner Erfahrung die auch empfohlene Methode, den Galoppwechsel vom Außen- zum Handgalopp in der Ecke auszuführen, da die Pferde dabei die Hinterhand leicht herumschmeißen.

Manche Reiter üben den fliegenden Galoppwechsel auch *beim Wechseln aus dem Zirkel oder durch den Zirkel.* Bei Pferden, die keine wesentlichen Schwierigkeiten machen und schon einen gewissen Ausbildungsstand erreicht haben, sollte man den Wechsel aber möglichst auf gerader Linie üben. Man wechselt dabei durch die ganze oder durch die halbe Bahn und wechselt den Galopp beim Erreichen des Hufschlages, so daß der Galoppwechsel mit dem Umstellen auf die andere Hand zusammenfällt.

Welche der geschilderten Methoden man bei der Ausbildung eines Pferdes wählen soll, ist natürlich ganz verschieden. Ich selbst gehe bei jedem Pferd individuell vor und probiere aus, welcher Weg dem Pferd am besten liegt. Grundsätzlich sollte man aber darauf achten, daß die Pferde möglichst bald lernen, den fliegenden Galoppwechsel auf gerader Linie auszuführen.

FEHLER UND FEHLERKORREKTUREN.

Der wohl häufigste Fehler beim fliegenden Galoppwechsel besteht darin, daß die Pferde zwar

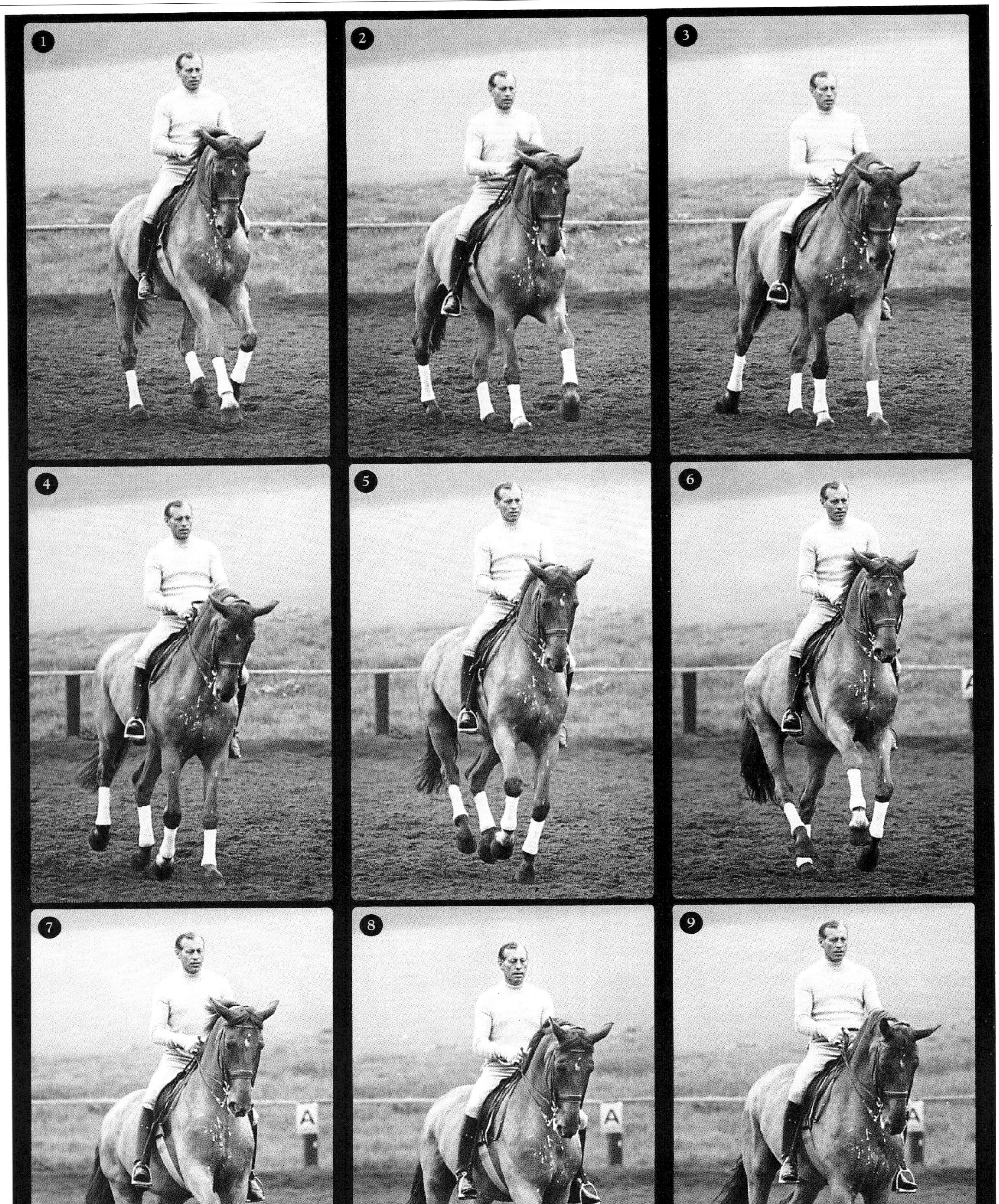

Erhaben gesprungener fliegender Galoppwechsel. Das Pferd bleibt in sich gerade und wird in Kopf und Hals kaum sichtbar umgestellt.

Fliegender Galoppwechsel nach einem Traversgalopp aus der Kehrtvolte: Eine Methode zum Üben des fliegenden Galoppwechsels.

in der richtigen Fußfolge umspringen, aber den Galoppwechsel *ohne Schwung, mit zu wenig Raumgewinn und hoher Kruppe* ausführen. Das Pferd verhält sich also und bleibt dabei meistens auch nicht gerade, sondern wirft die Hinterhand herum.

In diesem Fall muß man zunächst beurteilen, ob das Pferd überhaupt reif ist für den fliegenden Galoppwechsel. Das heißt, kann man das Pferd versammeln, bleiben die Galoppsprünge dabei erhaben und lebhaft und bleibt das Pferd in sich gerade? Ist dies der Fall, so erhöht man vor dem Galoppwechsel die Versammlung, bringt das Pferd zu einem vermehrten Unterschieben der Hinterhand und sichert sich eine leichte Anlehnung an die Hand. Beim Galoppwechsel schiebt man das Pferd energisch mit Kreuz und Schenkel nach vorn. Dabei darf die Hand auf keinen Fall stören, sondern sie muß leicht bleiben und den Schwung herauslassen. Wird das Pferd dabei etwas schneller, so ist dies der geringere Fehler, der mit zunehmender Sicherheit des Pferdes ohnehin verschwindet. Wichtig ist, daß zunächst ein klarer Vorwärtsdrang erreicht wird.

Ähnlich liegen die Ursachen und Korrekturmöglichkeiten, wenn die Pferde *erst mit der Vorhand und dann mit der Hinterhand* umspringen, also ein oder zwei Galoppsprünge im Kreuzgalopp gehen. Auch in diesem Fall muß zunächst ein energisches und geradegerichtetes Galoppieren sichergestellt und beim Galoppwechsel besonderer Wert auf ein energisches Vortreiben gelegt werden. In hartnäckigen Fällen habe ich häufig damit Erfolg gehabt, die Pferde im Außengalopp auf dem Zirkel zu reiten und sie kurz vor Erreichen des Hufschlags umspringen zu lassen. Zweckmäßig kann hierbei eine unterstützende Gertenhilfe auf der Seite des kurz vor dem Umspringen zurückgeschobenen äußeren Schenkels sein, durch den das Pferd zu einem energischen Unterspringen des nunmehr äußeren Hinterbeins gebracht wird.

Bei Pferden, die die *Hinterhand* beim Galoppwechsel *herumschmeißen,* und bei Pferden, die beim Galoppwechsel hinten nachspringen, habe ich auch gute Erfolge damit gehabt, daß ich den Galopp an der langen Seite der Bahn vom Handgalopp zum Außengalopp gewechselt habe.

Nervige Pferde neigen dazu, vor dem Galoppwechsel zu stürmen oder den Galoppwechsel vor dem Einsetzen der reiterlichen Hilfen auszuführen. Diese Pferde muß man zum Schritt durchparieren, dann wieder im ursprünglichen Galopp angaloppieren und einen ruhigen, geregelten Galopp herstellen. Man reitet zunächst die Hufschlagfigur ohne Galoppwechsel aus und beginnt mit fliegenden Galoppwechseln erst wieder, wenn sich die Pferde völlig beruhigt haben. Außerdem ist es sinnvoll, den fliegenden Galoppwechsel an einer anderen Stelle zu reiten.

Werden die Pferde beim Galoppwechsel eiliger, so liegt dies meistens an der mangelnden Durchlässigkeit des Pferdes. Eventuell ist der Reiter auch in seiner Hilfengebung zu grob, und das Pferd hat nicht das notwendige Vertrauen zu den Hilfen des Reiters. Bevor man mit dem Üben des fliegenden Galoppwechsels beginnt, muß man deshalb zunächst die allgemeine Rittigkeit des Pferdes verbessern.

Neigen die Pferde dazu, beim Galoppwechsel mit dem Schweif zu schlagen, so liegt die Ursache bei faulen Pferden meistens darin, daß der Reiter stärkere Sporenhilfen gibt. Aber das Schweifschlagen kann auch daran liegen, daß die Pferde eine gewisse innere Spannung haben.

HILFSMITTEL FÜR DIE DRESSURARBEIT.

Normalerweise sollte jeder Reiter versuchen, ohne besondere Hilfsmittel bei der Ausbildung seines Pferdes vorzugehen. Ich möchte jedoch auf zwei Hilfsmittel eingehen, die dem einen oder anderen Reiter bei der Dressurarbeit nützlich sein können: den Schlaufzügel, da ich diesen Hilfszügel bei bestimmten Pferden selbst des öfteren benutze, und die Benutzung von Bodenricks bei der versammelnden Arbeit. Die Longenarbeit hat dagegen ihren Wert bei jungen Pferden, bringt bei der fortgeschrittenen Dressurarbeit meines Erachtens jedoch keine besonderen Vorteile.

SCHLAUFZÜGEL.

Bei der Verwendung eines Schlaufzügels muß man von folgendem ausgehen: *Der Schlaufzügel hat nicht die Aufgabe, den Kopf des Pferdes nach unten zu ziehen. Vielmehr soll er einem Pferd, das mit Kopf und Nase zu sehr nach aufwärts drängt und sich den Hilfen des Reiters entzieht, die Grenze nach oben zeigen und dem Pferd einen Widerstand geben, an dem es sich im Gebiß abstößt.* Geht das Pferd wieder in der gewünschten Haltung, so soll es den Schlaufzügel überhaupt nicht mehr spüren.

Wer ein Pferd dagegen mit dem Schlaufzügel in eine bestimmte Haltung hineinzieht, wird bald erleben, daß sein Pferd den Hals zurücksetzt und im Hals zu eng wird. Reitet man längere Zeit in dieser Weise, so kann auch leicht ein „falscher Knick" im Hals entstehen. Der Reiter muß sich deshalb immer wieder davon überzeugen, ob die Wirkung des Schlaufzügels ausgeschaltet ist. Besonders wenn man den Trensenzügel verkürzt, muß man darauf achten, daß der Schlaufzügel nicht gleichzeitig mit verkürzt wird.

Ein Schlaufzügel ist dann sinnvoll, wenn ein Pferd gegen den Zügel geht und im Genick einfach nicht nachgeben will. Der schwächere Reiter wird bei einem solchen Pferd dazu neigen, mit der Hand hart zu werden und mit den Händen zu riegeln.

Sehr schnell können sich dann Zungenfehler einstellen, die nur schwer zu korrigieren sind. Durch den gefühlvollen Gebrauch eines Schlaufzügels kann man den Pferden aber wieder den Weg in die Tiefe weisen und dadurch ihre Hals- und Rückenmuskulatur entspannen.

In der fortgeschrittenen Dressurarbeit kann es vorkommen, daß die Pferde bei der versammelnden Arbeit dazu neigen, sich zu stark aufzurichten und nicht richtig über den Rücken zu gehen. Remus war zum Beispiel ein solches Pferd. Ich habe ihn deshalb zur Korrektur häufiger mit Schlaufzügel geritten. Allerdings muß man hierbei beachten, daß sich die Versammlung aus dem Zusammenspiel der vortreibenden Kreuz- und Schenkelhilfen und dem Gegenhalten mit dem Trensenzügel ergeben muß. Der Schlaufzügel hat nur die Aufgabe, eine übermäßige Aufrichtung zu begrenzen. Bei der versammelnden Arbeit gehört der Schlaufzügel deshalb ausschließlich in die Hand eines erfahrenen Reiters.

BODENRICKS.

Die Bodenrickarbeit ist ein nützliches Hilfsmittel vor allem beim Anreiten junger Pferde und zur Korrektur von Pferden. Durch das Reiten über Bodenricks lassen sich Takt und Losgelassenheit des Pferdes verbessern, und die Rückenmuskulatur wird entspannt und gekräftigt.

Neuerdings ist von Reiner Klimke in seinem Buch „Cavaletti" der Vorschlag gemacht worden, Bodenricks bei älteren Pferden auch *zur Verbesserung des versammelten Trabs und zur Vorbereitung auf die Passage* zu benutzen. Er stellt dazu bis zu 4 Bodenricks in der Höhe von etwa 35 cm auf und veranlaßt die Pferde zu einem kraftvollen Abfußen zwischen den Bodenricks.

Dies ist sicherlich ein interessanter Vorschlag. Ich selbst habe noch keine eigenen Erfahrungen mit dieser Methode, aber ich kann mir durchaus vorstellen, daß man durch diese Arbeit die Schulterfreiheit des Pferdes allmählich verbessern kann. Besonders bei Pferden, die über einen etwas flachen Gang verfügen. Eine Gefahr ist möglicherweise, daß die Pferde die Hinterbeine zu stark anwinkeln und nicht über den Rücken gehen. Man muß deshalb ausprobieren, ob diese Methode für das jeweilige Pferd zweckmäßig ist, das man in der Ausbildung hat.

KANDARENREITEN.

Das Reiten auf Kandare erlaubt es durch die schärfere Wirkung dieses Gebisses, die Pferde mit sehr leichten Zügelhilfen zu reiten. Allerdings muß der Reiter auch das Gefühl für die feinere Zügelführung entwickeln. Er muß im Handgelenk locker sein und durch eine ständige Überwachung seiner Zügelführung darauf achten, daß er nicht zu stark mit der Kandare einwirkt. In den Wendungen darf vor allem der äußere Kandarenzügel nicht klemmen, also nicht zu stark anstehen, da sich die Pferde sonst leicht im Genick verwerfen.

Bei den meisten Pferden ist es richtiger, mit weniger scharfen Kandarengebissen zu reiten. Das Mundstück soll dick sein – laut LPO muß das Trensengebiß mindestens 10 mm und das Kandarengebiß mindestens 16 mm stark sein –, und der Unterbaum – laut LPO zwischen 5 cm und 10 cm Länge wählbar – soll nicht zu lang sein. Allerdings gebe ich einem körperlich schwächeren Reiter bei etwas klobigen und weniger sensiblen Pferden auch schon mal ein schärferes Gebiß, um ihm die Arbeit zu erleichtern. Aber die Voraussetzung ist natürlich, daß der betreffende Reiter wirklich sehr feinfühlig mit der Kandare umgehen kann.

Im Normalfall sollte man Kandaren mit wenig *Zungenfreiheit* auswählen, da der Druck bei diesen Kandaren gleichmäßig auf die Zunge und die Laden des Pferdes verteilt wird. Bei Pferden mit Zungenschwierigkeiten ist dagegen eine Kandare mit größerer Zungenfreiheit sinnvoll, bei der die Wirkung des Gebisses mehr auf die Laden des Pferdes gerichtet ist.

Man verschnallt die Kandare so, daß das Trensengebiß über dem Kandarengebiß liegt und zwischen der Maulspalte des Pferdes und dem Unterbaum der Kandare ein Winkel von 45° besteht, wenn der Kandarenzügel ansteht. Ist der Winkel kleiner als 45°, so wird die Wirkung der Kandare schärfer. Ist der Winkel größer, so fällt die Kandare durch und die Wirkung der Kandare ist nur gering.

Die Kinnkette wird am rechten Kinnkettenhaken von innen eingehängt, nach rechts ausgedreht und an den linken Kinnkettenhaken von außen eingehängt. Sie soll gleichmäßig rund um das ganze Kinn liegen und nicht an einzelnen Punkten fester anliegen. Bei empfindlichen Pferden empfiehlt es sich, einen Gummi- oder Lederschutz um die Kinnkette zu ziehen.

Üblicherweise wird heute – auch international – auf Kandare *mit geteilten Zügeln* geritten, und zwar so, daß der Trensenzügel unter dem kleinen Finger oder unter dem Ringfinger und der Kandarenzügel unter dem Ringfinger oder unter dem Mittelfinger geführt wird. Ich persönlich führe den Trensenzügel unter dem Ringfinger und den Kandarenzügel unter dem Mittelfinger, weil diese Zügelführung weicher ist.

Bei der sogenannten *Fillis-Zügelführung* – häufiger von Willi Schultheis benutzt – wird der Kandarenzügel unter dem kleinen Finger oder unter dem Ringfinger und der Trensenzügel über dem Zeigefinger geführt. Mit dieser Zügelführung kann man leichter je nach Bedarf mehr mit den Trensenzügeln oder mehr mit den Kandarenzügeln einwirken. Besonders bei Pferden, die dazu neigen, nach oben wegzugehen, kann die Fillis-Zügelführung angebracht sein.

Bei der *Zügelführung „1:3" oder „angefaßte Trense"* liegt in der rechten Hand des Reiters nur der Trensenzügel. Der rechte Kandarenzügel wird über dem linken Kandarenzügel geführt. Diese Zügelführung ist ein guter Prüfstein dafür, ob die Pferde ehrlich durchs Genick gehen und wirklich gut am Gebiß stehen, da die Kandarenhand besonders ruhig stehenbleiben muß. Der Nachteil ist aber, daß man bei jeder Wendung den äußeren Kandarenzügel verlängern und den inneren Kandarenzügel verkürzen oder aber die Kandarenhand verdrehen muß.

Das Reiten auf blanker Kandare sieht man nur noch auf alten Fotos. Es setzt eine enorm feinfühlige Zügelführung voraus und erfordert Pferde, die wirklich gut aufgerichtet sind und nicht abkippen. Auch daß die Kandarenzügel in der linken Hand und die Trensenzügel in der rechten Hand geführt werden, sieht man nur noch in älteren Lehrbüchern. Ich habe diese Zügelführung bisher lediglich bei dem Russen Kalita gesehen.

ZUSAMMENFASSENDER AUSBILDUNGS-PLAN.

Wenn man versucht, generelle Pläne für die Dressurausbildung aufzustellen, so kann es sich hierbei natürlich nur um grobe Orientierungshilfen handeln. In der Praxis muß man jedes Pferd individuell beurteilen und seinen Ausbildungsplan dem Ausbildungsstand des jeweiligen Pferdes, seiner Lernfähigkeit und seinem Temperament entsprechend anpassen.

Um ein L-Dressurpferd für M-Dressuren vorzubereiten, wird man im allgemeinen etwa ein halbes Jahr ansetzen müssen. Nach dem Abschluß der Turniersaison im Spätsommer oder Herbst sollte man das fünf- oder sechsjährige Pferd im nächsten Frühjahr also in M-Dressuren reiten können. Bei gut gerittenen, lerneifrigen und temperamentsmäßig unkomplizierten Pferden kann dieser Schritt auch wesentlich schneller gehen. Dagegen wird vor allem bei Korrekturpferden ein Zeitraum von sechs Monaten nicht zu lang bemessen sein.

Die tägliche Dressurarbeit teilt man sich ein in eine Lösungs-, Arbeits- und Entspannungsphase. Zum Lösen der Pferde muß man sich ausreichend Zeit lassen, da ohne die entsprechende Lockerheit des Pferdes das Einüben, Korrigieren oder Verfeinern der einzelnen Lektionen ziemlich zwecklos ist. Durchschnittlich wird man zum Lösen der Pferde etwa 10–15 Minuten benötigen. Ich reite aber auch bis zu einer halben Stunde oder noch länger lösende Lektionen, wenn die Pferde nicht über den Rücken gehen wollen und sie die Neigung haben, sich zu hoch aufzurichten. Bei

ZUSAMMENFASSENDER AUSBILDUNGS-PLAN BIS ZUR M-DRESSUR.

Einteilung der Dressurstunde	Übungen	Oktober	November	Dezember	Januar	Februar	März
Lösungsphase (ca. 10 Minuten)	Lösende Übungen wie Schritt am langen Zügel, Wechsel Trab-Galopp, Bodenrickarbeit, Schenkelweichen.	—	—	—	—	—	—→
	Diese Übungen täglich variieren und abwechslungsreich gestalten.						
	Zum Lösen auch ins Gelände reiten.	- -	- -	- -	- -	- -	- -→
	Schulterherein als lösende Übung am Anfang der Dressurstunde.		— (ab Mitte)	—	—	—	—→
	Travers und Renvers als lösende Übung am Anfang der Dressurstunde.				—	—	—→
Arbeitsphase (ca. 40 Minuten)	Beseitigung von Schwächen aus der L-Dressur. Insbesondere geraderichtende Biegearbeit, Erhöhung der Versammlung und Steigerung des Schwungs.	—	—	—	—	—	—→
	Schultervor und Schulterherein an der langen Seite.	—	—	—	—	—	—→
	Schulterherein auf der Mittellinie und in Verbindung mit Volten.			—	—	—	—→
	Travers an der langen Seite.		— (ab Mitte)	—	—	—	—→
	Renvers an der langen Seite.			— (ab Mitte)	—	—	—→
	Travers und Renvers auf der Mittellinie und in Verbindung mit Schulterherein und Volten.				— (ab Mitte)	—	—→
	Halbe Traversalen.				—	—	—→
	Ganze Traversalen und doppelte halbe Traversalen.					—	—→
	Fliegender Galoppwechsel zur leichteren Seite (meistens nach links). Danach die Stunde abbrechen.	—	— (bis Mitte)				
	Fliegender Galoppwechsel zur schwereren Seite. Danach die Stunde abbrechen.		— (ab Mitte)	— (bis Mitte)			
	Festigung des fliegenden Galoppwechsels nach rechts und links. An beliebigen Punkten. Schwungvoll und geradeaus geritten.			— (ab Mitte)	—	—	—→
	Reiten von Tempounterschieden im Schritt. (Versammelten Schritt nur selten üben!)				- -	- -	- -→
	Einlegen von Kandarentagen.					- -	- -→
	Durchreiten der Schrittour, Trabtour und Galopptour einer M-Aufgabe.						- -→
	Durchreiten einer ganzen M-Aufgabe.						- -→ (ab Mitte)
Entspannungsphase (ca. 10 Minuten)	Schritt am langen Zügel oder Führen des Pferdes.	—	—	—	—	—	—→
	Zur Entspannung auch ins Gelände reiten.	- -	- -	- -	- -	- -	- -→

Pferden, die ich schon länger in Ausbildung habe, ist die erforderliche Losgelassenheit dagegen meistens schon nach ein paar Minuten erreicht.

In der eigentlichen Arbeitsphase muß man die Pferde immer wieder entspannen und ihnen auch genügend Ruhepausen gönnen. Dann kann man die Arbeitsphase ruhig bis zu einer Dreiviertelstunde oder auch einmal länger ausdehnen. Allerdings ist es nicht zweckmäßig, jeden Tag gleich intensiv zu reiten. Man sollte neben dem wöchentlichen Ruhetag in jeder Woche ruhig auch ein oder zwei Entspannungstage einlegen. An diesen Tagen läßt man die Pferde von jüngeren Reitern etwas bewegen, reitet die Pferde dann selbst vielleicht etwa 10 Minuten lang intensiv, oder man reitet mit ihnen auch einmal ins Gelände. Besonders bei älteren Dressurpferden sind solche Entspannungstage sehr wichtig, damit die Arbeitsfreude der Pferde erhalten bleibt.

Bei der Aufnahme des Trainings zur M-Dressur kann man mit dem Üben des Schulterherein und des fliegenden Galoppwechsels gleichzeitig beginnen. Beherrscht das Pferd Schulterherein, beginnt man mit dem Üben von Travers und Renvers und reitet Schulterherein auch als lösende Übung am Anfang der Dressurstunde. Etwa nach einem Zeitraum von drei Monaten werden Schulterherein, Travers und Renvers so weit gefestigt sein, daß man ohne Schwierigkeiten mit den Traversalen beginnen kann.

Wie schnell den Pferden der fliegende Galoppwechsel beizubringen ist, ist sehr unterschiedlich. Bei guten Galoppierern, die außerdem über eine solide Grundausbildung verfügen, hat ein geschickter Reiter wenig Schwierigkeiten. Hat man aber Pferde, die sich gegen den fliegenden Galoppwechsel sperren oder sich dabei stark aufregen, so kann sich das Üben des fliegenden Galoppwechsels auch über mehrere Monate erstrecken. Auch bei Korrekturpferden wird man diesen Zeitraum benötigen. Das gilt insbesondere, wenn die Pferde erst einmal gelernt haben, hinten nachzuspringen, weil der Reiter die Hilfen zum Umspringen zu spät gibt.

Zum Üben der neuen Lektionen reitet man die Pferde im allgemeinen auf Trense. Ein oder zwei Monate vor den ersten Turnierstarts legt man dann gelegentliche Kandarentage ein. Jetzt reitet man auch einmal Teile einer M-Dressur durch und kurz vor dem Turnier die ganze Dressuraufgabe. In dieser letzten Trainingsphase wird man die Pferde auch etwas mehr mit dem versammelten Schritt vertraut machen müssen. Man sollte diese Lektion, wie bereits bei den Schrittempi besprochen, aber nicht zu häufig reiten, da man den Schritt dabei sehr leicht verschlechtern kann.

PRIX ST. GEORGES UND INTERMÉDIAIRE I.

AUSBILDUNGSZIELE.

In der S-Dressur auf dem Niveau des Prix St. Georges und der Intermédiaire I kommen als neue Lektionen Galopptraversalen, Pirouetten im Galopp, fliegende Galoppwechsel bis zu zwei Sprüngen und die Schaukel hinzu. Die leichtere S-Dressur ist der Prix St. Georges. Etwas gesteigert werden die Anforderungen in der Intermédiaire I. Im Prix St. Georges werden doppelte halbe Traversalen im Galopp, halbe Pirouetten im Galopp und fliegende Galoppwechsel bis zu drei Sprüngen verlangt. Die Intermédiaire I enthält Zickzacktraversalen im Galopp, ganze Pirouetten und fliegende Galoppwechsel bis zu zwei Sprüngen. Diese Unterschiede sind aber nicht wesentlich. Ein Pferd, das den Prix St. Georges ohne große Fehler geht, dürfte auch keine Schwierigkeiten in der Intermédiaire I haben. Auch das Erlernen der in einer S-Aufgabe bereits geforderten fliegenden Galoppwechsel von Sprung zu Sprung ist meistens keine Schwierigkeit, wenn die Pferde den Zweierwechsel wirklich sicher beherrschen.

Die gymnastische Steigerung gegenüber der M-Dressur liegt darin, daß nunmehr auch im Galopp das innere Hinterbein durch Galopptraversalen und Galoppirouetten vermehrt belastet wird. Die Hinterhand wird noch stärker gymnastiziert als durch die Seitengänge im Trab. Bei richtiger Ausführung werden deshalb insbesondere Schwung und Versammlung des Pferdes noch weiter verbessert.

DIE SKALA DER DRESSURAUSBILDUNG AUF DEM NIVEAU DER S-DRESSUR.

Skala der Dressurausbildung	Wird bei der Ausbildung zur Klasse S zusätzlich trainiert durch:	Trainingstests
Takt Losgelassenheit Anlehnung	— — —	Erhaltung von Takt, Losgelassenheit und Anlehnung in den Galopptraversalen, den Galoppirouetten, den fliegenden Wechseln bis zu zwei Sprüngen und in der Schaukel.
Schwung	Galopptraversalen und Galoppirouetten.	Erhaltung des Schwunges in diesen Lektionen und allmähliche Steigerung durch die weitere Gymnastizierung der Hinterhand.
Geraderichten	—	Fliegende Galoppwechsel bis zu zwei Sprüngen auf gerader Linie ohne zu schwanken.
Versammlung	Galopptraversalen und Galoppirouetten.	Erhöhung des Versammlungsgrades durch zunehmende Hankenbiegung, insbesondere in den Galoppirouetten. Erhaltung der Versammlung bei den fliegenden Galoppwechseln bis zu 2 Sprüngen. Kontrolle der Versammlung in der Schaukel.

GALOPPTRAVERSALEN.

Die Galopptraversale ist eine Vorwärts-Seitwärtsverschiebung des Pferdes im Traversgalopp.

Wie bei den Traversalen im Trab können auch die Galopptraversalen als ganze Traversalen, halbe Traversalen, doppelte ganze und doppelte halbe Traversalen und als Zickzacktraversalen geritten werden. Die Anzahl der Galoppsprünge nach links und rechts ist bei den Zickzacktraversalen vorgeschrieben.

RICHTIGE AUSFÜHRUNG UND GYMNASTISCHES ZIEL.

Das Pferd ist in der Galopptraversale in die Bewegungsrichtung gestellt und gebogen. Es bewegt sich fast parallel zur Bande, jedoch geht die Vorhand der Hinterhand etwas voraus.

Die Galopptraversale wird im versammelten Galopp geritten. Die eigentliche Schwierigkeit liegt darin, daß der Schwung dabei erhalten bleibt. Geht der Schwung verloren, so kann sich das Pferd nicht mehr in der Galopptraversale halten, geht in einen Viertakt über oder wird eiliger.

Das wesentliche gymnastische Ziel der Galopptraversale liegt in der vermehrten Belastung des inneren Hinterbeins. Hat das Pferd gelernt, die Galopptraversalen korrekt auszuführen, so ist es nunmehr auch in der Hinterhand so weit gekräftigt und geschmeidig gemacht worden, daß man Pirouetten reiten kann.

HILFENGEBUNG.

Zur Einleitung der Galopptraversale gibt der Reiter dem Pferd etwas mehr Stellung und leitet die Lektion mit einer halben Parade ein.

Die innere Hand des Reiters gibt dem Pferd die Stellung. Die äußere Hand geht vor und begrenzt dann durch verwahrendes Gegenhalten die Biegung des Pferdes.

Der äußere Schenkel liegt treibend hinter dem Gurt, sorgt für die Vorwärtsbewegung und biegt das Pferd um den inneren Schenkel. Der innere Schenkel liegt bei einem schwungvoll gehenden Pferd nur verwahrend am Pferdeleib. Verliert das Pferd aber an Schwung und besteht die Gefahr, daß das Pferd den klaren Dreitakt verliert, so sorgt der innere Schenkel für ein kraftvolleres Unterspringen des inneren Hinterbeins.

Beim Einleiten der Galopptraversalen aus einer Wendung heraus muß man besonders darauf achten, daß, wie schon bei der Trabtraversale beschrieben, die Hinterhand der Vorhand nicht vorausgeht. Reitet man die Galopptraversale zum Beispiel aus der ersten Ecke der langen Seite heraus, so darf die Wirkung des äußeren Schenkels

Hilfengebung beim Umstellen von der Links- in die Rechtstraversale.

4. Hilfengebung bei der Rechtstraversale.

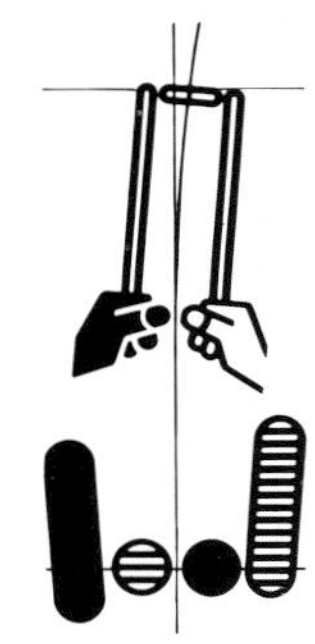

3. Umstellen von der Links- in die Rechtstraversale mit fliegendem Galoppwechsel.

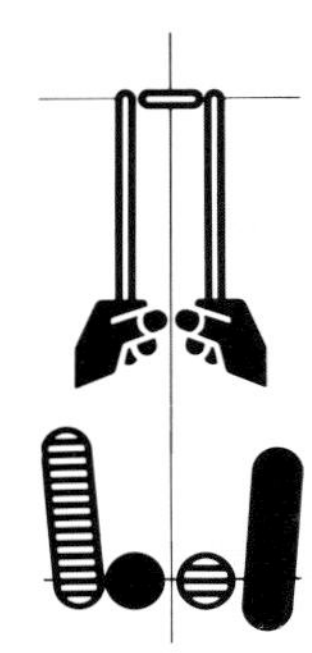

2. Geraderichten des Pferdes beim letzten Galoppsprung vor dem Umspringen.

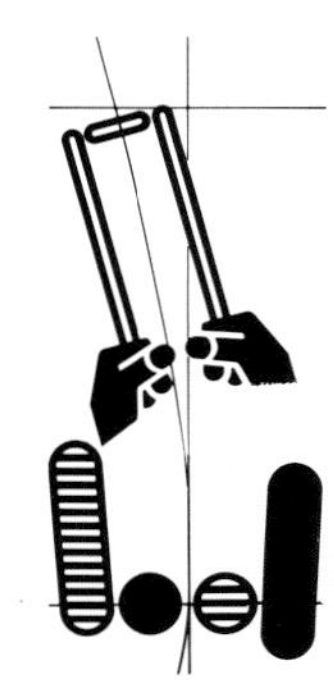

1. Hilfengebung bei der Linkstraversale.

nicht schon in der Ecke einsetzen. Sondern man muß zunächst an Schulterherein denken, die Hinterhand mit dem inneren Schenkel festhalten und die Hilfengebung zur Traversale erst dann geben, wenn die Vorhand der Hinterhand etwas vorausgestellt ist.

Beim *Übergang von einer Links- in eine Rechtstraversale* und umgekehrt muß das Pferd *im fliegenden Galoppwechsel* umspringen. Beim fliegenden Galoppwechsel muß der Reiter durch ein betontes Vorschieben der neuen inneren Hüfte das Pferd im schwungvollen Galopp halten, mit der neuen inneren Hand den Galoppsprung gut herauslassen und mit dem neuen inneren Schenkel die Hinterhand so lange festhalten, bis die Vorhand der Hinterhand vorausgeht. Den letzten Galoppsprung vor dem fliegenden Galoppwechsel reitet man schon geradeaus, führt dann den Galoppwechsel geradeaus durch und setzt erst dann zur erneuten Traversale an.

Hinweise zum Üben der Galopptraversalen.

Pferde, die eine gute Trabtraversale gehen und versammelt galoppieren können, haben wenig Schwierigkeiten mit den Galopptraversalen. Beim Training ist es deshalb zweckmäßig, zunächst auf die Korrektheit der Trabtraversale zu achten, anstatt immer wieder Galopptraversalen zu üben.

Anfangs darf man die Galopptraversalen nicht zu steil reiten, sondern man reitet aus der ersten Ecke der langen Seite heraus nur bis etwa zum Ende der Mittellinie, da die Pferde erst mit der Beinsetzung in der Seitwärtsbewegung vertraut gemacht werden müssen.

Zur Vorbereitung der Galopptraversalen kann man auch Traversgalopp an der langen Seite reiten. Dabei besteht bei einem jüngeren Pferd zwar die Gefahr, daß besonders auf der rechten Hand das fehlerhafte Hereinkommen der Hinterhand gefördert wird. Aber bei einem Pferd auf S-Niveau sollte man eigentlich erwarten, daß man eine lange Seite im Traversgalopp reiten und die nächste Seite wieder gerade galoppieren kann.

Ansonsten gelten zum Üben der Galopptraversalen die gleichen Hinweise wie bei den Trabtraversalen. Man entwickelt die Traversale aus einer Wendung heraus, da das Pferd dann bereits um den inneren Schenkel gebogen ist. Reitet man die Traversale aus der ersten Ecke der langen Seite heraus, so muß man tief in die Ecke hineingaloppieren, da es dem Pferd dann leichter fällt, die Vorhand vorauszustellen. Mit den Zickzacktraversalen kann man selbstverständlich erst beginnen, wenn die Traversalen nach rechts und links gleich gut gelingen.

Fehler und Fehlerkorrekturen.

Verlieren die Pferde an Schwung, so wird man zunächst durch verstärkte Kreuz- und Schenkelhilfen den Galoppsprung zu verbessern versuchen. Besonders der innere Schenkel muß das innere Hinterbein zu einem kraftvolleren Abfußen veranlassen. Kommt man mit den treibenden Hilfen nicht durch, so unterbricht man die Traversale, verbessert den Schwung auf gerader Linie und setzt erst dann wieder zur Traversale an.

Eilt die Hinterhand der Vorhand voraus, so muß der innere Schenkel die Hinterhand festhalten. Das Vorauseilen der Hinterhand entsteht meistens dadurch, daß der Reiter das Pferd mit dem Zügel nicht richtig abstellt und dann die Abstellung mit dem äußeren Schenkel zu erzwingen versucht. Kommt die Hinterhand dagegen nicht nach, so muß der äußere Schenkel das Pferd verstärkt um den inneren Schenkel biegen.

Wie bei den Trabtraversalen ist auch bei den Galopptraversalen ein häufiger Fehler, daß sich die Pferde im Genick verwerfen. Meistens ist dann auch der Schwung verlorengegangen, und das Pferd tritt auf einer Seite nicht richtig an den Zügel heran. Dieser Fehler ist durch erneute Verbesserung des Schwunges auf gerader Linie zu korrigieren. Oder man muß auf die Korrekturarbeit zurückgreifen, die ich bereits früher zum Verwerfen im Genick angegeben habe.

Beim fliegenden Wechsel zwischen einer Links- und einer Rechtstraversale oder umgekehrt kommt häufig die Hinterhand voraus, und das Pferd wirft sich in die neue Traversale hinein. Sind die Traversalen nach rechts und links korrekt, so liegt dieser Fehler an den falschen reiterlichen Hilfen. Bleiben die Pferde bei den Galoppwechseln stecken und springen sie nicht richtig vorwärts, so muß der Reiter die neue innere Hüfte betonter vorbringen und den Galoppsprung mit der Hand gut herauslassen.

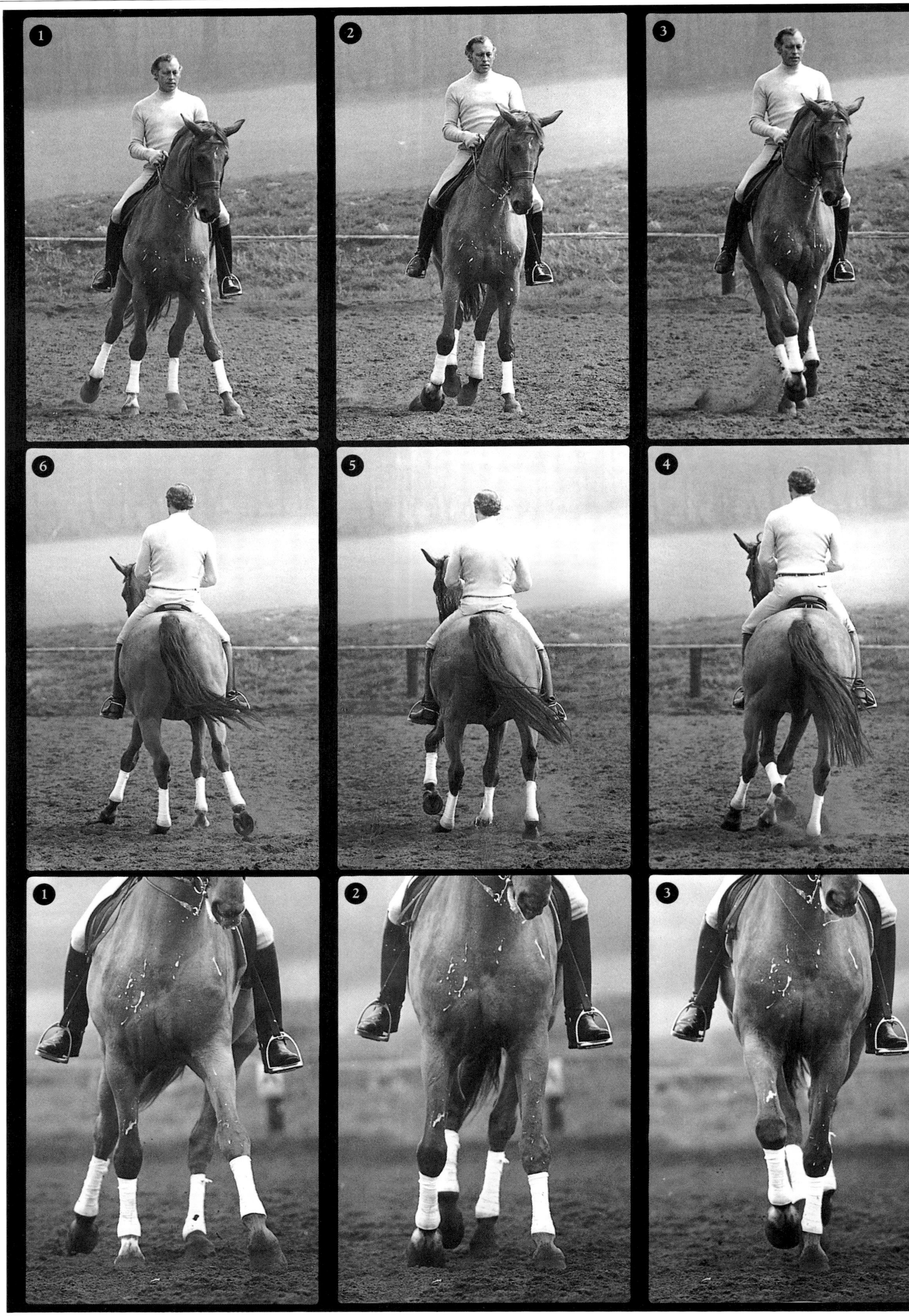

Bewegungsablauf bei der Galopptraversale nach links. Das Pferd ist in die Bewegungsrichtung gestellt und gebogen. Die Vorhand geht der Hinterhand etwas voraus.

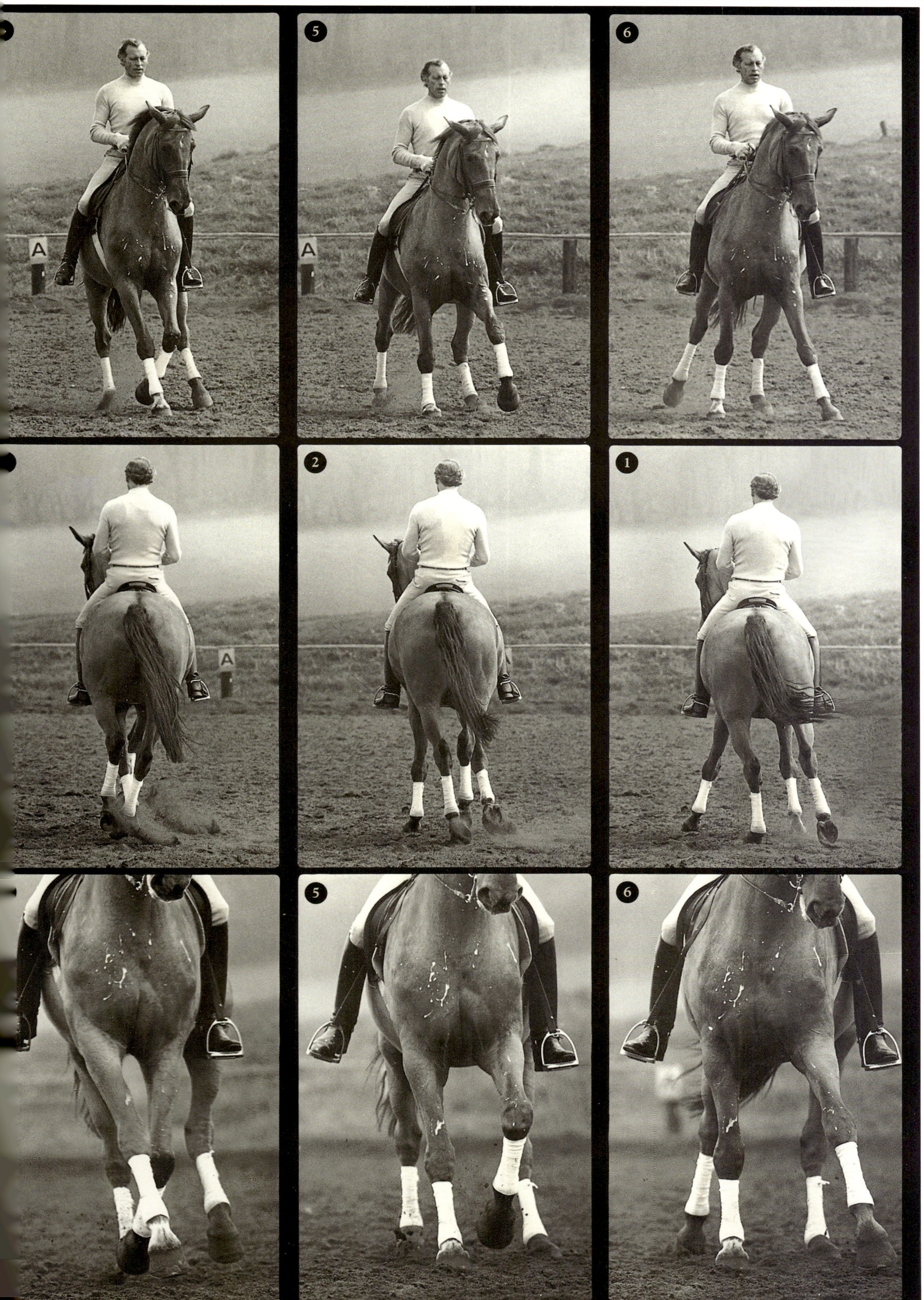
5
6
2
1
5
6

Weicher Übergang von einer Linkstraversale in eine Rechtstraversale. Vor dem Umspringen in den Rechtsgalopp wird das Pferd zunächst geradegerichtet. Die Vorhand geht der Hinterhand immer etwas voraus.

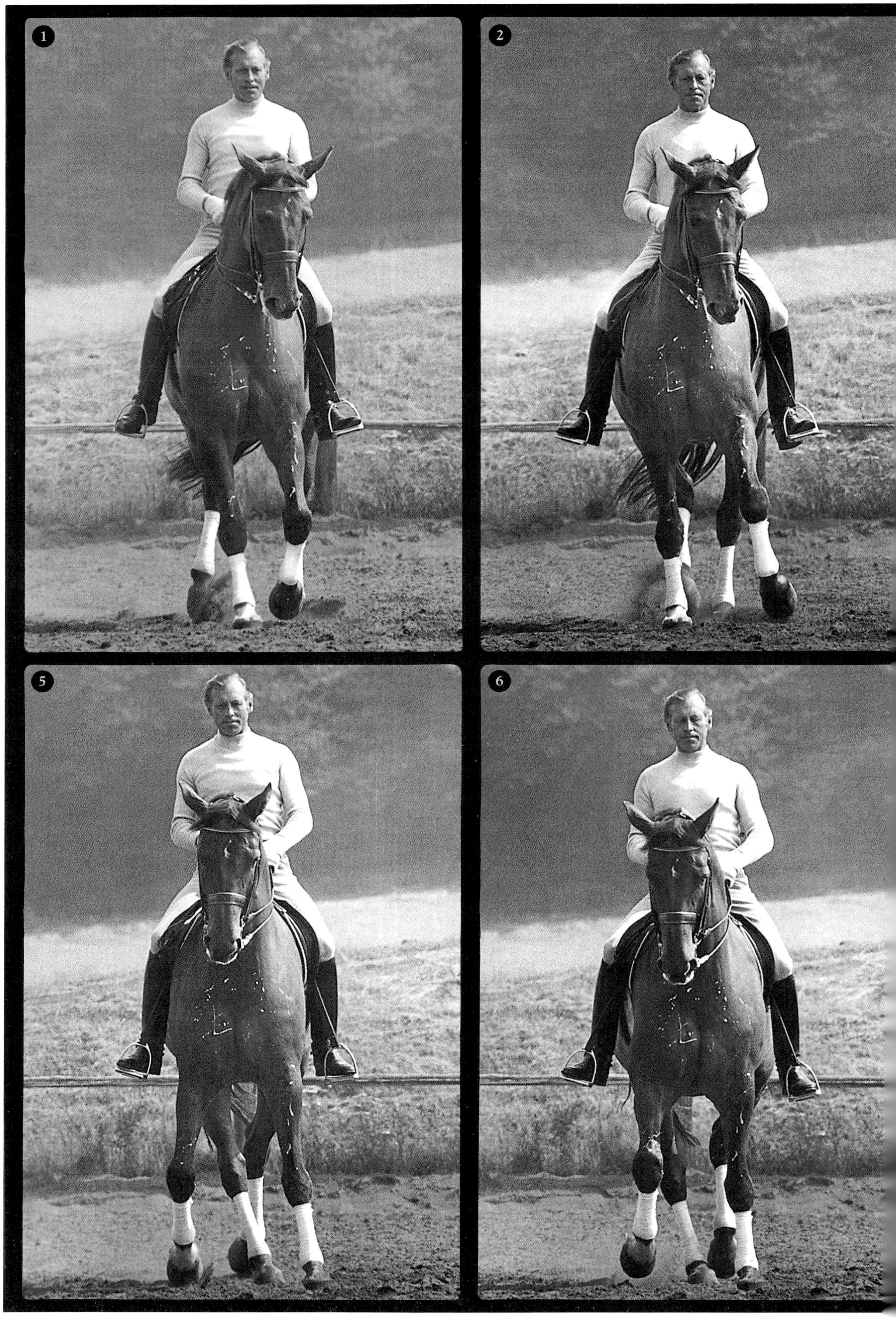

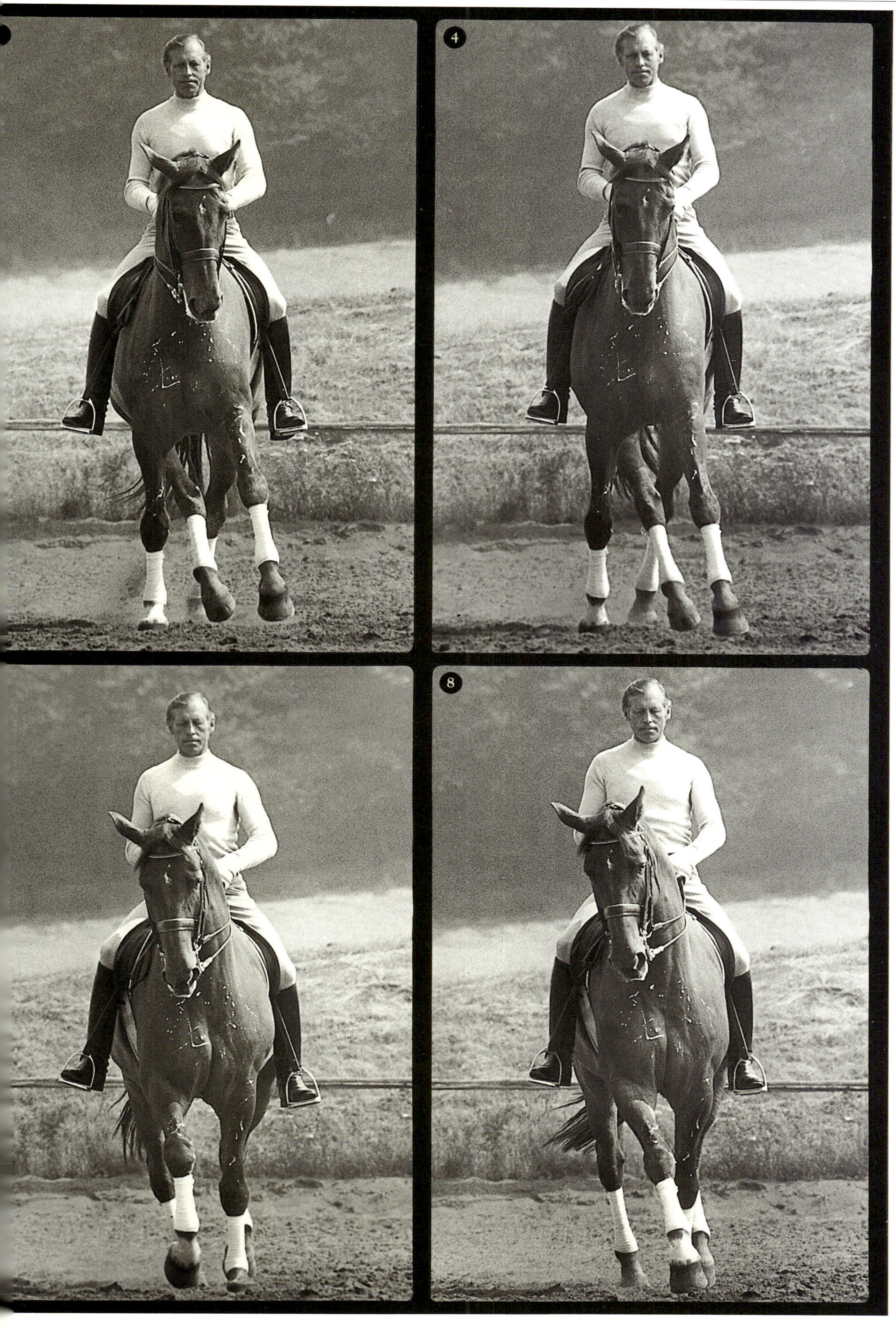
4
8

PIROUETTEN.

Die Pirouette ist eine Wendung um die Hinterhand im Galopp um 180° oder 360°. Das Pferd ist in die Bewegungsrichtung gestellt und gebogen, galoppiert also im Traversgalopp. Bei einer korrekt ausgeführten ganzen Pirouette macht es dabei fünf bis sechs Galoppsprünge.

RICHTIGE AUSFÜHRUNG UND GYMNASTISCHES ZIEL.

Die Hinterhand soll in der Pirouette einen möglichst kleinen Kreis beschreiben. Dabei darf der klare Dreitakt nicht verlorengehen. Die Galoppsprünge sollen erhaben und ruhig bei deutlich gesenkter Kruppe ausgeführt werden. Der innere Hinterfuß übernimmt vermehrt die Last. Der Galoppsprung in der Pirouette darf nicht eiliger und auch nicht langsamer als der Galoppsprung vor und nach der Pirouette sein.

Nur ein Pferd, das sich in der Hinterhand gut biegt und die Kraft hat, die Gewichtsmasse wieder hochzuschnellen, ist in der Lage, eine schulmäßige Pirouette auszuführen. Diese Übung selbst führt dann wiederum dazu, die Hinterhand weiter zu biegen und zu gymnastizieren.

Pirouetten darf man auf keinen Fall zu häufig üben, da sie – richtig ausgeführt – eine starke Kraftanstrengung für das Pferd bedeuten und Gelenke, Sehnen und Bänder der Hinterhand sehr in Anspruch nehmen. Dosiert eingesetzt stärken die Pirouetten die Hinterhand, übermäßig häufig geübt führen sie zur Abnutzung.

HILFENGEBUNG.

Die Pirouette wird vorbereitet durch mehrere halbe Paraden, damit sich das Pferd gut aufnimmt, stark versammelt wird und zu einem kraftvollen Abfußen gebracht wird. Das Pferd darf dabei nicht traversartig galoppieren, sondern kann eher etwas im leichten Schulterherein gehen. Bereitet man das Pferd dagegen nicht durch ein vermehrtes Aufnehmen auf die Pirouette vor, so kommen die Hilfen des Reiters zur Pirouette zu abrupt und die Pferde schmeißen sich häufig in drei bis vier Galoppsprüngen herum.

Mit einer weiteren halben Parade und der Stellung des Pferdes in die Bewegungsrichtung wird die Pirouette eingeleitet. Der äußere Schenkel hinter dem Gurt erhält die Seitwärtsbewegung, biegt das Pferd um den inneren Schenkel und verhindert ein Ausfallen des äußeren Hinterbeins. Der innere Schenkel liegt am Gurt, verhindert ein Hereinfallen des Pferdes über die innere Schulter und sorgt für das kraftvolle Unterspringen des inneren Hinterbeins.

Der innere Zügel stellt das Pferd, der äußere Zügel begrenzt verwahrend den Grad der Biegung. Halbe Paraden regulieren den Takt und halten die Hinterhand auf einem möglichst kleinen Kreisbogen. Die Hand des Reiters muß leicht bleiben, da die Hinterhand sonst nicht genügend tätig sein kann. Der Reiter muß besonders gut in der Bewegungsrichtung sitzen, um dem Pferd das Unterspringen zu erleichtern.

Zur Beendigung der Pirouette unterbricht der äußere Zügel und der innere Schenkel die Seitwärtsbewegung der Pirouette, wenn das Pferd wieder auf eine gerade Linie gebracht werden soll.

Wie stark und in welcher Abfolge man bei einem Pferd die äußeren und inneren Hilfen einsetzen muß, um die Galoppsprünge in der Pirouette zu erhalten und zu regulieren, ist sehr unterschiedlich und kann beim gleichen Pferd wiederum in der Links- und in der Rechtspirouette verschieden sein. Bei Lido zum Beispiel muß ich in der Linkspirouette mit dem linken Schenkel und rechten Zügel gegenhalten, da er in der Linkspirouette leicht ins Eilen kommt. In der Rechtspirouette dagegen könnte dieses Pferd von sich aus mehr die Tendenz haben, sich etwas schneller zu drehen. Ich muß also stärker mit dem linken Schenkel einwirken und reite beide Pirouetten praktisch mit dem gleichen Schenkel. Ähnlich war die Hilfengebung bei Ultimo. Bei Woyceck gebe ich dagegen in der Links- und Rechtspirouette wechselseitige Hilfen.

VERSCHIEDENE METHODEN ZUM ÜBEN DER PIROUETTEN.

Um mit Pirouetten zu beginnen, müssen die Pferde gelernt haben, sehr gut versammelt zu galoppieren. Auch sollte das Pferd bereits mit Galopptraversalen vertraut sein. Unabhängig davon, welche Methode man zum Üben der Pirouette wählt, wird man immer von folgenden zwei Überlegungen ausgehen müssen:

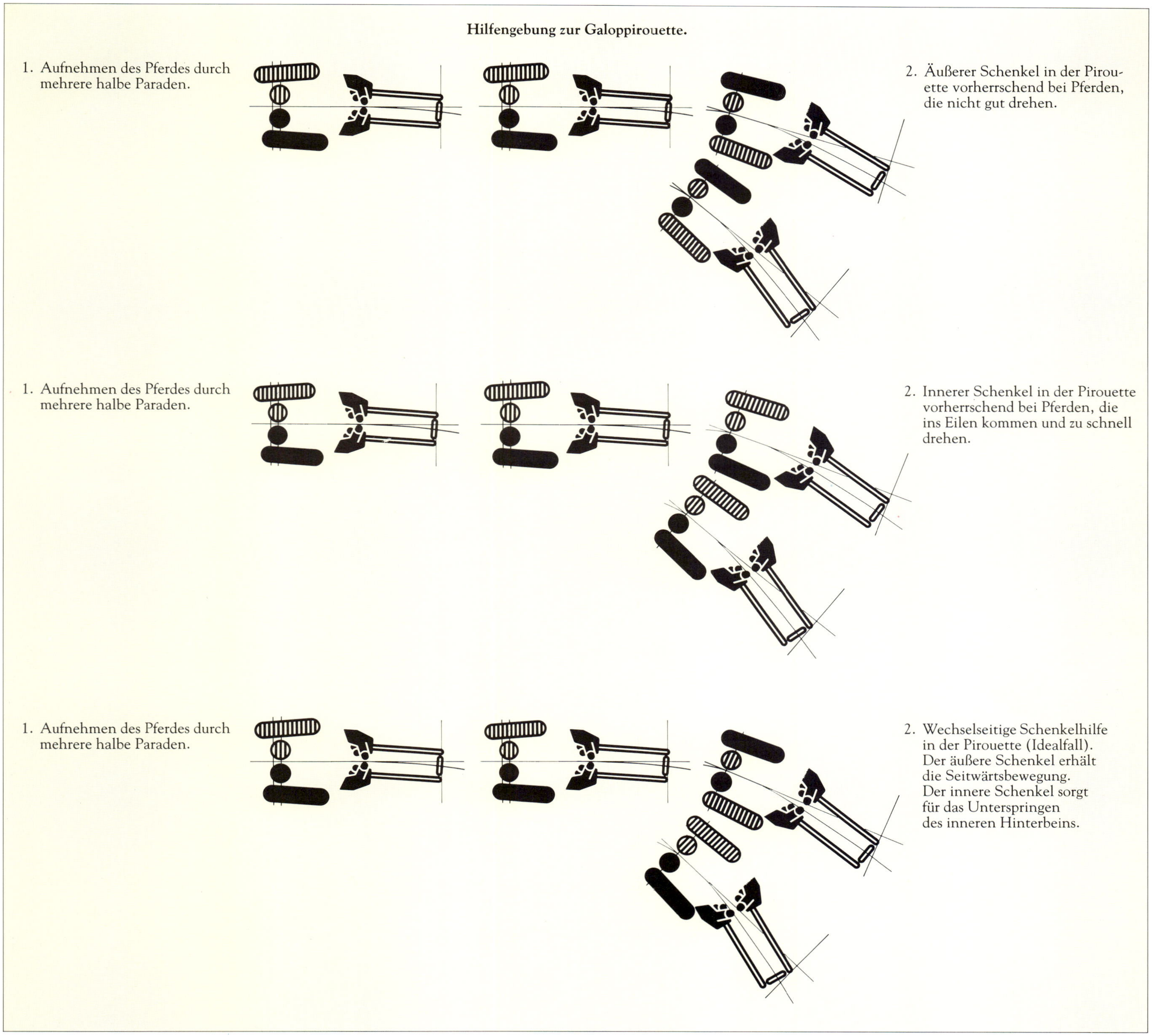

Hilfengebung zur Galoppirouette.

1.

Den Kreisbogen, den das Pferd in der Pirouette beschreibt, wird man anfangs größer halten müssen und erst allmählich verkleinern können. Denn es ist wichtiger, Takt und Schwung zu erhalten, als schon sofort die Wendung um die Hinterhand auf kleinstem Raum zu verlangen.

2.

Anfangs werde ich vom Pferd außerdem nur eine geringfügige Biegung verlangen dürfen und es gut mit dem äußeren Zügel unterstützen müssen, da es den Pferden dadurch leichter fällt, im Gleichgewicht zu bleiben.

Im allgemeinen übe ich die Pirouette so, daß ich den *Zirkel verkleinere* und die Pferde dabei *im Traversgalopp* reite. Macht das Pferd dabei gut mit, so verkleinere ich den Zirkel bis zur Pirouette. Fällt es dem Pferd schwer, sich zu tragen, oder geht der klare Dreitakt verloren, dann vergrößere ich den Kreisbogen wieder.

Bisweilen entwickele ich auch *halbe Pirouetten* aus dem versammelten Galopp *an der langen Seite.* Dies hat den Vorteil, daß man die Pferde an der langen Seite gut aufnehmen kann. Jedoch fällt es vielen Pferden dabei schwer, nicht mit der Hinterhand auszufallen.

Galoppirouette auf der Stelle mit sechs Galoppsprüngen. Das innere Hinterbein übernimmt vermehrt die Last. Bei d

ter Kruppe bleiben die Galoppsprünge ruhig und erhaben. Das Pferd ist in die Bewegungsrichtung gestellt und gebogen.

Man kann auch an *der langen Seite im Traversgalopp reiten und in der Ecke zur Pirouette ansetzen.* Hierbei besteht nur die Gefahr, daß die Pferde bei einer Kehrtvolte aus der Ecke leicht in die Pirouette fallen. Man sollte sich vor dieser Methode deshalb hüten, wenn die Pferde noch L-Dressuren gehen sollen.

FEHLER UND FEHLERKORREKTUREN.

Bei jüngeren Pferden geht in der Pirouette leicht der *Schwung verloren.* Die Hinterbeine springen nicht, sondern kleben am Boden. Manchmal fallen die Pferde mit der Hinterhand auch in den Trab,oder sie springen hinten um. Zur Korrektur muß der innere Schenkel das innere Hinterbein zum verstärkten Abfußen bringen. Die Hilfengebung besteht dann aus einem wechselseitigen Treiben mit dem inneren und äußeren Schenkel. Kommt man damit allein nicht durch, so vergrößert man den Kreisbogen etwas. Aber es kann auch an den reiterlichen Hilfen liegen, daß die Pferde an Schwung verlieren. Der Reiter sitzt nicht genug in der Bewegung,oder er neigt den Oberkörper zu weit nach vorne und gibt damit seinen treibenden Sitz auf.

Der zweite Hauptfehler in der Pirouette ist ein *Herumschmeißen des Pferdes.* Hier müssen äußerer Zügel und innerer Schenkel gegenhalten. Eventuell gibt man auch die Biegung etwas auf und erleichtert es dem Pferd dadurch, wieder ins Gleichgewicht zu kommen.

Bei Pferden, die sich herumschmeißen, weil sie das Gewicht noch nicht genügend mit dem inneren Hinterbein aufnehmen können, wird man die Pirouette wiederum etwas größer reiten.

Manche Pferde setzen sich bei der Pirouette zu stark mit der Hinterhand, haben die Hinterbeine dabei fast an den Vorderbeinen und springen wie ein Hase mit beiden Hinterbeinen gleichzeitig ab. Vorn hebt sich das Pferd sehr weit hoch und geht dabei über dem Zügel. Zur Korrektur muß man die Pferde erst einmal wieder tief einstellen und sie über den Rücken reiten.

Werden bei einem Pferd, das an sich genügend gymnastiziert ist, die Pirouetten zu groß und beinahe voltenartig geritten, so hat der Reiter meistens das Pferd bei der Vorbereitung zur Pirouette nicht genügend aufgenommen.

Zirkelverkleinern im Traversgalopp: Eine zweckmäßige Methode, um Galoppirouetten allmählich zu entwickeln.

Eine weitere Methode zum Pirouettentraining ist der Ansatz zur halben Pirouette in der ersten Ecke der kurzen Seite nach einem Traversgalopp an der langen Seite.

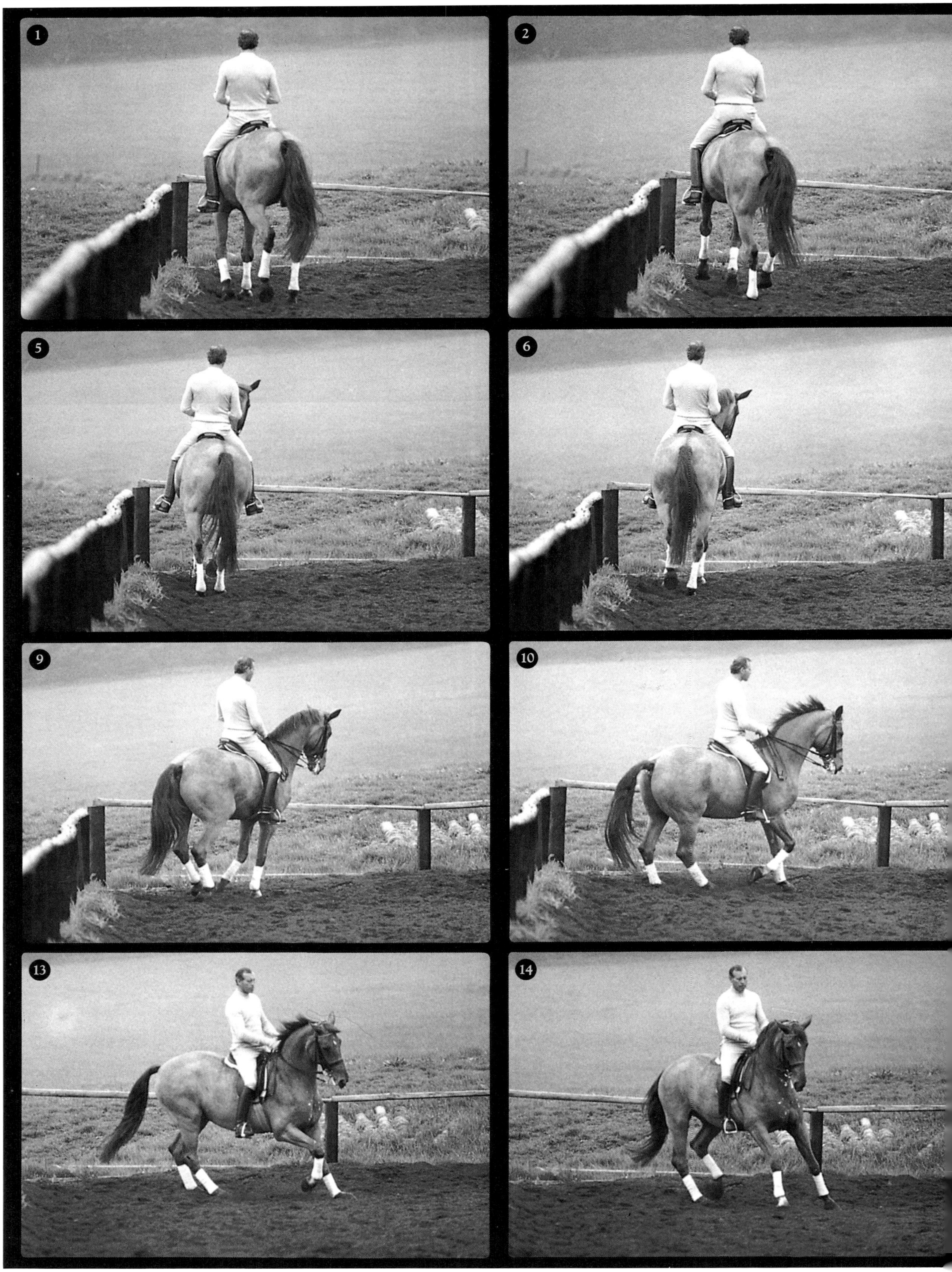

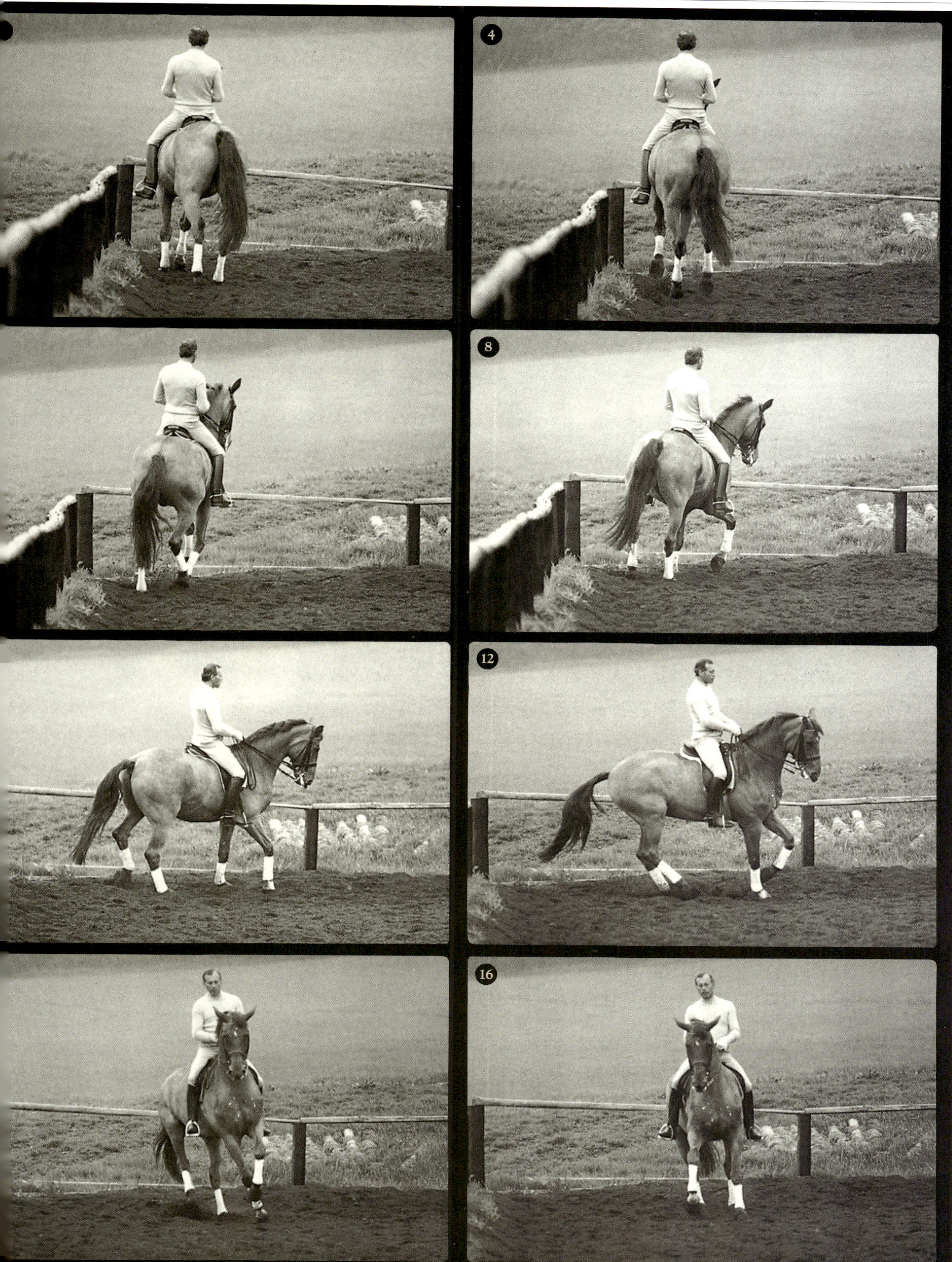
4
8
12
16

FLIEGENDE GALOPPWECHSEL BIS ZU ZWEI SPRÜNGEN.

Voraussetzung für das Training des fliegenden Galoppwechsels bis zu drei oder zwei Sprüngen ist der sicher und sauber gesprungene einmalige fliegende Galoppwechsel. Die Pferde müssen beim Galoppwechsel gerade bleiben, ihren Schwung behalten, sicher an den Hilfen stehen und den Galoppwechsel an jeder beliebigen Stelle des Dressurvierecks ausführen. Kommen die Pferde dagegen beim Galoppwechsel auf die Hand, werden sie eiliger oder versteifen sie sich, dann braucht der Reiter nach dem Galoppwechsel zu lange, um den Galopp wieder zu regulieren und die Pferde gut ins Gleichgewicht zu bekommen.

HILFENGEBUNG.

Noch wichtiger als beim einmaligen fliegenden Galoppwechsel ist ein ruhiger Sitz des Reiters, der es dem Pferd überhaupt erst ermöglicht, im Gleichgewicht zu bleiben. Der Reiter bleibt im Oberkörper unverändert ruhig sitzen und schiebt lediglich die neue innere Hüfte etwas vor. Er behält eine gleichmäßige, weiche Verbindung zum Pferdemaul und wird nur auf der neuen inneren Seite etwas leichter. Die Schenkel dürfen schließlich nicht übertrieben umgelegt werden. Beide Schenkel müssen Fühlung mit dem Pferdeleib behalten, insbesondere darf der neue innere Schenkel nicht weggestreckt werden.

HINWEISE ZUM ÜBEN DER FLIEGENDEN GALOPPWECHSEL BIS ZU ZWEI SPRÜNGEN.

Bevor man mit fliegenden Galoppwechseln nach einer bestimmten Sprungzahl beginnt, muß sich der Reiter beim vorhergehenden Reiten des einmaligen fliegenden Wechsels genau auf seinen Sitz konzentrieren und darauf Wert legen, daß das Pferd sicher an den Hilfen bleibt und Tempo und Schwung unverändert bleiben.

Man beginnt dann mit fliegenden Wechseln zu fünf oder sechs Sprüngen. Und zwar reite ich die Wechsel zunächst an der Bande, da es dadurch etwas leichter ist, die Pferde gerade zu halten. Seunig und Waetjen heben dagegen hervor, daß man die Wechsel zu mehreren Sprüngen ohne den Halt der Bande üben soll. Ich glaube allerdings, daß die Pferde dabei leichter ins Schwanken kommen. Man braucht dieser Frage aber sicherlich keine allzu große Bedeutung zuzumessen und probiert am besten selbst aus, wie es dem jeweiligen Pferd am leichtesten fällt.

Wichtig ist, daß man die Pferde zunächst nicht zu stark versammelt. Sie verlieren dabei leicht an Schwung und es fällt ihnen schwer, geradeaus umzuspringen. Andererseits darf man den Galopp aber auch nicht eilig werden lassen, da die Pferde dann leicht auf die Hand kommen.

Bleiben die Pferde bei den Galoppwechseln zu fünf oder sechs Sprüngen ruhig, so steigert man die Anforderungen. Bei den Galoppwechseln zu vier, drei und zwei Sprüngen wird man zunächst nur zwei oder drei Wechsel verlangen und die Pferde dann im Schritt loben.

Wie schnell man die Sprungzahl zwischen den Galoppwechseln verkürzen kann, ist ganz verschieden und hängt vor allem davon ab, ob die Pferde ruhig bleiben und die Galoppwechsel korrekt gelingen. Man kann zwar auch den anderen Weg gehen und unbedingt Galoppwechsel zu vier, drei oder zwei Sprüngen herausreiten, egal ob die Pferde dabei auf die Hand kommen, eilen oder sonstige Fehler machen. Aber die Pferde lernen dann die Galoppwechsel nach einer bestimmten Sprungzahl sozusagen mechanisch und es schlei-

Hilfengebung für fliegende Galoppwechsel zu zwei Sprüngen.

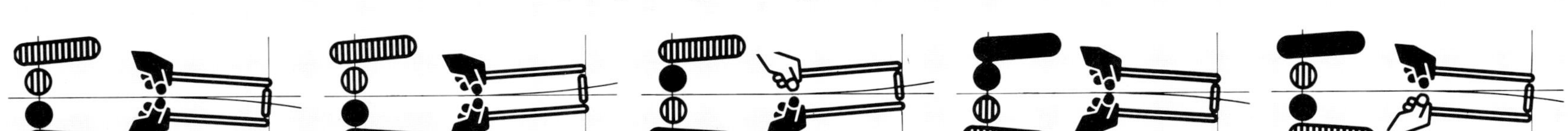

1. Hilfengebung im Rechtsgalopp.
2. Geringfügige Umstellung des Pferdes in Kopf und Hals einen kurzen Moment vor dem Galoppwechsel.
3. Hilfengebung zum fliegenden Galoppwechsel.
4. Hilfengebung im Linksgalopp und geringfügiges Umstellen des Pferdes in Kopf und Hals einen Moment vor dem nächsten Galoppwechsel.
5. Hilfengebung zum fliegenden Galoppwechsel.

Fliegende Galoppwechsel zu zwei Sprüngen. Das Pferd bleibt in sich gerade. Erhabenheit und Schwung des Galoppsprunges bleiben unverändert.

chen sich Fehler ein, die hinterher nur schwer zu korrigieren sind.

Pferde, die bei den fliegenden Wechseln ruhig und gut an den Hilfen bleiben, kann man oftmals schon innerhalb einer Woche bis zum Zweier-Wechsel reiten, wenn sie bei den Galoppwechseln zu fünf oder sechs Sprüngen keine Schwierigkeiten haben. Es hängt dann eigentlich nur noch von der Geschicklichkeit des Reiters ab, die Hilfengebung im richtigen Rhythmus zu geben und das Pferd nach dem Galoppwechsel an den Hilfen zu halten. Andererseits kann man mit temperamentsmäßig schwierigen Pferden große Überraschungen bei den Galoppwechseln erleben, so wie es mir mit der Trakehnerstute Illusion erging.

Fehler und Fehlerkorrekturen.

Bei nervigen Pferden kommt es häufig vor, daß die Pferde den Hilfen des Reiters zuvorkommen. Die Pferde springen also nach einem Galoppwechsel schon wieder um, ohne daß der Reiter die Hilfen dazu gegeben hat. Solche Pferde muß man durchparieren und im ursprünglichen Galopp wieder angaloppieren. Man beginnt mit den mehrfachen Galoppwechseln erst wieder, wenn die Pferde ihren Übereifer abgelegt haben. Außerdem ist es bei solchen Pferden besonders wichtig, auf eine sehr feine Hilfengebung zu achten.

Neigen die Pferde bei den Galoppwechseln dazu, sich zu verhalten, ohne Raumgewinn und mit hoher Kruppe umzuspringen, so fallen ihnen Wechsel zu drei oder zwei Sprüngen wesentlich schwerer, und der Fehler, den diese Pferde machen, wird nur noch größer. Man muß deshalb zunächst den einmaligen fliegenden Galoppwechsel korrigieren. Das gleiche gilt, wenn die Pferde die Hinterhand herumschmeißen. Ein Fehler, den man auch noch bei Galoppwechseln von Sprung zu Sprung sehr häufig sieht.

Schaukel.

Bei der Schaukel tritt das Pferd eine bestimmte Anzahl Tritte zurück, tritt daraus eine bestimmte Anzahl Schritte vor, dann wieder eine bestimmte Anzahl Tritte zurück und wird aus dem letzten Rückwärtsrichten im Schritt, Trab oder Galopp angeritten.

Richtige Ausführung.

Entscheidend bei den Rückwärts- und Vorwärtsbewegungen der Schaukel ist, *daß das Pferd dabei niemals zum Halten kommen darf,* sondern die Bewegungen geschmeidig und auf gerader Linie, ohne zu stocken, ineinander übergehen sollen. Das Pferd setzt also bei einer korrekten Schaukel niemals seine Beine nebeneinander.

Die Schaukel ist deshalb ein Prüfstein dafür, ob selbst beim Rückwärtsrichten immer noch der Vorwärtsdrang gegeben ist. Das ist aber nur dann der Fall, wenn nicht die Vorhand die Hinterhand nach rückwärts schiebt, sondern die gesenkte und in den Hanken gebeugte Hinterhand die Vorhand in die Rückwärtsbewegung mitnimmt und man daraus jederzeit nach vorwärts anreiten kann. Das korrekte Rückwärtstreten ist deshalb eine versammelnde Übung, bei der das Pferd die diagonalen Beinpaare gleichmäßig, erhaben und ruhig zurücksetzt und ein klarer Zweitakt der Bewegungen erkennbar ist.

Hilfengebung.

Zum Rückwärtsrichten wirkt der Reiter treibend mit Kreuz und Schenkel ein und gibt gleichzeitig eine durchhaltende Zügelhilfe, bis das Pferd den ersten Tritt rückwärts geht. Danach werden die Zügel sofort wieder etwas nachgegeben, um dann das Annehmen und Nachgeben der Zügel der geforderten Anzahl an Rückwärtstritten entsprechend zu wiederholen. Dabei gebe ich persönlich die Zügelhilfen nicht wechselseitig, wie es zum Teil in der hippologischen Literatur beschrieben wird, sondern mit beiden Zügeln gleichmäßig stark und gleichzeitig.

Die Schenkel liegen verwahrend am Pferdeleib und halten das Pferd auf gerader Linie. Um die Vorwärtsbewegungen ohne Unterbrechung aus dem Rückwärtsrichten einzuleiten, spannt der Reiter vermehrt sein Kreuz an, treibt mit beiden Schenkeln und läßt die Vorwärtsbewegung durch eine nachgebende Zügelhilfe heraus.

Zum Übergang aus dem Schritt in das erneute Rückwärtsrichten spannt der Reiter wiederum vermehrt sein Kreuz an und hält dabei die vortreibenden Hilfen so lange durch, bis das Pferd zum ersten Tritt rückwärts ansetzt.

Hilfengebung bei der Schaukel.

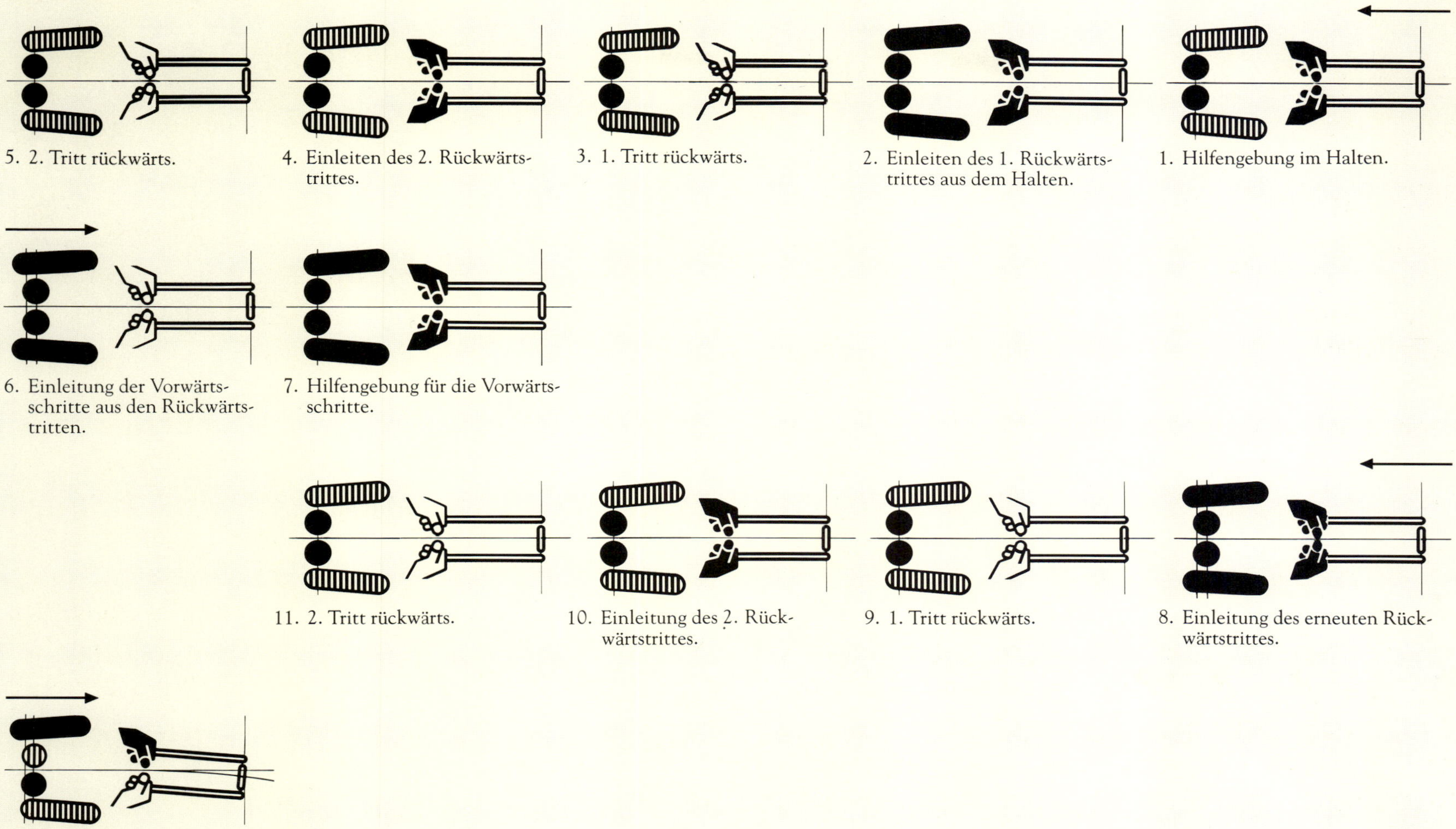

1. Hilfengebung im Halten.
2. Einleiten des 1. Rückwärtstrittes aus dem Halten.
3. 1. Tritt rückwärts.
4. Einleiten des 2. Rückwärtstrittes.
5. 2. Tritt rückwärts.
6. Einleitung der Vorwärtsschritte aus den Rückwärtstritten.
7. Hilfengebung für die Vorwärtsschritte.
8. Einleitung des erneuten Rückwärtstrittes.
9. 1. Tritt rückwärts.
10. Einleitung des 2. Rückwärtstrittes.
11. 2. Tritt rückwärts.
12. Hilfengebung zum Angaloppieren aus dem letzten Rückwärtsrichten.

FEHLER UND FEHLERKORREKTUREN.

Die Schaukel sieht man selbst im Grand Prix de Dressage mit den besten Dressurpferden höchstens von ein oder zwei Pferden wirklich korrekt ausgeführt. *Die große Gefahr bei der Schaukel ist nämlich, daß die Pferde vor den Übergängen von der Rückwärts- in die Vorwärtsbewegung und umgekehrt sozusagen in Lauerstellung liegen, zögern, auf die Hilfengebung des Reiters warten und dabei kürzere Tritte oder Schritte machen.*

Ich übe deshalb die Schaukel nicht zu häufig und auch nicht in der Tritt- und Schrittzahl, wie sie die Dressuraufgaben vorschreiben. Erst etwa in der letzten Woche vor einer Dressurprüfung reite ich die Schaukel einige Male in der vorgeschriebenen Tritt- und Schrittzahl, um das Pferd etwas auf die Aufgabe einzustellen.

Neben dem Zögern des Pferdes vor den Übergängen können sich bei der Schaukel natürlich auch alle üblichen Fehler ergeben, die beim einfachen Rückwärtsrichten auftreten. Meist hat der Reiter dabei die Rückwärtstritte nicht genug mit Kreuz und Schenkel überwacht, um bei Bedarf sofort einwirken zu können.

Weicht das Pferd nach einer Seite aus, so war entweder die Zügel- und Schenkelhilfe zu einseitig, oder das Pferd verwirft sich im Genick und der Reiter hat dem Ausweichen des Pferdes nicht entgegengewirkt.

Bei einem breiten Treten des Pferdes mit der Hinterhand war die Schenkeleinwirkung zu schwach, um das Pferd zusammenzuhalten.

Pferden, die rückwärts kriechen, fehlt es an allgemeiner Durchlässigkeit. Sie können sich noch nicht richtig aufnehmen und nehmen auch die Paraden nicht richtig an. Oder aber der Reiter hat versucht, das Rückwärtstreten nur durch Ziehen am Zügel zu erreichen.

Daß die Pferde beim Rückwärtsrichten eilig werden und dabei meist auch zu tief kommen, kann ebenfalls an einer zu starken Handeinwirkung des Reiters liegen. Oder die Pferde neigen dazu, etwas hinter dem Zügel zu gehen. Kreuz- und Schenkelhilfen müssen das Eilen entsprechend regulieren.

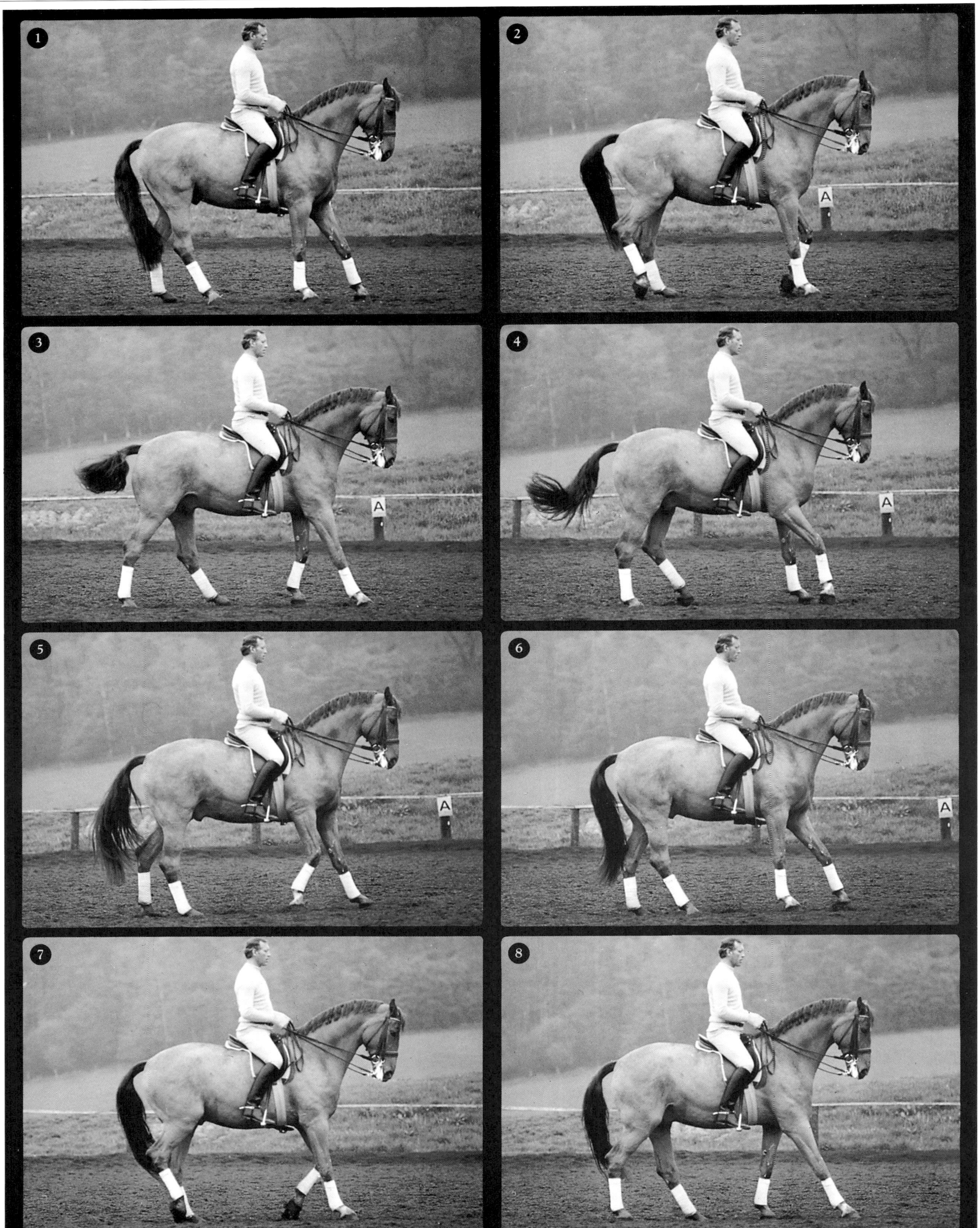

Erstes Rückwärtsrichten, bei dem die gesenkte und in den Hanken gebeugte Hinterhand die Vorhand in die Rückwärtsbewegung mitnimmt.

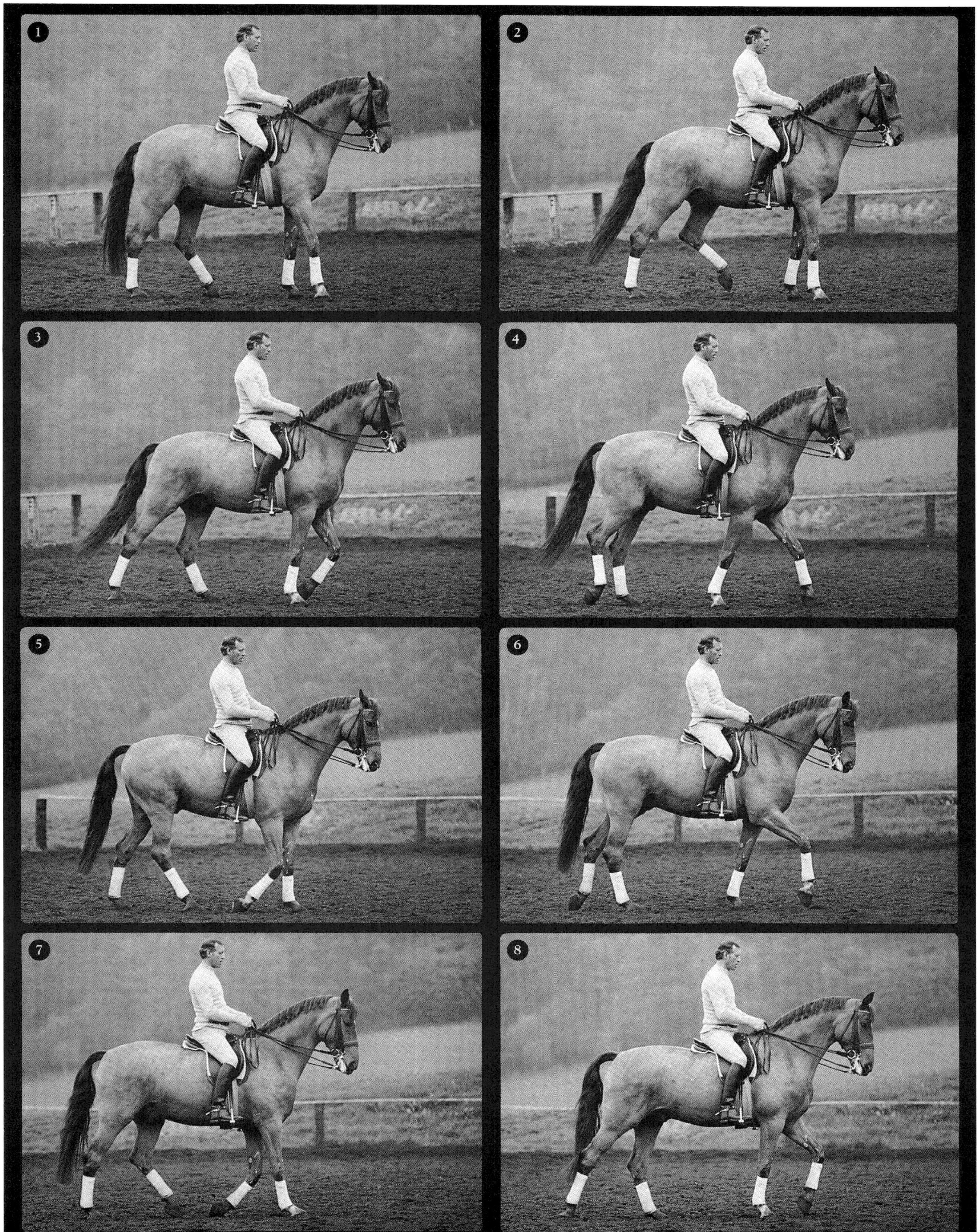

Geschmeidiger Übergang aus der Rückwärtsbewegung in die Vorwärtsbewegung, ohne daß das Pferd dabei zum Halten kommt.

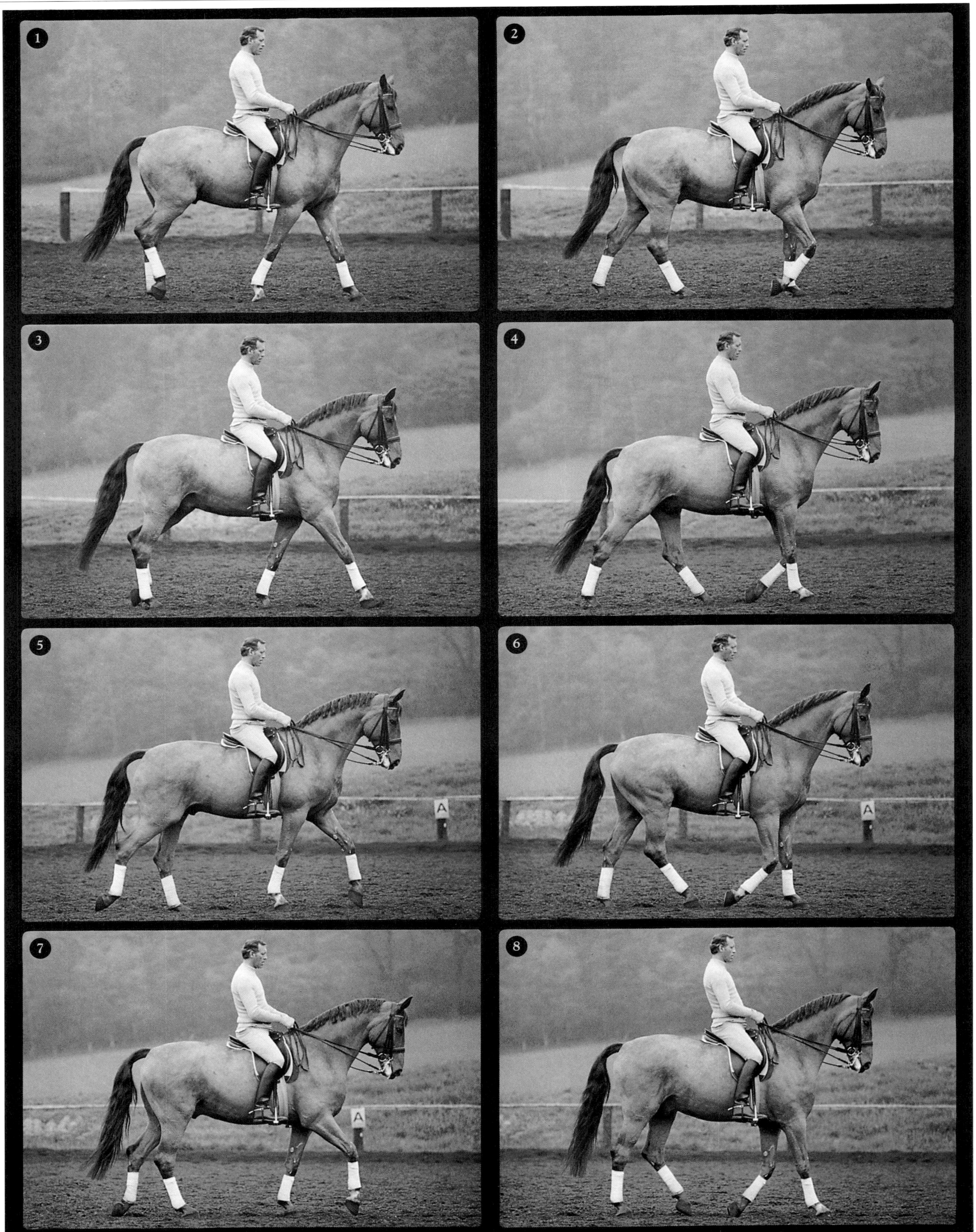

Freies Ausschreiten nach vorwärts im versammelten Schritt.

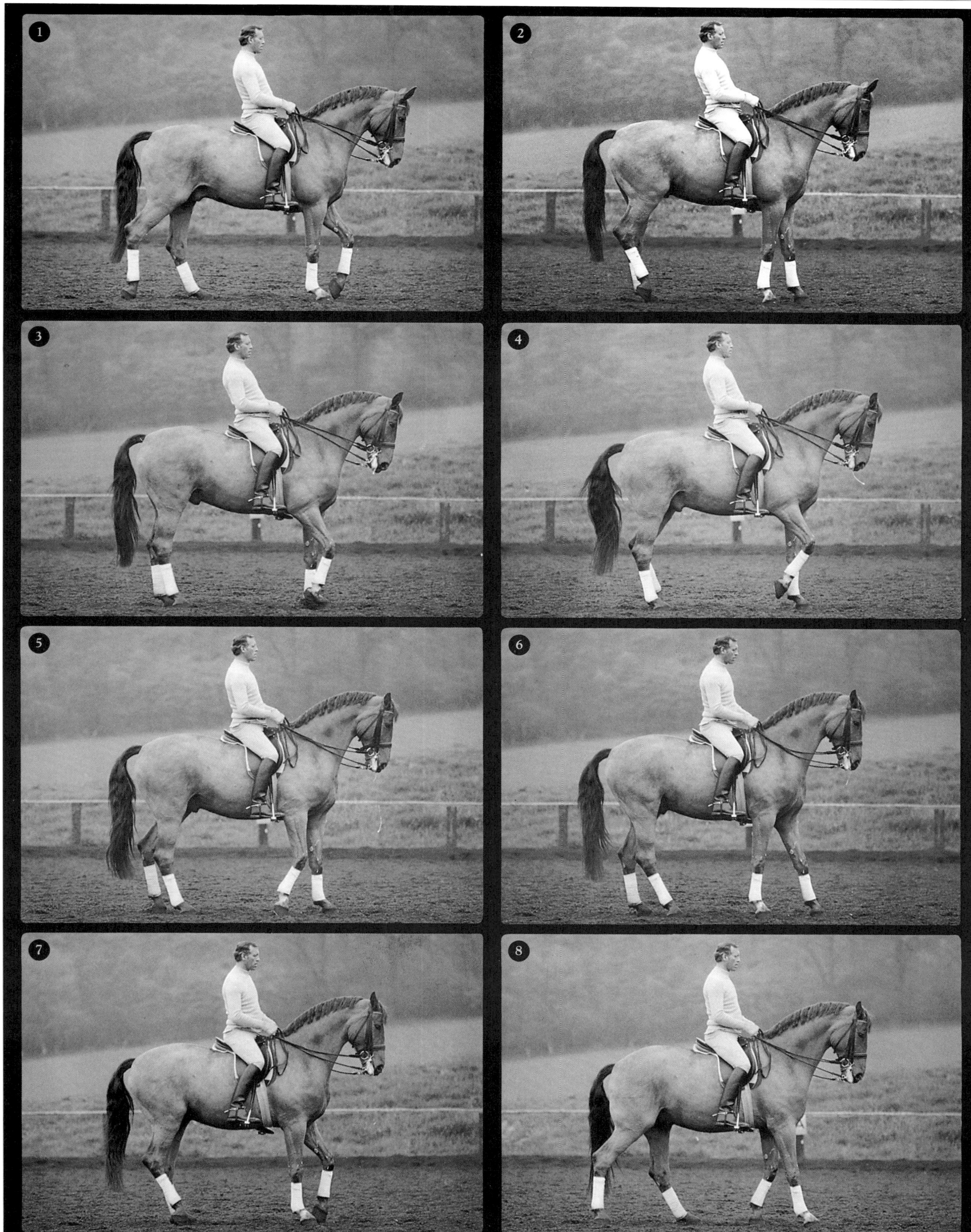

Übergang aus der Vorwärtsbewegung in die Rückwärtsbewegung. Fotos 3 und 4 zu starke Handeinwirkung.

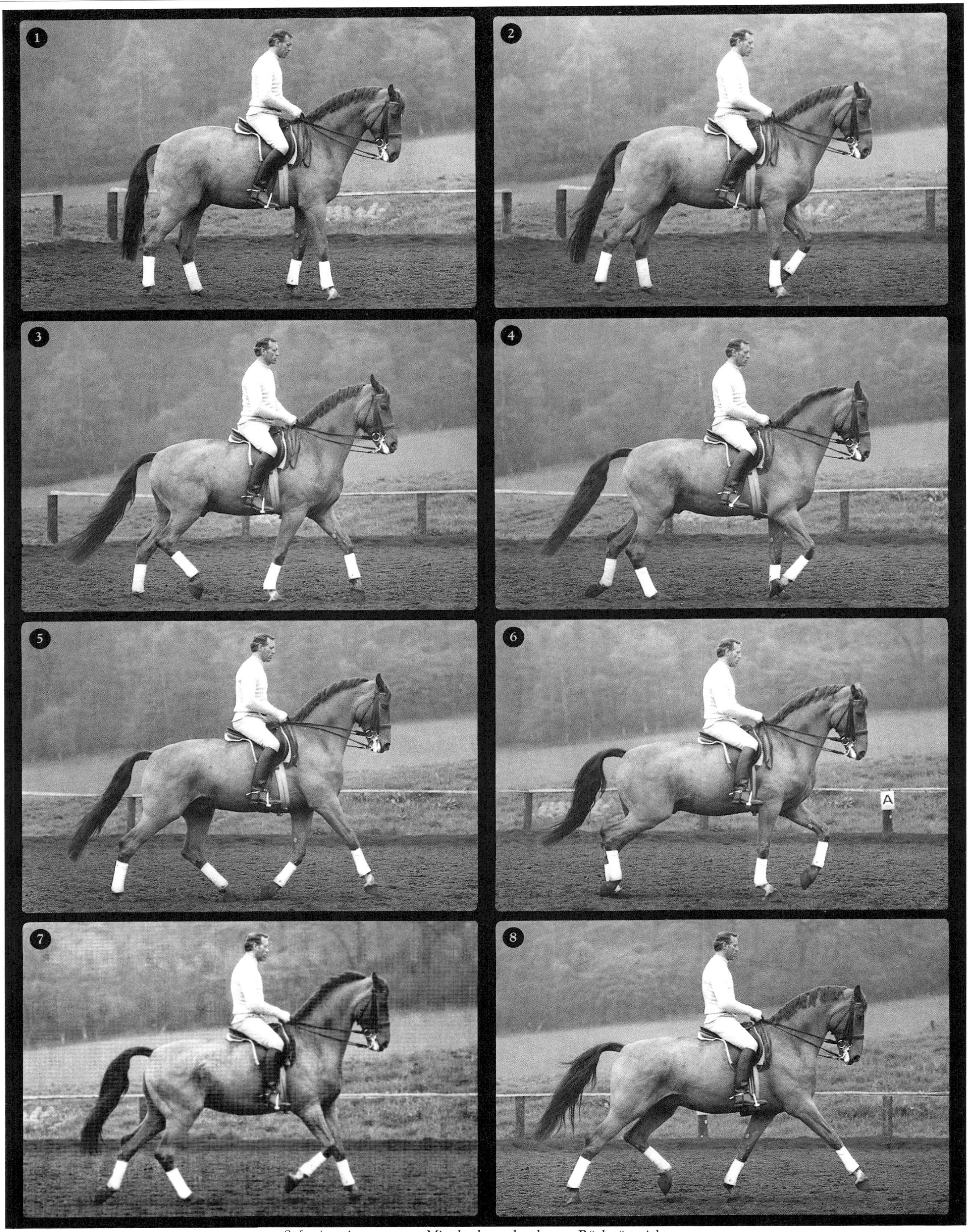

Sofortiges Antreten zum Mitteltrab aus dem letzten Rückwärtsrichten.

ZUSAMMENFASSENDER AUSBILDUNGS-PLAN.

Den Übergang von der M-Dressur zur S-Dressur wird man im allgemeinen etwas länger ansetzen müssen als den Sprung von der L-Dressur zur M-Dressur. Im Durchschnitt kann man vielleicht mit einem Ausbildungszeitraum von einem Dreivierteljahr rechnen. Bei Pferden mit sehr guter Galoppade wird dieser Ausbildungsabschnitt eventuell auch kürzer sein, da die neuen Lektionen ja vor allem Galopplektionen sind.

Mit den Galopptraversalen und dem Üben der fliegenden Galoppwechsel zu mehreren Sprüngen kann man gleichzeitig beginnen. Sind die Galopptraversalen nach einem etwa zwei- bis dreimonatigen Training gefestigt, so beginnt man mit den Galoppirouetten und trainiert die Übergänge zwischen Links- und Rechtstraversalen. Bei guten Galoppierern kann man die Galopptraversalen nunmehr auch als lösende Übung am Anfang der Dressurstunde reiten.

Zum Üben der neuen Lektionen reite ich auf diesem Ausbildungsniveau immer noch auf Trense. Daneben ist es aber angebracht, jede Woche ein oder zwei Kandarentage einzulegen. Vor den Starts in den ersten S-Dressuren reitet man dann häufiger auf Kandare und übt dabei die vorgesehenen Dressuraufgaben.

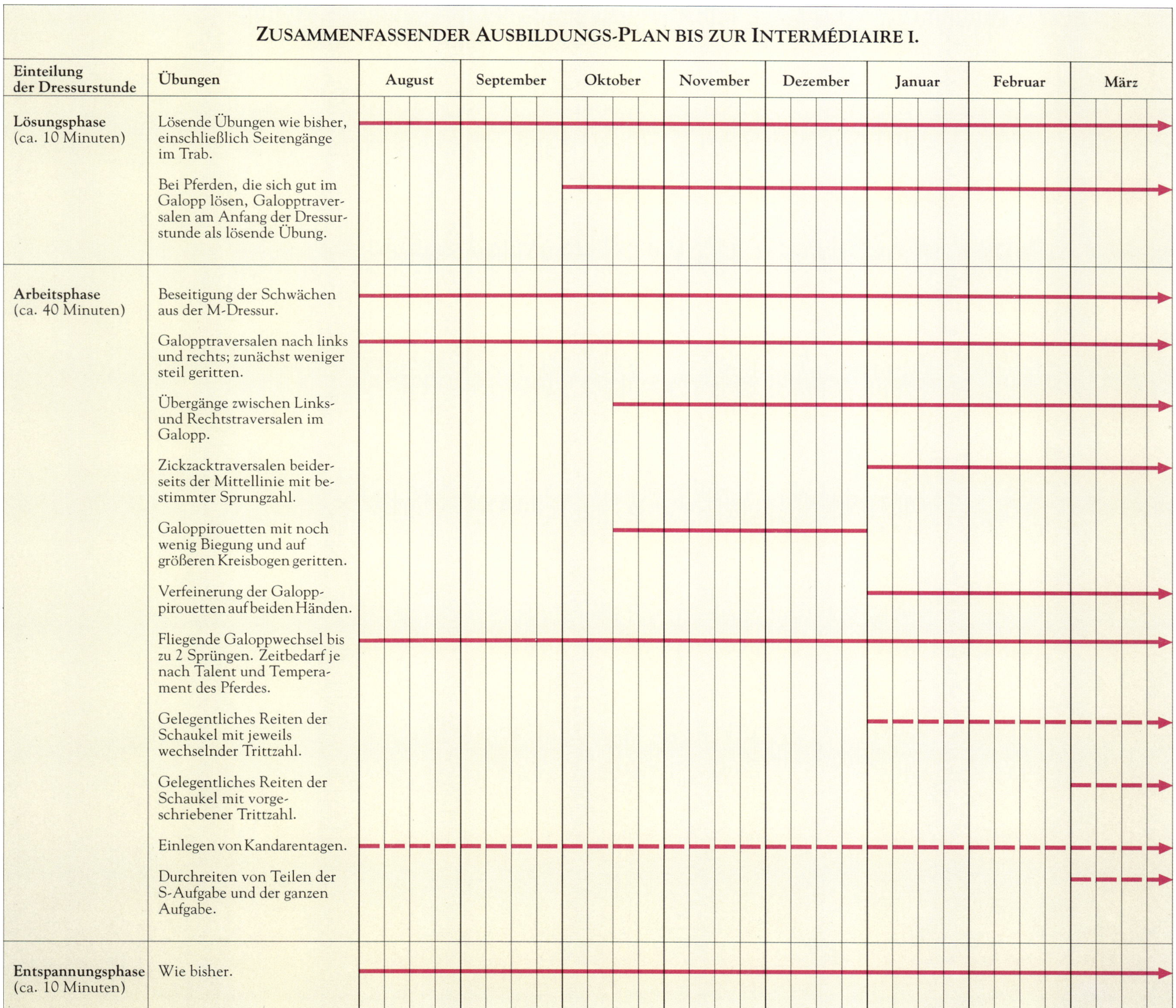

PRIX ST. GEORGES.

Dressurviereck
20 x 60 m

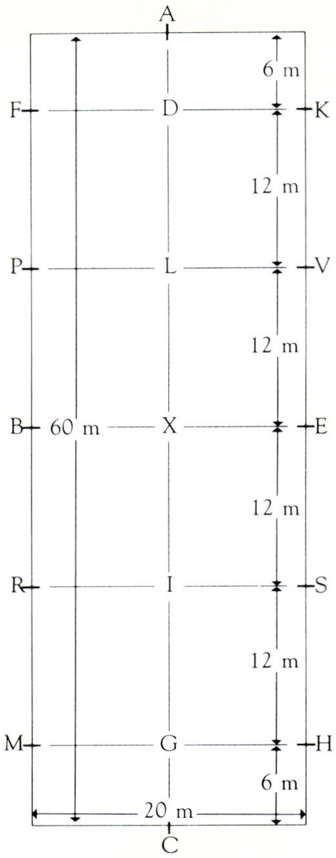

Gesamtnoten:

1. Reinheit der Gänge, Ungebundenheit und Regelmäßigkeit.
2. Schwung (Frische, Elastizität der Bewegungen, Rückentätigkeit u. Engagement der Hinterhand).
3. Gehorsam des Pferdes (Aufmerksamkeit und Vertrauen, Harmonie, Losgelassenheit und Durchlässigkeit, Maultätigkeit, Anlehnung und natürliche Aufrichtung).
4. Sitz und Einwirkung des Reiters, Korrektheit in der Anwendung der Hilfen.

Jede der 4 Gesamtnoten hat den Multiplikator 2.

Lektion Nummer	Lektionen der Aufgabe	Bemerkungen
1 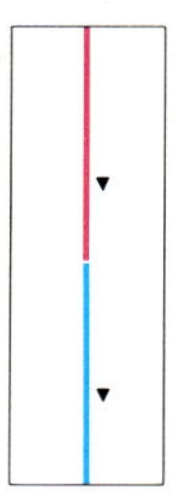 A X	Einreiten im versammelten Galopp. Halten – Unbeweglichkeit – Gruß. Anreiten im versammelten Trab.	Ein schiefes Einreiten, Halten und Anreiten macht auf den Richter gleich den Eindruck, daß das Pferd nicht richtig an den Hilfen steht. Das gleiche gilt für ein unruhiges Halten.
2 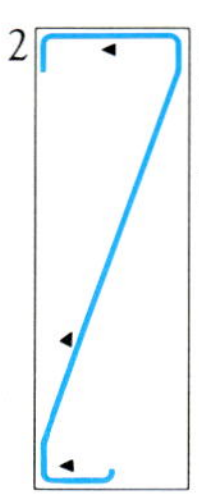 C MXK K	Rechte Hand. Im starken Trab durch die ganze Bahn wechseln. Versammelter Trab.	Der starke Trab muß taktmäßig und ausdrucksvoll auf der Wechsellinie eines 60 m langen Vierecks durchgehalten werden. Der Übergang zum versammelten Trab muß genau bei K sein.
3  FX	Nach links traversieren.	Keine besondere Schwierigkeit, da die halbe Traversale nur auf 30 m Länge geritten wird.
4 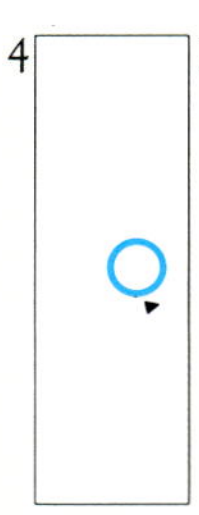 X	Volte nach links 8 m Durchmesser.	Keine besondere Schwierigkeit. Der Reiter muß jedoch auf die Genauigkeit der Volte achten.
5 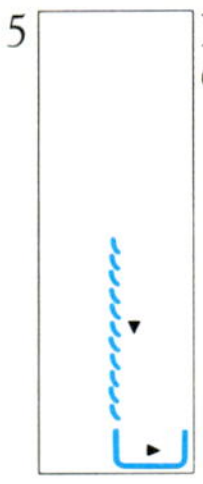 XG C	Schulterherein nach links. Linke Hand.	Eine der schwierigsten Lektionen, da das Pferd sauber auf 3 Hufschlägen gehen muß, auch ohne den Halt der Bande nicht schwanken darf und sich nicht im Genick verwerfen darf.
6 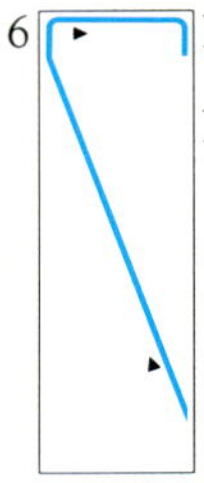 HXF F	Im starken Trab durch die ganze Bahn wechseln. Versammelter Trab.	Der starke Trab muß taktmäßig und ausdrucksvoll auf der Wechsellinie eines 60 m langen Vierecks durchgehalten werden. Der Übergang zum versammelten Trab muß genau bei F sein.
7 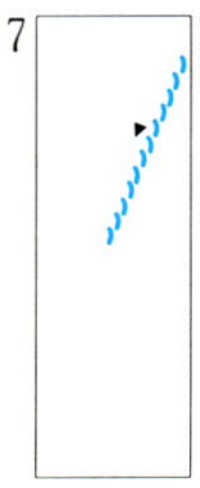 KX	Nach rechts traversieren.	Keine besondere Schwierigkeit, da die halbe Traversale nur auf 30 m Länge geritten wird.
8 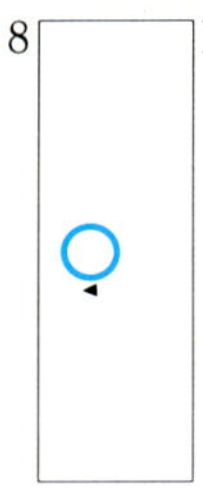 X	Volte nach rechts 8 m Durchmesser.	Keine besondere Schwierigkeit. Der Reiter muß jedoch auf die Genauigkeit der Volte achten.
9 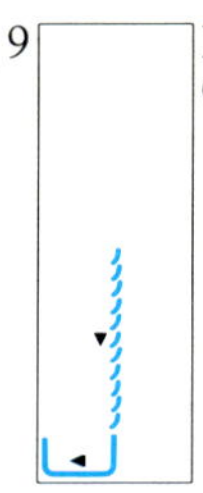 XG C	Schulterherein nach rechts. Rechte Hand.	Eine der schwierigsten Lektionen, da das Pferd sauber auf 3 Hufschlägen gehen muß, auch ohne den Halt der Bande nicht schwanken darf und sich nicht im Genick verwerfen darf.
10 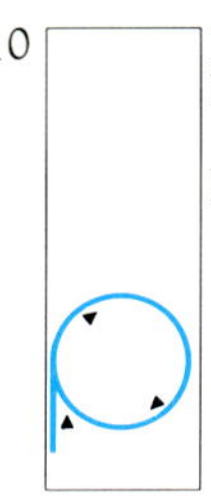 M RSR R	Mitteltrab. Zirkel nach rechts 20 m Durchmesser. Versammelter Trab.	Eine der schwierigsten Lektionen: Pferde, die auf gerader Linie noch einen passablen Mitteltrab gehen, haben beim Mitteltrab auf dem Zirkel oftmals Schwierigkeiten, wenn die natürlichen Trabbewegungen nicht sehr gut sind.
11 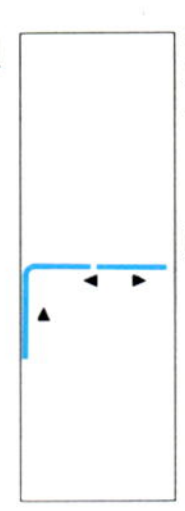 B X E	Rechtsum. Halten – 4 Tritte rückwärtsrichten und daraus sofort im versammelten Trab anreiten. Linke Hand.	Keine besondere Schwierigkeit. Der erste Tritt nach dem Rückwärtsrichten muß ein Trabtritt sein.
12 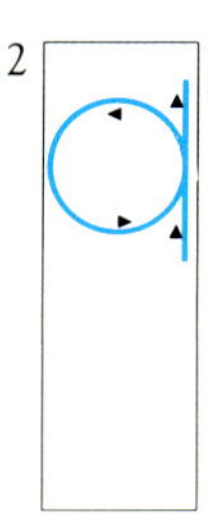 E VPV V	Mitteltrab. Zirkel nach links 20 m Durchmesser. Versammelter Trab.	Eine der schwierigsten Lektionen: Pferde, die auf gerader Linie noch einen passablen Mitteltrab gehen, haben beim Mitteltrab auf dem Zirkel oftmals Schwierigkeiten, wenn die natürlichen Trabbewegungen nicht sehr gut sind.

Lektion Nummer	Lektionen der Aufgabe	Bemerkungen
13  KAF	Versammelter Schritt.	Erhabener Schritt mit wenig Raumgriff; kein Übereilen des Schritts und kein paßartiger Schritt.
14 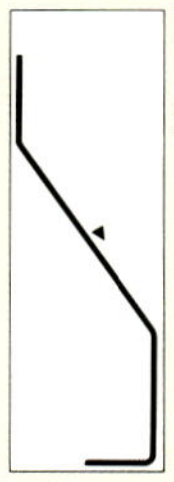 FPXSH HC	Handwechsel im starken Schritt. Mittelschritt.	Die Übergänge zwischen versammeltem Schritt, starkem Schritt und Mittelschritt müssen herausgeritten werden. Im starken Schritt muß sich das Pferd deutlich strecken, wobei der Kopf in Schulterhöhe bleiben muß. Das Pferd muß willig der sich öffnenden Hand folgen und die Zügel langsam herausnehmen. Beim Übergang zum Mittelschritt muß das Pferd leicht an den Zügel gestellt werden. (Multiplikator 2).
15  C zwischen M und R	Versammelter Schritt. Halbe Pirouette rechts.	Verkürzen der Zügel. Deutlicher Übergang mit zunehmender Aufrichtung und Hankenbiegung. Halbe Pirouette ohne Stockung bei guter Versammlung. Saubere Stellung und Biegung des Pferdes.
16  zwischen H und S	Halbe Pirouette links.	Halbe Pirouette ohne Stockung bei guter Versammlung. Saubere Stellung und Biegung des Pferdes.
17	Der versammelte Schritt. CMCHC.	Erhabener Schritt mit wenig Raumgriff; kein Übereilen des Schritts und kein paßartiger Schritt.
18  C	Im versammelten Tempo rechts angaloppieren.	Keine besondere Schwierigkeit. Das Pferd muß beim Angaloppieren geradegerichtet bleiben.
19 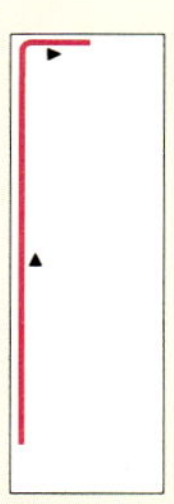 MF F	Mittelgalopp. Versammelter Galopp.	Das Pferd muß im Mittelgalopp geradegerichtet bleiben und darf vor allem beim Übergang zum versammelten Galopp nicht traversartig gehen.
20 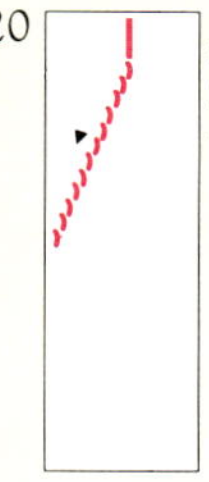 A DB B	Auf die Mittellinie gehen. Nach rechts traversieren. Galoppwechsel.	Keine besondere Schwierigkeit bei der Traversale, da diese nur auf 30 m Länge geritten werden muß. Beim Galoppwechsel muß das Pferd geradegerichtet sein.
21 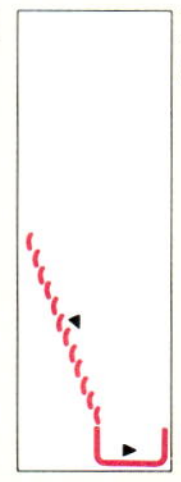 BG C	Nach links traversieren. Linke Hand.	Das Pferd darf nach dem Galoppwechsel nicht mit der Hinterhand vorauseilen.
22 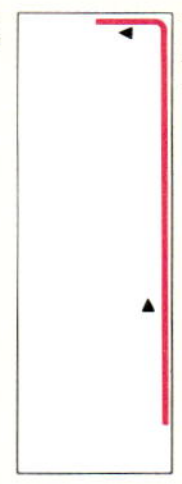 HK K	Mittelgalopp. Versammelter Galopp.	Das Pferd muß im Mittelgalopp geradegerichtet bleiben und darf vor allem beim Übergang zum versammelten Galopp nicht traversartig gehen.
23 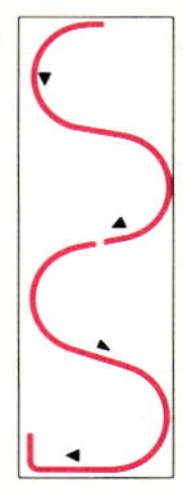 AC	Schlangenlinie durch die ganze Bahn. 4 Bogen, der erste und vierte im Handgalopp, der zweite und dritte Bogen im Außengalopp.	Der fliegende Galoppwechsel muß bei X von Außengalopp zu Außengalopp geritten werden und muß dementsprechend sicher sein.
24 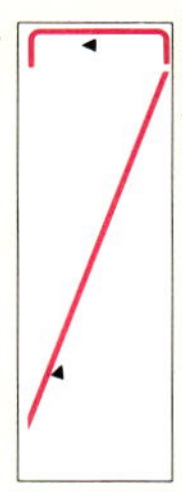 MXK K	Im starken Galopp durch die ganze Bahn wechseln. Versammelter Galopp und Galoppwechsel.	Deutlicher Übergang zum starken Galopp. Das Pferd soll lange, raumgreifende Galoppsprünge machen, die eine deutliche Steigerung gegenüber dem Mittelgalopp zeigen. Der Reiter muß den Hals des Pferdes etwas freier lassen und durch gutes Einsitzen und Vorwärtsdrücken den starken Galopp herausreiten, ohne das Pferd dabei zu überfallen. Das Pferd soll geradegerichtet bleiben. Der Übergang zum versammelten Galopp soll erst bei K erfolgen. Das Pferd darf nicht zu früh aufgenommen werden.
25  F zwischen F und X F	Versammelter Galopp in Richtung X. Halbe Pirouette links. Galoppwechsel.	Das Pferd muß vor der halben Pirouette noch etwas mehr aufgenommen werden und dabei genau auf der Wechsellinie bleiben. Nach der halben Pirouette muß das Pferd wieder genau auf der Wechsellinie sein. Die halbe Pirouette darf nicht überdreht werden. (Multiplikator 2).
26  K zwischen K und X K	Versammelter Galopp in Richtung X. Halbe Pirouette rechts. Galoppwechsel.	Gleiche Schwierigkeit wie bei Lektion Nr. 25

Lektion Nummer		Lektionen der Aufgabe	Bemerkungen
27 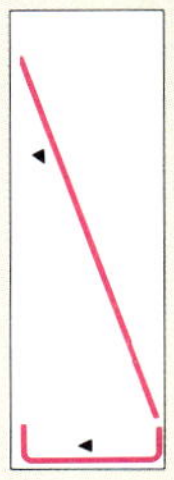	FXH H	Im starken Galopp durch die ganze Bahn wechseln. Versammelter Galopp und Galoppwechsel.	Deutlicher Übergang zum starken Galopp. Das Pferd soll lange, raumgreifende Galoppsprünge machen, die eine deutliche Steigerung gegenüber dem Mittelgalopp zeigen. Der Reiter muß den Hals des Pferdes etwas freier lassen und durch gutes Einsitzen und Vorwärtsdrücken den starken Galopp herausreiten, ohne das Pferd dabei zu überfallen. Das Pferd soll geradegerichtet bleiben. Der Übergang zum versammelten Galopp soll erst bei H erfolgen. Das Pferd darf nicht zu früh aufgenommen werden.
28 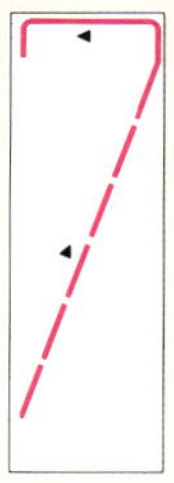	MXK	Auf der Diagonalen 5 Galoppwechsel zu 4 Sprüngen (links endend).	Die gute Einleitung der Galoppwechsel auf der Diagonalen ist zu beachten: 2 Galoppwechsel vor und 2 Galoppwechsel hinter X. Die Einteilung muß beim Training geübt und dem Galoppsprung des Pferdes angepaßt werden.
29 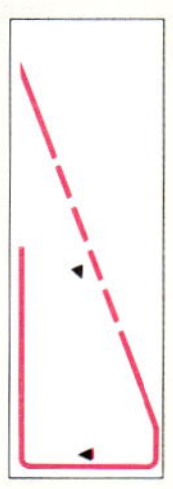	FXH	Auf der Diagonalen 5 Galoppwechsel zu 3 Sprüngen (rechts endend).	Entsprechend Lektion Nr. 28 ist auf die genaue Einteilung der Galoppwechsel zu achten.
30 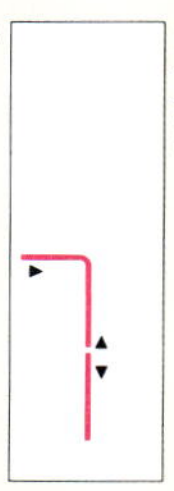	B X I	Rechtsum. Rechte Hand. Halten – 4 Tritte rückwärtsrichten, daraus sofort im versammelten Rechtsgalopp anreiten.	Das Pferd muß gegen Ende der Prüfung noch gut zusammengehalten werden. Beim Angaloppieren muß der erste Sprung ein Galoppsprung sein. Das Pferd muß auch ohne den Halt der Bande gerade angaloppieren.
31 	G	Halten – Unbeweglichkeit – Gruß.	Keine besonderen Schwierigkeiten. Das Pferd muß beim Halten geradegerichtet bleiben.
		Verlassen der Bahn bei A im Schritt am langen Zügel.	Mit etwas durchhängendem, aber nicht völlig hingegebenem Zügel die Bahn verlassen.

INTERMÉDIAIRE I.

Dressurviereck
20 x 60 m

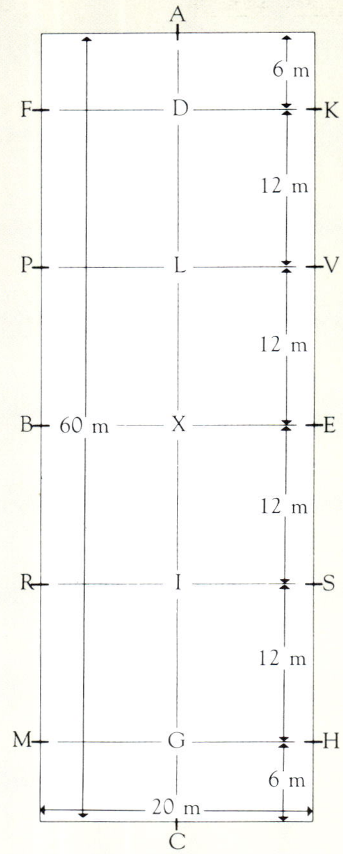

Schritt
Trab
Galopp

Gesamtnoten:
1. Reinheit der Gänge, Ungebundenheit und Regelmäßigkeit.
2. Schwung (Frische, Elastizität der Bewegungen, Rückentätigkeit u. Engagement der Hinterhand).
3. Gehorsam des Pferdes (Aufmerksamkeit und Vertrauen, Harmonie, Losgelassenheit und Durchlässigkeit, Maultätigkeit, Anlehnung und natürliche Aufrichtung).
4. Sitz und Einwirkung des Reiters, Korrektheit in der Anwendung der Hilfen.

Jede der 4 Gesamtnoten hat den Multiplikator 2.

Lektion Nummer		Lektionen der Aufgabe	Bemerkungen
1 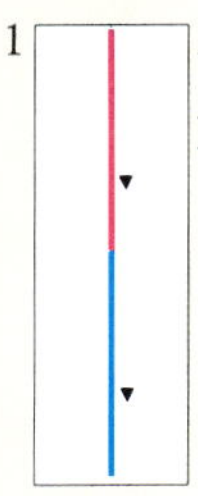	A X	Einreiten im versammelten Galopp. Halten – Unbeweglichkeit – Gruß. Anreiten im versammelten Trab.	Ein schiefes Einreiten, Halten und Anreiten macht auf den Richter gleich den Eindruck, daß das Pferd nicht richtig an den Hilfen steht. Das gleiche gilt für ein unruhiges Halten.
2 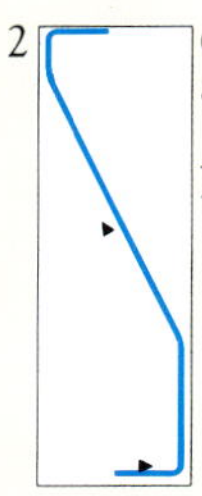	C SF F	Linke Hand. Im Mitteltrab durch die ganze Bahn wechseln. Versammelter Trab.	Taktmäßiger und ausdrucksvoller Mitteltrab. Der Übergang zum versammelten Trab muß genau bei F erfolgen.
3 	A DX	Auf die Mittellinie gehen. Schulterherein nach rechts.	Eine der schwierigsten Lektionen, da das Pferd sauber auf 3 Hufschlägen gehen muß, auch ohne den Halt der Bande nicht schwanken darf und sich nicht im Genick verwerfen darf.
4 	X	Volte nach rechts 8 m Durchmesser.	Keine besondere Schwierigkeit. Der Reiter muß jedoch auf die Genauigkeit der Volte achten.

Lektion Nummer	Lektionen der Aufgabe	Bemerkungen
5 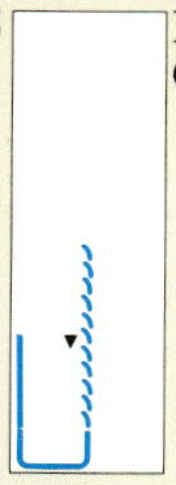 XG C	Renvers nach rechts. Rechte Hand.	Eine der schwierigsten Lektionen. Das Pferd muß sauber auf 4 Hufschlägen gehen und darf auch ohne den Halt der Bande nicht schwanken. Das innere Hinterbein geht auf der Mittellinie. Das Pferd darf sich nicht im Genick verwerfen.
6 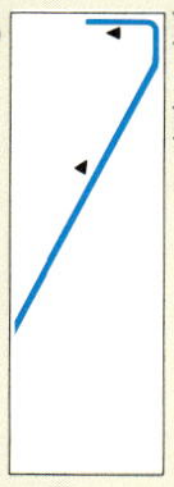 RK K	Im Mitteltrab durch die ganze Bahn wechseln. Versammelter Trab.	Taktmäßiger und ausdrucksvoller Mitteltrab. Der Übergang zum versammelten Trab muß genau bei K erfolgen.
7  A DX	Auf die Mittellinie gehen. Schulterherein nach links.	Eine der schwierigsten Lektionen, da das Pferd sauber auf 3 Hufschlägen gehen muß, auch ohne den Halt der Bande nicht schwanken darf und sich nicht im Genick verwerfen darf.
8  X	Volte nach links 8 m Durchmesser.	Keine besonderen Schwierigkeiten. Der Reiter muß jedoch auf die Genauigkeit der Volte achten.
9  XG C	Renvers nach links. Linke Hand.	Eine der schwierigsten Lektionen. Das Pferd muß sauber auf vier Hufschlägen gehen und darf auch ohne den Halt der Bande nicht schwanken. Das innere Hinterbein geht auf der Mittellinie. Das Pferd darf sich nicht im Genick verwerfen.
10 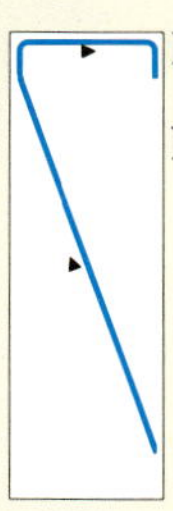 HXF F	Im starken Trab durch die ganze Bahn wechseln. Versammelter Trab.	Der starke Trab muß taktmäßig und ausdrucksvoll auf der Wechsellinie eines 60 m langen Vierecks durchgehalten werden. Der Übergang zum versammelten Trab muß genau bei F erfolgen.
11 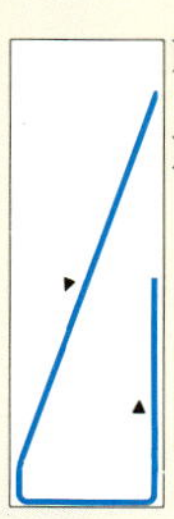 KXM M	Im starken Trab durch die ganze Bahn wechseln. Versammelter Trab.	Wie Lektion Nr. 10.
12 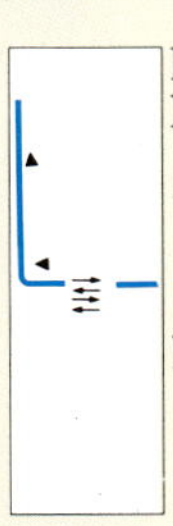 E X B	Linksum. Halten – 5 Tritte rückwärtsrichten – 3 Schritte vorwärts – 3 Tritte rückwärts, daraus sofort im versammelten Trab anreiten. Rechte Hand.	Sehr schwierige Schaukel. Besonders die 3 Schritte vorwärts und die 3 Tritte rückwärts sind schwierig, da die Pferde entweder mehr Schritte oder Tritte machen wollen oder aber, wenn ich diese Übung zu häufig geübt habe, die Pferde stocken und nur 1 bis 2 Schritte oder Tritte machen.

Lektion Nummer	Lektionen der Aufgabe	Bemerkungen
13 X	Die Übergänge vom versammelten Trab zum Halten (einschl.) und vom Rückwärtsrichten zum versammelten Trab.	Gesonderte Wertnote für die Übergänge.
14  FAK	Versammelter Schritt.	Erhabener Schritt, wenig Raumgriff. Kein Übereilen und kein paßartiger Schritt.
15 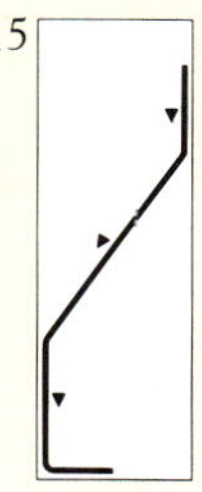 KVXRM MC	Handwechsel im starken Schritt. Mittelschritt.	Die Übergänge zwischen versammeltem Schritt, starkem Schritt und Mittelschritt müssen herausgeritten werden. Im starken Schritt muß sich das Pferd deutlich strecken, wobei der Kopf in Schulterhöhe bleiben muß. Das Pferd muß willig der sich öffnenden Hand folgen und die Zügel langsam herausnehmen. Beim Übergang zum Mittelschritt muß das Pferd leicht an den Zügel gestellt werden (Multiplikator 2).
16  C H Zwischen G und M	Versammelter Schritt. Linksum. Halbe Pirouette links.	Erhabener Schritt, wenig Raumgriff. Die Kurzkehrtwendungen sind etwas schwieriger als im Prix St. Georges, da der Halt der Bande fehlt. Die vorgeschriebene Linie muß genau eingehalten werden.
17  Zwischen G und H	Halbe Pirouette rechts.	Schwierigkeit wie Lektion Nr. 16.
18	Der versammelte Schritt. CH (M) (H) G	Gesonderte Wertnote für den versammelten Schritt.
19  G M	Im versammelten Tempo rechts angaloppieren. Rechte Hand.	Keine besondere Schwierigkeit. Das Pferd muß beim Angaloppieren geradegerichtet bleiben.

Lektion Nummer	Lektionen der Aufgabe	Bemerkungen
20 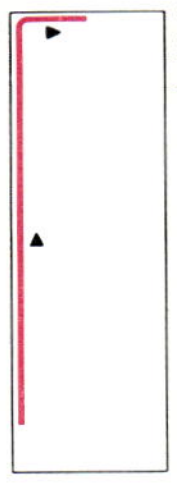 MF F	Mittelgalopp. Versammelter Galopp.	Mittelgalopp sofort bei M entwickeln. Im Mittelgalopp und beim Übergang zum versammelten Galopp muß das Pferd geradegerichtet bleiben.
21 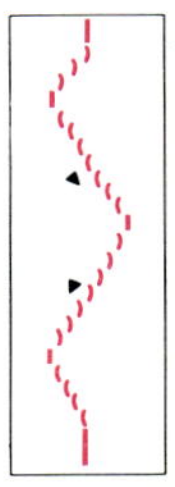 AG G	Auf die Mittellinie gehen – 4 Traversalen beiderseits der Mittellinie mit Galoppwechsel bei jedem Richtungswechsel. Die erste und letzte Traversale je 4 Sprünge, die beiden anderen je 8 Sprünge. Im Linksgalopp endend.	Schwierige Lektion. Das Pferd muß bei jedem Galoppwechsel sauber geradegerichtet sein. Häufigster Fehler ist ein Herumschmeißen der Hinterhand.
22 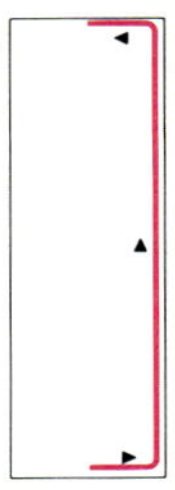 C HK K	Linke Hand. Mittelgalopp. Versammelter Galopp.	Deutlicher Übergang zum Mittelgalopp, bei dem das Pferd ebenso wie beim Übergang zum versammelten Galopp geradegerichtet bleiben muß.
23 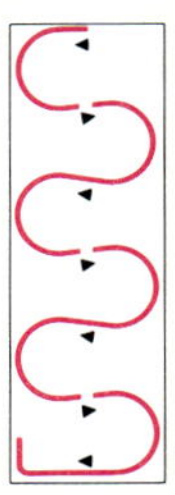 AC	Schlangenlinie durch die ganze Bahn, 6 Bogen, der erste und zweite im Handgalopp, der dritte und vierte im Außengalopp, der fünfte und sechste im Handgalopp.	Beim ersten, dritten und fünften Kreuzen der Mittellinie muß fliegend umgesprungen werden. Bei X wird fliegend von Außengalopp zu Außengalopp gewechselt.
24 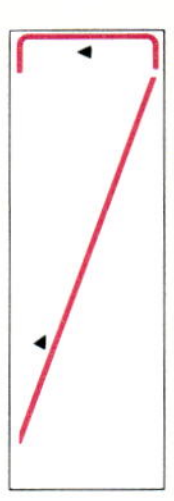 MXK K	Im starken Galopp durch die ganze Bahn wechseln. Versammelter Galopp und Galoppwechsel.	Deutlicher Übergang zum starken Galopp. Das Pferd soll lange, raumgreifende Galoppsprünge machen, die eine deutliche Steigerung gegenüber dem Mittelgalopp zeigen. Der Reiter muß den Hals des Pferdes etwas freier lassen und durch gutes Einsitzen und Vorwärtsdrücken den starken Galopp herausreiten, ohne das Pferd dabei zu überfallen. Das Pferd soll geradegerichtet bleiben. Der Übergang zum versammelten Galopp soll erst bei K erfolgen. Das Pferd darf nicht zu früh aufgenommen werden.
25  FXH Zwischen F und X	Im versammelten Galopp durch die ganze Bahn wechseln. Ganze Pirouette links.	Gutes Einstellen des Pferdes auf die Wechsellinie. Gutes Aufnehmen des Pferdes vor der Pirouette, genau auf der Wechsellinie. Pirouette im Takt mit 5-6 erhabenen Galoppsprüngen. Kein Überdrehen. Daraus wieder genau auf die Wechsellinie (Multiplikator 2).
26  X Zwischen X und H	Galoppwechsel. Ganze Pirouette rechts.	Schwierigkeit wie Lektion Nr. 25.
27 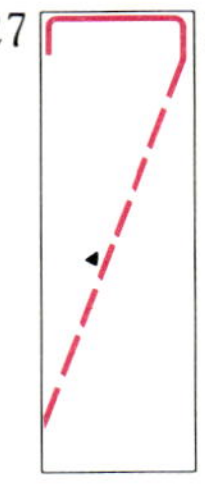 MXK	Auf der Diagonalen 7 Galoppwechsel zu 3 Sprüngen (links endend).	Erfahrungsgemäß muß man schon kurz hinter F mit den Wechseln beginnen, um kurz vor H die Wechsel beendet zu haben.
28 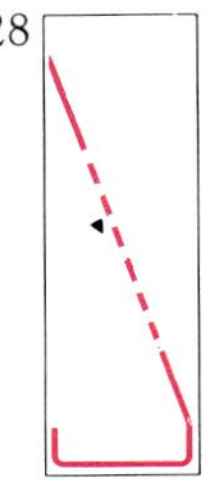 FXH	Auf der Diagonalen 7 Galoppwechsel zu 2 Sprüngen (rechts endend).	Mit den Wechseln darf man erst etwa in der Mitte zwischen F und X beginnen, um die 7 Galoppwechsel zu 2 Sprüngen gleichmäßig auf der Diagonalen zu verteilen.
29 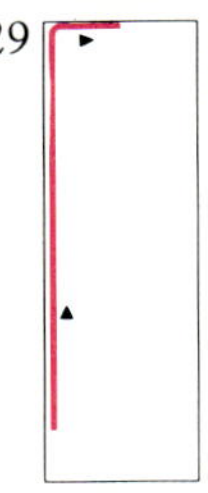 MF F	Starker Galopp. Versammelter Galopp.	Deutliche Übergänge. Starker Galopp mit viel Raumgriff. Das Pferd muß im starken Galopp und beim Übergang zum versammelten Galopp geradegerichtet sein.
30 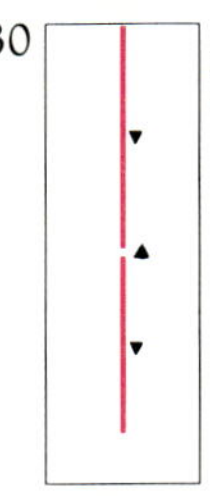 A X	Auf die Mittellinie gehen. Halten – 5 Tritte rückwärtsrichten, daraus im versammelten Rechtsgalopp anreiten.	Das Pferd muß auch gegen Ende der Prüfung noch gut zusammengehalten werden. Beim Angaloppieren muß der erste Sprung ein Galoppsprung sein. Das Pferd muß auch ohne den Halt der Bande gerade angaloppieren.
31  G	Halten – Unbeweglichkeit – Gruß.	Keine besonderen Schwierigkeiten. Das Pferd muß beim Halten geradegerichtet bleiben.
	Verlassen der Bahn bei A im Schritt am langen Zügel.	Mit etwas durchhängenden, aber nicht völlig hingegebenen Zügeln die Bahn verlassen.

INTERMÉDIAIRE II UND GRAND PRIX DE DRESSAGE.

AUSBILDUNGSZIELE.

Das Grand Prix-Pferd muß fliegende Galoppwechsel von Sprung zu Sprung, Piaffe und Passage erlernen. Auch in der Intermédiaire II, der Vorstufe zum Grand Prix, werden bereits Piaffen und Wechsel von Sprung zu Sprung verlangt. Während die Einerwechsel bei den meisten Pferden auf dieser Ausbildungsstufe keine besonderen Schwierigkeiten bereiten, sind Piaffe und Passage doch sehr schwierige Lektionen, die auch ein besonderes Talent des Pferdes und viel Erfahrung des Ausbilders erfordern.

Zur Piaffe und Passage müssen die Pferde besonders geschmeidig in der Hinterhand sein, sich gut in den Hanken biegen und vor allem auch biegsam in den Sprunggelenken sein. Pferden mit steiler Hinterhand und steifen Sprunggelenken fallen diese Lektionen dagegen sehr schwer. Sie senken sich nicht in der Hinterhand, sondern piaffieren und passagieren auf der Schulter.

Während man bei den meisten Grand Prix-Pferden im allgemeinen noch eine leidlich gute Passage sieht, so ist die Zahl der guten Piaffierer doch sehr viel begrenzter. Denn die Piaffe verlangt neben der mechanischen Voraussetzung einer geschmeidigen Hinterhand noch eine ganz besondere Feinfühligkeit des Pferdes. Das Pferd soll ja ohne Gerten- oder Stimmenhilfe, nur auf den Schenkeldruck hin, piaffieren. Das setzt aber voraus, daß man auch alle anderen Lektionen mit ganz leichten Schenkelhilfen reiten kann.

DIE SKALA DER DRESSURAUSBILDUNG AUF DEM NIVEAU DES GRAND PRIX DE DRESSAGE.

Skala der Dressurausbildung	Wird bei der Ausbildung zum Grand Prix zusätzlich trainiert durch:	Trainingstests
Takt Losgelassenheit Anlehnung	— — —	Erhaltung von Takt, Losgelassenheit und Anlehnung bei den Galoppwechseln von Sprung zu Sprung und in der Piaffe und Passage.
Schwung	Piaffe und Passage.	Erhaltung und allmähliche Steigerung des Schwunges in der Piaffe und Passage. Damit auch Verbesserung des Schwunges in den Trabtempi. Erhaltung des Schwunges bei den Wechseln von Sprung zu Sprung.
Geraderichten	—	Fliegende Galoppwechsel von Sprung zu Sprung, Piaffe und Passage ohne zu schwanken.
Versammlung	Piaffe und Passage.	Weitere Erhöhung des Versammlungsgrades durch zunehmende Biegung der Hinterhandgelenke und zunehmende Schulterfreiheit des Pferdes in der Piaffe und Passage. Erhaltung der Versammlung bei den Galoppwechseln von Sprung zu Sprung.

FLIEGENDE GALOPPWECHSEL VON SPRUNG ZU SPRUNG.

Pferden, die fliegende Galoppwechsel bis zu zwei Sprüngen auf leichte Hilfengebung geradeaus und mit klarem Vorwärtsdrang gehen, kann man die Wechsel von Sprung zu Sprung meistens in wenigen Tagen beibringen. Vorausgesetzt, daß die Pferde sich dabei nicht aufregen. Denn bei einem Pferd, das gut im Gleichgewicht galoppiert, liegt es ja nur am Reiter, den Wechsel seiner Hilfengebung einen Galoppsprung schneller auszuführen.

Da die Pferde den fliegenden Galoppwechsel nach einer Seite meistens etwas leichter ausführen, wird man dies auch beim Üben der Einerwechsel ausnutzen. Springt das Pferd leichter vom Rechts- in den Linksgalopp, so beginne ich im Linksgalopp, wechsele in den Rechtsgalopp und dann sofort wieder in den Linksgalopp.

Hat das Pferd 2 bis 3 Galoppwechsel von Sprung zu Sprung gelernt, steigert man die Anforderungen allmählich.

Entscheidend ist schließlich, daß die Galoppwechsel von Sprung zu Sprung ausdrucksvoll und

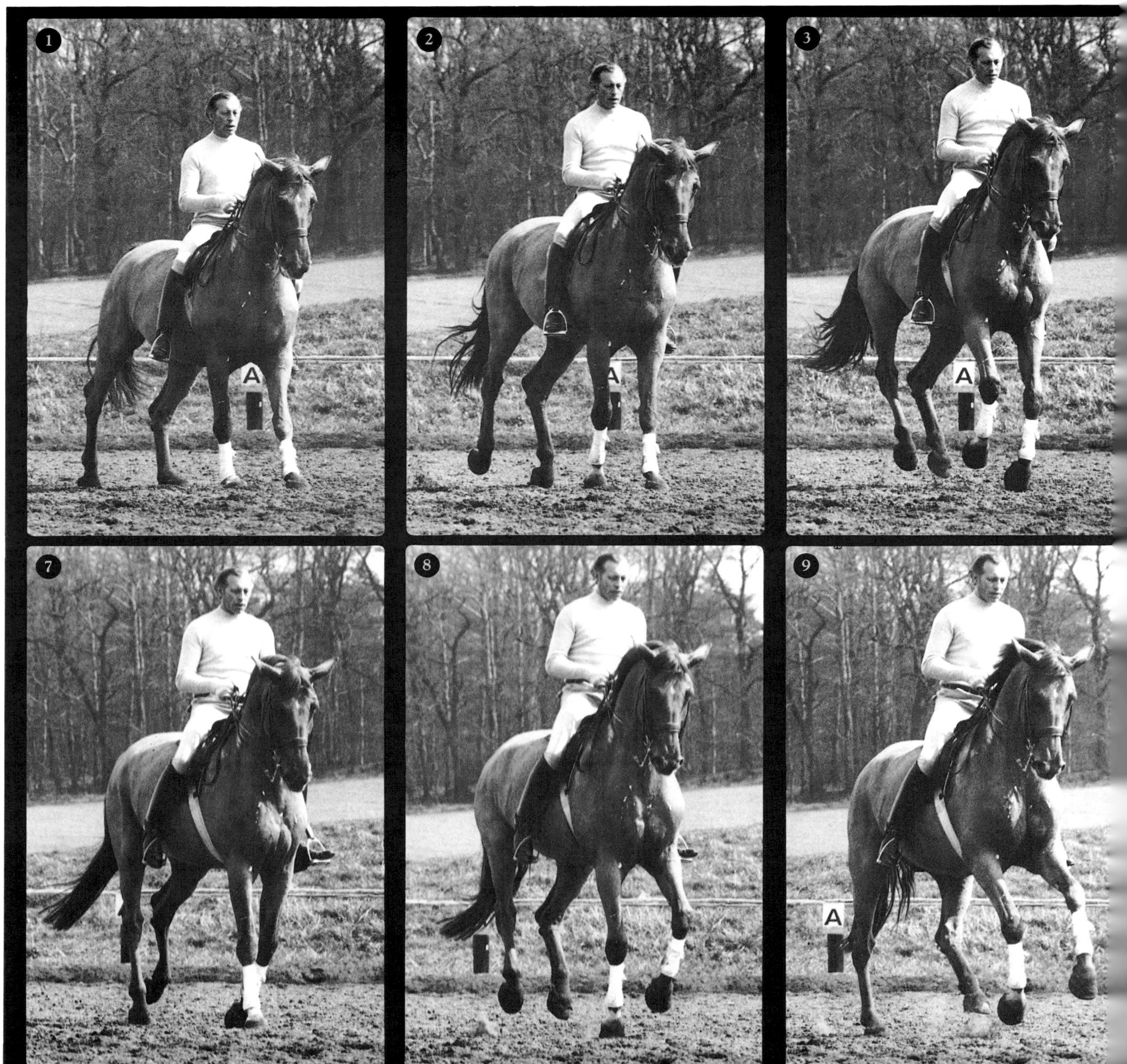

Ausdrucksvolle Galoppwechsel von Sprung zu Sprung, bei denen das Pferd in sich gerade

erhaben gesprungen werden. Oft sieht man, daß die Pferde zwar sichere Einerwechsel gehen, aber abgehackt, mit steifen Vorderbeinen und in flachen Galoppsprüngen wechseln. Ansonsten treten alle übrigen Fehler auf, die bereits weiter vorn besprochen wurden.

Hilfengebung zum fliegenden Galoppwechsel von Sprung zu Sprung.

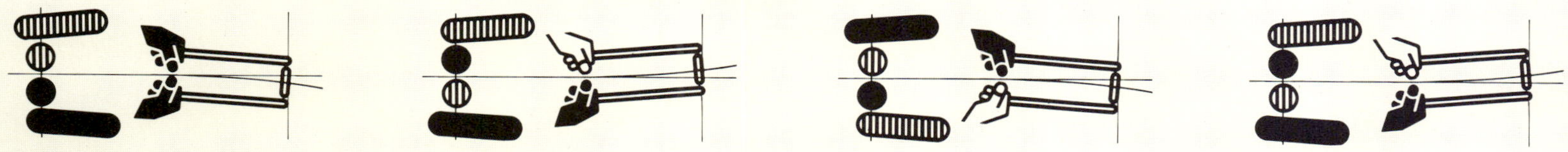

1. Hilfengebung im Rechtsgalopp.
2. Hilfengebung zum fliegenden Galoppwechsel nach links. Das Umstellen des Pferdes in Kopf und Hals muß hier im gleichen Moment wie das Umstellen der übrigen Hilfen erfolgen.
3. Hilfengebung zum fliegenden Galoppwechsel nach rechts.
4. Hilfengebung zum fliegenden Galoppwechsel nach links.

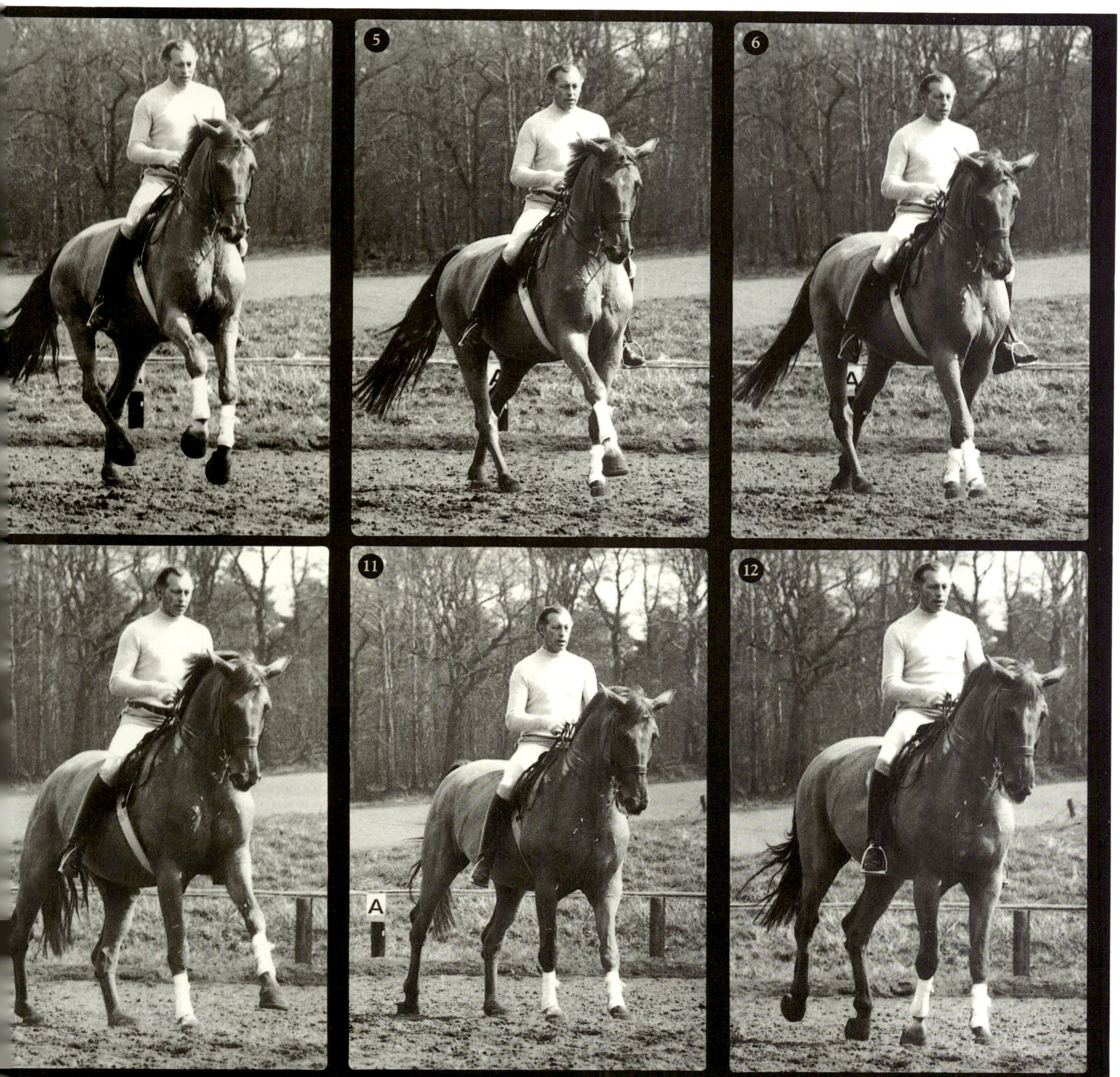

erd geht schwungvoll und zeigt einen deutlichen Vorwärtsdrang, ohne dabei zu eilen.

PIAFFE.

Die Piaffe ist eine trabartige, erhabene Bewegung auf der Stelle, bei der das Pferd in den Hanken, Sprung- und Fesselgelenken stark gebeugt ist und die diagonalen Beinpaare in energisch federnden Tritten taktmäßig hebt und senkt.

RICHTIGE AUSFÜHRUNG UND GYMNASTISCHES ZIEL.

In der Piaffe sollen die Hinterbeine bei gesenkter und sich nur leicht auf- und abwärts bewegender Kruppe vermehrt die Last tragen. Die Hinterbeine treten dabei so weit unter, daß der abfußende Hinterfuß senkrecht unter der Hüfte ist. Die Vorhand des Pferdes ist erhoben, der Hals des Pferdes aufgerichtet, das Genick der höchste Punkt. Die Rückenmuskeln sind elastisch gespannt. Die Lendenpartie wölbt sich etwas auf.

Das Pferd muß die Hinterbeine deutlich vom Boden abheben, und zwar so hoch, daß der abfedernde Hinterfuß bis in die Höhe des Fesselkopfes des Standbeines angehoben wird. Der diagonale Vorderarm wird bei Pferden mit natürlicher Knieaktion im Idealfall bis zur Waagerechten angehoben, bei Pferden mit flacherer Trabaktion ist das Vorderbein bei einer guten Piaffe meist noch so stark angehoben, daß die Hufspitze des angehobenen Vorderbeines etwa auf die Mitte der Röhre des vorderen Standbeines zeigt. Beim Erreichen der höchsten Höhe sollen Vorder- und Hinterbeine für einen Moment verharren.

Die Piaffe ist diejenige Lektion, bei der die Tragkraft der Hinterhand im Höchstmaß beansprucht wird. Sie findet ihre Steigerung nur noch in der Levade, bei der die Hinterhand unter weitestgehender Biegung ihrer Gelenke die ganze Last trägt und sich die Vorhand bei angezogenen Vorderbeinen vom Boden erhebt. Eine Lektion, die man nur noch an der Spanischen Hofreitschule sehen kann.

HILFENGEBUNG.

Die Piaffe wird eingeleitet durch ein vermehrtes Anspannen des Kreuzes, wodurch der Reiter den Druck auf den Pferderücken verstärkt. Wie beim Antraben, so wirkt man auch beim Anpiaffieren beidseitig mit den Schenkeln ein, fängt aber gleichzeitig durch halbe Paraden die Vorwärtsbewegung ab, um sie je nach dem Ausbildungsstand des Pferdes beziehungsweise der geforderten Lektion gänzlich zu unterbinden oder etwas herauszulassen.

Die beidseitigen Schenkelhilfen müssen energisch, dabei aber weich und nicht stoßend, gegebenenfalls unterstützt von kurzen Sporenhilfen, die Piaffetritte anregen. *Man muß die Schenkelhilfen genau im Takt geben und darf nicht eiliger werden, denn sonst kommt auch das Pferd ins Eilen und die Piaffe verliert an Erhabenheit.*

Der Reiter muß in der Hand weich bleiben, um den Bewegungsablauf nicht zu stören. Und er muß besonders ruhig sitzen und sich geschmeidig den Aufwärts- und Abwärtsbewegungen des Pferdes anpassen. Das Gesäß darf den Sattel nicht verlassen. Gerade bei der Piaffe ist es sehr wichtig, das taktmäßige Treten nicht zu unterbinden und das Pferd nicht aus dem Gleichgewicht zu bringen. Man erwirbt dieses Gefühl am besten, wenn man auf einem erfahrenen Lehrpferd völlig passiv in der Piaffe sitzen bleibt und die Hilfen zur Piaffe vom Boden aus gegeben werden.

ARBEIT AN DER HAND ALS VORBEREITENDES TRAINING.

Im allgemeinen ist es am leichtesten, die Pferde an der Hand anzupiaffieren, da den Pferden ohne das Gewicht des Reiters die Hankenbiegung erleichtert wird. Danach übt man die Piaffe unter dem Reiter und entwickelt daraus die Passage. Aber es gibt natürlich auch Pferde, die leichter die Passage lernen und bei denen man aus der Passage in die Piaffe übergeht. Bei Remus habe ich die Piaffe aus der Passage entwickelt. Bei Golo war das nicht möglich. Bei ihm habe ich die Passage über den Mitteltrab entwickelt, bis er den Schwebetakt der Passage begriffen hatte. In der Praxis muß man deshalb ausprobieren, welcher Weg dem Pferd am besten liegt.

Mit der Arbeit an der Hand beginne ich, wenn die Pferde zur Losgelassenheit gefunden haben. Nur bei besonders nervigen Pferden, die sich beim Piaffieren leicht aufregen, ist es zweckmäßig, die Handarbeit erst am Ende der Dressurstunde durchzuführen, um eine gewisse Müdigkeit der Pferde auszunutzen.

Hilfengebung bei der Piaffe.

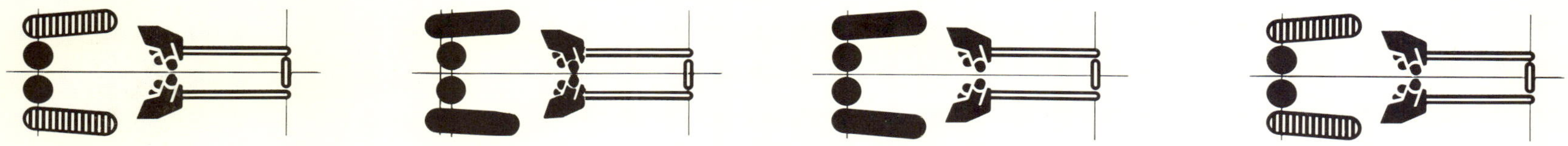

1. Hilfengebung im Halten.
2. Anregung zur Piaffe durch vermehrtes Kreuzanspannen und beidseitige Schenkelhilfen.
3. Phase 1: Abfußen eines diagonalen Beinpaares.
4. Phase 2: Heben und Senken eines diagonalen Beinpaares.

Man bindet die Pferde zur Arbeit an der Hand so weit aus, daß sie in der Bewegung etwas vor der Senkrechten sind. Macht man die Pferde dagegen zu eng, so wird ihnen das Abfußen der Hinterhand zu sehr erschwert.

Als Hilfsmittel verwende ich einen Kappzaum mit Führzügel, der in das Nasenstück des Kappzaums geschnallt wird. Schnallt man dagegen den Führzügel in den Trensenring oder führt man den Zügel vom äußeren Trensenring über den Kopf durch den inneren Trensenring, so besteht die Gefahr, daß sich die Pferde im Genick verwerfen.

Das Pferd wird an der Bande geradegerichtet aufgestellt. Der Ausbilder steht in Schulterhöhe des Pferdes, erfaßt mit der einen Hand den Führzügel und hält in der anderen Hand eine etwa 2,20 m lange Gerte. Am Ende der Gerte muß ein etwa 30 cm langer Lederschlag sein, damit man beide Hinterbeine damit erreichen kann. Hat man einen geschickten Gehilfen zur Verfügung, so kann dieser auch das Pferd anführen, und der Ausbilder tritt seitlich hinter die Hinterhand.

Die Gerte legt man im allgemeinen unterhalb des Sprunggelenkes an. Aber man kann das Pferd auch oberhalb des Sprunggelenkes oder an der Kruppe oder zwischen den Hinterbeinen touchieren. Jedes Pferd reagiert anders, und man muß ausprobieren, wie man mit den leichtesten Gertenhilfen auskommt.

Die Pferde dürfen natürlich nicht ängstlich auf die Gerte reagieren. Falls erforderlich, muß man sie deshalb zunächst damit vertraut machen und sie an Kruppe, Flanken und Hinterbeinen mit der Gerte bestreichen. Aber es ist keineswegs schlimm, wenn die jüngeren Pferde beim ersten Einsatz der Gertenhilfe ausschlagen. Dies zeigt im Gegenteil, daß sie nicht stur sind und gut reagieren.

Das Pferd muß nun zunächst lernen, auf Zungenschlag und Gertenhilfe vorzutreten. Dabei darf man noch nicht unbedingt piaffeartige Tritte verlangen, sondern es ist zunächst nur wichtig, daß das Pferd in lebhaften Tritten im verkürzten Trab vorwärts tritt und sich nicht verhält oder sogar rückwärts tritt.

Die Stärke der Gertenhilfe richtet sich dabei natürlich ganz nach dem Temperament des Pferdes. Aber man muß bei jedem Pferd bestrebt sein, mit sparsamen Hilfen auszukommen und nicht ständig gleichmäßig starke Gertenhilfen zu geben. Im Laufe der weiteren Arbeit wird das Pferd dann zunehmend mehr auf den taktmäßigen Zungenschlag reagieren, und man setzt die Gertenhilfen nur noch ein, wenn die Tritte an Lebhaftigkeit verlieren. Später genügt auch zum Antreten aus dem Halten ein Zungenschlag, und die Gerte berührt nur noch die Hinterhand.

Hat das Pferd gelernt, in lebhaften Tritten im verkürzten Trab vorwärts zu treten, so kann man durch annehmende Zügelhilfen in Verbindung mit den vortreibenden Hilfen das Pferd zu den ersten piaffeartigen Tritten veranlassen. Die Schwierigkeiten bestehen darin, die verhaltenden und vortreibenden Hilfen in Einklang zu bringen. Auf keinen Fall darf man dabei den häufig zu beobachtenden Fehler machen, sich zuviel auf die Hand zu treiben. Das Pferd bewegt sich in diesem Ausbildungsstadium immer noch vorwärts. *Das Piaffieren auf der Stelle darf man erst dann verlangen, wenn das Pferd taktmäßig sicher piaffiert und die Piaffe allmählich an Erhabenheit gewinnt.*

Nach einigen piaffeartigen Tritten unterbricht man die Arbeit sofort und lobt das Pferd im Halten. Das Pferd weiß dann, was von ihm verlangt wird. Man überanstrengt das Pferd nicht und erhält sich seine Arbeitsbereitschaft. Nervige Pferde warten direkt darauf, wieder antreten zu dürfen, und man kann sie viel schneller zum selbständigen Piaffieren bringen, wenn man diese Übung auf einige Piaffetritte begrenzt.

Ohnehin sollte man das Piaffieren auf höchstens 5 Minuten begrenzen, da die Pferde durch das starke Arbeiten der Hinterhand doch sehr angestrengt werden und Überanstrengungen leicht Widerstand des Pferdes hervorrufen können.

Wichtig ist, daß das Pferd beim Piaffieren in sich gerade bleibt. Drängt das Pferd mit der Schulter nach innen, so drückt man gegen die Ganaschen und führt die Vorhand wieder auf den Hufschlag. Drängt das Pferd mit der Hinterhand nach innen, so war meistens die Peitschenhilfe zu hart; das Pferd schmeißt sich gegen die Peitsche. Man muß die Tritte wieder mehr herauslassen, das Pferd eventuell etwas schulterhereinartig anführen, die Gertenhilfe gefühlvoller ansetzen und das Pferd eventuell auch an einer anderen Stelle der Hinterhand touchieren.

Will das Pferd nicht richtig vorwärtstreten, so sind in der Regel die Anforderungen noch zu hoch gewesen. Eventuell ist das Pferd aber auch zu eng ausgebunden, oder der Ausbilder war mit der Hand zu hart.

Bisweilen entziehen sich die Pferde den Hilfen auch, indem sie nach vorne wegstürmen. Meistens hat das Pferd dann Angst vor der Gerte. Ein wegstürmendes Pferd wird man zunächst wieder im Halten beruhigen müssen, danach bei leichter Hilfengebung nur einige piaffeartige Tritte ohne besonderen Ausdruck verlangen und dann die Arbeit an der Hand unterbrechen.

Macht das Pferd es sich aber zur Gewohnheit, nach vorne wegzustürmen, sobald der Ausbilder die Anforderungen steigert, dann muß man diese Unart durch ein paar kräftige Arrets abstellen und das Pferd eventuell auch einmal über eine längere Strecke rückwärtsrichten.

Daß die Pferde beim Piaffieren hinter den Zügel kommen, passiert bei der Handarbeit mit Kappzaum und Führzügel selten, sofern man die Pferde nicht zu eng ausgebunden hat. Man gibt in diesem Fall einige Zügelanzüge nach oben und verstärkt gleichzeitig die treibenden Hilfen etwas.

Die Piaffe unter dem Reiter.

Hat man die Pferde an der Hand anpiaffiert, so kann man nach einigen Wochen auch dazu übergehen, sie unter einem möglichst leichten Reiter piaffieren zu lassen.

Der Reiter sitzt dabei passiv, die Hilfengebung zur Piaffe erfolgt vom Boden aus. Das Pferd soll zunächst nur mit dem Gewicht des Reiters in der Piaffe vertraut gemacht werden. Der Reiter hat nur die Aufgabe, das Pferd gerade zu halten und es ansonsten nicht zu stören.

Allmählich geht dann die Hilfengebung auf den Reiter über. Vom Boden kommen nur noch unterstützende Gertenhilfen, wenn die Tritte des Pferdes matter werden und das Pferd erneut angeregt werden muß.

Fehler und Fehlerkorrekturen.

Werden die Pferde beim Piaffieren *zu hoch aufgerichtet,* so drücken sie sehr leicht den Rücken weg, und die Hinterbeine werden dann nach hinten hochgezogen. Diese Pferde muß man erst einmal wieder über den Rücken reiten, sie also tiefer einstellen und rund machen, bevor man wieder mit der Piaffe beginnen kann. Ein körperlich schwächerer Reiter kann bei dieser Korrekturarbeit unter Anleitung eventuell auch einen Schlaufzügel als Hilfsmittel anwenden.

Ein weiterer Fehler ist das *Hochwippen der Hinterhand.* Das Pferd biegt sich nicht genug in den Hinterhandgelenken. Die Vorhand tritt nicht erhaben. Das Pferd piaffiert auf der Schulter. Meist machen sich die Pferde dabei auch etwas lang und stemmen die Hinterhand hinten raus. Bei diesen Pferden muß man die Hinterhand zunächst mehr unterschieben, das Pferd also gut zusammenhalten. Eventuell stellt man solche Pferde auch etwas tiefer ein.

Der umgekehrte Fehler ist ein *zu starkes Untertreten mit der Hinterhand.* Der auffußende Hinterfuß tritt also vor die Hüfte des Pferdes. Die Vorderbeine arbeiten meistens sehr gut, aber die Hinterbeine fußen kaum ab. Diese Pferde sind zu stark versammelt worden. Man muß sie wieder etwas länger machen, sollte zunächst keine Piaffe auf der Stelle verlangen, sondern die Vorwärtsbewegung etwas mehr herauslassen und eventuell auch etwas leichter im Sattel sitzen.

Schwingen die Hinterbeine in der Piaffe *seitwärts,* so arbeitet das Pferd meistens nicht genug in den Sprunggelenken. Eventuell kann dieser Fehler aber auch an einer einseitigen Schenkelhilfe des Reiters liegen.

Werden die Pferde in der Piaffe eilig, so verlieren die Tritte an Erhabenheit und Ausdruck. Bisweilen geht dabei auch der klare Zweitakt verloren.

In diesem Fall empfiehlt es sich, die Pferde vorerst noch an der Hand zu arbeiten. Und zwar zunächst in kurzen Reprisen, um so die Hinterhand allmählich zum Tragen zu bringen.

Das Eilen in der Piaffe kann aber auch dadurch hervorgerufen werden, daß der Reiter in seiner Hilfengebung zu eilig wird. Der Reiter hat Angst, daß sein Pferd in den Piaffetritten matt wird, und wirkt dann nicht mehr taktmäßig mit seinen beidseitigen Schenkelhilfen ein. Welchen Ausdruck die Pferde schließlich in der Piaffe wie auch in der Passage entwickeln, hängt natürlich auch von ihrer ganzen Bewegungsmechanik ab. Pferden mit von Natur aus flachen Gängen kann man zwar eine korrekte Piaffe beibringen, wie sie hier beschrieben wurde. Aber die Erhabenheit der Piaffe läßt sich nicht so weit steigern, als wenn die Pferde schon einen runderen Gang mitbringen. Eine Piaffe mit soviel Ausdruck, wie man sie zum Beispiel auf den Bildern von Fanal sieht, setzt eben auch eine entsprechend hohe Trabbewegung des Pferdes voraus.

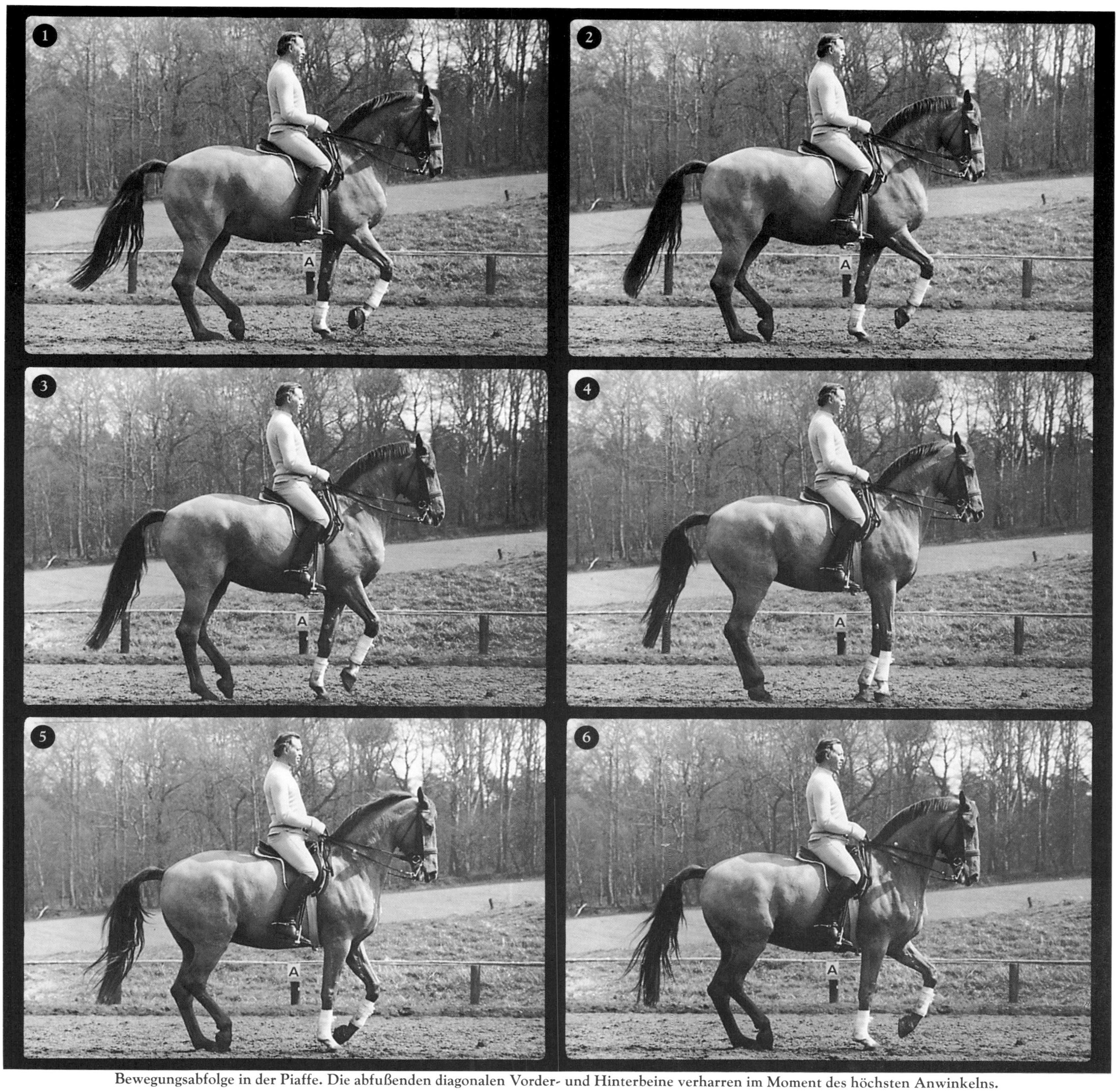

Bewegungsabfolge in der Piaffe. Die abfußenden diagonalen Vorder- und Hinterbeine verharren im Moment des höchsten Anwinkelns.

Ausdrucksvolle Piaffe, bei der die diagonalen Vorder- und Hinterbeine kraftvoll vom Boden abgefedert sind. Das Pferd ist in den Hanken-, Sprung- und Fesselgelenken stark gebeugt und trägt das Gewicht mit der Hinterhand. Die Vorhand ist entsprechend erhoben, der Hals aufgerichtet und das Genick der höchste Punkt.

A

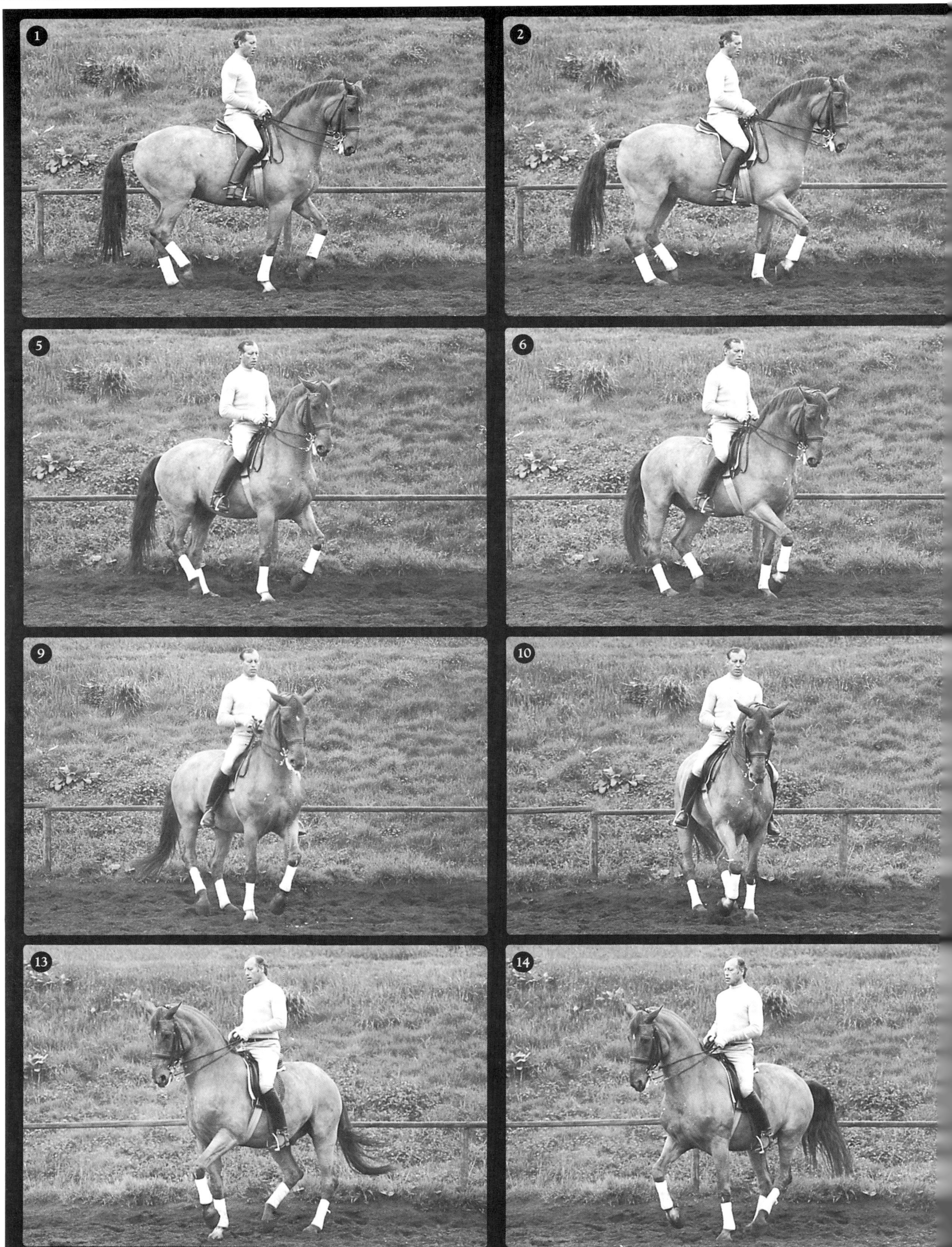

Die Piaffepirouette verlangt absolute Taktsicherheit des Pferdes beim Piaffieren auf der

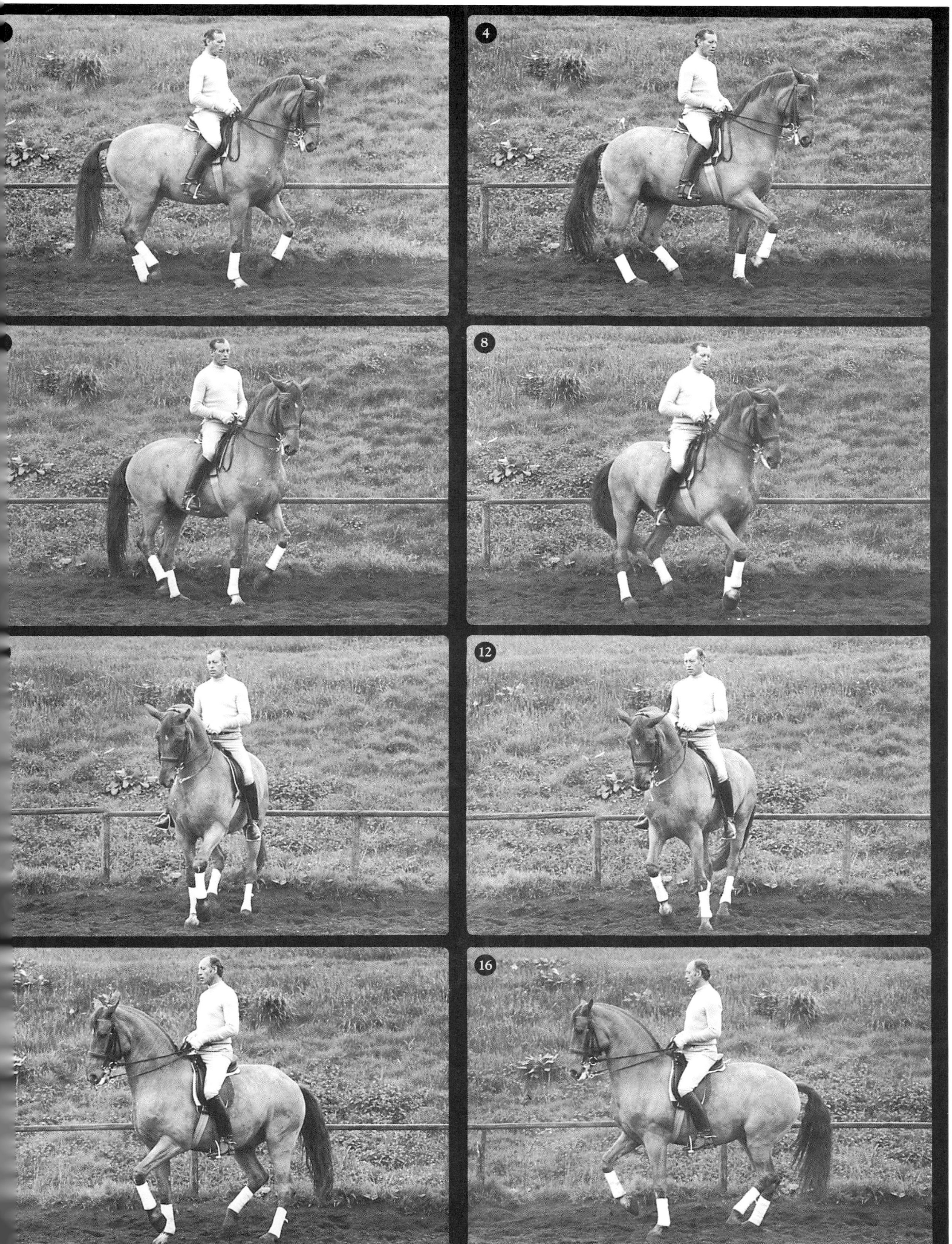

ietet sich als eine hervorragende Lektion für Kürvorführungen und Schaunummern an.

PASSAGE.

Die Passage ist eine schwebende, erhabene Trabbewegung mit wenig Raumgewinn. Das diagonale Beinpaar verharrt länger in der Schwebe als im Trab. Der Zweitakt des Bewegungsablaufes wird dadurch besonders betont.

RICHTIGE AUSFÜHRUNG UND GYMNASTISCHES ZIEL.

Bei der Passage sollen die Beine kräftig vom Boden abfedern. Der Vorderarm ist wie bei der Piaffe im Idealfall bis zur Waagerechten erhoben, die Hufspitze des erhobenen Hinterfußes zeigt etwa auf den Fesselkopf des hinteren Standbeines. Die Passage zeigt die gleiche Versammlung, Aufrichtung und Erhabenheit wie die Piaffe. Die gesenkte Hinterhand entwickelt ein Höchstmaß an Tragkraft und Schubkraft. Der Schwung ist nach vorwärts-aufwärts gerichtet.

HILFENGEBUNG.

Entwickelt man die Passage aus der Piaffe heraus, so spannt man zum Übergang in die Passage das Kreuz etwas mehr an und läßt die vortreibenden Hilfen durch ein leichtes Nachgeben mit der Hand heraus. Aus dem versammelten Trab führt man das Pferd durch eine oder mehrere halbe Paraden in die Passage, wobei das Pferd durch ein vermehrtes Anspannen des Kreuzes zu einer erhöhten Versammlung gebracht wird.

Der Takt muß bei diesen Übergängen erhalten bleiben. Der Reiter muß deshalb auf einen geschmeidigen Sitz achten, um das Pferd nicht aus dem Gleichgewicht zu bringen. Die Zügelführung bleibt leicht, um die Passagetritte herauszulassen. In der Passage wird die Anspannung des Kreuzes wieder reduziert. Durch leicht wechselseitige Schenkelhilfen im Moment des Abfußens des jeweiligen Hinterbeines regt der Reiter die Kadenz der Passagetritte an. Der verwahrende Schenkel hält das Pferd dabei geradegerichtet.

ENTWICKLUNG DER PASSAGE.

Auch für die Entwicklung der Passage gibt es keine festen Regeln. Der klassische Weg ist natürlich, die Passage *aus der Piaffe* zu reiten. Es gibt aber auch Pferde, die eine schöne Piaffe gehen und denen der Übergang in die Passage dennoch schwerfällt. Dies findet man insbesondere bei Pferden, die sich in der Piaffe stark setzen.

Gehen die Pferde einen ausdrucksvollen versammelten Trab, so entwickelt man die Passage *durch ein allmähliches Einfangen des versammelten*

Die Schwebemomente müssen in der Passage deutlich ausgepräg

Hilfengebung zur Entwicklung der Passage aus dem Trab und aus der Piaffe.

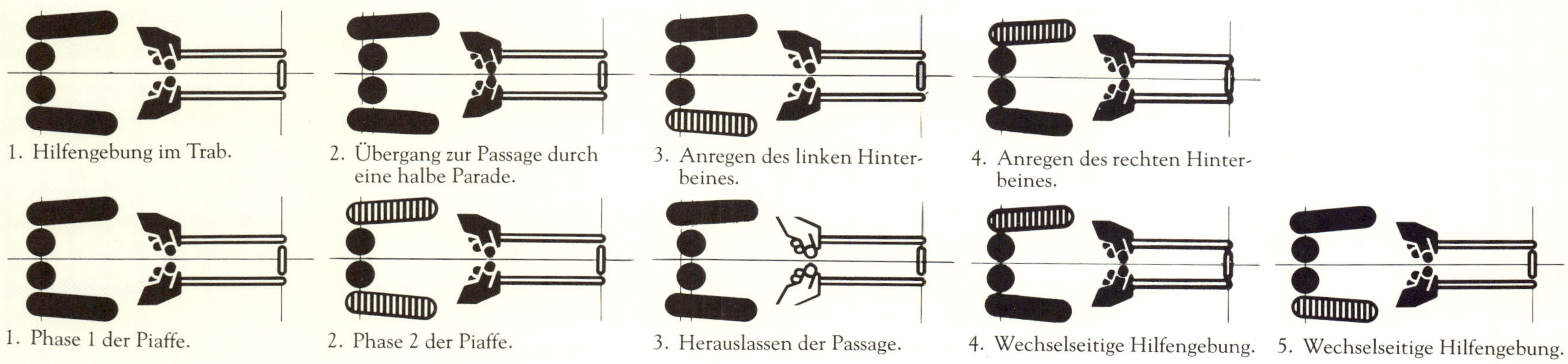

Trabes. Man muß die Pferde vorher durch Reiten von Übergängen im Trab darauf vorbereiten. Die Pferde müssen ganz durchlässig sein, und ihre Gehlust muß man vorher geweckt haben.

Gehen die Pferde auf ganz leichte Schenkelhilfen aus dem versammelten Trab sofort in den Mitteltrab, dann kann man die Passage auch *aus dem Mitteltrab* üben. Man reitet 2 bis 3 Tritte im Mitteltrab, bricht dann ab und versucht, den Schwung in 1 bis 2 Passagetritte hinüber zu nehmen.

FEHLER UND FEHLERKORREKTUREN.

Ein häufiger Fehler ist es, daß die Pferde zu hoch aufgerichtet sind, den Rücken wegdrücken und die Hinterbeine nach hinten hochziehen. Diese Pferde müssen tiefer eingestellt und zunächst wieder rund gemacht werden.

Das *Schwanken in der Passage* liegt häufig daran, daß die Sprunggelenke des Pferdes nicht arbeiten. Ein Fehler, der nur schwer zu korrigieren ist. Aber auch zu starke wechselseitige Hilfen können ein Schwanken des Pferdes bewirken.

Treten die Pferde mit den *Hinterbeinen nicht gleichmäßig,* so kann dies an ungleichen Schenkelhilfen liegen. Oder aber das Pferd ist noch nicht genügend geradegerichtet, tritt mit einem Hinterbein mehr nach außen und muß dann unwillkürlich mehr abfußen.

Tragen sich die Pferde in der Passage nicht und legen sie sich auf die Hand, so muß man vorübergehend mehr mit dem Kreuz einsitzen und das Pferd durch halbe Paraden regulieren.

veitakt des Bewegungsablaufes wird dadurch besonders betont.

In der Passage ist der Schwung nach vorwärts-aufwärts gerichtet. Die Hinterhand entwickelt ein Höchstmaß an Schub- und Tragkraft. Das abfedernde Hinterbein tritt weiter unter den Pferdeleib als bei der Piaffe. Der Huf des erhobenen Hinterbeines zeigt jedoch auch auf den Fesselkopf des hinteren Standbeines.

Weicher Übergang von der Passage in die Piaffe, wobei sich das Pferd vermehrt mit der Hinterhand setzt. Dieser Übergang fällt vielen Dressurpferden sehr schwer. Häufig halten die Pferde nach der Passage für einen Moment an und setzen erst dann zur Piaffe an. Oder die Pferde gehen zwar fließend in die Piaffe über, die Hinterbeine treten aber genauso weiter unter wie in der Passage.

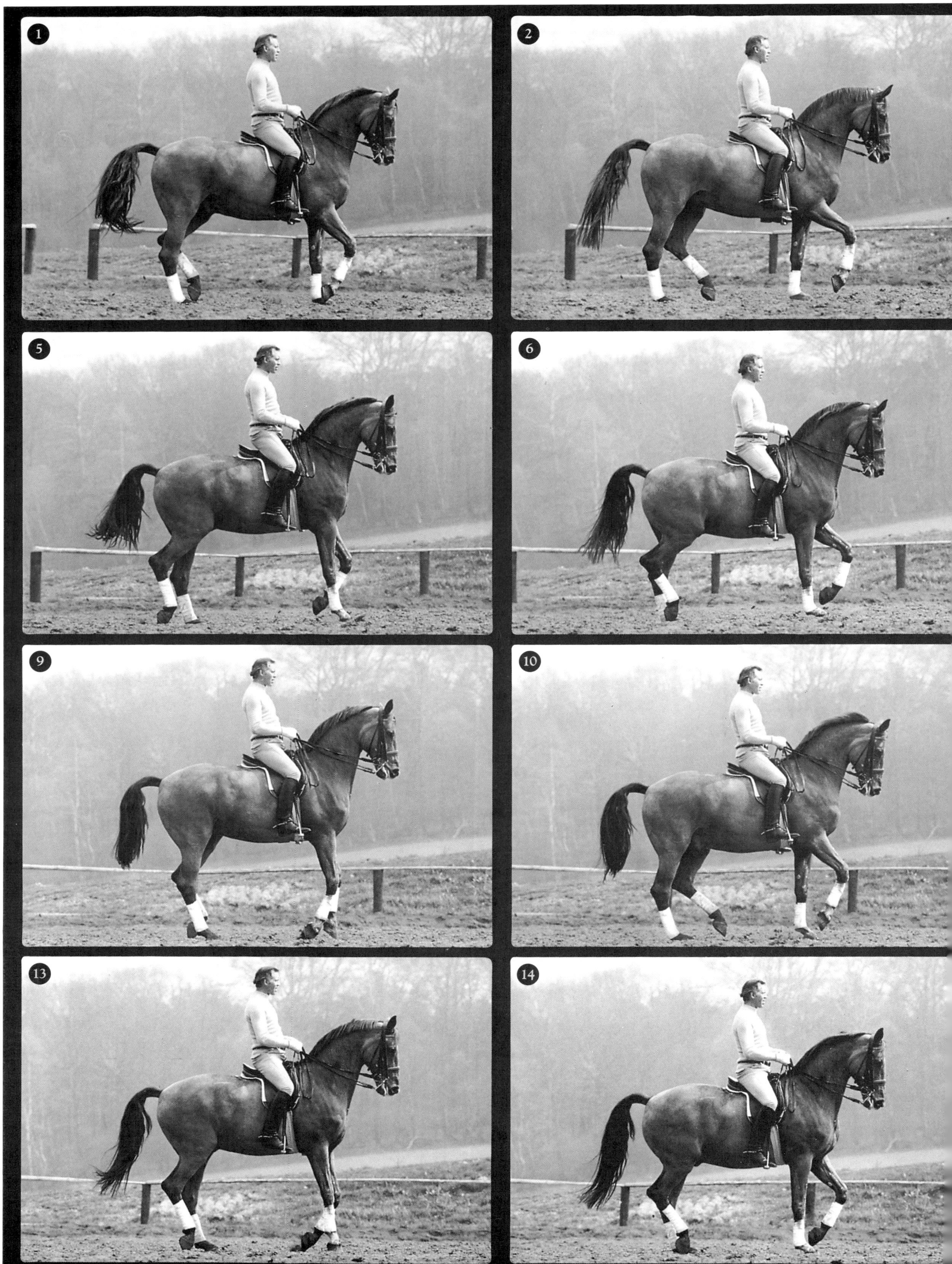

4
8
12
16

Übergang aus der Piaffe in die Passage. Die Tragkraft der Hinterhand wird dabei fließend in Trag- und Schubkraft umgesetzt. Der Reiter entspannt sich beim Übergang etwas, wird etwas leichter und läßt den Passagetritt gefühlvoll mit der nachgebenden Hand heraus. Pferde, die diesen Übergang nicht beherrschen, machen nach der Piaffe erst ein oder zwei Schritte und setzen dann zur Passage an.

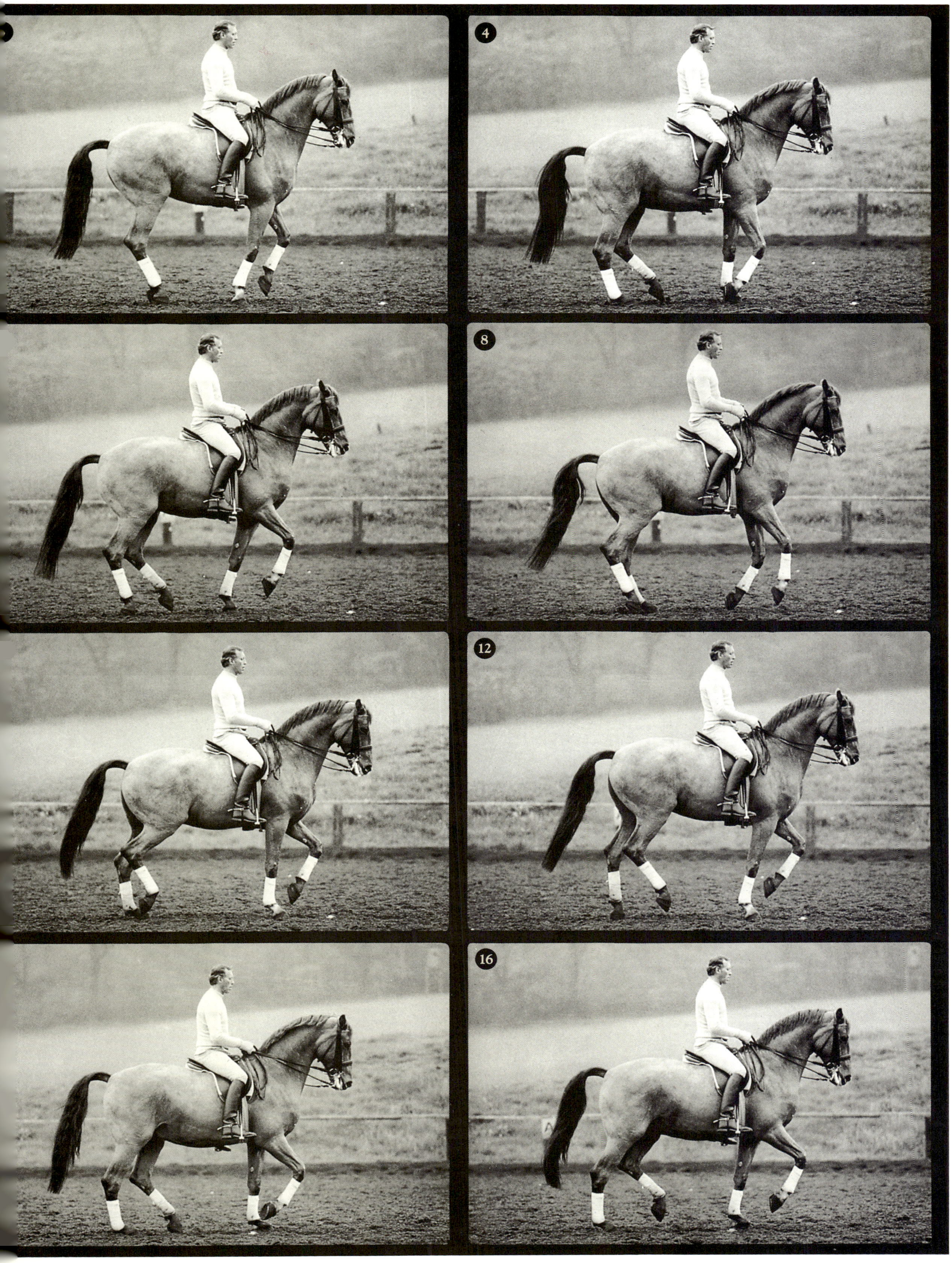
4
8
12
16

ZUSAMMENFASSENDER AUSBILDUNGS-PLAN.

Die zeitliche Ausbildungsplanung zum Grand Prix-Niveau ist ungenauer und unsicherer als die Planung der Ausbildung zur M-Dressur und zum Prix St. Georges/Intermédiaire I. Die Veranlagung des Pferdes spielt hierbei eine so große Rolle, daß die Ausbildung bei jedem Pferd völlig unterschiedlich verlaufen kann. Manchmal bekommt man Pferde in den Stall, die eigentlich keine Grand Prix-Pferde werden sollen, und plötzlich entdeckt man bei diesen Pferden große Lernfähigkeit und Arbeitsbereitschaft, die andere Mängel ausgleichen. Und umgekehrt kann man ein bestechendes Materialpferd unter dem Sattel haben, das dann im Laufe der Ausbildung charakterlich und temperamentsmäßig nicht mitspielt.

Der folgende Ausbildungsplan kann daher nur eine ungefähre Vorstellung über den zeitlichen Ablauf bei der Ausbildung eines Pferdes geben, bei dem nach klassischem Muster zunächst die Piaffe und aus der Piaffe dann die Passage entwickelt wird. Der Zeitraum von einem Jahr wird im allgemeinen nicht zu lang angesetzt sein, da vor allem die Verfeinerung von Piaffe und Passage und die Übergänge zwischen diesen Lektionen bei eigentlich jedem Dressurpferd ein erhebliches Training erfordern.

Die Übergänge zwischen Prix St. Georges/Intermédiaire I und Intermédiaire II/Grand Prix sind in der Praxis fließend. Bei Pferden, mit denen man wenig Schwierigkeiten hat, kann man mit der Handarbeit als Vorbereitung zur Piaffe schon frühzeitig beginnen. Hat man dagegen noch Schwierigkeiten damit, Galopptraversalen, Pirouetten und fliegende Wechsel zu mehreren Sprüngen zu verbessern, dann wird man sich nicht unbedingt mit der Piaffe schon das nächste Problem schaffen, um mit dem Pferd nicht zuviel kämpfen zu müssen und ihm nicht die Arbeitsbereitschaft zu nehmen. Es bleibt dem Geschick jedes Ausbilders vorbehalten, die einzelnen Trainingsabschnitte den Anlagen eines Pferdes entsprechend aufeinander abzustimmen.

ZUSAMMENFASSENDER AUSBILDUNGS-PLAN BIS ZUM GRAND PRIX DE DRESSAGE.

Einteilung der Dressurstunde	Übungen	April	Mai	Juni	Juli	August	Sept.	Oktob.	Nov.	Dezemb.	Januar	Februar	März
Lösungsphase (ca. 10 Minuten)	Lösende Übungen wie bisher, einschließlich Seitengängen im Trab.	—	—	—	—	—	—	—	—	—	—	—	→
	Bei Pferden, die sich gut im Galopp lösen: Galopptraversalen am Anfang der Dressurstunde als lösende Übung.	—	—	—	—	—	—	—	—	—	—	—	→
Arbeitsphase (ca. 40 Minuten)	Beseitigung der Schwächen aus dem Prix St. Georges und der Intermédiaire I.	—	—	—	—	—	—	—	—	—	—	—	→
	Piaffearbeit an der Hand.	—	—	—									
	Piaffe unter dem Reiter; Hilfengebung zunächst vom Boden aus.				—	—							
	Verfeinerung der Piaffe.						—	—	—	—	—	—	→
	Entwicklung der Passage aus der Piaffe.						—	—	—				
	Verfeinerung der Passage, einschließlich Passage auf gebogenen Linien.									—	—	—	→
	Training der Übergänge zwischen Piaffe und Passage.									—	—	—	→
	Fliegende Galoppwechsel von Sprung zu Sprung, Zeitbedarf je nach Talent und Temperament des Pferdes.	—	—	—	—	—	—	—	—	—	—	—	→
	Einlegen von Kandarentagen.	- -	- -	- -	- -	- -	- -	- -	- -	- -	- -	- -	→
	Durchreiten von Teilen der Intermédiaire II, des Grand Prix de Dressage und des Grand Prix Special.											- -	→
	Gelegentliches Reiten der ganzen Aufgabe.												→
Entspannungsphase (ca. 10 Minuten)	Wie bisher.	—	—	—	—	—	—	—	—	—	—	—	→

PLANUNG DER TURNIERSAISON UND VORBEREITUNG AUF DEN START.

Die turnierfreie Zeit in den Herbst- und Wintermonaten nutzt man vorwiegend zur Beseitigung noch vorhandener Schwächen und zur Ausbildung des Pferdes in den Lektionen, die es in der nächsten Turniersaison können soll. Man muß aber darauf achten, daß sich das Pferd in dieser Zeit konditionell nicht in Höchstform befindet und daß man also die Anforderungen im Training heruntersetzt. Das gilt besonders für die älteren Pferde, bei denen man sich Arbeitsbereitschaft und Gehfreudigkeit erhalten muß. Bei einem gut gerittenen Pferd wie Woyceck wäre es beispielsweise völlig falsch, während der Turnierpause immer wieder die schwierigen Lektionen des Grand Prix zu üben. Ich lasse ihn in dieser Zeit vielmehr konditionell abflachen, reite ihn mit weniger Versammlung und halte ihn sozusagen in einer Wartestellung, so daß ich zwar die Grand Prix-Lektionen jederzeit reiten kann, sie aber nur ab und zu einmal von ihm fordere.

Sehr zweckmäßig kann es auch sein, die Pferde zwischendurch von einem anderen Reiter reiten zu lassen. Das hat den Vorteil, daß ein fremder Reiter leichter bestimmte Schwächen oder Eigenarten des Pferdes entdeckt, die man selbst aus „Betriebsblindheit" vielleicht nicht beachtet oder reiterlich überspielt. Und man erlebt auch häufig, daß ein Pferd unter einem anderen Reiter aufmerksamer geht. Natürlich müssen beide Reiter zueinander passen. Ich harmoniere hierbei sehr gut mit Willi Schultheis, und ein Reiterwechsel mit ihm hat meinen Pferden immer sehr gut getan.

Zur Vorbereitung auf den ersten Turnierstart bringt man die Pferde vier Wochen vorher allmählich in Kondition. Etwa zwei Wochen vor dem Start beginnt man damit, die Pferde intensiver zu arbeiten. Zunächst werden die einfachen Teile der Aufgabe geübt wie das Einreiten auf der Mittellinie oder einzelne Übergänge. Dann konzentriert man sich an einem Tag auf die Galoppwechsel und an einem anderen Tag auf die Piaffen und Passagen. In der letzten Woche reitet man dann Teile der Aufgabe und drei- bis viermal auch die ganze Aufgabe durch. Haben sich gravierende Fehler gezeigt, so wiederholt man Teile der Aufgabe oder die ganze Aufgabe noch einmal. Vorteilhaft ist es, wenn man sich hierbei von einem erfahrenen Reiter beobachten läßt, der vom Boden aus Haltung und Ausdruck des Pferdes ja besser beurteilen kann als der Reiter selbst.

Bei den ersten Turnierstarts muß das Pferd noch nicht unbedingt in Höchstform sein. Es ist dann nämlich schwierig, diese Form bis zu den eigentlichen Höhepunkten der Turniersaison zu halten. Das gilt für ein Dressurpferd genauso wie für die Spring- und Militarypferde, obwohl ein wenig erfahrener Reiter das bei einem Dressurpferd sicherlich nicht erwartet.

Ich bin auch ein Gegner zu häufiger Turnierstarts. Wer sein Pferd jedes Wochenende startet, wird besonders bei älteren Pferden bald eine gewisse Turniermüdigkeit feststellen. Es ist zweckmäßig, den Pferden nach einem Turnier eine gewisse Erholungspause zu gönnen, sie vielleicht etwas ins Gelände zu reiten oder frei laufen zu lassen und frühestens am übernächsten Wochenende wieder ein Turnier zu besuchen.

Wie schwierig es ist, ein Pferd wirklich zur richtigen Zeit in Höchstform zu haben, zeigt sich immer bei den ganz großen sportlichen Ereignissen. Bei den Olympischen Spielen in Tokio und Montreal waren wir mit den Pferden schon etwa vier Wochen vor den Starts in unseren Trainingsquartieren. Dies hat sicherlich eine gewisse Berechtigung, um den Pferden die Akklimatisierung zu erleichtern. Aber aus der Sicht des Reiters ist eine so lange Vorbereitungszeit am Veranstaltungsort nach meiner Ansicht doch ziemlich problematisch. Man neigt dann viel zu früh dazu, das Training zu forcieren, will seinen Konkurrenten vielleicht auch etwas imponieren und muß dann ständig befürchten, daß die Form des Pferdes wieder verlorengeht. Ich persönlich habe es deshalb immer am liebsten gehabt, nur drei bis vier Tage vor dem Start am Veranstaltungsort anzukommen und die Pferde an diesen Tagen dann wirklich intensiv zu arbeiten.

Auf dem Turnierplatz müssen sich viele Pferde erst an die Turnieratmosphäre gewöhnen. Besonders bei jüngeren Pferden ist dies häufig sehr wichtig. Aber auch bei nervigen älteren Pferden erlebt man, daß die Turnieratmosphäre stets etwas Aufregendes für sie ist. Für solche Pferde ist es natürlich wichtig, daß sie häufiger Turniere besuchen. Und man sollte die Gelegenheit benutzen, die Pferde in mehreren Prüfungen zu starten, damit sie sich vor der wichtigsten Prüfung des Turniers einlaufen können und zur inneren Gelassenheit kommen. Diese Besonderheiten seines Pferdes muß man berücksichtigen, wenn man die Nennungen für ein Turnier im Rahmen der ausgeschriebenen Startmöglichkeiten plant. Bei meinen Pferden war ein solches Einlaufen sehr wichtig bei Illusion und dem Vollbluthengst St. Georg xx. Auch für Woyceck ist es gut, wenn er vor dem Grand Prix noch eine andere Prüfung gehen kann. Aber leider dürfen Pferde, die drei internationale Grand Prix-Siege haben, in der Intermédiaire II international nicht starten.

Wie man sein Pferd dann zur Dressurprüfung abreitet, ist natürlich sehr individuell und richtet sich ganz nach dem Temperament des Pferdes. Bei erfahrenen und ruhigen Pferden genügen meistens 20 bis 30 Minuten zum Abreiten. Ebenso reitet man Pferde mit wenig Vorwärtsdrang nur verhältnismäßig kurz ab, um sich die erforderliche Frische für die Vorstellung zu erhalten. Bei Pferden, die nur schwer zur Losgelassenheit zu bringen sind und sich auf dem Turnierplatz leicht aufregen, ist dagegen ein längeres Abreiten unumgänglich. Allerdings darf man dabei nicht zuviel an Kraft aus den Pferden herausnehmen. Die Pferde sollen nicht ermüdet, sondern lediglich entspannt werden. In manchen Fällen kann es bei nervigen Pferden auch zweckmäßig sein, sie einige Stunden vor dem Start abzureiten, dann wieder in den Stall zu stellen und sie vor dem Start nur noch ganz kurz abzureiten.

Beim Abreiten sollte man Schwächen seines Pferdes nicht mehr zu korrigieren versuchen, da sich dann leicht Unstimmigkeiten mit dem Pferd einstellen. Dagegen ist es wichtig, das Pferd auf bestimmte Lektionen, die in der Aufgabe gefordert werden, beim Abreiten einzustellen. Wenn in der Intermédiaire II aus der Piaffe der Übergang zum versammelten Trab und im Grand Prix der Übergang von der Piaffe zur Passage verlangt wird oder in der Intermédiaire II aus dem letzten Rückwärtsrichten auf der Mittellinie angaloppiert und im Grand Prix anpassagiert werden muß, dann muß man dem Pferd diese Lektionen kurz vor dem Start noch einmal einprägen, damit es auf dem Viereck keine Fehler gibt.

INTERMÉDIAIRE II.

Dressurviereck
20 x 60 m

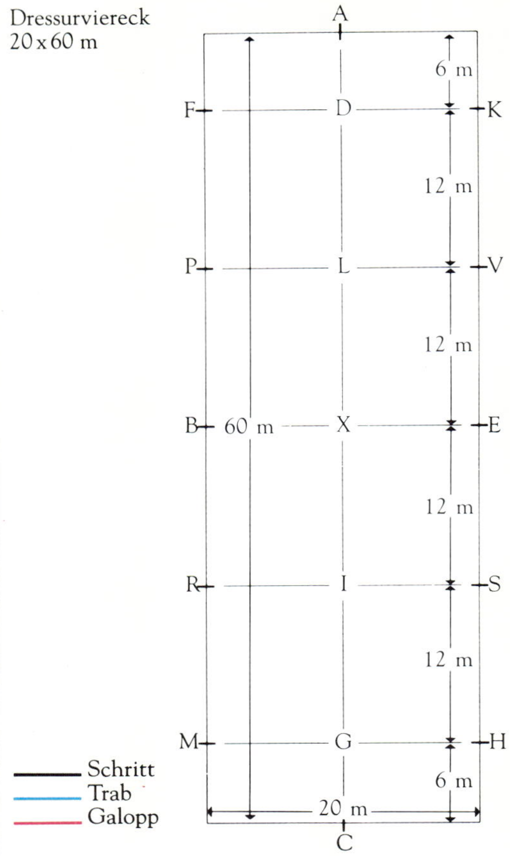

Gesamtnoten:
1. Reinheit der Gänge, Ungebundenheit und Regelmäßigkeit.
2. Schwung (Frische, Elastizität der Bewegungen, Rückentätigkeit u. Engagement der Hinterhand).
3. Gehorsam des Pferdes (Aufmerksamkeit und Vertrauen, Harmonie, Losgelassenheit und Durchlässigkeit, Maultätigkeit, Anlehnung und natürliche Aufrichtung).
4. Sitz und Einwirkung des Reiters, Korrektheit in der Anwendung der Hilfen.

Jede der 4 Gesamtnoten hat den Multiplikator 2.

Lektion Nummer	Lektionen der Aufgabe	Bemerkungen
1 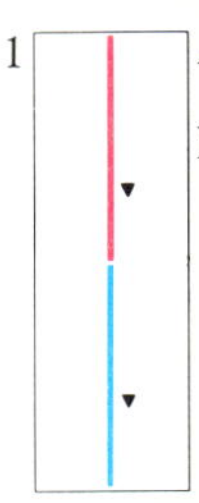 A X	Einreiten im versammelten Galopp. Halten – Unbeweglichkeit – Gruß. Anreiten im versammelten Trab.	Rechts- oder Linksgalopp kann vom Reiter bestimmt werden. Das Pferd muß auf der Mittellinie gehen. Ein geschlossenes und gerades Halten zeigt dem Richter, ob das Pferd an den Hilfen steht. Ebenso das gerade Anreiten. Beim Anreiten muß der erste Tritt ein Trabtritt sein.
2 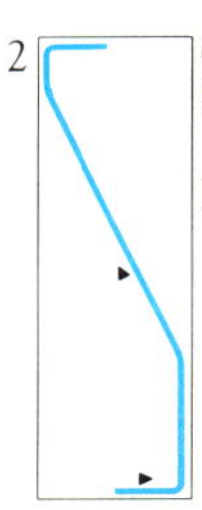 C SF F	Linke Hand. Im Mitteltrab durch die ganze Bahn wechseln. Versammelter Trab.	Taktmäßiger und ausdrucksvoller Mitteltrab. Der Übergang zum versammelten Trab muß genau bei F erfolgen.
3 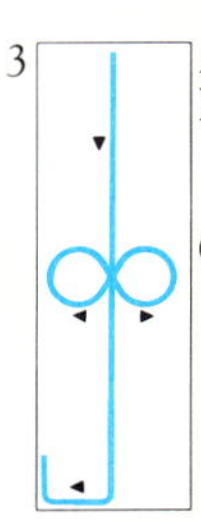 A X C	Auf die Mittellinie gehen. Volte nach rechts 6 m Durchmesser und sofort eine gleichgroße Volte nach links. Rechte Hand.	Gleichmäßiges Tempo und gleichmäßige Biegung in den Volten. Sauberer Übergang bei X. Kein Ausfallen der Hinterhand.
4 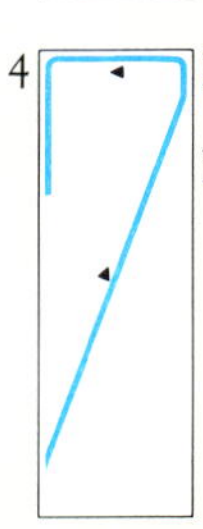 MXK K	Im starken Trab durch die ganze Bahn wechseln. Versammelter Trab.	Den starken Trab sofort bei M entwickeln. Den Übergang nicht laufend, sondern aus der Versammlung heraus entwickeln. Der starke Trab muß auf der ganzen Diagonalen durchgehalten werden. Übergang zum versammelten Trab genau bei K.

Lektion Nummer	Lektionen der Aufgabe	Bemerkungen
5 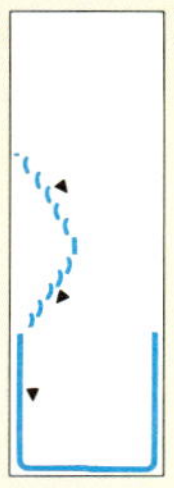 PXR	Halbe Traversale nach links und nach rechts, mit Handwechsel bei X.	Gleichmäßiges Tempo in den Traversalen. Gleichmäßige Stellung und Biegung auf beiden Händen. Korrektes Umstellen.
6 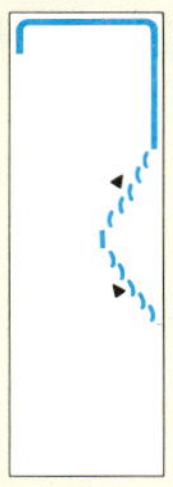 SXV	Halbe Traversale nach links und nach rechts, mit Handwechsel bei X.	Wie Lektion Nr. 5.
7 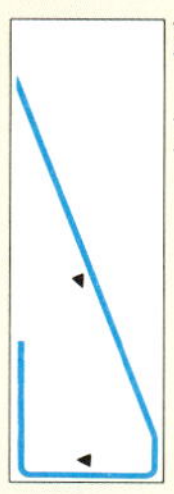 FXH H	Im starken Trab durch die ganze Bahn wechseln. Versammelter Trab.	Den starken Trab sofort bei F entwickeln. Den Übergang nicht laufend, sondern aus der Versammlung heraus entwickeln. Der starke Trab muß auf der ganzen Diagonalen durchgehalten werden. Übergang zum versammelten Trab genau bei H.
8 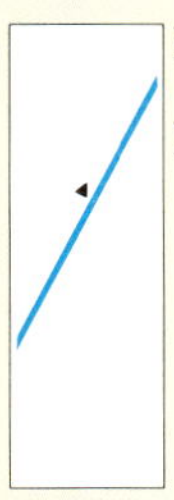 RK K	Im Mitteltrab durch die ganze Bahn wechseln. Versammelter Schritt.	Einen Unterschied zum starken Trab herausreiten. Schwieriger Übergang bei K.
9  KAF	Versammelter Schritt.	Erhabener Schritt, wenig Raumgriff, kein Übereilen und kein paßartiger Schritt.
10  FPXSH HC	Handwechsel im starken Schritt. Mittelschritt.	Deutlich herausgerittene Übergänge zwischen versammeltem Schritt, starkem Schritt und Mittelschritt. Das Pferd muß sich im starken Schritt gut strecken, wobei der Kopf in Schulterhöhe bleiben muß. Das Pferd muß der sich öffnenden Hand folgen und die Zügel langsam herausnehmen. Beim Übergang zum Mittelschritt muß das Pferd leicht an den Zügel gestellt und etwas eingefangen werden (Multiplikator 2).
11  C M Zwischen G und H	Versammelter Schritt. Rechtsum. Halbe Pirouette rechts.	Deutlicher Übergang zum versammelten Schritt mit zunehmender Aufrichtung und Hankenbiegung. Das Pferd muß durchs Genick geritten werden. Die Zügel müssen verkürzt werden. Einfangen vor den Pirouetten. Saubere Stellung und Biegung in der Pirouette.
12  Zwischen G und M	Halbe Pirouette links.	Schwierigkeit wie bei Lektion Nr. 9.
13	Der versammelte Schritt. CM (H) (M) G.	Gesonderte Wertnote für den versammelten Schritt.
14  G H	Im versammelten Tempo links angaloppieren. Linke Hand.	Keine besondere Schwierigkeit. Das Pferd muß beim Angaloppieren geradegerichtet bleiben.
15 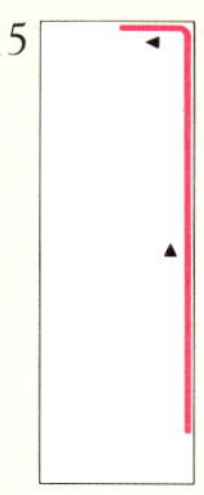 HK K	Mittelgalopp. Versammelter Galopp.	Mittelgalopp sofort bei H. Erhabene, geradegerichtete Galoppsprünge, kein Eilen. Geradehalten des Pferdes auch beim Übergang zum versammelten Galopp.
16 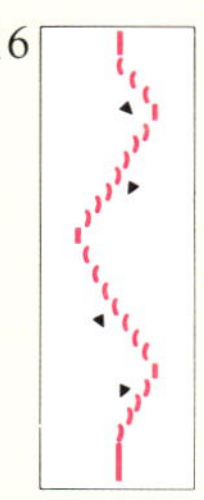 AG G	Auf die Mittellinie gehen. 4 Traversalen beiderseits der Mittellinie mit Galoppwechsel bei jedem Richtungswechsel, erste und letzte Traversale je 4 Sprünge, die zwei anderen je 8 Sprünge. Im Rechtsgalopp endend.	Gleichmäßiges Tempo und gleichmäßige Stellung und Biegung auf beiden Händen. Bei den Galoppwechseln muß das Pferd geradegerichtet sein und darf nicht die Hinterhand herumschmeißen.
17 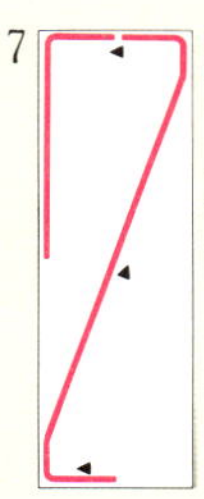 C MXK K A	Rechte Hand. Im starken Galopp durch die ganze Bahn wechseln. Versammelter Galopp. Galoppwechsel.	Den starken Galopp schon bei M entwickeln. Deutlichen Unterschied zum Mittelgalopp herausreiten. Übergang zum versammelten Galopp ohne Galoppwechsel. Der äußere Schenkel muß gut hinterm Gurt liegenbleiben, damit das Pferd nicht umspringt.
18 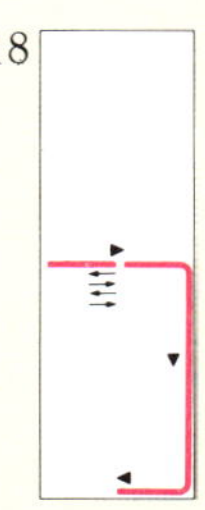 B X E	Linksum. Halten – 6 Tritte rückwärtsrichten, 4 Schritte vorwärts – 4 Tritte rückwärts, daraus sofort im versammelten Rechtsgalopp anreiten. Rechte Hand.	Genaues Einhalten der geforderten Vorwärtsschritte und Rückwärtstritte. Kein Stocken oder Verhalten des Pferdes. Gutes Senken der Hinterhand beim Rückwärtsrichten. Das Genick muß der höchste Punkt bleiben. Sofortiges Angaloppieren aus dem letzten Rückwärtsrichten.
19 X	Die Übergänge vom versammelten Galopp zum Halten (einschl.) und vom Rückwärtsrichten zum versammelten Galopp.	Gesonderte Wertnote für die Übergänge.
20 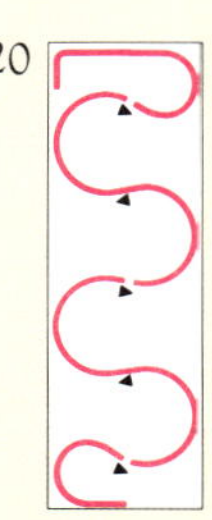 CA	Schlangenlinie durch die ganze Bahn, 6 Bogen, der erste und der zweite im Handgalopp, der dritte und vierte im Außengalopp, der fünfte und sechste im Handgalopp.	Erstes, drittes und fünftes Kreuzen der Mittellinie mit fliegendem Wechsel. Bei X Wechsel von Außen- zu Außengalopp. Hand- und Außengalopp im gleichmäßigen Tempo reiten. Vor- und Hinterhand müssen auf der gleichen Linie bleiben. Kein Herausschleudern der Hinterhand.

Lektion Nummer	Lektionen der Aufgabe	Bemerkungen
21 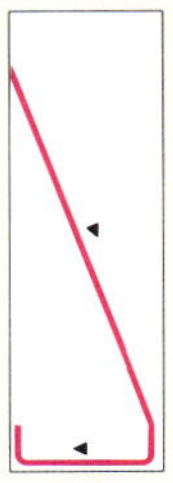 FXH H C	Im starken Galopp durch die ganze Bahn wechseln. Versammelter Galopp. Galoppwechsel.	Den starken Galopp schon bei F entwickeln. Deutlichen Unterschied zum Mittelgalopp herausreiten. Übergang zum versammelten Galopp ohne Galoppwechsel. Der äußere Schenkel muß gut hinterm Gurt liegenbleiben, damit das Pferd nicht umspringt.
22  MXK Zwischen M und X	Im versammelten Galopp durch die ganze Bahn wechseln. Ganze Pirouette rechts.	Gutes Einstellen auf die Wechsellinie. Gutes Aufnehmen des Pferdes vor der Pirouette. Pirouette im Takt mit 5-6 erhabenen Galoppsprüngen. Kein Überdrehen. Daraus wieder genau auf die Wechsellinie (Multiplikator 2).
23  X Zwischen X und K	Galoppwechsel. Ganze Pirouette links.	Schwierigkeit wie bei Lektion Nr. 20.
24 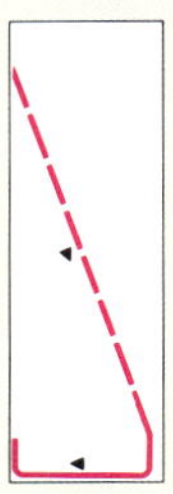 FXH	Auf der Diagonalen 7 Galoppwechsel zu 3 Sprüngen (rechts endend).	Gutes Einteilen der Galoppwechsel beiderseits von X. Kurz hinter F beginnen. Geradehalten des Pferdes. Galoppwechsel genau auf der Diagonalen.
25 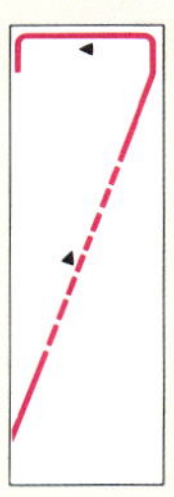 MXK	Auf der Diagonalen 9 Galoppwechsel zu 2 Sprüngen (links endend).	Etwa auf der Hälfte zwischen M und X mit den Galoppwechseln beginnen. Einteilung muß im Training geübt und dem Galoppsprung des Pferdes angepaßt werden.
26 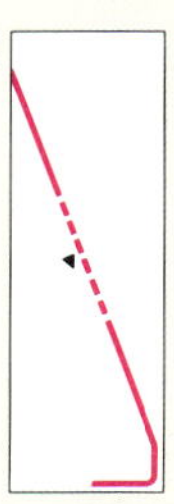 FXH	Auf der Diagonalen 7 Galoppwechsel von Sprung zu Sprung (rechts endend).	Einteilung der Galoppwechsel im Training ausprobieren, um je drei Wechsel vor und hinter X zu reiten.
27  C	Versammelter Trab.	Keine besondere Schwierigkeit beim Übergang.
28 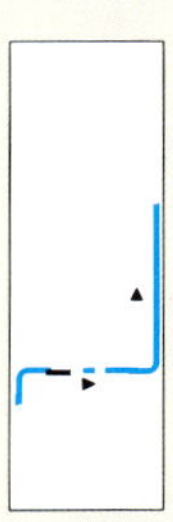 R Zwischen R und I I S	Rechtsum. Versammelter Schritt. Piaffe, 7 bis 8 Tritte, dabei möglichst genau 1 m vortreten, daraus sofort im versammelten Trab anreiten. Linke Hand.	Piaffe im Vortreten. Keine besondere Schwierigkeit beim Übergang. Piaffe im Vortreten fällt Pferden schwer, die schon gut Grand Prix gehen, da sie gewohnt sind, auf der Stelle zu piaffieren. Muß beim Abreiten geübt werden. Das gleiche gilt für den Übergang zum versammelten Trab, da die Grand Prix-Pferde gewohnt sind, aus der Piaffe anzupassagieren.
29 I	Die Übergänge vom versammelten Schritt zum Piaffieren und vom Piaffieren zum versammelten Trab.	Gesonderte Wertnote für die Übergänge.
30 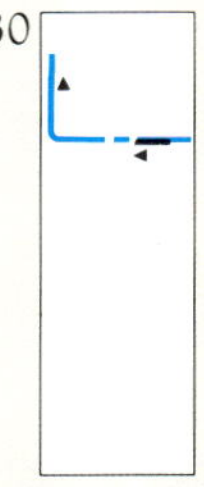 V Zwischen V und L L P	Linksum. Versammelter Schritt. Piaffe, 7 bis 8 Tritte, dabei möglichst genau 1 m vortreten, daraus sofort im versammelten Trab anreiten. Rechte Hand.	Schwierigkeit wie bei Lektion Nr. 25.
31 L	Die Übergänge vom versammelten Schritt zum Piaffieren und vom Piaffieren zum versammelten Trab.	Gesonderte Wertnote für die Übergänge.
32 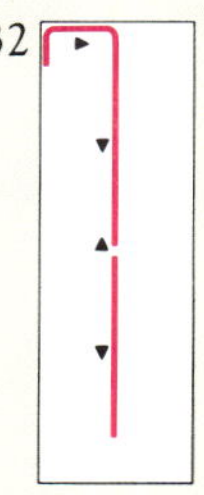 F A X	Versammelter Galopp. Auf die Mittellinie gehen. Halten – 6 Tritte rückwärtsrichten, daraus sofort im versammelten Rechtsgalopp anreiten.	Letzte Prüfung der Durchlässigkeit. Das Pferd muß zum Ende der Prüfung noch gut an den Hilfen stehen, darf nicht auseinanderfallen und schief werden.
33  G	Halten – Unbeweglichkeit – Gruß.	Keine besondere Schwierigkeit.
	Verlassen der Bahn bei A im Schritt am langen Zügel.	Mit etwas durchhängenden, aber nicht völlig hingegebenen Zügeln die Bahn verlassen.

GRAND PRIX DE DRESSAGE.

Dressurviereck 20 x 60 m

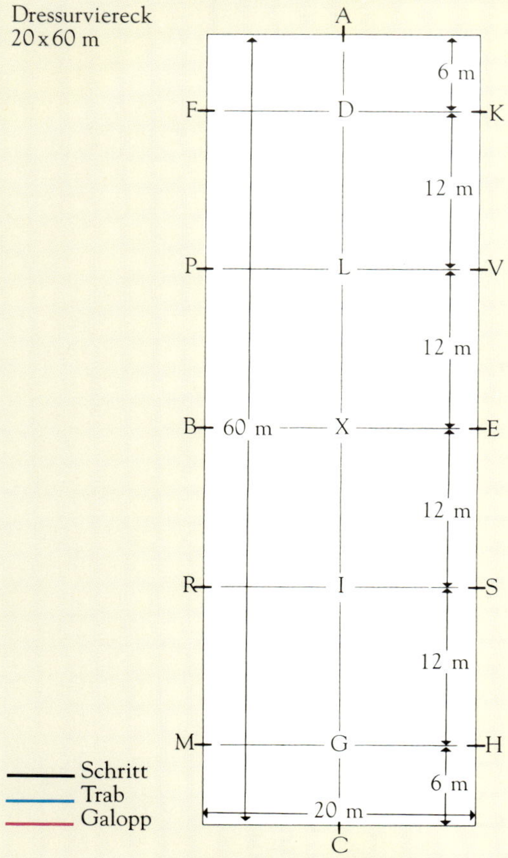

Gesamtnoten:

1. Reinheit der Gänge, Ungebundenheit und Regelmäßigkeit.
2. Schwung (Frische, Elastizität der Bewegungen, Rückentätigkeit u. Engagement der Hinterhand)
3. Gehorsam des Pferdes (Aufmerksamkeit und Vertrauen, Harmonie, Losgelassenheit und Durchlässigkeit, Maultätigkeit, Anlehnung und natürliche Aufrichtung)
4. Sitz und Einwirkung des Reiters, Korrektheit in der Anwendung der Hilfen.

Jede der 4 Gesamtnoten hat den Multiplikator 2.

Lektion Nummer	Lektionen der Aufgabe	Bemerkungen
1 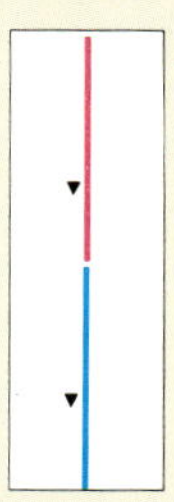 A X	Einreiten im versammelten Galopp. Halten – Unbeweglichkeit – Gruß. Anreiten im versammelten Trab.	Gerades Einreiten genau auf der Mittellinie. Gerades und geschlossenes Halten. Ebenso gerades Anreiten, bei dem der erste Tritt ein Trabtritt sein muß.
2 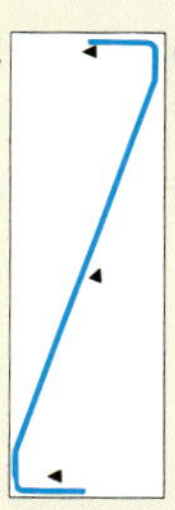 C MXK KA	Rechte Hand. Im starken Trab durch die ganze Bahn wechseln. Mitteltrab.	Der starke Trab muß auf der ganzen Diagonalen durchgehalten werden. Der Unterschied zwischen starkem Trab und Mitteltrab muß deutlich sein. Gefahr, daß der Mitteltrab laufend wird, da er durch die Ecke geritten werden muß. Die Ecke darf etwas ausgeritten werden.
3 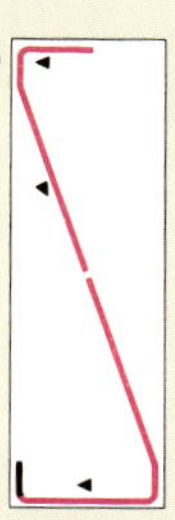 A FXH	Mittelgalopp. Durch die ganze Bahn wechseln, Galoppwechsel bei X.	Mittelgalopp auch beim Galoppwechsel im gleichmäßigen Tempo reiten.
4 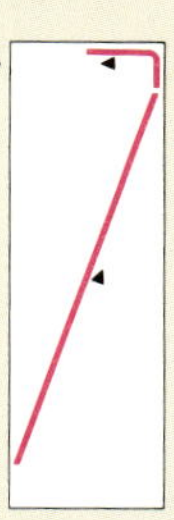 MXK K	Im starken Galopp durch die ganze Bahn wechseln. Versammelter Galopp und Galoppwechsel.	Tempounterschied zum Mittelgalopp herausreiten. Geradehalten des Pferdes im starken Galopp. Versammelter Galopp erst bei K.
5 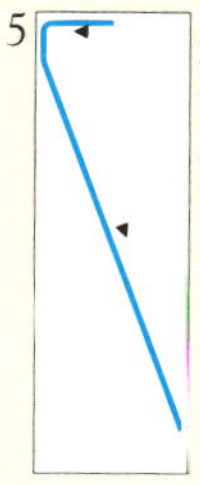 A FXH H	Versammelter Trab. Im starken Trab durch die ganze Bahn wechseln. Mitteltrab.	Erhabene Trabtritte im versammelten Trab. Den starken Trab schon bei F entwickeln und auf der ganzen Diagonalen durchhalten. Tempounterschied zwischen Mitteltrab und starkem Trab herausreiten.
6 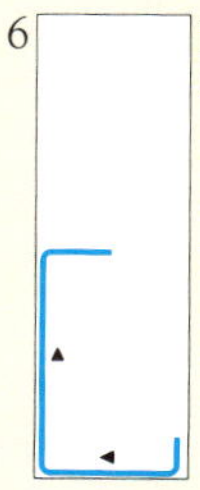 HC MBX	Mitteltrab.	Mitteltrab auch in den Ecken im gleichen Tempo reiten. Die Ecken dürfen etwas abgerundet sein.
7  X E	Halten – 4 Tritte rückwärtsrichten, 4 Schritte vorwärts – 6 Tritte rückwärts, sofort anreiten im Mitteltrab. Linksum.	Genaues Einhalten der Rückwärtstritte und der 4 Schritte vorwärts. Erhabener Schritt. Sofortige Entwicklung des Mitteltrabs aus dem letzten Tritt rückwärts.
8 X	Die Übergänge vom Mitteltrab zum Halten (einschl.) und vom Rückwärtsrichten zum Mitteltrab.	Gesonderte Wertnote für die Übergänge.
9  XEKA A	Mitteltrab. Versammelter Trab.	Gleiche Schwierigkeit wie Lektion Nr. 6. Deutlicher Übergang zum versammelten Trab.
10 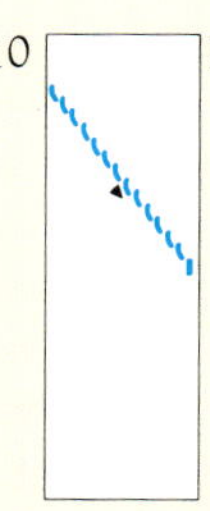 FE	Traversale nach links.	Genaues Einhalten der Hufschlagfigur. Gleichmäßiges Tempo einhalten. Gute Stellung und Biegung. Etwas vor E den Hufschlag erreichen. Danach sauberes Umstellen zur Traversale nach rechts.
11 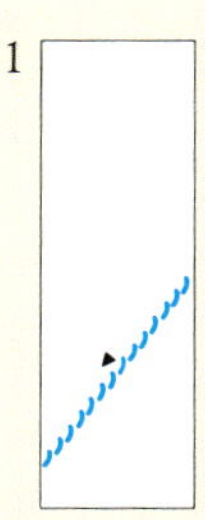 EM	Traversale nach rechts.	Schwierigkeit wie bei Lektion Nr. 10.
12 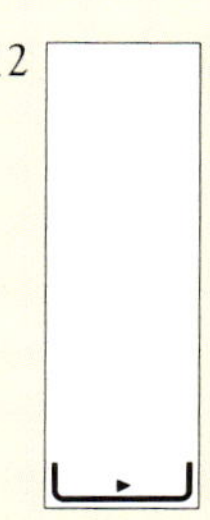 MCH	Versammelter Schritt.	Bei M sofortiger Übergang zum erhabenen versammelten Schritt.

Lektion Nummer	Lektionen der Aufgabe	Bemerkungen
13 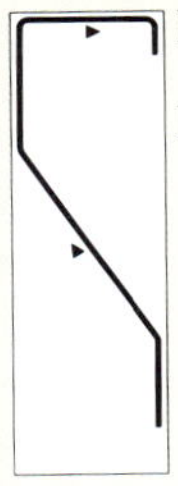 HSXPF FAK	Handwechsel im starken Schritt. Mittelschritt.	Die Übergänge zwischen versammeltem Schritt, starkem Schritt und Mittelschritt müssen klar herausgeritten werden. Deutliche Erweiterung des Rahmens im starken Schritt. Öffnende Reiterhand, die einen raumgreifenden Schritt ermöglicht. Die Zügel dürfen leicht durchhängen. Vorsichtiges Aufnehmen der Zügel beim Übergang zum Mittelschritt. Das Pferd muß wieder vermehrt in Haltung gebracht werden, soll dabei aber flüssig schreiten und gut übertreten (Multiplikator 2).
14  K V zwischen L und P	Versammelter Schritt. Rechtsum. Halbe Pirouette rechts.	Deutlicher Übergang zum erhabenen und fleißigen, aber kürzeren Schreiten. Aufnehmen vor der halben Pirouette. Gute Stellung und Biegung. Wechselseitige Hilfengebung, damit das Pferd nicht zum Stocken kommt.
15  zwischen L und V	Halbe Pirouette links.	Schwierigkeit wie bei Lektion Nr. 14.
16	Der versammelte Schritt. KV (P) (V) L	Gesonderte Wertnote.
17 L	Passage. Der Übergang vom versammelten Schritt zur Passage.	Gesonderte Wertnote. Aufnehmen vor der Passage. Der erste Tritt muß ein Passagetritt sein. Häufig erfolgt der Übergang erst über einen Trabtritt.
18 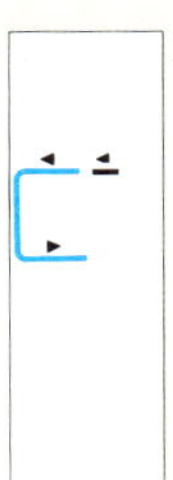 LPBX	Passage.	Erhabene und gleichmäßige Passage. Die Gleichmäßigkeit der Passage ist noch wichtiger als die Erhabenheit.
19  X	Piaffe (10-12 Tritte).	Weicher Übergang zur Piaffe. Kadenzierte und regelmäßige Piaffe auf der Stelle. Einhalten der geforderten Trittzahl.
20 X	Passage. Die Übergänge von der Passage zur Piaffe und von der Piaffe zur Passage.	Gesonderte Wertnote für die Übergänge.
21 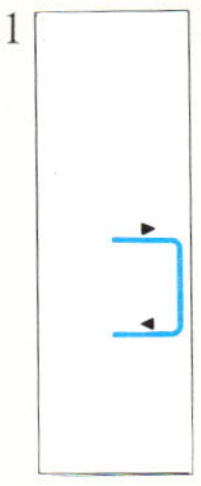 XESI	Passage.	Erhabene und gleichmäßige Passage. Die Gleichmäßigkeit der Passage ist noch wichtiger als die Erhabenheit.
22  I	Piaffe (10-12 Tritte).	Weicher Übergang zur Piaffe. Kadenzierte und regelmäßige Piaffe auf der Stelle. Einhalten der geforderten Trittzahl.
23 I	Passage. Die Übergänge von der Passage zur Piaffe und von der Piaffe zur Passage.	Gesonderte Wertnote für die Übergänge.
24 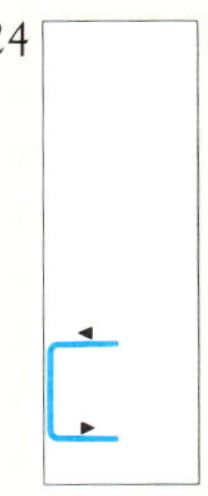 IRMG	Passage.	Schwierigkeit wie bei Lektion Nr. 18.
25  G H	Im versammelten Tempo links angaloppieren. Linke Hand.	Gerades Angaloppieren. Angaloppieren genau bei G. Pferde, die oft Grand Prix gehen, neigen dazu, hier den reiterlichen Hilfen etwas zuvorzukommen.
26 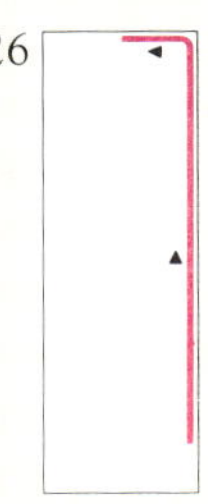 HK K	Starker Galopp. Versammelter Galopp.	Schwierige Lektion, da der starke Galopp schon bei H entwickelt sein soll. Übergang zum versammelten Galopp genau bei K. Das Pferd muß beim Übergang gerade bleiben.
27 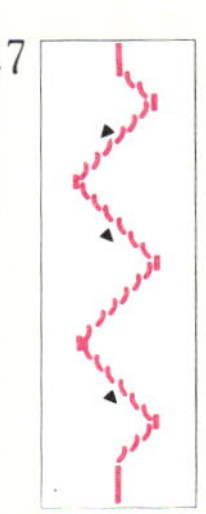 AG G	Auf die Mittellinie gehen – 6 Galopptraversalen beiderseits der Mittellinie mit Galoppwechsel bei jedem Richtungswechsel, die erste Traversale nach links und die letzte nach rechts zu je 3 Sprüngen, die übrigen 4 Traversalen zu je 6 Sprüngen. Im Rechtsgalopp endend.	Gute Stellung und Biegung des Pferdes. Fleißiger Galoppsprung. Gutes Sitzen des Reiters in der Bewegungsrichtung. Sauberes Umstellen bei den Galoppwechseln, ohne daß sich das Pferd in die neue Bewegungsrichtung hineinschmeißt.
28 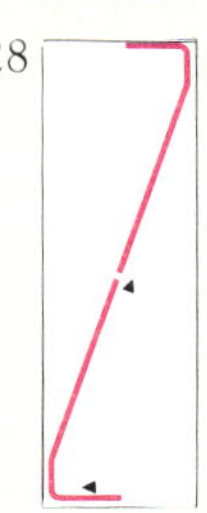 C MXK K	Rechte Hand. Im Mittelgalopp durch die ganze Bahn wechseln mit Galoppwechsel bei X. Versammelter Galopp.	Mittelgalopp auch beim Galoppwechsel im gleichmäßigen Tempo. Deutlicher Übergang zum versammelten Galopp genau bei K.

Lektion Nummer	Lektionen der Aufgabe	Bemerkungen
29  A L	Auf die Mittellinie gehen. Ganze Pirouette links.	Aufnehmen des Pferdes vor der Pirouette. Das Pferd darf dabei nicht traversartig gehen, sondern kann eher in einer leichten Schulterhereinstellung auf die Pirouette vorbereitet werden. Pirouette genau auf der Mittellinie. Kein Überdrehen. Gute Stellung und Biegung in der Pirouette. Fleißige, aber ruhige Galoppsprünge (Multiplikator 2).
30 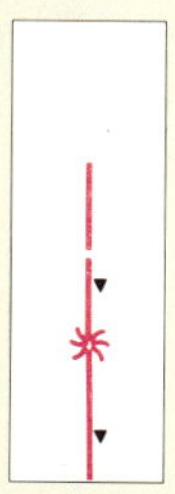 X I	Galoppwechsel. Ganze Pirouette rechts.	Gerader, genau auf der Mittellinie gesprungener Galoppwechsel. Pirouette wie Lektion Nr. 29.
31 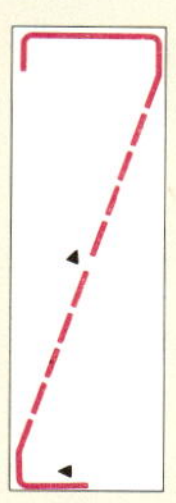 C MXK	Rechte Hand. Auf der Diagonalen 9 Galoppwechsel zu 2 Sprüngen (links endend).	Einteilung der Galoppsprünge beiderseits von X beachten und dem Galoppsprung des Pferdes anpassen. Galoppwechsel auf gerader Linie mit gutem Ausdruck, klarem Vorwärtsdrang und im gleichmäßigen Tempo.
32 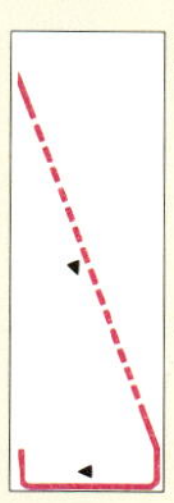 FXH	Auf der Diagonalen 15 Galoppwechsel von Sprung zu Sprung (rechts endend).	Bei den Galoppwechseln von Sprung zu Sprung neigen manche Pferde dazu, bei den letzten Wechseln eiliger zu werden. Sonst wie Lektion Nr. 31.
33 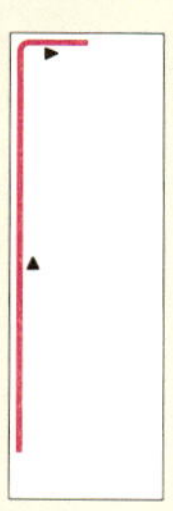 MF F	Mittelgalopp. Versammelter Galopp.	Übergänge genau bei M und F. Das Pferd muß geradegerichtet bleiben.
34 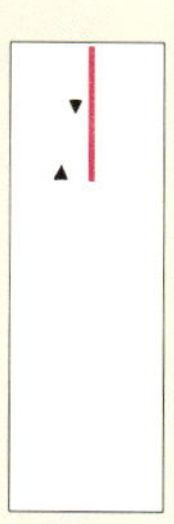 A L	Auf die Mittellinie gehen. Halten – 4 Tritte rückwärtsrichten, daraus sofort anpassagieren.	Schwierigkeit, daß die Pferde bei der Intermédiaire II aus dem Rückwärtsrichten angaloppieren und im Grand Prix anpassagieren müssen. Diese Übergänge sind beim Abreiten noch einmal zu üben. Häufig zeigen die Pferde nach dem Rückwärtsrichten erst 1-2 Piaffetritte oder Trabtritte.
35 L	Die Übergänge vom versammelten Galopp zum Halten (einschl.) und vom Rückwärtsrichten zur Passage.	Gesonderte Wertnote für die Übergänge.
36 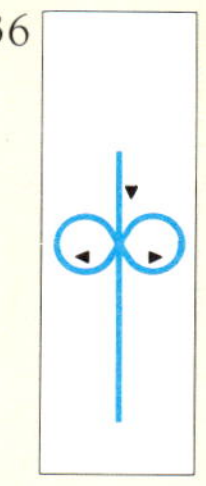 LG X	Passage. Volte nach rechts 8 m Durchmesser, anschließend Volte nach links 8 m Durchmesser.	Gleichmäßiges Tempo auch in der Volte. Die Hinterhand muß der Vorhand folgen.
37 I	Piaffe (10-12 Tritte).	Weicher Übergang zur Piaffe. Das Pferd muß geradegerichtet auf der Mittellinie bleiben. Kadenzierte und regelmäßige Piaffe auf der Stelle. Einhalten der geforderten Trittzahl.
38 I	Die Übergänge von der Passage zur Piaffe und von der Piaffe zur Passage.	Gesonderte Wertnote für die Übergänge.
39  G	Halten – Unbeweglichkeit – Gruß.	Gerades, unbewegliches Stehen.
	Verlassen der Bahn bei A im Schritt am langen Zügel.	Mit etwas durchhängenden, aber nicht völlig hingegebenen Zügeln die Bahn verlassen.

GRAND PRIX SPECIAL.

Lektion Nummer		Lektionen der Aufgabe	Bemerkungen
1	A X	Einreiten im versammelten Galopp. Halten – Unbeweglichkeit – Gruß. Anreiten im versammelten Trab.	Gerades Einreiten genau auf der Mittellinie. Gerades und geschlossenes Halten. Ebenso gerades Anreiten, bei dem der erste Tritt ein Trabtritt sein muß. Ein schiefes Halten oder ein schwankendes Einreiten und Anreiten aus dem Halten macht auf die Richter gleich den Eindruck, daß das Pferd nicht an den Hilfen steht.
2	C HXF F	Linke Hand. Im starken Trab durch die ganze Bahn wechseln. Versammelter Trab.	Der starke Trab muß auf der ganzen Diagonalen durchgehalten werden. Der Übergang zum versammelten Trab muß genau bei F erfolgen.

K
V
E
S
H
C

Lektion	Nummer	Lektionen der Aufgabe	Bemerkungen
3	VXR	Nach rechts traversieren.	Sehr steile Traversale auf 24 m Länge. Das Pferd muß vorher sehr gut versammelt und die Hinterhand muß während der Traversale gut herangeholt sein. Der Reiter muß besonders darauf achten, daß die Hinterhand der Vorhand nicht vorauseilt.
4	CHS SEV VKA A	Starker Trab. Versammelter Trab. Starker Trab. Versammelter Trab. (Fotos zum Teil auf der nächsten Doppelseite)	Schwierige Lektionen, da der starke Trab durch die Ecke geritten werden muß. Die Ecken dürfen dabei etwas abgerundet werden. Der Übergang zum versammelten Trab bei S ist für die Pferde ungewohnt. Der anschließende starke Trab über VKA hat die gleichen Schwierigkeiten wie über CHS.

A
K
V
E
S
H
C

Lektion	Nummer	Lektionen der Aufgabe	Bemerkungen
5	PXS	Nach links traversieren.	Sehr steile Traversale auf 24 m Länge. Das Pferd muß vorher sehr gut versammelt und die Hinterhand während der Traversale gut herangeholt sein. Der Reiter muß besonders darauf achten, daß die Hinterhand der Vorhand nicht vorauseilt.

V
E
S
H
C

Lektion Nummer		Lektionen der Aufgabe	Bemerkungen
6	CMR RBP PFA A	Starker Trab. Versammelter Trab. Starker Trab. Versammelter Trab.	Schwierige Lektion, da der starke Trab durch die Ecke geritten werden muß. Die Ecken dürfen dabei etwas abgerundet werden. Der Übergang zum versammelten Trab bei R ist für die Pferde ungewohnt. Der anschließende starke Trab über PFA hat die gleichen Schwierigkeiten wie über CMR.
7	KLBIH H	Starker Schritt. Versammelter Schritt.	Deutliche Erweiterung des Rahmens im starken Schritt. Das Pferd muß sich gut strekken, wobei der Kopf in Schulterhöhe bleiben muß. Das Pferd muß der sich öffnenden Hand folgen und die Zügel langsam herausnehmen. Die Zügel dürfen leicht durchhängen. Der Übergang zum versammelten Schritt muß genau bei H erfolgen (Multiplikator 2).

K
V
E
S
H
C

Lektion	Nummer	Lektionen der Aufgabe	Bemerkungen
8	HCMG	Versammelter Schritt.	Erhaben gerittener versammelter Schritt mit wenig Raumgriff. Das Pferd muß vor dem Punkt G als Vorbereitung zur Piaffe noch einmal vermehrt versammelt und an die Hilfen gestellt werden.
9	G	Piaffe (10-12 Tritte).	Kadenzierte und regelmäßige Piaffe auf der Stelle. Einhalten der geforderten Trittzahl.
10	G	Passage. Die Übergänge vom versammelten Schritt zur Piaffe und von der Piaffe zur Passage.	Gesonderte Wertnote für die Übergänge.
11	GHSI RBX	Passage.	Gleichmäßige und erhabene Passage. Die Gleichmäßigkeit ist wichtiger als die Erhabenheit.
12	X	Piaffe (10-12 Tritte).	Kadenzierte und regelmäßige Piaffe. Einhalten der geforderten Trittzahl.
13	X	Passage. Die Übergänge von der Passage zur Piaffe und von der Piaffe zur Passage.	Gesonderte Wertnote für die Übergänge.
14	XEVL PFA	Passage.	Gleichmäßige und erhabene Passage. Die Gleichmäßigkeit ist wichtiger als die Erhabenheit.

A
K
V
E
S
H
C

Lektion Nummer		Lektionen der Aufgabe	Bemerkungen
15	A KXM M	Starker Trab. Im starken Trab durch die ganze Bahn wechseln. Versammelter Trab.	Präzises Herausarbeiten des Übergangs von der Passage zum starken Trab. Ein ungewohnter Übergang, der in den bisherigen Aufgaben noch nicht vorkommt. Übergang vom starken zum versammelten Trab genau bei M.

A
K
V
E
S
H
C

Lektion Nummer		Lektionen der Aufgabe	Bemerkungen
16	C SXP P	Versammelter Galopp. Nach links traversieren. Galoppwechsel.	Übergang zum versammelten Galopp genau bei C. Häufig kommen die Pferde den Hilfen des Reiters zuvor und galoppieren zu früh an. Sehr steile Galopptraversale über SXP. Das Pferd muß gut versammelt bleiben und darf nicht ins Laufen kommen. Die Hinterhand darf der Vorhand nicht vorausgehen.

A
K
V
E
S
H
C

Lektion Nummer		Lektionen der Aufgabe	Bemerkungen
17	VXR R	Nach rechts traversieren. Galoppwechsel.	Die gleichen Schwierigkeiten wie bei der vorhergehenden Lektion. Stellung und Biegung des Pferdes sollen bei der Links- und der Rechtstraversale gleichmäßig sein.

K
V
E
S
H
C

Lektion	Nummer	Lektionen der Aufgabe	Bemerkungen
18	HXF	Auf der Diagonalen 9 Galoppwechsel zu 2 Sprüngen, im Rechtsgalopp endend.	Die Galoppwechsel sollen auf gerader Linie, mit gutem Ausdruck, klarem Vorwärtsdrang und in gleichmäßigem Tempo gesprungen werden. Die Einteilung der Galoppwechsel beiderseits von X muß beachtet und dem Galoppsprung des Pferdes angepaßt werden.

A
K
V
E
S
H
C

Lektion	Nummer	Lektionen der Aufgabe	Bemerkungen
19	KXM	Auf der Diagonalen 15 Galoppwechsel von Sprung zu Sprung, im Linksgalopp endend.	Besonders die letzten Galoppwechsel dürfen bei den 15 Wechseln von Sprung zu Sprung nicht eiliger werden, wozu manche Pferde jedoch neigen.
20	HK K	Starker Galopp. Versammelter Galopp.	Starker Galopp mit größtmöglicher Verstärkung. Das Pferd muß dabei geradegerichtet bleiben. Übergang zum versammelten Galopp genau bei K.

K
V
E
S
H
C

Lektion	Nummer	Lektionen der Aufgabe	Bemerkungen
21	A D	Auf die Mittellinie gehen. Ganze Pirouette links.	Das Pferd muß sehr gut versammelt sein und präzise auf die Mittellinie geritten werden, um sofort bei D die Pirouette ausführen zu können (Multiplikator 2).
22	Zwischen D und G	Auf der Mittellinie 9 Galoppwechsel von Sprung zu Sprung, im Rechtsgalopp endend.	Einteilung der Galoppwechsel beiderseits von X beachten. Bei den meisten Pferden muß man etwa bei Punkt L beginnen. Die drei Kopfrichter können jetzt gut sehen, ob die Galoppwechsel auf gerader Linie ausgeführt werden.
23	G C	Ganze Pirouette rechts. Rechte Hand.	Die Schwierigkeit dieser Pirouette liegt darin, daß sie unmittelbar vor der kurzen Seite ausgeführt werden und trotzdem noch Platz zum Abwenden sein muß (Multiplikator 2).

A
K
V
E
S
H
C

Lektion	Nummer	Lektionen der Aufgabe	Bemerkungen
24	MF F	Starker Galopp. Versammelter Galopp.	Starker Galopp mit größtmöglicher Verstärkung. Das Pferd muß dabei geradegerichtet bleiben. Übergang genau bei F.
25	A D LG	Auf die Mittellinie gehen. Versammelter Trab. Passage.	Viele Pferde neigen dazu, zwischen D und L schon die Passage anzubieten. Der Reiter muß in diesem Fall das Trabtempo etwas freier halten.
26	G	Piaffe (10-12 Tritte).	Schwieriger Übergang, da die Pferde häufig annehmen, die Aufgabe sei zu Ende, und der Reiter Mühe hat, noch Piaffetritte zu entwickeln.
27	G	Der Übergang von der Passage zur Piaffe.	Gesonderte Wertnote für den Übergang.
	G	Nach der Piaffe: Halten – Unbeweglichkeit – Gruß.	Keine besondere Schwierigkeit.

A
K
V
E
S
H
C

REPORTAGE DER WELTMEISTER-SCHAFT 1978 IN GOODWOOD, ENGLAND.

Seit 1966 finden alle vier Jahre zwischen den Olympischen Spielen die Weltmeisterschaften im Dressurreiten statt. Bern, Aachen und Kopenhagen waren die bisherigen Austragungsorte. Zweimal hatte die Mannschaft der Bundesrepublik den Weltmeisterschaftstitel erritten, einmal die Mannschaft aus der Sowjetunion. Josef Neckermann, Elena Petuschkowa und Reiner Klimke hießen die bisherigen Weltmeister in der Einzelwertung.

Goodwood im südenglischen Sussex war Schauplatz der Weltmeisterschaft 1978. 50 Reiter aus 12 Nationen stellten sich den Richtern. Die Bundesrepublik, Dänemark,

Großbritannien, die Niederlande, Schweden, die Schweiz, die UdSSR und die USA hatten für den Mannschafts-Grand Prix genannt.

Die fünf Tage im Park von Goodwood House wurden ein voller Erfolg für die British Horse Society und eine Werbung für die Dressur im Land der Gelände-, Renn- und Springreiter. Es wurde bester Sport geboten. Und das in einer Atmosphäre, die man sich als Reiter nur wünschen kann. Ein herrlicher Turnierplatz. Eine legere und dennoch exakte Organisation. Ein fachkundiges Publikum. Und es war spannend bis zum letzten Moment. Eine würdige Weltmeisterschaft.

GLORIOUS GOODWOOD: DER IDEALE RAHMEN FÜR DIE WELTMEISTERSCHAFT.

Schon auf der einstündigen Fahrt von London in Richtung Süden wird man durch die parkartige Landschaft von Sussex auf die besondere Atmosphäre von Goodwood eingestimmt. Kurz vor Chichester zweigt die Straße dann nach rechts ab, einige kleine Schilder zeigen an, daß hier die ,,World Dressage Championships 1978" stattfinden, und nach einigen Kilometern über enge Landstraßen erreicht man den riesigen Park von Goodwood. 4900 ha umfaßt dieser Landbesitz, den Lord und Lady March der Öffentlichkeit zugänglich gemacht haben, um die Besitzung erhalten zu können. Eine der berühmtesten englischen Pferderennbahnen gehört dazu, der größte private Flugplatz Englands mit Flugschule und Lufttaxidienst, die 1200 ha große ,,Home Farm", ein Autorennkurs und ein 18-Löcher-Golfplatz. Kernstück der ganzen Anlage ist der Country Park mit seinem großen und abwechslungsreichen Baumbestand, darunter allein 60–70 Zedern aus dem Libanon. Über zwei durch den Park führende Alleen erreicht man Goodwood House und das daneben gelegene, quadratisch um einen Innenhof gebaute Stallgebäude, in dem Pfleger und Pferde ideale Unterkünfte haben.

Goodwood in den grünen Hügeln von Sussex.

Auf den gepflegten Rasenflächen vor Goodwood House liegt der Turnierplatz, den die British Horse Society während der Weltmeisterschaftstage in eine kleine Zeltstadt verwandelt hatte. Die Weitläufigkeit dieses Turniergeländes, eingebettet in den Country Park, verleiht den Veranstaltungen in Goodwood, wo seit 5 Jahren Dressurwettbewerbe stattfinden, ihren besonderen Reiz. Kein Turnier in einem typischen Reitstadion, sondern ein Platz, der in die Landschaft integriert ist und dem Besucher die Möglichkeit gibt, mit dem Wagen nahe an das Turniergeschehen heranzufahren, im Freien zu picknicken und das Landleben zu genießen. So lieben die Engländer ihre Horse Shows.

DIE HAUPTVERANSTALTUNGEN SCHON VORHER AUSVERKAUFT.

Die Veranstalter waren zunächst skeptisch, ob diese Weltmeisterschaft das entsprechende Interesse finden würde. Und Michael Clayton, der Herausgeber von Horse & Hound, glossierte die Situation des Dressurreitens in England mit folgender Story: ,,I heard that a lady from a Government department telephoned the National Equestrian Centre recently to enquire if it was true that an ,Equestrian Championship' was being held in Britain. On being told that the World Dressage Championship was taking place here, the lady replied: ,Oh no, I mean horse riding..."

Den Skeptikern zum Trotz waren die Sitzplätze für die Hauptveranstaltungen aber schon Wochen vorher ausverkauft. Am Samstag und Sonntag fanden etwa 5000 Zuschauer den Weg nach Goodwood, und wer keinen Tribünenplatz hatte, mußte einen guten Stehplatz schon den ganzen Tag über besetzt halten. Ein größeres Interesse haben Dressurveranstaltungen auch in anderen Ländern noch nicht gefunden.

Bei 2 Millionen englischen Reitern, zu denen jährlich noch etwa 200000 Anfänger hinzukommen, sind diese Zuschauerzahlen allerdings nicht verwunderlich, auch wenn sich das Dressurreiten in England erst allmählich entwickelt. Ganz offensichtlich ist das englische Dressurpublikum fachkundig und sehr daran interessiert, die Reiter der anderen Nationen kennenzulernen.

LETZTE ENTSCHEIDUNGEN IN AACHEN UND EIN ANSTRENGENDER TRANSPORT FÜR DIE PFERDE.

Das CHIO Aachen fand eine Woche vor Goodwood statt und brachte bereits einen guten Überblick über die derzeitige Leistungsstärke im internationalen Dressursport. Allerdings fehlten in Aachen noch die Russen und die Schweizer, und die Engländer hatten nur Einzelreiter für die kleine Tour entsandt.

Von den ausländischen Pferden zeigten sich besonders Keen, Martyr, Chigwell xx, Limandus, Dahlwitz, Elymus und Velten-Sohn in guter Form. Keen war im Grand Prix Special sogar vor Ultimo und Hirtentraum plaziert. Die Dänen überraschten angenehm mit einem zweiten Platz im Mannschafts-Grand Prix vor den USA.

Während Woyceck und Slibovitz als Mannschaftspferde für Goodwood feststanden und sie auch hier wiederum im Grand Prix und im Special an erster und zweiter Stelle plaziert waren, fiel die Entscheidung zwischen Ultimo und Hirtentraum erst in Aachen. Uwe Sauer mußte schließlich in den sauren Apfel beißen und als Einzelreiter nach England fahren. Für uns eine unbefriedigende Lösung, denn im Gegensatz zu den internationalen Mannschaftswettbewerben im Springen und in der Military dürfen in der Dressur ja nur drei Reiter pro Mannschaft starten.

Unsere Pferde wurden Sonntagnacht in Aachen verladen, mußten wegen der stürmischen See lange auf die Überfahrt warten und kamen erst in der Nacht vom Montag zum Dienstag in Goodwood an. Alle Pferde waren etwas schlapp und hatten leichtes Fieber. Ultimo fraß nicht, Feudal hustete und eigentlich allen älteren Pferden hatte die Reise doch zugesetzt.

Zudem empfing uns in England ein naßkaltes Wetter, und wir machten uns auf einen typischen englischen Landregen gefaßt. Aber unsere englischen Freunde waren optimistisch. Denn schlimmer als in den letzten beiden Tagen konnte es nicht mehr kommen. Und tatsächlich schien dann in den nächsten Tagen vereinzelt sogar die Sonne. Teilweise sogar so stark, daß der Wetterwechsel die Pferde belastete.

GUTER START FÜR DAS DEUTSCHE TEAM, ABER IMMER NOCH SORGE MIT DEN PFERDEN.

Die ersten beiden Tage in Goodwood begannen für uns sehr erfolgreich. Gabi Grillo ritt den achtjährigen Galapagos mit großem Abstand im Prix St. Georges an die Spitze vor der erst 19jährigen Annemarie Keyzer aus den Niederlanden mit dem Angelo xx-Sohn Amon. Dritter wurde Christian Cadre, der neue Leiter der Dressurabteilung in Saumur, mit dem eleganten Fuchswallach Solitaire. Ein Paar, von dem man in Zukunft sicherlich noch mehr sehen wird.

Am Donnerstag siegte Uwe Sauer mit Dohna in der Intermédiaire I vor Christine Stückelberger mit Cameera, und Gabi und Uwe gewannen auch die Mannschafts-Intermédiaire I vor den Schweizern. Ulrich Lehmann zeigte in beiden Prüfungen, daß er mit dem neunjährigen Schweden Werder neben dem jetzt vierzehnjährigen Widin für die nächsten Jahre ein zweites gutes Pferd für die großen Prüfungen zur Verfügung hat.

Woyceck, den ich am Dienstag und Mittwoch wegen seines Fiebers stehenlassen mußte, konnte ich am Donnerstag wieder etwas arbeiten. Allerdings hatte er trotz intensiver Kühlung immer noch angelaufene Beine. Ich vermutete zunächst eine Strohallergie, und wir stellten ihn auf Sägespäne. Im nachhinein glaube ich aber, daß der schwere und stark eiweißhaltige kanadische Hafer für die Pferde eine zu große Umstellung war. Auch Slibovitz hat den Hafer zuletzt nicht mehr angerührt. Und als Woyceck zu Hause wieder sein gewohntes Futter bekam, waren seine Beine schlagartig klar.

PERFEKTE ORGANISATION UND FREUNDLICH-GEMÜTLICHE STIMMUNG AUF DEM TURNIERPLATZ.

Trotz der Sorgen um die Pferde steckte uns die gute Stimmung in Goodwood an. Bei diesem Turnier paßt eben alles. Die Organisation klappt auf die Minute, aber man spürt sie überhaupt nicht.

Mit englischer Lässigkeit und Freundlichkeit handhaben David Braham und Dennis Colton, die Gangway-Stewards, das Ein- und Ausreiten der Reiter. Und als ich einmal etwas spät zur Sieger-

ehrung kam, zwinkerte mir Dennis nur ein freundliches „Hurry, Harry, Hurry" zu.

Der Ansager macht sich einen Spaß daraus, immer wieder das Walzen des Dressurvierecks zu erklären, um am Ende zu einem warmen Applaus („Er macht das zwölfmal am Tag!") für Hermann Duckek, den Viereckverantwortlichen, aufzufordern. In den Pausen wird das Publikum darum gebeten, daß nicht alle Besucher zur gleichen Zeit zur Snackbar gehen mögen. Aber das tun die Engländer ohnehin nicht. Man hat Zeit. In der Mittagspause bummelt man durch eines der vielen Verkaufszelte, trifft sich in Mary's Wine Bar oder setzt sich zu einem Sandwich und einem Glas Wein ins Gras. Reiter und Zuschauer gemeinsam.

Ohnehin gibt es keine strenge Abgrenzung zwischen Reitern und Zuschauern. Viele Zuschauer zieht es zu einem der Abreiteplätze. Keiner hindert sie daran. Auch die etwas abseits gelegene Reithalle und die Stallungen können ungehindert besucht werden. Goodwood kommt fast ohne Ordner aus. Aber man hat auch nie das Gefühl, daß sie benötigt würden. Und noch eines fiel auf: Es wurden während der fünf Turniertage keine offiziellen Reden gehalten. Und sie wurden auch nicht vermißt.

Nur beim Festbankett am Samstagabend wurde lange geredet. Nach vier Vorrednern und $1^1/_2$stündiger Redezeit bedankte ich mich als letzter Redner im Namen aller Teilnehmer für die Gastfreundschaft und bat den Heiligen St. Georg, den Schutzpatron der Reiter, daß er den Richtern die nötige Objektivität geben möge.

ULRICH LEHMANN MIT WIDIN ÜBERRASCHUNGSSIEGER IN DER INTERMÉDIAIRE II.

Am Freitag sorgte Ulrich Lehmann für die Überraschung in der Intermédiare II. 3 Richter stellten Widin vor Feudal unter Uwe Schulten-Baumer, den 2 der 5 Richter knapp vorn sahen. Das Schweizer Paar, bei den Olympischen Spielen 1976 in Montreal an 16. Stelle und bei der Europameisterschaft 1977 an 7. Stelle plaziert, hatte sich damit weiter steigern können. Mit Ulrich Lehmann war also im Grand Prix zu rechnen.

Allerdings durften Granat, Woyceck und Slibovitz, die drei Favoriten für die Weltmeisterschaft, wegen ihrer hohen Zahl an Grand Prix- und Intermédiaire-Siegen in der Intermédiaire II nicht starten. Das ist für nervige Pferde immer ein gewisser Nachteil, denn für den Reiter ist es doch ein sichereres Gefühl, wenn sich die Pferde in einer leichteren Prüfung einlaufen können.

Von den Pferden, die sich später für den Grand Prix Special qualifizieren konnten, wurden Dutch Courage, Keen und Shkval in der Intermédiaire II nicht plaziert. Das zeigt, wie dicht inzwischen die Leistungsspitze im internationalen Dressursport geworden ist und wieweit die Tagesform bei den Plazierungen entscheidet.

DEUTSCHLAND ERWARTUNGSGEMÄSS MANNSCHAFTSWELTMEISTER.

Am Samstag früh starteten 7 Mannschaften und 14 Einzelreiter zum Grand Prix. Die Schweden hatten die Nennung für den Mannschafts-Grand Prix zurückziehen müssen, da Anne-Lie Thuressons Juanillo ausgefallen war.

Für uns verlief der Grand Prix wie erwartet. Uwe Sauer hatte Hirtentraum bereits als zweiter Starter sehr sicher durch die Prüfung gebracht. Ich ritt dann als erster Reiter für die deutsche Mannschaft. Woyceck zeigte nach den Vortagen schon wieder eine ganz gute Form, machte keine Fehler und ließ sich während der Prüfung auch durch den Lärm eines Flugzeugs nicht stören. Lediglich die gewohnte Frische fehlte bei diesem Ritt, und es gelang mir noch nicht, den letzten Ausdruck in den Passagen und im starken Trab herauszureiten. Aber nach diesem Ritt war ich für den Special am nächsten Tag ganz zuversichtlich.

Granat startete 5 Pferde hinter Woyceck, buckelte einmal beim Umreiten des Vierecks, ging dann aber sicher durch die Prüfung. Lediglich bei der Einteilung der Galopptraversalen und bei den Galoppwechseln gab es einige Fehler.

Da Claire Koch mit Scorpio als erste Reiterin der Schweiz nur 1362 Punkte herausgeritten hatte und damit noch um 67 Punkte schlechter benotet wurde als die Schweizer Einzelreiterin Dr. Ursula Kind mit Aquila, brauchten Gabi Grillo und Uwe Schulten-Baumer nach der Mittagspause eigentlich nur ohne grobe Fehler zu reiten, um unseren Mannschaftssieg nicht zu gefährden.

Gabi ritt in gewohnter Form, nur ein etwas frühes Piaffieren vor der Mittellinie kostete einige Punkte Abzug. Widin ging dann nicht ganz so

stark wie in der Intermédiaire II und lag knapp hinter Ultimo, so daß Uwe als der drittletzte Starter des Grand Prix schon etwas riskieren konnte. Er ritt Slibovitz sehr schwungvoll und mit deutlichen Übergängen. Lediglich die Piaffe-Passage-Übergänge gelangen nicht ganz, und die Galopppirouetten hätten geschmeidiger sein können.

In der Mannschaftswertung lagen wir damit klar vor den Schweizern. Allerdings war der Abstand mit 274 Punkten diesmal knapper als 1976 in Bromont (471 Punkte) und 1977 in St. Gallen (552 Punkte). Den Schweizern fehlt nach wie vor der dritte Reiter. Aber wenn sie dieses Problem gelöst haben, wird es in den Mannschaftswettbewerben wieder wesentlich spannender und schwieriger für uns werden.

Dagegen haben die Russen trotz ihres dritten Platzes in Goodwood ihre frühere Stärke noch nicht wieder erreicht. Nach den Europameisterschaften in St. Gallen hatte ich eigentlich mehr erwartet. Said gefiel mir in St. Gallen besser. Mit Shkval haben die Russen zwar ein sehr veranlagtes neues Pferd. Aber bei ihm, wie eigentlich bei allen russischen Pferden, fielen doch deutlich die mangelnde Losgelassenheit und die dadurch bedingten gelegentlichen Taktstörungen in den Grundgangarten auf. Offensichtlich sind die meisten russischen Pferde auch schwierig im Maul. Für die Russen wird es nicht leicht sein, in den verbleibenden zwei Jahren bis zu den Olympischen Spielen 1980 in Moskau diese grundsätzlichen Fehler in der Ausbildung abzustellen.

Die Amerikanerinnen lagen nur knapp hinter der russischen Mannschaft, konnten sich gegenüber Aachen steigern und ließen diesmal Dänemark mit über 300 Punkten deutlich hinter sich. Allerdings ist Dahlwitz jetzt 14 Jahre und Monaco bereits 17 Jahre alt. Und im Moment ist noch kein zu Keen vergleichbares Mannschaftspferd vorhanden. Aber bei den guten Nachwuchspferden, die von den Amerikanerinnen in Goodwood in der kleinen Tour vorgestellt wurden, ist damit zu rechnen, daß die USA auch in Zukunft eine starke Mannschaft stellen werden.

Die leicht und locker reitenden Engländerinnen haben ihr Tief von Montreal überwunden. Nur knapp hinter den Dänen lagen sie diesmal klar vor den Holländern, und sie hätten auch die Schwedinnen sicher geschlagen, wenn die schwedische Mannschaft vollständig geblieben wäre.

Mit den Holländern wird man in Zukunft aber stärker rechnen müssen. Jo Ruttens Limandus ist erst achtjährig und bereits ein sicheres Grand Prix-Pferd, mit dem Jo nur knapp am Einzug ins Finale vorbeiritt. Und in der kleinen Tour deutete Annemarie Keyzer bereits an, daß die holländischen Nachwuchsreiter die Mannschaft schon bald verstärken können.

Zieht man ein Fazit dieser Weltmeisterschaft, so fällt auf, daß die Abstände zwischen den Mannschaften geringer geworden sind. In Montreal und St. Gallen lagen zwischen der erstplazierten und der letztplazierten Mannschaft noch etwa 1.100 Punkte, in Goodwood nur noch 800 Punkte. Zum Teil ist diese Entwicklung wohl auch auf die Arbeit deutscher Trainer im Ausland und auf das Training ausländischer Reiter in Deutschland zurückzuführen. Eine erfreuliche Entwicklung, die den Dressursport lebendig erhalten wird.

AM SONNTAG SPANNUNG BIS ZUM LETZTEN RITT.

Als ich am Sonntagmorgen um 9.20 Uhr mit Lido meine Kür beendet hatte, war die Welt noch heil. Lido war gut gegangen, und wir belegten in dieser Prüfung den zweiten Platz hinter Feudal mit Uwe Schulten-Baumer. Dann passierte Woycecks

Verletzung. Ich stand dabei neben ihm in der Box, sonst hätte ich die ganze Sache wohl auch nicht geglaubt. Da die Sägespäne in der Box frisch waren, hatte sich noch keine feste Matratze gebildet, und der Boden war sehr glatt. Woyceck wälzte sich in den Sägespänen, wollte aufstehen, rutschte dabei aber mit den Hinterbeinen weg, fiel wieder zurück und zog sich eine Bänderdehnung im rechten Kniegelenk zu. Als wir ihn dann aus der Box rausführten, lahmte er stark, und erst durch stundenlanges Führen im Schritt lief er sich wieder etwas ein.

Am Nachmittag ritt Jennie Loriston Clarke als erste Starterin zum Grand Prix Special ein. Ein glänzender Ritt. Vom Publikum mit begeistertem Applaus bedacht. Aber noch ahnte keiner, wie gut die 1250 Punkte von Dutch Courage an diesem Tag sein sollten. Nach einer schwachen Vorstellung von Shkval, die schon mit einem schiefen Einreiten und Halten begann, dann als nächstes Pferd Ultimo. Gabi konnte sich nach dem 3. Platz in der Intermédiaire II und dem 4. Platz im Grand Prix gute Chancen ausrechnen. Aber es lief nicht. Dutch Courage war um 53 Punkte besser und auch Keen übertraf Ultimo.

Große Enttäuschung bei den deutschen Zuschauern. Jetzt rechnete man mit Woyceck. Die Zuschauer wußten natürlich nichts von seiner Verletzung und hofften nach dem Ritt vom Vortag wieder auf eine gute Vorstellung. Und dann die nächste Enttäuschung.

Beim Abreiten hatte ich noch Hoffnungen. Woyceck lahmte zwar noch. Aber unser Equipechef Heinz Schütte und Willi Schultheis meinten, daß man nichts mehr sehe, wenn ich Woyceck stark zusammenhielt. Allerdings war die Lahmheit sofort wieder zu sehen, wenn die Spannung etwas nachließ. Ich habe dann die Entscheidung getroffen, in die Prüfung zu gehen, weil ich doch glaubte, daß es irgendwie gehen würde. Aber als ich Woyceck nach der Schrittour zum Anpiaffieren stärker aufnahm, stöhnte er regelrecht und bekam die Beine nicht vom Boden. Besonders die vorhergegangenen starken Trabs durch die Ecken müssen bei ihm starke Schmerzen verursacht haben, und bei der Galopptour hatte ich dann sogar große Mühe, die geforderten Lektionen überhaupt rauszureiten.

Dutch Courage 6 Punkte vor Woyceck. Damit hatte nun wirklich keiner gerechnet, und die Engländer begannen zu rechnen. Vor Goodwood hatten sie gehofft, daß Jennie bis ins Finale vorstoßen würde. Und jetzt lag sie nach der Hälfte der Prüfung immer noch in Führung.

Auch Monaco, Said und Hirtentraum kamen nicht auf höhere Wertnoten. Dann Widin. Er könnte ganz weit nach vorn kommen. Aber der Wallach ging nicht so gut wie an den Vortagen. Der Galopp war teilweise im Viertakt, bei den Piaffen waren die letzten Tritte unrein, und bei der letzten Piaffe schlug Widin nach dem Sporn. 3 Punkte weniger als Dutch Courage.

Unsere Hoffnungen galten jetzt Slibovitz. Der erste deutsche Reiter erst auf dem dritten Rang und noch kam Granat. Wann hatte es das schon einmal gegeben. Aber Uwe ritt, was das Zeug hielt. Mit ganz großem Schwung. Nur im starken Trab nach der Piaffe-Passage-Tour war das Tempo leicht überfordert und Slibovitz galoppierte einmal an. Sonst keine Fehler. 1341 Punkte. Erleichterung im deutschen Lager. Granat mußte in Superform gehen, wenn er Slibovitz schlagen sollte.

Cynthia Neale mußte nach diesem Ritt etwas verblassen. Aber sie ritt Martyr unbekümmert vorwärts und schob sich noch zwischen Hilda Gurney und Uwe Sauer.

Als letztes Pferd Granat. Absolute Stille. Konnte er Slibovitz noch schlagen? Unsere Fotografen und Pferdelaien Rainer Joedecke und Norbert Tölle meinten hinterher, es sei spannender als bei der Fußballweltmeisterschaft gewesen.

Granat kam kolossal naß aufs Viereck. So stark abgeritten hatte ich ihn bisher noch nie gesehen. Beim Umreiten des Vierecks zeigte er zwar noch seine gewohnten Eskapaden, aber in der Aufgabe hatte Christine Stückelberger dann doch große Schwierigkeiten, das Pferd zusammenzuhalten, und ritt dementsprechend besonders bei den schweren Lektionen mit sehr deutlicher Hand- und Kreuzeinwirkung.

Enttäuschung unter den vielen Anhängern Granats. Skepsis auch bei Christine Stückelberger und Georg Wahl. Und dann das Ergebnis. 1360 Punkte. Nach der zweifachen Europameisterschaft und dem Olympiasieg jetzt der Weltmeistertitel. Zu gönnen ist er Christine. Aber an diesem Tag war Uwe Schulten-Baumer mit Slibovitz besser.

„You are the real champ", trösteten die Zuschauer Uwe Schulten-Baumer. Und sie umringten eine überglückliche Jennie Loriston Clarke. Diese Bronzemedaille wird dem Dressursport in England bestimmt viel Auftrieb geben.

Ich persönlich war an diesem Tag natürlich schon enttäuscht. Wenn man siebenmal bei Olympischen Spielen, Welt- und Europameisterschaften in der Einzelwertung Zweiter war, möchte man auch mal ganz oben auf dem Treppchen stehen. Aber im nachhinein betrachtet hatte diese Weltmeisterschaft doch etwas Gutes. Auch wenn beim Dressurreiten scheinbar die Ergebnisse schon vorher feststehen, so ist dieser Sport doch immer wieder für Überraschungen gut.

ERGEBNISTABELLE GRAND PRIX DE DRESSAGE.

	Platz	Reiter/in (Nation)	Pferd (Alter)	Punkte							Platzziffern				
				E	H	C	M	B	total	%	E	H	C	M	B
Einzelwertung	1.	Christine Stückelberger (Schweiz)	Granat (13)	358	356	364	347	356	1781	71,2	1	1	1	1	2
	2.	Harry Boldt (BRD)	Woyceck (12)	321	354	354	335	359	1723	68,9	4	2	2	2	1
	3.	Uwe Schulten-Baumer (BRD)	Slibovitz (9)	334	341	341	335	333	1684	67,4	2	3	3	2	3
	4.	Gabriela Grillo (BRD)	Ultimo (13)	312	337	322	324	315	1610	64,4	6	4	6	4	6
	5.	Ulrich Lehmann (Schweiz)	Widin (13)	310	329	320	315	326	1600	64,0	7	5	7	8	4
	6.	Irina Karacheva (UdSSR)	Said (12)	316	325	333	316	306	1596	63,8	5	8	4	7	9
	7.	Uwe Sauer (BRD)	Hirtentraum (11)	308	326	329	318	305	1586	63,4	8	7	5	6	10
	8.	Jennie Loriston Clarke (Großbritann.)	Dutch Courage (9)	293	329	314	312	322	1570	62,8	12	5	8	9	5
	9.	Hilda Gurney (USA)	Keen (12)	304	319	309	320	315	1567	62,7	9	9	11	5	6
	10.	Dorothy Morkis (USA)	Monaco (17)	291	311	313	310	303	1528	61,1	15	11	9	10	11
	11.	Viktor Andreev (UdSSR)	Shkval	322	315	301	294	293	1525	61,0	3	10	16	14	12
	12.	Cynthia Neale (Kanada)	Martyr (11)	290	291	310	308	307	1506	60,2	16	16	10	11	8
	13.	Jo Rutten (Holland)	Limandus (8)	292	303	307	298	276	1476	59,0	13	13	13	12	23
	14.	Elisabeth Theurer (Österreich)	Mon Cherie (8)	297	288	294	288	290	1457	58,3	10	17	20	18	13
	15.	Dr. Elena Petuschkowa (UdSSR)	Abakan (9)	279	280	309	296	288	1452	58,1	19	23	11	13	16
	16.	Gwen Stockebrand (USA)	Bao (14)	296	295	306	276	271	1444	57,8	11	14	14	24	26
	17.	Edith Masters (USA)	Dahlwitz (14)	283	287	293	292	288	1443	57,7	17	18	21	16	16
	18.	Ulla Hakansson (Schweden)	Elymus	274	283	300	289	290	1436	57,4	21	22	18	17	13
	19.	Finn Sakso Larsen (Dänemark)	Coq d'Or (8)	292	285	299	281	278	1435	57,4	13	20	19	21	21
	20.	Dr. Ursula Kind (Schweiz)	Aquila (9)	283	286	281	294	285	1429	57,2	17	19	26	14	18
	21.	Ulla Petersen (Dänemark)	Chigwell xx (15)	264	304	302	272	282	1424	57,0	26	12	15	27	19
	22.	Ines von Badewitz (Österreich)	Marquis (13)	278	285	276	286	289	1414	56,7	20	20	29	19	15
	23.	Patricia Gardiner (Großbritannien)	Manifesto	273	293	280	281	279	1406	56,2	22	15	27	21	20
	24.	Tove Jorck Jorckston (Dänemark)	Lazuly (10)	264	279	301	268	270	1382	55,3	26	24	16	31	28
	25.	Diana Mason (Großbritannien)	Special Edition (11)	271	268	286	274	276	1342	53,7	24	29	24	26	23
	26.	F. Benedictus Liftinck (Holland)	Le Baby (11)	272	270	280	272	277	1371	54,8	23	28	27	27	22
	27.	Inger Hedegaard (Dänemark)	Velten-Sohn (14)	260	275	293	270	271	1369	54,8	28	27	21	29	26
	28.	Claire Koch (Schweiz)	Scorpio (11)	250	276	287	285	264	1362	54,5	30	26	23	20	30
	29.	Francis van Rooy (Holland)	Ivar (11)	268	261	275	279	276	1359	54,4	25	30	30	23	23
	30.	Mikhail Kopeikin (UdSSR)	Bresent	241	277	283	270	259	1330	52,2	31	25	25	29	32
	31.	Tanya Larrigan (Großbritannien)	Salute	257	239	274	275	268	1313	52,5	29	33	31	25	29
	32.	Eva-K. Oscarsson Munk (Schweden)	Lansad (11)	216	242	267	266	261	1252	50,1	33	31	32	32	31
	33.	J. M. Swaab (Holland)	Jungle Doruto (10)	217	240	266	253	240	1216	48,6	32	32	33	33	33
Mannschafts-Weltmeisterschaft	1.	Bundesrepublik	Slibovitz, Ultimo, Woyceck						5017						
	2.	Schweiz	Granat, Scorpio, Widin						4743						
	3.	UdSSR	Abakan, Said, Shkval						4573						
	4.	USA	Dahlwitz, Keen, Monaco						4538						
	5.	Dänemark	Chigwell, Coq d'Or, Velten-Sohn						4228						
	6.	Großbritannien	Dutch Courage, Salute, Special Edition						4225						
	7.	Holland	Ivar, Le Baby, Limandus						4206						

Richter: E = Nyblaeus (Schweden), H = Sommer (Dänemark), C = Thackeray (USA), M = Niggli (Schweiz), B = Hall (Großbritannien).

ERGEBNISTABELLE GRAND PRIX SPECIAL.

	Platz	Reiter/in (Nation)	Pferd (Alter)	Punkte							Platzziffern				
				E	H	C	M	B	total	%	E	H	C	M	B
Einzel-Weltmeisterschaft	1.	Christine Stückelberger (Schweiz)	Granat (13)	263	273	279	276	269	1360	69,7	2	2	1	2	1
	2.	Uwe Schulten-Baumer (BRD)	Slibovitz (9)	263	276	253	282	267	1341	68,7	2	1	2	1	2
	3.	Jennie Loriston Clarke (Großbrit.)	Dutch Courage (9)	252	248	252	257	241	1250	64,1	4	6	3	3	10
	4.	Ulrich Lehmann (Schweiz)	Widin (13)	266	263	239	233	246	1247	64,0	1	4	5	11	9
	5.	Harry Boldt (BRD)	Woyceck (12)	241	267	231	244	261	1244	63,8	7	3	8	8	3
	6.	Irina Karacheva (UdSSR)	Said (12)	237	256	242	251	250	1236	63,4	10	5	4	7	6
	7.	Hilda Gurney (USA)	Keen (12)	239	234	235	256	251	1215	62,3	8	10	6	4	5
	8.	Cynthia Neale (Kanada)	Martyr (11)	247	244	232	234	255	1212	62,2	5	7	7	10	4
	9.	Uwe Sauer (BRD)	Hirtentraum (11)	247	240	217	255	249	1208	62,0	5	9	9	5	7
	10.	Gabriela Grillo (BRD)	Ultimo (13)	239	243	216	252	247	1197	61,4	8	8	10	6	8
	11.	Dorothy Morkis (USA)	Monaco (17)	227	234	206	239	235	1141	58,5	11	10	11	9	11
	12.	Viktor Andreev (UdSSR)	Skhval	216	216	204	202	211	1049	53,8	12	12	12	12	12

Richter: E = Sommer (Dänemark), H = Thackeray (USA), C = Nyblaeus (Schweden), M = Hall (Großbritannien), B = Niggli (Schweiz).

Noch ist es still im großen Park vor Goodwood House. Aber alles ist vorbereitet für die Weltmeisterschaft

in Galauniform, die Musiker der traditionsreichen Band der Irish Guards. Goodwood erwartet seine Gäste.

Die ersten Pferde, Reiter und Betreuer erfüllen den Innenhof des Stallgebäudes mit Leben. Geradezu fürstlich untergebracht sind die Pferde und ihre Pfleger in

:vollen Anlage, die zu den schönsten ihrer Art in England gehört und zwischen 1756 und 1763 von Sir William Chambers, dem Hofarchitekten Georges III, erbaut wurde.

Ordnung muß sein in einem deutschen Stall . . .

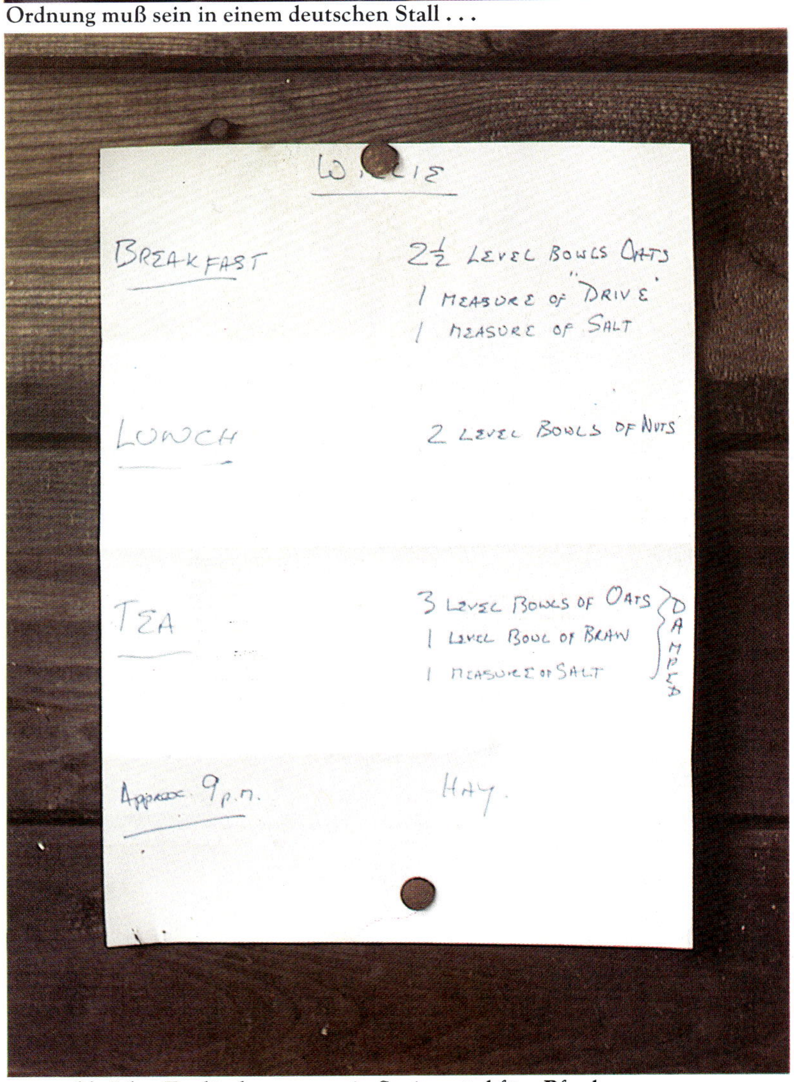

. . . und bei den Engländern sogar ein Speisezettel fürs Pferd.

Ebenso gut wie im historischen Stallgebäude stehen die übrigen Pferde in den modernen Stallungen.

… sonst die in Goodwood trainierten Vollblüter ihr Quartier. Und dementsprechend ausgerüstet ist jede Box: Geräumig, Fenster zur Stallgasse, eigener Vorraum für die Stallutensilien.

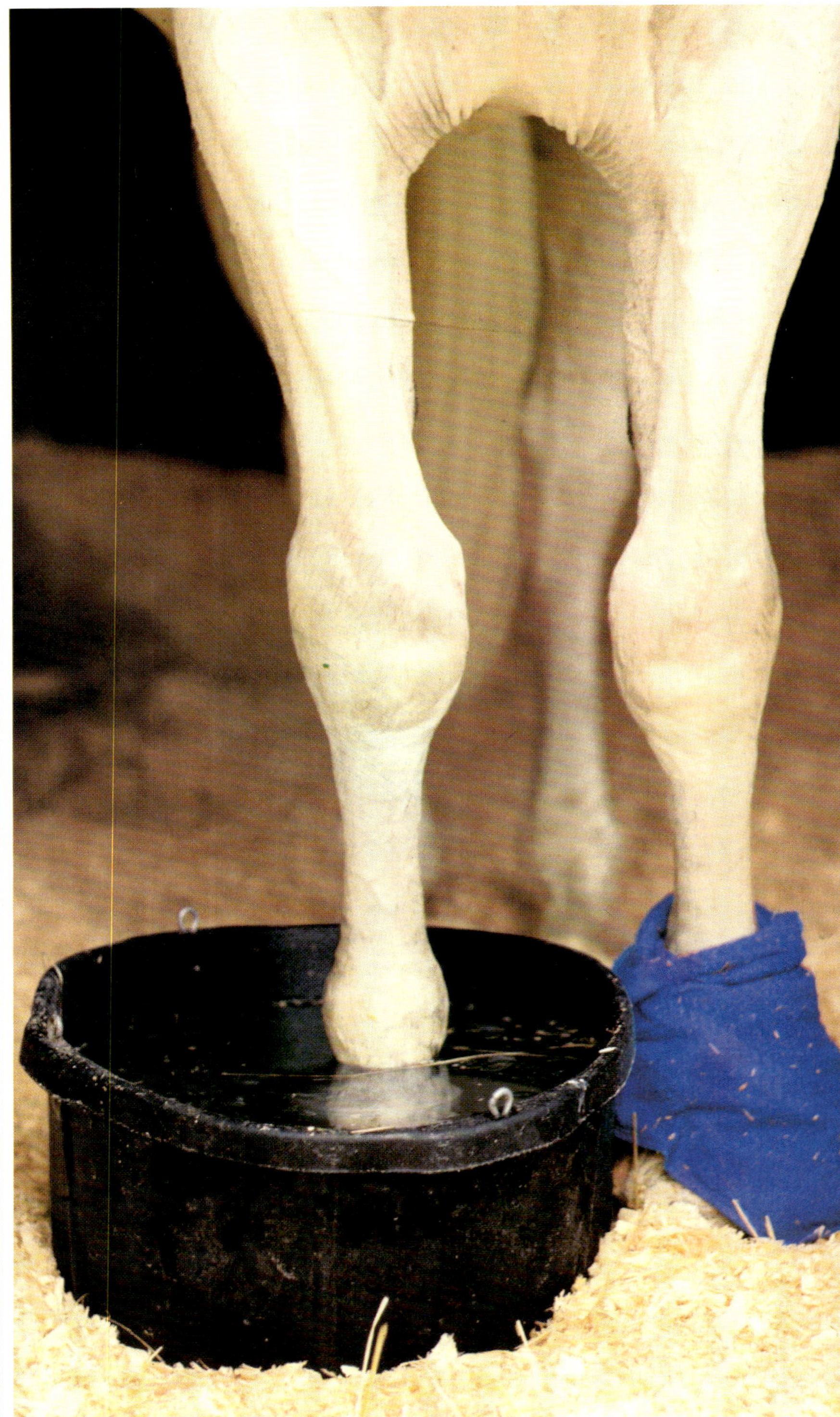

Überall werden die Dressurstars auf Hochglanz gebracht, um dann auf dem Viereck den bestmöglichen Eindruck zu hinterlassen. Turnierschmied Peter Fewton kümmert sich um Lidos E

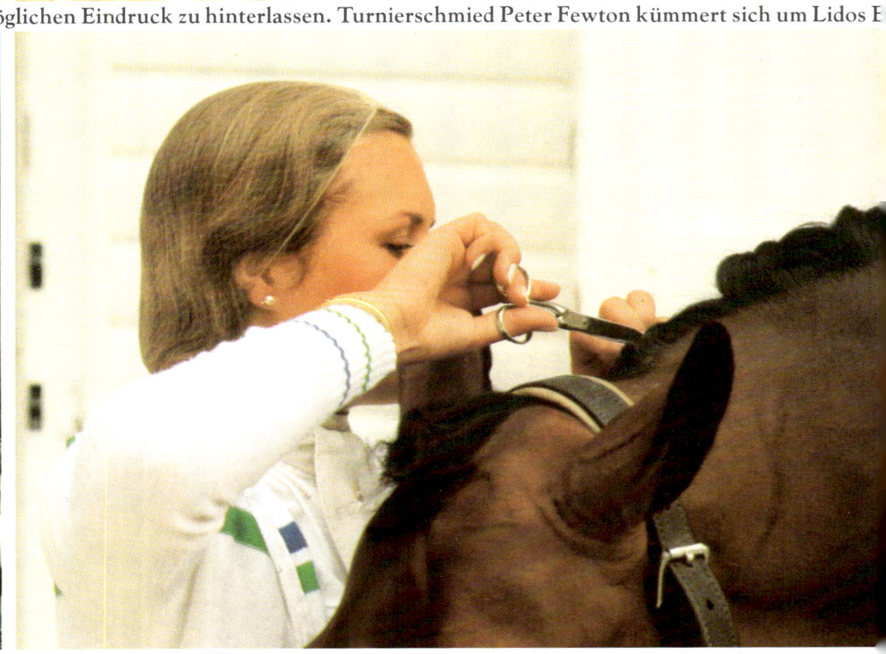

wallach Marquis kümmert sich liebevoll der österreichische Pfleger. Annemarie Keyzer legt selbst letzte Hand an, damit Amons

ge gekühlt nach anstrengendem Transport werden Monacos strapazierte Vorderbeine. Mit ausgefallener Schweiffrisur erscheint Claire Kochs Scorpio. Um Ines von Badewitz' Schimmel-

ig sitzen. Ebenso sorgfältig wird Woyceck jeden Tag eingeflochten. Und auch bei Keen ist dafür gesorgt, daß er „clean" bleibt.

„Bist du auch noch müde von Aachen?", scheinen sich diese beiden Turniercracks zu fragen. Denn das vorhergehende Turnier und der Transport

einiges von den Pferden verlangt. Aber die bisweilen aufkommende Sonne und ein frischer Wasserstrahl wecken allmählich wieder die Lebensgeister.

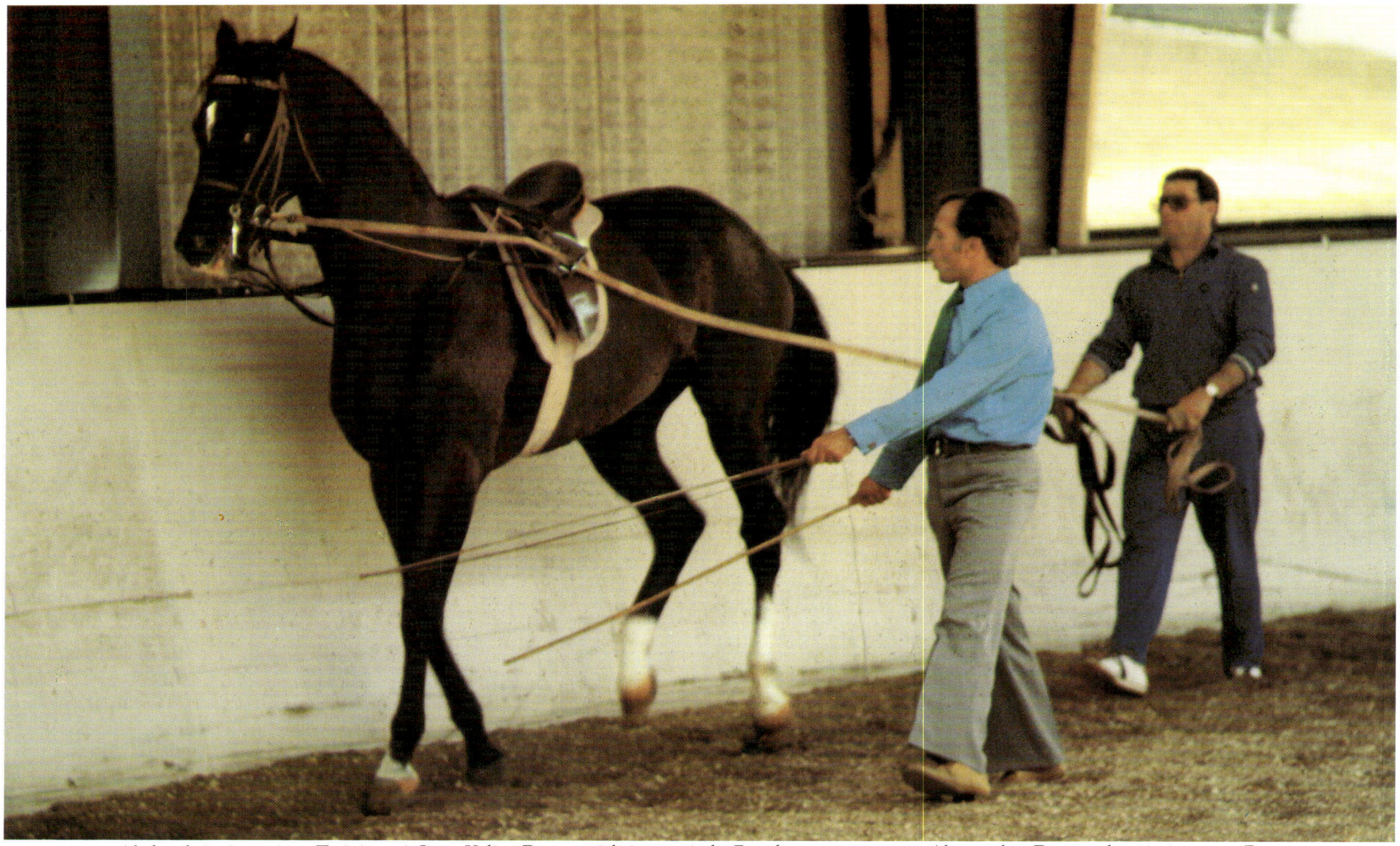

Abakan beim intensiven Training mit Iwan Kalita. Der neunjährige russische Rapphengst stammt von Absent, dem Dressurolympiasieger von Rom.

Zufrieden können Mutter Grillo und Trainer Paul Stecken mit Gabi und Galapogos sein. Der Grande-Sohn ist topfit im Training und bestätigt seine Form in der kleinen Tour.

Auf fünf Dressurvierecken können die Teilnehmer ungestört trainieren, wie hier die schwedische Nachwuchsreiterin Eva-Karen Oscarsson-Munk auf Lansad.

Mit Werder hat der Schweizer Ulrich Lehmann ein zweites gutes Pferd im Stall. Der 4. Platz im Prix St. Georges und der 3. Platz in der Intermédiaire I beweisen seine Klasse.

Granat muß im Training alles genau kennenlernen. Und so reitet Christine Stückelberger immer wieder an verschiedenen Plätzen, um ihr Pferd auf die Turnieratmosphäre einzustellen. Kritisch verfolgt von Georg Wahl, der seine Schützlinge nicht aus den Augen läßt und mit präzisen Anweisungen für eine optimale Vorbereitung sorgt.

Die Wettkämpfe beginnen. Auch Goodwood kommt an diesen Tagen nicht ohne Ordner aus. Aber es geht nicht preußisch streng zu. Einige ältere Herren sorgen ohne viel Aufl

daß alles reibungslos verläuft. In historischen Kostümen verkaufen Mitarbeiter der British Horse Society die wegen eines Streiks erst sehr spät fertiggestellten Programme.

Das englische Dressurpublikum mischt sich ungezwungen unter Reiter und Offizielle, die der alte Fuchs Willi Schultheis alle im Auge hat. Von oben links über Willi Schultheis nach unten r
Harry Boldt/Deutschland, Irina Karacheva/UdSSR, Margit Otto-Crepin/Frankreich, Eva-Karen Oscarsson-Munk/Schweden,

tine Stückelberger/Schweiz, der frühere Weltklassespringreiter Harry M. Llewellyn aus England im Gespräch mit dem Oberbereiter a. D. der Spanischen Hofreitschule Franz Rochowansky, lund/Finnland, Jennie Loriston Clarke/Großbritannien, Sissi Theurer/Österreich, Jo Rutten/Holland und Gabi Grillo/Deutschland.

Für die Reiter wird es ernst. Durch das große Tor des Stallgebäudes reitet Birgit Carstenskoild aus Dänemark in Fulldress ihren Stradivarius auf einen der Abreiteplätze.

Zum letzten Abreiteplatz vor dem Start haben nur noch Reiter, Trainer und Pfleger Zutritt. Hier bereitet Uwe Sauer seinen Hirtentraum auf den Grand Prix de Dressage vor.

Für Mikhail Kopeikin, der die UdSSR schon bei der Weltmeisterschaft 1966 vertreten hatte, reicht es diesmal nur zum 9. Platz in der Kür. Allerdings reitet er den eleganten Igrock erst seit einigen Monaten, und bei der Routine des Reiters wird man in Zukunft mit einer Steigerung der Leistungen rechnen können.

Gangway-Steward David Braham sorgt dafür, daß die Reiter pünktlich vom letzten Abreiteplatz auf das Viereck kommen, nachdem er vorher noch einmal sorgfältig die Gebisse überprüft hat.

Sarah Whitmore und Joelle Bishop aus Großbritannien können mit ihren Pferden Dutchman und Junker in die Hauptereignisse nicht eingreifen. An der guten Stimmung der beiden Reiterinnen ändert das jedoch nichts.

Tanya Larrigan wurde vor der Weltmeisterschaft von Ernst Bachinger an der Spanischen Hofreitschule trainiert. Ihr war es als einziger Juniorenreiterin gelungen, ins britische Team zu kommen. Zwar glückt eine Einzelplazierung diesmal noch nicht. Aber Salute und sie gehören zweifellos zu den elegantesten Paaren dieser Weltmeisterschaft.

75

Kunstvoll eingeflochten erscheint Said auf dem Viereck. Der ganz im Vollbluttyp stehende Fuchswallach wird zwar hochplaziert. Er war der Fachwelt allerdings besser in Erinnerung.

ch vier Reitern wird das Viereck frisch geharkt, Mittellinie und Pirouettepunkte werden gewalzt, damit das genaue Einhalten der Hufschlagfiguren besser beurteilt werden kann.

Richter haben es nicht einfach. Im Kreuzfeuer der Kritik steht diesmal Oberst a. D. Gustav Nyblaeus. Seine Wertnoten, per Computer auch in den Stall übertragen, weichen zum Teil deutlich von denen der anderen Richter ab.

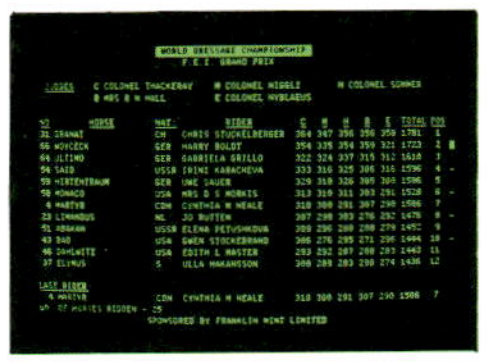

Nach Ansicht vieler Fachleute werden besonders die deutschen Reiter sehr niedrig von ihm eingestuft.

An dieser Stelle sollte Chigwell xx eigentlich piaffieren. Aber er spielt Ulla Petersen aus Dänemark wieder einmal einen Streich. Dabei kann der Vollblüter hervorragend

nicht zuletzt durch seinen 8. Platz bei den Olympischen Spielen 1976 in Bromont und seinen 9. Platz bei den Europameisterschaften 1977 in St. Gallen unter Beweis stellte.

Als die Irish Guards unter der Leitung von Captain M. G. Lane am Samstagabend ins Stadion einmarschieren, beginnt die feierliche Siegerehrung in der Mannschafts-Weltmeisterscha

ieg der deutschen Mannschaft vor den Schweizern hatte man gerechnet. Um die weiteren Plazierungen und den Einzug ins Einzelfinale war an diesem Tag jedoch hart gekämpft worden.

Solche Ehrenrunden reiten wir gern. Mit Uwe Schulten-Baumer auf Slibovitz, Gabriela Grillo auf Ultimo und Harry Boldt auf Woyceck gewinnt die deutsche Mannschaft nach der Europameisterschaft 1977 in St. Gallen in der gleichen Besetzung auch die Mannschafts-Weltmeisterschaft 1978 in Goodwood.

Nur schwer zur Ehrenrunde zu bewegen ist dagegen Granat als Einzelsieger des Grand Prix.

„Das hält kein Hund aus, wie sich der Granat immer benimmt", denkt dieser Vierbeiner.

Mit den Reitern freuen sich die Pfleger der deutschen und schweizerischen Mannschaft.

Die Equipechefs nehmen Aufst

iegerehrung ihrer Mannschaften. Von links Heinz Schütte / Deutschland, Jan Pot / Holland und Hans Syz / Schweiz.

Zwischen den sportlichen Ereignissen haben die Zuschauer ausreichend Gelegenheit, die Annehmlichkeiten des Country Life zu genießen.

Typisch englisch: Auch bei einer großen Sportveranstaltung bleibt immer Zeit für ein beschauliches Picknick.

Auch „Offizielle" brauchen eine Pause. Gut, daß die Autos ganz nahe beim Turnierplatz auf den Weiden von Goodwood geparkt sind.

Die Unentwegten haben ihren Wohnwagen mitgebracht, um am nächsten Morgen schon wieder ganz früh dabei zu sein.

Platzkonzert in der Zeltstadt. Die Irish Guards sorgen für Unterhaltung in der Mittagspause.

Geduldig formieren sich die typischen englischen Warteschlangen vor einem der Erfrischungsstände.

Von der Zunft der Sattler bis zur Ladies Side Saddle Association bieten über 40 Aussteller ihre Produkte „rund um das Pferd" an . . .

. . . wozu auch Nippes in allen Variationen gehört.

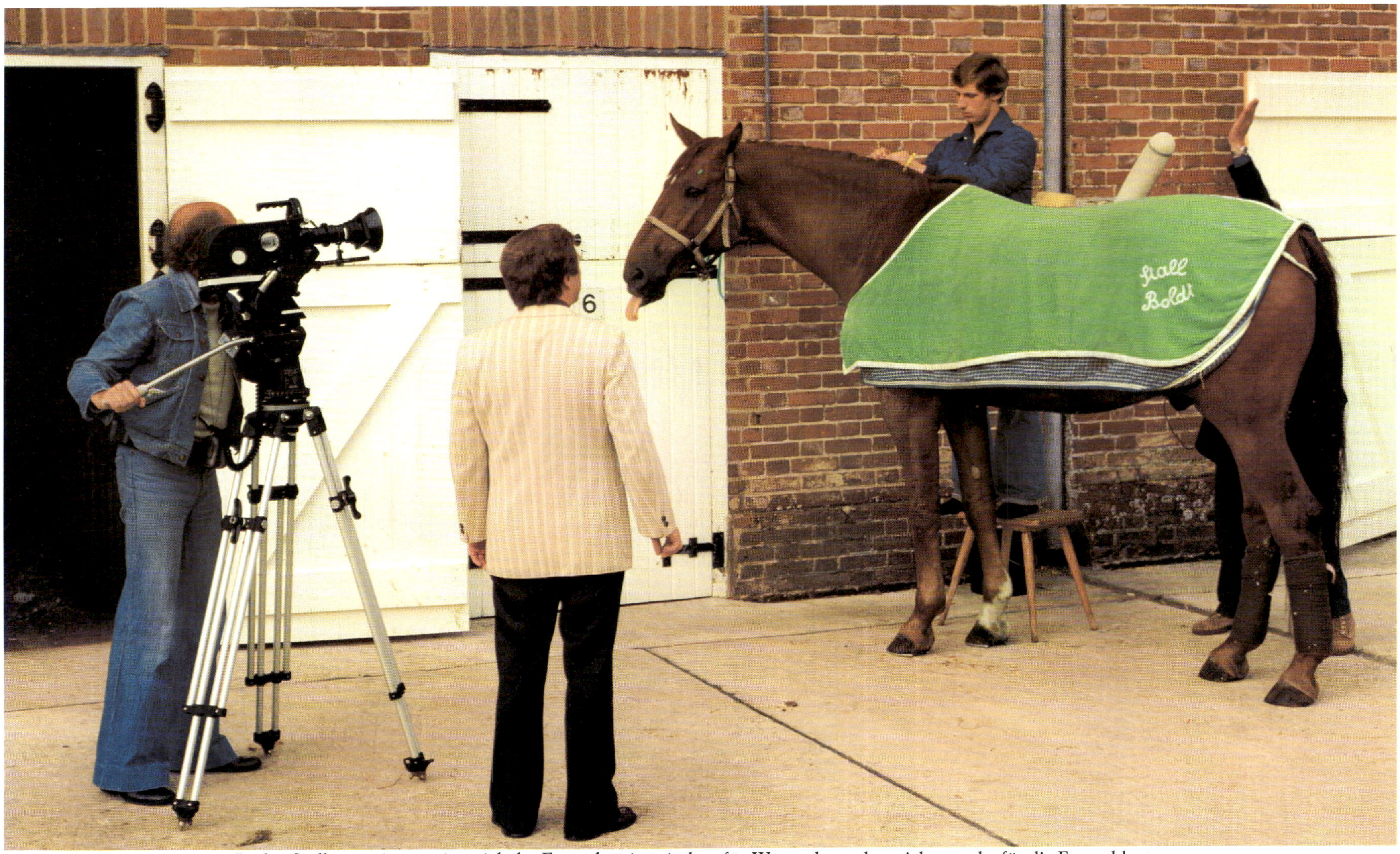

In den Stallungen interessiert sich das Fernsehen inzwischen für Woyceck, er aber nicht so sehr für die Fernsehleute.

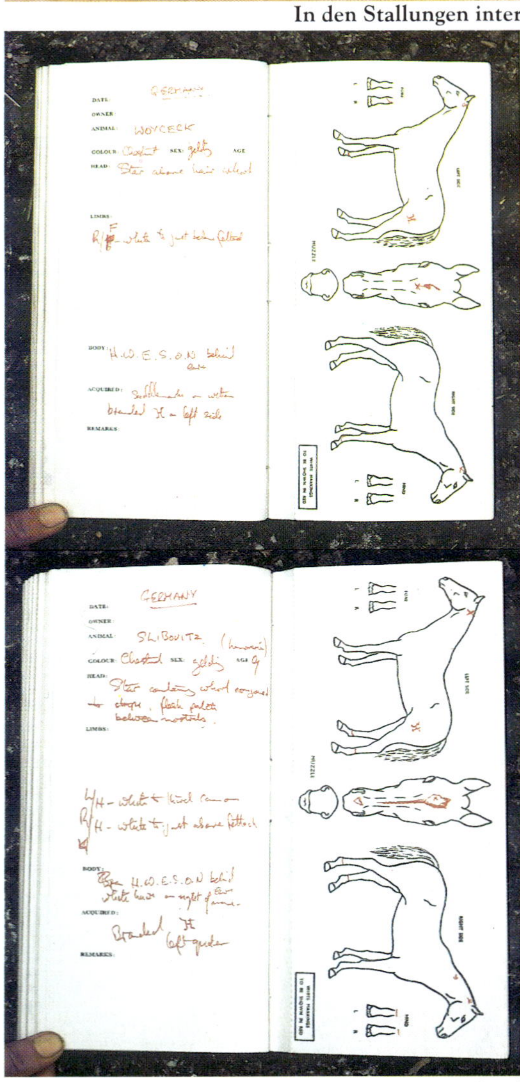

Detaillierte Pferdepässe müssen für den Rücktransport angelegt werden. Ohne sie ist eine reibungslose Zollabfertigung in England nicht möglich.

Bei den Richtern hatte Coq d'Or,

den Finn Larsen für Dänemark

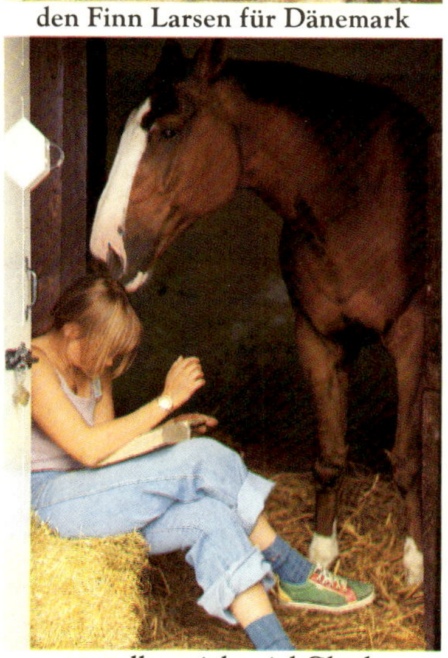

vorstellte, nicht viel Glück,

dafür aber um so mehr bei seiner Pflegerin Hendis Petersen. Für sie ist er das eindeutig beste Pferd dieser Weltmeisterschaft.

Nach dem Mannschafts-Wettbewerb wird die Startfolge der 12 Finalreiter des Grand Prix Special ermittelt. Die Richter Oberst a. D. Thackeray/USA und Oberst a. D. Nyblaeus/Schweden verfolgen die Ordnungsmäßigkeit der Auslosung.

Schon sehr früh am Sonntagmorgen sind die ersten Zuschauer erschienen, um sich einen guten Platz am Viereck zu sichern.

Zu dieser Zeit, beim Start mit Lido zur Kür, ist die Welt noch in Ordnung. Noch ahnt niemand, daß sich Woyceck wenig später verletzen wird. Besorgte Mienen dann bei Karl Klösters

Schultheis, als Woyceck auch nach stundenlangem Führen immer noch nicht ganz klar geht.

Die Entscheidung ist gefallen. Trotz vieler Bedenken soll Woyceck gestartet werden.

Georg Wahl hatte Granat am Vorabend noch einmal ausführlich über das ganze Turniergelände geführt. Denn der Wallach sollte sich auch wirklich an alles gewöhnen.

Und auch am Sonntagmorgen ist er schon um 6^{00} Uhr aufgestanden, um Granat ein letztes Mal an den Tribünen vorbeizuführen.

Vor dem entscheidenden Ritt ist Granat lange abgeritten worden. Vielleicht etwas zu lange. Denn er kommt sehr naß und schon etwas ausgepumpt aufs Viereck.

1. Platz: Christine Stückelberger / Schweiz auf Granat. „Granat ging im Grand Prix Special absolut unter seiner gewohnten Form. Für mich persönlich hätte er in dieser Prüfung erst an 8. bis 10. Stelle plaziert werden dürfen. Granat kam aufgekratzt auf das Viereck, ließ in der Prüfung aber stark nach, fiel auseinander, und die häufig hinter der Senkrechten sitzende Reiterin hatte Mühe, die verlangten Lektionen überhaupt herauszureiten. Die Kriterien der Durchlässigkeit und Zwanglosigkeit erfüllte Granat diesmal in keiner Weise. Die Plazierung an erster Stelle kam deshalb auch für die vielen Anhänger von Granat völlig unerwartet. Diese Kritik an Granat bezieht sich wohlgemerkt nur auf diese eine Prüfung und besagt nichts über die Qualität von Granat. Im Grand Prix ging der 1. Platz von Granat durchaus in Ordnung, lediglich die Punktabstände zu Woyceck und Slibovitz hätten geringer sein müssen. Granat machte zwar auch im Grand Prix einige Fehler und ging nicht so souverän, wie wir ihn kennen. Aber auch Woyceck hätte man sich im Grand Prix mit etwas mehr Vorwärtsdrang gewünscht, und Slibovitz hatte ebenfalls einige harte Fehler in dieser Prüfung."
(Willi Schultheis)

2. Platz:
Uwe Schulten-Baumer / Deutschland mit Slibovitz.
„Slibovitz ging im Special – wuchtig und betont von Uwe Schulten-Baumer geritten – in absoluter Superform. Das einzige, was man an diesem Ritt überhaupt bemängeln könnte, war, daß er vielleicht eine Idee zu scharf geritten wurde. Aber ich muß dazu auch sagen, daß die Richter in Aachen durchblicken ließen, daß mehr vorwärts geritten werden sollte, und ich dementsprechend den Reitern die Order gegeben habe, die starken Tempi wirklich auszureiten, und das hat Uwe hervorragend gemacht.
Daß Uwe den Weltmeistertitel nicht errang, liegt einzig daran, daß er in den Augen der Richter noch kein würdiger Weltmeister war. So jung, noch keine Olympiaerfahrung, wenig internationale Erfahrung und dann durch einen einzigen Ritt den Weltmeistertitel zu erringen, das geht den Richtern gegen den Strich. Natürlich sollen die Richter nur das beurteilen, was an diesem einen Tag gezeigt wird, aber unterschwellig spielt eben doch der Wunsch mit, den würdigen Weltmeister zu finden. Und das war Uwe Schulten-Baumer in den Augen der Richter diesmal noch nicht."
(Willi Schultheis)

63

3. Platz:
Jennie Loriston Clarke/Großbritannien mit Dutch Courage.
„Die große Entdeckung dieser Weltmeisterschaft war Dutch Courage. Der elegante schwarzbraune Hengst ging großartig, stand sauber zu den Hilfen und erfüllte alle Kriterien eines fein gerittenen Dressurpferdes. Er kam ohne ein nasses Haar in die Prüfung und verließ das Viereck ohne ein nasses Haar.
Jennie Loriston Clarke weiß, wie man Pferde vorstellt. Sie sitzt sehr elegant und reitet mit einer kaum sichtbaren Hilfengebung. Die ganze Vorstellung bestach durch ihre Leichtigkeit und Selbstverständlichkeit."
(Willi Schultheis)

4. Platz:
Ulrich Lehmann/Schweiz mit Widin. „Widin und Ulrich Lehmann waren die zweite große Entdeckung der Weltmeisterschaft. Pferd und Reiter haben einen großen Sprung nach vorn gemacht. Widin passagiert hervorragend, nur die Piaffe ist noch nicht in Ordnung. Die ersten Piaffetritte sind sehr gut. Eine 9. Beim sechsten, siebten Piaffetritt hört dann das Schwingen des Oberkörpers auf und das Pferd hackt mit den Hinterbeinen. Die zweite Schwäche ist der noch etwas lose Hals. Bisweilen kommt das Pferd zu tief, dann wieder zu hoch, und dann stimmt wieder alles. Wenn das Pferd im Hals stetiger wird, wird sich Widin meines Erachtens noch weiter steigern können."
(Willi Schultheis)

5. Platz:
Harry Boldt / Deutschland mit Woyceck.
„Harry Boldt wäre der würdige Weltmeister gewesen. Und ein gesunder Woyceck in Normalform hätte Granat an diesem Tag haushoch schlagen müssen. Daß es anders kam, ist Pech, und es spricht auch gegen das System, den Weltmeister in einer einzigen Prüfung zu ermitteln. Ich halte es für viel ehrlicher und fairer, den Weltmeister nach einer Punktwertung zu ermitteln, bei der die Leistungen während eines Weltmeisterschaftsjahres berücksichtigt werden. Nur so kann man die schlechte Tagesform wie bei Granat oder das Verletzungspech von Woyceck ausschalten. Wir haben lange überlegt, ob wir Woyceck überhaupt starten sollten. Aber schließlich glaubte Harry, Woyceck einigermaßen durch die Prüfung bringen zu können. Daß er ihn dann praktisch durch die Prüfung tragen mußte, konnte man nicht wissen. Hinterher ist man eben immer schlauer."
(Willi Schultheis)

66

54

6. Platz:
Irina Karacheva / UdSSR mit Said.
„Den zierlichen und eleganten Fuchswallach haben wir schon wesentlich besser gesehen. Er war in Goodwood ziemlich fit und wirkte fast schon etwas mager.
Said zeigte mit die schönsten Piaffen und Passagen, die man in Goodwood sehen konnte. Aber er hat deutliche Schwächen in den Grundgangarten. Der Schritt ist nicht ausreichend. Im Trab zeigt Said zwar viel Aktion mit den Vorderbeinen, kommt aber mit der Hinterhand nicht nach, so daß der Trab nicht raumgreifend ist und strampelnd und gespannt wirkt. Auch im Galopp geht das Pferd mit viel Ausdruck in der Vorhand, kommt aber ebenfalls mit der Hinterhand nicht nach."
(Willi Schultheis)

49

7. Platz:
Hilda Gurney / USA
mit Keen.
„Keen war schon in Bromont aufgefallen und wurde auch in Goodwood wieder der Schwarm vieler sachkundiger Zuschauer. Der Wallach soll Vollblüter sein, was man aber bei dem so starken Knochenbau und dem großen Rahmen dieses Pferdes nicht vermutet. Lediglich an seiner Gehlust und seinem Ausdruck wird der Vollblüter oder der hohe Vollblutanteil sichtbar.
Keen ist zweifellos ein außergewöhnliches Dressurpferd. Er besticht durch einen tollen Trab und Galopp und kann herrlich piaffieren und passagieren. Das leichte Nicken des Kopfes in der Piaffe und Passage ließe sich bei einer besseren Handtechnik der Reiterin sicherlich sehr schnell abstellen. Ansonsten bemüht sich der Fuchs, trotz gelegentlicher Ungenauigkeiten in der Hilfengebung der Reiterin, keinerlei Fehler zu machen. Unter einem routinierten Reiter würde Keen zur absoluten Dressurspitze gehören."
(Willi Schultheis)

8. Platz:
Cynthia Neale/Kanada mit Martyr.
„Über Martyr, das zur Zeit beste Pferd der Kanadier, und meine alte Schülerin Cynthia Neale war ich selbst überrascht. Martyr ging sehr schwungvoll und kommt bei den Richtern auch gut an. Die Reiterin riskierte etwas bei diesem Ritt und konnte sich mit Recht vom 12. Platz im Grand Prix auf den 8. Platz im Grand Prix Special verbessern. Martyr piaffierte sehr gut, obwohl Cynthia ihn in der Piaffe durchaus noch etwas mehr anfassen könnte. Die Passage ist dagegen noch nicht ausgereift und muß noch mehr an Ausdruck gewinnen."
(Willi Schultheis)

WO
FR

9. Platz:
Uwe Sauer / Deutschland mit Hirtentraum.
„Hirtentraum ging in guter Form. Gewünscht hätte ich mir mehr Maultätigkeit des Pferdes und mehr Losgelassenheit im Genick. Die Noten werden auch dadurch gedrückt, daß Hirtentraum in der Piaffe, die im Ausdruck an sich gut ist, mit den Vorderbeinen kreuzt. Die Piaffe wird auch noch nicht richtig auf der Stelle ausgeführt, was aber nicht am Reiter liegt, sondern dadurch hervorgerufen wird, daß Hirtentraum sich beim Kreuzen der Vorderbeine leicht auf die Kronränder tritt. Uwe Sauer saß wie immer sehr tief im Pferd, und er ritt sehr konzentriert. Aber fast schon zu konzentriert. Ihm fehlt noch etwas die Leichtigkeit und Gefälligkeit bei der Vorstellung eines Pferdes, wie es uns zum Beispiel Jennie Loriston Clarke vorgemacht hat. Aber das kriegen wir bei Uwe schon noch hin."
(Willi Schultheis)

10. Platz:
Gabriela Grillo / Deutschland mit Ultimo.
„Ultimo war im Grand Prix Special nicht in seiner gewohnten Form, was aber wohl auch damit zusammenhing, daß Gabi Grillo beim Mannschaftswettbewerb Milzkrämpfe bekam und am Sonntag immer noch nicht ganz in Ordnung war.
Der an sich schon etwas lange Ultimo hätte während der ganzen Prüfung mehr mit der Hinterhand herangeholt werden müssen. So fehlte der Vorstellung der Pep. Der starke Trab und der starke Galopp wurden mit zu wenig Ausdruck geritten. In der Passage waren die Hinterbeine rausgestellt. Dagegen gelangen die Piaffen, so wie Ultimo sie kann, recht gut.
Gabi hatte das zusätzliche Pech, daß Ultimo einmal scheute, weil Sanitäter hinter dem Richterhäuschen herumliefen. Und dann galoppierte ihr Ultimo beim Übergang zum starken Trab auch noch an, sogar sehr sauber, aber leider nicht verlangt."
(Willi Schultheis)

11. Platz:
Dorothy Morkis/
USA mit Monaco.
„Monaco ist ein sehr gut gerittenes Pferd, mit dem sich Dorothy Morkis in Bromont sogar bis auf den 5. Platz in der Einzelwertung vorarbeiten konnte. Inzwischen ist der siebzehnjährige Schimmel aber doch merklich älter geworden. Es fehlt der Schmelz in der Vorführung, was sich besonders in den starken Tempi und in den Lektionen hoher Versammlung bemerkbar macht."
(Willi Schultheis)

50

12. Platz:
Viktor Andreev/
UdSSR mit Skhval.
„Skhval ist ein elegantes Dressurpferd, das hervorragend piaffieren und passagieren kann, aber den Anforderungen klassischer Dressur nicht genügt.
Das Pferd schwingt nicht im Rücken, und der Reiter sitzt nicht unabhängig von der Hand. Im starken Trab fehlte der Raumgriff, und es stellten sich deutliche Taktfehler ein. Im Galopp kommt das Pferd mit der Kruppe hoch, geht schief und führt die Galoppwechsel nur sehr schwankend aus. Im starken Galopp zog der Reiter den Kopf des Pferdes weit nach innen und ritt dennoch auf zwei Hufschlägen. Am Beispiel von Skhval zeigten sich deutlich die Schwächen der russischen Ausbildungsmethode. Schon bei der Auswahl eines Dressurpferdes achten die Russen nicht so sehr auf die Grundgangarten, sondern sehen mehr darauf, ob das Pferd schon einen passageähnlichen Trab zeigt und piaffeähnliche Tritte anbietet. Die Ausbildung selbst ist zu stark auf die Lektionen der Hohen Schule abgestellt, und die Russen finden nicht den Weg zu den Grundlagen der Dressur zurück. Und Reiter, die alles nur über die Hohe Schule lernen, können auch gar nicht das Gefühl dafür bekommen, wie ein richtiger Schritt, Trab oder Galopp sein soll."
(Willi Schultheis)

55

Die „lachende Dritte": So freut sich Jennie Loriston Clarke, als sie ihr Ergebnis von 1250 Punkten erfährt.

Als erste Teilnehmerin ist sie im Finale gestartet und hat Dutch Courage hervorragend vorgestellt. Aber noch ahnt niemand, wie gut ihr Punktergebnis an diesem Tag ist. Schließlich bringt ihr dieser Ritt den dritten Platz in der Weltmeisterschaft und damit den bisher größten Erfolg einer englischen Reiterin im internationalen Dressursport.

Niedergeschlagenheit nach Woycecks Finalritt. Beim ersten Anpiaffieren hat er regelrecht aufgestöhnt und die Beine kaum r

Boden bekommen. In solchen Augenblicken ist man als Reiter am liebsten allein. Aber die Reporter lassen einen nicht los.

Endlich wieder strahlende Gesichter im deutschen Lager. Gabi Grillo gratuliert Uwe Schulten-Baumer nach seinem glänzenden Ritt mit Slibovitz.

Als drittletzter Starter hat Uwe Schulten-Baumer mit 91 Punkten Vorsprung die Führung vor Jennie Loriston Clarke übernommen. Er hat alles gewagt und fast alles gewonnen. Granat muß in Superform gehen, wenn er Slibovitz schlagen will.

Das Finale ist beendet. Georg Wahl und Christine Stückelberger erwarten mit Spannung, wie die Richter Granat an diesem Tag gesehen haben.

Beide sind skeptisch, denn Granat ist weit unter seiner gewohnten Form gegangen und hat sich eine Reihe schwerer Fehler erlaubt. Auch unter den vielen Anhängern Granats glaubt in diesem Augenblick keiner mehr an seinen Sieg.

Als dann das Ergebnis bekanntgegeben wird, fällt Christine Klaus Jacobs in die Arme. 19 Punkte vor Slibovitz. Nach dem Olympiasieg jetzt auch der Weltmeisterschaftstitel.

Noch stehen alle unter der Faszination der Finalritte. Erst allmählich weicht die Spannung

en Stunden. Lady March erwartet die neue Weltmeisterin und die Plazierten zur Siegerehrung.

Der letzte Aufmarsch zur Siegerehrung auf dem herrlichen Platz vor Goodwood House. Die drei Medaillengewinner vor dem übrigen Feld. Mit aufmarschiert am linken Flügel ist auch Hannelore Pfeiffer-Bando mit Banjo. Sie war die Vorreiterin oder das „Guinea Pig", wie die Engländer sagen, bei den Prüfungen in Goodwood.

49
64
50

Das Kommando der Royal Military Police unter Lt.-Col. M. Plewman RPM hat seine nicht allzu schwere Aufgabe beendet. Als Freunde und Helfer werden die Militärpolizisten Zuschauern und Teilnehmern in guter Erinnerung bleiben.

Good bye, Goodwood! Die Weltmeisterschaft 1978 hat dem Dressursport im Land der Jagd- und Geländereiter viele neue Anhänger gewonnen. Sie freuen sich mit den Besuchern aus aller Welt auf weitere Veranstaltungen bei Goodwood House in den kommenden Jahren.